国家社科基金重点项目"我国农业巨灾风险分散国际合作机制研究"（15GLA013）

河南省高校人文社科重点研究基地"高等教育与区域经济发展研究"

河南省高等学校哲学社会科学研究"三重"重大项目"河南省创新人才评价体系研究"（2014-SZZD-14）资助

中部地区经济增长动因分解与经济发展方式转变研究

朱选功 邓国取 等著

中国社会科学出版社

图书在版编目（CIP）数据

中部地区经济增长动因分解与经济发展方式转变研究/朱选功等著.—北京：中国社会科学出版社，2016.12
ISBN 978-7-5161-9589-5

Ⅰ.①中… Ⅱ.①朱… Ⅲ.①区域经济发展—研究—中国
Ⅳ.①F127

中国版本图书馆 CIP 数据核字（2016）第 325582 号

出 版 人	赵剑英	
责任编辑	李庆红	
责任校对	李 莉	
责任印制	王 超	

出　　版	中国社会科学出版社	
社　　址	北京鼓楼西大街甲 158 号	
邮　　编	100720	
网　　址	http://www.csspw.cn	
发 行 部	010-84083685	
门 市 部	010-84029450	
经　　销	新华书店及其他书店	

印　　刷	北京君升印刷有限公司	
装　　订	廊坊市广阳区广增装订厂	
版　　次	2016 年 12 月第 1 版	
印　　次	2016 年 12 月第 1 次印刷	

开　　本	710×1000　1/16	
印　　张	23.5	
插　　页	2	
字　　数	385 千字	
定　　价	99.00 元	

凡购买中国社会科学出版社图书，如有质量问题请与本社营销中心联系调换
电话：010-84083683

前　言

　　现实经济发展中与经济增长的问题密切相关的是经济发展方式。1995 年，党的十四届五中全会召开，由于受国际、国内对于环境问题日益重视以及提倡可持续发展的呼声越来越高等因素的影响，在十四届五中全会上不仅明确提出了转变经济增长方式，而且首次提出实现两个根本转变：一是经济体制要从传统的计划经济体制向社会主义市场经济体制转变；二是经济增长方式要从粗放型向集约型转变。江泽民同志在会上指出，"转变经济增长方式这一思想，早在改革开放之初就已明确提出，虽然取得了一些进展，但总体效果还不明显。其原因是复杂的、多方面的，最主要的是经济体制和运行机制的问题。因此，要通过深化改革加快建立有利于提高经济效益的社会主义市场经济体制和运行机制。同时，从法制建设、政策实施、规划规定等多方面采取综合配套措施，切实把提高经济效益作为经济工作的中心"[①]。

　　十四届五中全会指出，"今后 15 年，要下大力量切实转变经济增长方式，显著提高国民经济整体素质和效益，使社会生产力有一个大的发展。经济建设的主要任务是：优化产业结构，着力加强第一产业，调整和提高第二产业，积极发展第三产业；广泛采用先进技术装备社会生产各部门，重点改造国有大中型企业，加快国民经济信息化进程；大力发展科技教育，普遍提高劳动者素质，培养各级各类人才，缩小我国科学技术同世界先进水平的差距；引导地区经济协调发展，形成若干各具特色的区域经济，促进全国经济布局合理化。在经济建设中，重点加强农业、水利、能源、交通、通信、科技和教育建设。同时，振兴支柱产

　　[①]　江泽民：《正确处理社会主义现代化建设中的若干重大关系——在党的十四届五中全会闭幕时的讲话》（第二部分），《求实》1995 年 11 月。

业，培育高技术产业，促进和带动国民经济全面发展"①。从而在十四届五中全会上确立了我国经济发展战略的重要转变，实现经济增长方式从"粗放型"向"集约型"转变的发展战略。

2007 年 10 月，党的十七大召开，将"转变经济增长方式"改为"转变经济发展方式"，并在 10 月 25 日发表的公报中指出"加快转变经济发展方式，推动产业结构优化升级。这是关系国民经济全局紧迫而重大的战略任务。要坚持走中国特色新型工业化道路，坚持扩大国内需求特别是消费需求的方针，促进经济增长由主要依靠投资、出口拉动向依靠消费、投资、出口协调拉动转变，由主要依靠第二产业带动向依靠第一、第二、第三产业协同带动转变，由主要依靠增加物质资源消耗向主要依靠科技进步、劳动者素质提高、管理创新转变"②。

2010 年 10 月，党的十七届五中全会召开，在 10 月 18 日发表的公报中把"加快转变经济发展方式"提升到"十二五"规划的"主线"的高度，指出："以科学发展为主题，以加快转变经济发展方式为主线，深化改革开放，保障和改善民生，巩固和扩大应对国际金融危机冲击成果，促进经济长期平稳较快发展和社会和谐稳定，为全面建成小康社会打下具有决定性意义的基础。"提出"加快转变经济发展方式是我国经济社会领域的一场深刻变革，必须贯穿经济社会发展全过程和各领域，坚持把经济结构战略性调整作为加快转变经济发展方式的主攻方向，坚持把科技进步和创新作为加快转变经济发展方式的重要支撑，坚持把保障和改善民生作为加快转变经济发展方式的根本出发点和落脚点，坚持把建设资源节约型、环境友好型社会作为加快转变经济发展方式的重要着力点，坚持把改革开放作为加快转变经济发展方式的强大动力，提高发展的全面性、协调性、可持续性，实现经济社会又好又快发展。"

从此以后，如何科学、有效地转变经济发展方式成为各级政府关注的重点，同时也成为经济学者研究的重点与热点问题。

自 1978 年改革开放以来，随着中国波澜壮阔的改革开放不断深入，

---

① 《中共中央关于制定国民经济和社会发展"九五"计划和 2010 年远景目标的建议》，中华人民共和国国务院公报，1995 年。

② 胡锦涛：《高举中国特色社会主义伟大旗帜 为夺取全面建设小康社会新胜利而奋斗——在中国共产党第十七次全国代表大会上的报告》，《求是》2007 年第 21 期。

作为传统内陆地区的河南省也抓住了改革这一历史机遇，开始了工业化、市场化进程。随着改革开放的不断推进，在这一过程中河南经济逐步由传统的计划经济转变为社会主义市场经济、由传统的农业大省转变为工业大省，并且从封闭型的区域经济转向开放型的跨区域合作经济。特别是以 2009 年 8 月国家发改委《关于印发河南省粮食生产核心区建设规划的通知》为标志，作为全国第一产粮大省的河南省成为全国重要的粮食生产核心区，河南省有了第一个国家战略。

2010 年 9 月 30 日，河南省发布《关于河南粮食生产核心区建设规划的实施意见》，规划到 2020 年，粮食生产用地稳定在 7500 万亩，粮食生产能力达到 1300 亿斤，成为全国重要的粮食生产稳定增长的核心区、体制机制创新的实验区、农村经济社会全面发展的示范区。

借着国家战略的东风，到 2012 年，河南省国内生产总值居全国第 5 位，GDP 年均增长 11.2%，增长速度位居全国第 20 位；城镇化率达到 42.4%，人民生活水平大幅提高。

但是与发达国家和我国东部地区比起来，河南省的经济发展水平仍然比较落后。那么影响一个地区经济发展的因素是什么？这些因素又是如何作用于经济发展的？在经济发展过程中，应该实施怎样的政策或制度以使经济增长最大化？这些问题引起笔者的研究兴趣。基于此，笔者作为长期研究区域经济和关注河南省地方经济发展的学者，最终将自己的博士学位论文定名为《河南省经济发展动因与经济发展方式转变研究》并由此获得博士学位。其后，经过三年的修改、完善和扩展，于2014 年由中国经济出版社以论文原题的名称出版。

该书运用 DEA – Malmquist 指数、综合索洛增长核算法与隐形变量方法，以河南省经济增长动因与经济发展方式转变为研究对象，从资本积累和资本深化、劳动力增加与劳动力素质提高、技术创新、技术效率、规模效率、结构变动与要素配置效率和制度创新儿方面对河南省经济增长动因进行了梳理。并通过构建计量模型，用 1978—2010 年河南省的经济数据对河南省经济增长的效率动因进行经验研究。通过对改革开放以来河南省经济发展历程进行剖析，深入分析了河南省经济发展中存在的主要问题，从制度创新、技术创新、深化改革等方面研究河南省经济发展方式转变的机制，提出加快河南省经济发展方式转变的对策。

其目的与意义在于：运用现代经济增长理论和现代经济计量方法对

河南省的经济增长的情况进行经验研究，发现河南这一农业大省在工业化加速阶段的问题，并针对问题提出政策建议，以促进河南省的经济可持续发展、人民生活水平不断提高。河南是传统的内陆经济大省，但远远称不上是经济强省，其经济增长动因与经济发展方式转变的经验与教训，能够为国内众多内陆欠发达经济省份提供借鉴。

令笔者始料不及的是，著作出版后，引起了河南省内外学者及政府官员的高度认可与共鸣。并由此获得了 2014 年度"河南省优秀社会科学成果奖"一等奖。

实际上，在修改、完善和扩展《河南省经济发展动因与经济发展方式转变研究》一书的过程中，河南省制定了"大中原经济区"规划，并将这一规划申请、上升至国家战略。大中原经济区，跳出行政区划的束缚而着眼于整个中原地区，涉及河南、河北、山西、山东、安徽、陕西等周边中原地区 6 个省份的部分地区。2011 年 10 月，国务院出台《关于支持河南省加快建设中原经济区的指导意见》，2012 年 11 月，国务院正式批复《中原经济区规划》（2012—2020 年），描绘了一个以郑汴洛都市区为核心，中原城市群为支撑，涵盖河南全省延及周边地区的重要经济区域。

2013 年 3 月，国务院批准了《郑州航空港经济综合实验区发展规划》，河南成为全国首个也是目前唯一拥有航空港经济综合实验区国家级规划的省份。

在国务院《中原经济区规划（2012—2020 年）》和《郑州航空港经济综合实验区发展规划（2013—2025 年）》支持下，郑州航空港区成为郑州经济发展的新板块和中原经济区的龙头，郑州力争建设成为一座连通全球、生态宜居、智慧创新的现代航空大都市。战略定位是打造国际航空物流中心、以航空经济为引领的现代产业基地、内陆地区对外开放的重要门户、现代航空都市、中原经济区核心增长极；发展目标是到2025 年，建成具有国际影响力的实验区，形成引领中原经济区发展、服务全国、连通世界的开放高地。国家将在口岸通关、航线航权、财税金融、土地管理、服务外包等方面给予实验区政策支持。

就在那时，一个念头油然而生。能否运用科学的方法，以中部六省经济增长动因与经济发展方式转变为研究对象，为河南省的三大国家战略做一些理论支撑？

　　基于这样的思考，笔者认为，经济增长和经济发展，不仅仅是经济学长期研究的核心问题，也是包括发展中国家的全球各国，特别是中国这样的高速发展中的国家特别关注的问题。党的十七大报告首次将"转变经济增长方式"转换成"转变经济发展方式"。十八大报告再次强调，要加快完善社会主义市场经济体制和加快转变经济发展方式，尤其把"转变经济发展方式"作为经济发展的主线。强调以科学发展为主题，以加快转变经济发展方式为主线，是关系我国发展全局的战略抉择。在我国经济发展面临转型的关键之时，经济增长和经济发展尤其值得继续思考和探索。

　　特别是当我国经济经历了30多年的高速发展，但从2007年开始，GDP年均增速放缓，进入了一个稳定的低速增长阶段，中国经济进入了人们所说的"新常态"。中国经济增速减缓并呈现下滑趋势，30多年的高速增长所积累的矛盾和风险也开始显现出来，急需经济增长模式的转变和经济发展方式的转变。

　　而中部地区在我国经济和社会中占有重要的地位，依据《中原经济区发展规划纲要》的内容，到2015年，中部地区经济增长水平显著提高，粮食生产基地、能源原材料基地、现代装备制造及高技术产业基地，综合交通运输枢纽"三个基地、一个枢纽"地位进一步提升；经济发展活力明显增强；可持续发展能力不断提升；和谐社会建设取得新进展，城乡居民收入人均增长率均超过9%。不过现在中部地区在经济增长和经济发展中面临一系列问题："三农"问题仍然突出，制约工业发展的"瓶颈"尚未突破，生态破坏和环境污染比较严重，教育和卫生等社会事业发展滞后，交通运输体系建设仍存在薄弱环节，"中部塌陷"并非危言耸听，这些问题的解决，亟待创新经济发展增长模式和经济发展方式。这是中部崛起战略目的实现的客观要求。

　　但是，知易行难。限于本人的知识储备和思维能力，加上大量烦琐的行政工作的拖累，要想跳出《河南省经济发展动因与经济发展方式转变研究》的逻辑，重新构建一个以中部地区经济发展动因与经济发展方式转变为研究对象的全新体系，谈何容易。好在近年来河南科技大学管理学院有了全新一代的人才储备，才使我的理想最终实现。

　　从2014年暑假开始，在国家社科基金重点项目主持人邓国取教授的帮助下，根据我初步设计的题目、大纲及内容，也依据每个人的研究方向，吸收了丁超勋博士、赵丹博士、王娟博士、乔静博士、胡引霞博士和余沛博士共同组成课题组。几经易稿，最终把著作定名为《中部地区经济增长动因分解与经济发展方式转变研究》。与《河南省经济发展动因与经济发展方式转变研究》一书相比，除研究方法和逻辑思维有所传承外，其余的，特别是内容上，完全是一部新作。具体从四个方面进行了研究：

第一，中部地区经济增长动因评价与分析。在中部地区六省经济增长总量和经济增长效率比较的基础上，以传统经济学关于经济发展动因理论为基础，分别从投资、消费、出口、金融和技术创新等方面分析了它们与中部地区经济增长的关系，分别运用了修正的投入—产出模型、向量自回归（VAR）模型等，采用中部六省经济发展及其投资、消费、出口、金融和技术创新等截面数据，厘清了投资、消费、出口、金融和技术创新与中部地区经济增长的关系，刻画了投资、消费、出口、金融和技术创新对中部地区经济增长的贡献，分析了各自存在的问题。

第二，中部地区经济发展方式及评价。选取经济发展速度、经济发展效益、经济结构优化、经济与社会和谐、经济与自然和谐五个方面的一级指标和 GDP 增长率、工业增加值增长率、固定资产投资增长率、第三产业总产值增长率、进出口总额增长率、社会消费品零售总额增长率等 30 个二级指标构建中部地区经济发展方式综合评价模型，运用截面数据进行评价，结果显示：中部各省经济发展整体评分并不高，经济发展方式合理性还处在比较低的水平。目前，中部各省的经济发展方式处于粗放型的发展方式，经济增长的动力来自多种因素综合作用的结果。

第三，中部地区经济增长与经济发展协调性研究。运用主成分协调度综合评价方法，选取 2004—2013 年 10 年间中部六省的各指标样本数据，通过所建立的中部地区各省份经济增长与经济发展协调水平指标体系，利用主成分分析法以及协调度模型，对中部地区各省的经济协调水平进行实证。结果显示：中部六省在经济增长与经济发展的动态协调水平上内部分化为两大阵营。其中湖北、湖南、河南以及安徽在动态协调度上相近，且湖北在经济增长与经济发展上的协调度最高，而安徽总体来说在协调度上相对最低。另一阵营江西和山西在协调水平上则处于相对较低的状态，除个别年份在协调水平上高于江西外，基本上与中部其他 5 省在经济协调水平的比较上处于末位。

　　第四，中部地区经济发展方式转型机制及其实现路径评价和设计。运用综合评价方法，选取经济增长本身、经济增长中的决定因素、经济增长质量、生产结构调整、需求结构调整、资源消耗和污染产生、劳动力流动机制及增长实施主体 7 个方面刻化经济发展方式是否发生转变及转变程度大小。研究结果显示：1990—2006 年，中部地区经济发展方式转变过程明显地呈阶段性规律；1990—1994 年，中部地区经济发展方式存在明确的向集约型方向转变的趋势；1994—2004 年，经济发展方式转变过程则处于摇摆之中，缺乏明确的变动方向，但 1994—2002 年大致呈下跌趋势；2002—2006 年经济发展方式存在明确的向集约型方向转变的趋势。

　　转变经济发展方式，需要从适应新型经济发展模式的政策配套机制、突出中部地区经济结构特征的特色发展机制和建立可持续发展的利益均衡及利益分配的公平机制三个方面着手，建立和完善中部地区经济发展方式转变机制，实现从要素和资源驱动转向创新驱动，从投资和消费驱动转向供给侧改革驱动，从出口导向转向"两个市场"发展、从粗放型增长转向绿色发展。

　　全书由朱选功教授提出并设计大纲，朱选功教授、邓国取教授、丁超勋博士、赵丹博士、王娟博士、乔静博士、胡引霞博士和余沛博士参与了研究和撰写。最后，由邓国取教授统稿，朱选功教授定稿。

　　在本书即将付梓出版之际，河南省的经济、社会、文化又有了巨大的发展。继粮食生产核心区、中原经济区、郑州航空港经济综合实验区后，河南省又获得了郑洛新国家自主创新示范区和河南自贸区两个国家战略规划。

　　其中，郑洛新国家自主创新示范区成为河南省第四个国家战略规划。对此，省长陈润儿寄予厚望："加快推进郑洛新国家自主创新示范区建设要着力扩大开放、深化改革、协同创新、把握重点，打造具有国际竞争力的中原创新创业中心。"依托郑洛新国家自主创新示范区，河南省着重实施深化体制改革和机制创新、提升自主创新能力、推进技术转移和开放合作、加快产业转型升级发展、构建创新创业生态体系、促进郑洛新城市群协同创新发展六大任务，致力把郑洛新国家自主创新示范区建成引领带动全省创新驱动发展的综合载体和增长极。

　　河南自贸区则是河南省第五个国家战略规划。对于河南自贸区，河南省政府希望打造三个圈。即核心圈，郑州作为中原城市群的核心圈，郑州自贸区将起到带动紧密圈自贸区、辐射中原城市群的重要作用，打造中部内陆开放高地；紧密圈，以洛阳和开封为重要节点，连同洛阳和开封自贸区带动紧密圈城市群发展，向上承接郑州发展需求，向下带动外围城市圈开放；外围圈，自贸区辐射并带动外围经济圈发展，以开放倒逼改革，作为试点推广的广大腹地，为中原经济区的发展和中原城市群的建设提供有力支持。

　　如今的河南省，正如省委书记谢伏瞻在 2016 年 2 月所指出的：2015 年全省生产总值超过 3.7 万亿元，人均生产总值 3.9 万元，均为 2010 年的 1.6 倍。工业增加值 1.6 万亿元，是 2010 年的 1.4 倍。一般公共预算收入 3009.6 亿元、支出 6806.5 亿元，金融机构本外币存款余额 4.8 万亿元，均比 2010 年翻了一番多。粮食生产在高基点上实现新跨越，总产达到 1213 亿斤，比 2010 年增加 126 亿斤。经济大省、新兴工业大省、农业大省地位更加巩固，家底更加厚实！

　　过去的五年，我们走过的历程很不平凡。面对国内外严峻复杂形势和一系列重大风险挑战，在党中央、国务院和省委的正确领导下，全省上下全面落实党的十八大和十八届三中、四中、五中全会精神，深入贯彻习近平总书记系列重要讲话精神，扎实开展党的群众路线教育实践活动，主动适应经济发展新常态，聚焦实施三大国家战略规划，加快“一个载体、四个体系、六大基础”建设，着力打造“四个河南”、推进“两项建设”，在抢抓机遇中乘势而上，在爬坡过坎中克难前行，在攻坚转型中蓄势崛起，干成了一些打基础利长远的大事，办妥了一批多年想办办不了的要事，实现了一系列具有标志性意义的突破，“十二五”规划胜利完成，经济社会发展取得了令人鼓舞的重大成就！

　　希望本书的出版，能为河南省的经济、社会和文化发展提供一定的理论支撑，希望此书能为河南省五个国家级战略的实施尽一份绵薄之力。

朱选功

2016 年 10 月于洛阳

目　　录

第一章 导论

经济增长和经济发展，不仅仅是经济学长期研究的核心问题，也是包括发展中国家的全球各国，特别是中国这样的高速发展中的国家特别关注的问题。党的十七大报告首次将"转变经济增长方式"转换成"转变经济发展方式"。十八大报告再次强调，要加快完善社会主义市场经济体制和加快转变经济发展方式，尤其把"转变经济发展方式"作为经济发展的主线。强调以科学发展为主题，以加快转变经济发展方式为主线，是关系我国发展全局的战略抉择。在我国经济发展面临转型的关键之时，经济增长和经济发展尤其值得思考和探索。

第一节 研究背景

一 经济增长和经济发展是全球面临的共同难题

在当今世界，经济全球化给各国经济带来了深刻的变革。近几年，主要发达国家的经济发展增长率有所放慢，陆续呈现出参差不齐的特征；另外，在全球经济中，发展中国家所占比重不断上升，包括中国在内的发展中国家的经济连续多年保持高速增长。世界经济增长重心正在逐渐向新兴经济体转移。同时，全球经济面临着一系列难题：

一是全球经济增长难题。2007 年 9 月次贷危机的发生，使得各国开始采取低利率扩张性货币政策与财政政策，经济刺激方案相继重磅出击，有的西方国家甚至不惜以通过开动印钞机的方式，向市场注资从而来刺激经济的增长。现在，人们最大的担忧主要来自此前大力度的甚至是透支了未来经济增长后劲的经济刺激计划实施后，世界经济仍然低迷。这种情况如果继续下去，各国又该采取怎样的措施，还能采取怎样的措施？如果钱砸完了，经济增长依然后劲不足，全球经济如何才能保持可持续高速增长？如果全球经济长时间低位徘徊，失业率继续上升，各国将如何解开这个死结？

二是全球经济发展难题。不可否认的是，在相当长的一个时期内，包括发展中国家在内全球经济经历了一个快速发展阶段，但在经济增长的同时，也带来了许多问题：全球经济发展不平衡的问题越来越突出，南北矛盾、贫富差距拉大；粗放型经济增长方式面临挑战和转型；土地、人口等红利即将消失，未来的经济增长靠什么？资源日渐枯竭，环境问题日益突出；产业结构不合理，产业升级困难重重；社会问题频发，社会矛盾突出；体制性障碍仍未得到有效解决，民主呼声不断。

二 转变经济增长模式和经济发展方式是我国经济"新常态"下的必要选择

我国经济经历了 30 多年的高速发展，GDP 年均增长率接近 10%，但从 2007 年开始，GDP 年均增速放缓（见图 1-1），进入了一个稳定的低速增长阶段，中国经济进入了人们所说的"新常态"。中国经济增速减缓并呈现下滑趋势，经历改革开放以来 30 多年的高速增长，在其过程中积累的矛盾和风险也开始显现出来，我国经济表现出如下特征：一是由高速增长向中高速增长转变；二是优化升级经济结构，逐步以第三产业消费需求为主体，不断缩小城乡区域差距，居民收入占比提高，发展成果有更多人民群众共享；三是从投资、要素驱动向创新驱动转变。

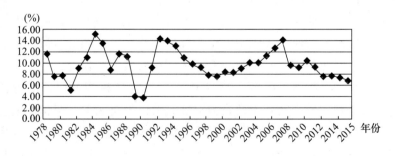

图 1-1 1978—2015 年我国 GDP 增速

我国经济实现从高速增长到"新常态"转变，已经登陆"另一个轨道"。中国以往的经济增长模式和发展方式在中国经济"新常态"下必然面临转变：首先是经济增长模式的转变。粗放型经济增长模式面临向集约型经济增长模式的转变，促进经济增长由主要依靠投资、出口拉动向依靠消费、投资、出口协调拉动转变，由主要依靠第二产业带动向依靠第一、第二、第三产业协同带动转变，由主要依靠增加物质资源消耗向主要依靠科技进步、劳动者素质提高、管理创新转变。其次是经济发展方式的转变。由单纯追求 GDP 增长转向追求全面、协调和可持续发展，经济工作重点转移到调整经济结构、转变增长方式、提高增长质量和效益上来，生产力发展的潜能将不断地得到释放，实现经济、社会、环境、生态、民主、政治的协调发展。

三　转变经济增长模式和经济发展方式是中部崛起战略目的实现的客观要求

中部六省包括华中地区湖南、湖北和江西三省，华东地区河南、安徽两省以及华北地区的山西省。中部崛起是指促进中国中部经济区——河南、湖北、湖南、江西、河北和山西 6 省共同崛起的一项中国中央政策，2004 年 3 月 5 日首先由温家宝总理提出。2009 年 9 月 23 日，国务院常务会议由国务院总理温家宝主持召开，《促进中部地区崛起规划》在该会议中讨论并原则通过。此后中央先后通过了《鄱阳湖生态经济区规划》《中原经济区发展规划纲要》等国家发展规划，把中部崛起纳入国家战略发展层面。

中部地区在我国经济和社会中占有重要的地位，依据规划内容，到 2015 年，中部地区经济发展水平显著提高，粮食生产基地、能源原材料基地、现代装备制造及高技术产业基地，综合交通运输枢纽"三个基地、一个枢纽"地位进一步提升；经济发展活力明显增强；可持续发展能力不断提升；和谐社会建设取得新进展，城乡居民收入人均增长率均超过 9%。不过现在中部地区在经济增长和经济发展中面临一系列问题："三农"问题仍很突出、制约工业发展的"瓶颈"尚未突破、生态破坏和环境污染比较严重、教育和卫生等社会事业发展滞后、交通运输体系建设仍存在薄弱环节，"中部塌陷"并非危言耸听，这些问题的解决，亟待创新经济增长模式和经济发展方式。

第二节 研究目的与意义

一 研究目的

（1）以大量的文献资料为理论指导，结合调研数据和文献历史数据，采取构建模型的分析方法，既从宏观层面分析中部地区经济增长和经济发展现状，又从微观层面分析具体因素对中部地区经济增长和经济发展的影响，探索经济发展方式转变模式。

（2）中部地区经济增长动因分析。本书以历史数据为基础，运用 DEA – Malmquist 模型、向量自回归（VAR）模型等分析方法对影响中部地区经济增长的投资、消费、对外贸易、金融和技术创新等要素进行分析和判断，探寻投资、消费、对外贸易、金融和技术创新等要素对中部地区经济增长的贡献和最优组合。

（3）探索中部地区经济发展方式转变。在对中部地区现有经济发展方式进行分类与评价基础之上，对中部地区的经济增长与发展的协调性进行判断，提出中部地区经济发展方式转变的具体对策和政策建议。

因此，基于中部地区经济发展方式转变是一个严峻的现实问题，创新中部地区经济增长模式和经济发展方式转变就成为中部崛起必须解决的难题。基于此，本书采用规范分析与实证分析、定性分析与定量分析相结合等方法，探讨中部地区经济发展方式和与之相适应体制，旨在为我国各级政府的科学决策提供必要的依据。

二 研究意义

（一）现实意义

由于中部地区经济增长和经济发展存在体制性、方式性、模式性、结构性等方面的问题，影响和制约着中部地区经济发展，对未来中部地区的持续、协调和全面发展提出了挑战。因此，本书的研究主要是通过采用实际调查法、模型化方法、比较分析方法、系统分析方法，对中部地区经济增长总量、结构和动因进行定性和定量相结合的分析，在对中部地区经济发展方式进行分类和评价的基础上，评判中部地区经济增长和经济发展的协调性问题，提出中部地区经济发展方式转型的对策和建议，为中部崛起建言献策。

（二）理论意义

关于经济增长和经济发展的研究文献颇为丰厚，中部地区经济增长和经济发展的研究文献也不少，但系统和全面梳理、总结和评估中部地区经济增长和经济发展的研究还有待深化。本书相关研究的理论意义在于：

1. 构建动力模型系统和全面评价中部地区经济增长及其动因

本书不仅仅构建 DEA – Malmquist 模型以比较分析中部地区各省经济增长，而且构建动力模型来进行对影响中部地区经济增长的投资、消费、对外贸易、金融和技术创新等要素评价，应该说是以此为理论的尝试。

2. 运用多学科交叉理论研究中部地区经济增长和经济发展协调性问题

经济增长和经济发展协调性一直是理论界研究的难题，现有文献的研究更多集中在经济增长的某一个要素（如人口、就业、投资、消费、对外贸易、金融和技术创新等）与经济发展的协调性问题。本书尝试以中部地区为例，基于经济学、管理学、社会学、金融学、政治学等多学科交叉理论，研究经济增长与经济发展的协调性问题。

第三节 文献综述

国内外经济增长和经济发展的文献积淀非常深厚，主要集中在以下几个方面：

一 经济增长

（一）基本概念

一种观点认为经济增长指在一定空间范围内（一国、一地区、一区域、一省、一市）和一定时间范围内（一月、一季度、一年、三年、五年），从事生产和服务的人们的劳务数量与劳动产品的增加，或按人口平均的实际产出的增加，一般用 GDP、GNP 和国民收入来衡量，或用他们的人均数值来衡量。另一种观点认为经济增长不仅意味着国家财富和劳务生产增加以及人均国民生产总值的提高，而且伴随着结构变化，认为经济发展和经济增长没有区别。

经济增长是一个比较偏重数量的概念,具体是指由投入变化导致产出数量的增加。通常使用国内生产总值总量、国内生产总值增长率与人均国内生产总值这三个指标来核算经济增长。从经济增长分析范式到发展分析框架是经济学的一次理论革命和创新。发展中国家追求的不仅是经济增长,更重要的是要实现经济发展。经济增长可以用国民生产总值或人均国民收入来衡量,但经济发展显然具有更广泛的内容和更深刻的含义,将发展简单地等同于 GNP 增长、个人收入提高、工业化等,是一种狭隘的发展观。

(二) 经济增长理论

1. 国外经济增长理论

宏观经济学的关注焦点一直是经济增长问题,随着经济学理论的发展演变,经济增长理论也经历了从研究增长数量到增长质量的转变过程。新增长理论的另一个核心特征是内生化,即将传统增长理论中作为外生变量的一些因素作为内生变量来处理,将知识资本、人力资本、政府的经济政策、国际贸易、国际资本流动和技术转让等要素引入内生增长理论的模型中,从而突破了传统观念中的增长模式。从发展脉络来看,国外的经济增长研究可以分为以下几个阶段:

(1) 古典经济增长理论。经济总量的增长是在竞争均衡的假设条件下资本积累或技术变化的长期结果,这是传统经济增长理论的观点。古典经济学的代表人物亚当·斯密、大卫·李嘉图和马尔萨斯早就对经济增长进行过研究。英国杰出的经济学家亚当·斯密是古典经济学的奠基者,他在《国民财富的性质和原因的研究》中认为经济增长就是国民财富的增加,可以通过增加生产性劳动的数量和提高劳动技能两种基本途径来实现,因此,斯密将经济增长集中于研究实际生产领域。他认为劳动分工的水平提升,有利于增加产出,那么资本利润和劳动者的工资也随之增加,这就促进了国民财富的增加,而国民财富的增加将转换为更多的资本积累,促进劳动分工的进一步深化,从而推动着经济的新一轮增长。总之,斯密认为劳动分工和资本积累是一国经济增长的主要动力。斯密以劳动分工理论和资本积累理论为基础的经济增长理论成为现代经济增长理论的先驱。

英国产业革命高潮时期的经济学家大卫·李嘉图继承和发展了斯密的经济理论,代表作是《政治经济学及其赋税原理》。李嘉图提出在给定土地上追加劳动的边际生产力是递减的，进而在级差地租和分配理论的基础之上发展了资本积累理论，他的理论表明国民收入的分配格局将影响到经济增长，由于分配给工资的份额不断上升，分配给利润的份额不断下降，利润率的下降将导致资本积累陷入停滞，因此经济增长的过程从长期来看不是永久增长，而是会收敛于某一静止水平。

马尔萨斯的经济增长理论侧重于论述"人口增长"与"经济增长"的两者关系，他的主要观点是：人口是以几何级数增长的，而生活资料只能以算术级数增加，二者之间的矛盾必将导致经济增长出现停滞甚至倒退，因此需要控制人口增长使人口增长率与经济增长率达到一种稳定的均衡。马尔萨斯第一次将人口增长引入经济增长理论的内生变量，但其对经济增长的悲观预期是缺乏事实依据的。

约瑟夫·熊彼特在《经济发展理论》中提出了一种创新理论，也就是强调生产技术和生产方法的革新在经济发展中具有决定性作用，创新才是经济增长的源泉和经济发展的本质特征，并从技术创新的角度解释了经济周期的变动规律。熊彼特的创新理论具有深远的影响，但他的理论缺乏严谨的数理模型来支撑。

（2）新古典经济增长理论。著名经济学家罗伯特·巴罗对经济增长理论的研究推动形成了新古典经济增长理论。这一理论侧重和经验应用的结合以及理论假设与数据间的关系，主要是将数量分析与应用社会科学的政策问题相结合。巴罗理论的另一重要特征是研究范畴的变化，将经济增长从数量纳入了质量的研究范畴，由此也被称为经济增长质量理论。

英国经济学家哈罗德和美国经济学家多玛吸取了凯恩斯的收入决定论，分别建立了长期经济增长理论的模型，并合称为"哈罗德—多玛模型"，从而奠定了现代增长理论的基本框架。

索洛—斯旺模型则是现代经济增长理论的基石，立足于简约的两部门经济系统，从新古典生产函数出发，在市场出清条件下分析了长期经济增长与资本积累之间的动态关系。

新古典经济增长理论的经典模型，即卡斯—库普曼斯—拉姆齐（Cass - Koopmans - Ramesy）模型，假设在完全竞争市场条件下，通过构建消费者和企业行为模型，得到在均衡时经济中各人均变量的增长率均等于技术进步率的结论。但在此模型中技术进步率却是外生的，如果不存在外生的技术变化，则经济就会收敛于一个人均水平不变的稳定状态。新古典增长模型中的一个核心前提假设就是资本收益递减率，但经济长期增长必然离不开收益递增。在新古典增长理论中，除非有正的人口增长率或外生给定的技术变化，否则一国经济就会进入零增长，因此，经济的增长只能依赖于外生的技术变化。

（3）新经济增长理论。自20世纪80年代中期兴起的现代经济增长理论来源于新古典经济增长理论，最重要的改变就是不再假设技术进步是由模型外生决定的，而是作为增长模型中的内生变量。现代经济增长理论的研究视角包罗万象，涵盖领域十分广泛。新增长理论将知识、人力资本等引入经济增长模式，提出了要素收益递增的假定，从而对新古典增长理论做了全面的修正。并且新理论强调经济的增长不是外部因素而是经济体系的内部力量作用的结果，因此也被称为内生增长模型，或者长期增长模型。

新增长理论的研究包括从企业、家庭、政府、国外四大部分对经济增长的研究。罗默（Romer）在1986年发表的《递增报酬和长期增长》一文中，将知识作为内生变量引入增长模型中，他认为企业创造的新知识是经济增长的主要因素，并且知识在产出生成中具有递增报酬。如贝克尔（Becker）等的《人力资本、生育率和经济增长》（1990）、罗森兹威格（Rosenzweig）的《人口增长和人力资本投资、理论和证据》（1990），从家庭（个人）投资出发探讨了人力资本投资对经济增长的影响。巴罗（Barro）在《一个简单内生增长模型中的政府支出》一文中指出政府提供的公共服务即生产性支出和最优税收政策能够刺激持续的消费增长。金（King）和里贝罗（Rebelo）在内生增长模型中关于政府经济政策的研究，表明政府税收对经济增长的各种影响。斯科特（Scott）在专著《经济增长的一个新观点》（1989）中论证了通过国际贸易和引进外资可以实现经济的迅速发展。

第一轮与第二轮内生增长理论的核心分别是外部性模型和科技创新模型。前者是将技术进步或知识积累视为其他经济活动的无意识副产品，也就是假设其他经济活动具有外部性效应，从而不需要对技术进步或知识积累进行补偿，于是可以维持完全竞争的研究框架；后者是放弃完全竞争的假定，把知识积累视为企业进行有意识的研发投资的结果，从而在模型中明确引入技术进步。

从 20 世纪 60 年代开始，非均衡理论开始逐步取代传统经济理论的主流地位，认为经济增长是结构转变的一个方面，生产结构的变化应适应需求结构的变化，资本和劳动从生产率较低的部门转移到生产力较高部门的过程中能够加速经济增长。其理论代表钱纳里（Chenery）认为经济的非均衡增长必然产生结构效应。帕西内蒂（Pasinetti）指出，只要产业结构的变化能够适应需求的变化，能够更有效地利用现有技术，使劳动和资本能够流向生产率较高的部门，那么就会加速经济增长。

新制度经济学派代表人物诺斯（North）认为，促进经济增长的决定性因素是有效的产权制度，经济实现增长的手段是资本积累和技术变化。任何经济增长过程都是在一定的制度环境下发生的，经济增长的全过程贯穿制度因素，因此应当将制度因素作为决定和影响经济增长的一个重要内生的变量，这正是新制度经济学对主流经济增长理论的修正。

（4）经济增长理论的最新进展。近几年来，增长文献演变所围绕的一个中心问题就是收敛问题。一般认为，收敛是新古典增长理论的一个推论，而新增长理论没有这个推论，最初认为通过对收敛进行检验，就可以检验各种增长理论的有效性。作为收敛研究的后果，新古典增长理论和新增长理论都经历了变形，并且走向和解。现在可能通过适当地选择这两种增长理论的模型同时解释收敛行为和不收敛行为。

另外，全要素生产率（TFP）测量是经济增长核算理论中的一个重要方法，考虑的是所有的投入要素包括劳动、资本、研发等对于经济增长的贡献度。中国经济总体 TFP 的研究在总体结论上基本是一致的：具体来说改革之前 TFP 对中国经济增长的贡献很小，改革之后明显提高了。当今西方发达国家的经济增长主要是依靠 TFP 的提高来实现的，我国经济的高速增长则主要依靠高投入尤其是高的投资率来维持，TFP 对经济增长的贡献比较低。

2. 国内关于经济增长的研究

一些学者着眼于探讨中国经济增长与发展的新模式。例如，吴敬琏（2013）的《中国增长模式抉择》、张平等编著的《中国经济增长前沿：转向结构均衡增长的理论和政策研究》等。

国内许多学者也对关系到经济增长的一些社会问题做了大量研究，包括对于社会公平、收入差距、减贫、通货膨胀等问题的重大影响进行了研究。例如，刘穷志（2009）的《经济增长与社会公平：财政激励的理论模型与实证研究》，张平（2013）等的《经济增长与减贫的非均衡性：基于西部民族地区的理论与实证研究》。

还有一些学者针对近年来中国经济社会发展中出现的新现象，进行了与经济增长相关的研究和探索。例如，刘涛雄（2008）的《社会冲突与经济增长：一个理论框架》，李魁（2014）的《年龄结构变动与经济增长：理论模型与政策建议》等。

不过，大部分的学者对经济增长的研究仍侧重于实证研究。这些学者将现代经济增长理论应用于中国的经济发展现实问题中，分别从不同角度研究了包括人民币汇率、金融结构、制度变迁、技术创新、对外贸易、投资、技术扩散、收入分配、土地政策、人力资本、虚拟资本、宏观税收、资源约束等各种动力要素对于中国经济增长的理论与实证分析。例如，阎敏（2009）的《外商直接投资与中国经济增长理论、实证与政策选择》、欧阳煌（2007）的《财政政策促进经济增长：理论与实证》、雷钦礼（2003）的《制度变迁、技术创新与经济增长：中国经济增长的理论与实证分析》、韩廷春（2002）的《金融发展与经济增长：理论、实证与政策》、李金铠（2009）的《能源约束与中国经济增长研究理论与实证》等著作。

另外一些学者对国外的经济增长理论的发展历史进行了梳理和归纳，并对这些理论进行了比较研究，将西方的最新增长理论向国内进行了引介。例如，任保平（2014）等编的《经济增长理论史》，左大培（2007）等的《经济增长理论模型的内生化历程》等著作。

（三）经济增长方式

把经济增长的动因密切联系在一起是国内外在分析经济增长方式时经常用到的。通过生产要素投入变化，包括生产要素数量增加、质量改善和组合优化来实现经济增长的方式和方法，就是经济增长方式。经济增长方式通常有以下两种类型：一种是靠增加自然资源、资本和劳动等资源投入实现的增长，叫作外延式增长，或者粗放型增长；另一种是靠提高效率实现的增长，叫作内涵式增长，或者集约型增长。前者是依赖生产要素的投入，后者则依赖要素生产率的提高。

一般而言，经济增长方式主要是指推动增长的各种生产要素投入的组合形式，其决定性因素是要素投入的质量与数量、技术条件以及产出效果；而经济发展方式主要是指以经济增长为龙头和核心所带动的社会整体优化与进步的发展途径，包括一个国家或地区的经济结构、社会事业等各方面的整体发展程度。用"发展"替代"增长"，反映了发展理念、模式等方面的根本性转变和社会性进步。

二 经济发展

（一）基本概念

增长指的是物质上、数量上产出的增加。发展是指一个社会在制度、管理、生活品质、财富分配等品质上的进步。经济发展是指一个国家经济、政治、社会文化、自然环境、结构变化等方面的均衡、持续与协调的发展。由此来说，经济发展的内涵更为广泛、全面而深刻，不仅包括生产要素的投入变化，也包含了结构、质量、效率、就业、分配、消费以及生态环境等各方面关系到发展问题的领域。经济发展意味着要求协调、均衡、可持续、高质量的经济增长，还意味着经济结构、生产方式、收入分配、社会福利等诸多领域的改进和更加现代化的变革。

（二）经济发展理论

经济发展思想产生在古代，但是对经济发展理论的最初研究是从马克思开始的。马克思是第一位目的明确地研究经济发展理论的人。马克思说"资本"的最终目的是要"揭示现代社会的经济运动规律"，他是第一位在这种意义上使用"经济发展"一词的人。在第二次世界大战期间及以后的年代里，经济发展实际上被认为是经济增长的同义语。最早广泛研究经济发展过程和问题的论著是阿瑟·刘易斯的《经济增长理论》，该书中将"经济发展"定义为"提高普通人的生活水平"，并用人均收入的增长来衡量。

1759 年瑞典经济学家缪尔达尔曾在书中写道："经济发展作为一种主要政策目标的共同要求在不发达国家出现，把提高普通人的生活水平作为发展的定义，认同经济发展是政府的一项任务——所有这些成为历史中全新的重要事情。"

经济发展等同于经济增长理论时期的主要观点有以下三种：

一是资本形成是最重要的因素。罗格纳·纳克斯表达了一个普遍的可接受观点，"在经济落后国家发展问题的核心就是资本形成"，他补充说，资本不是事情的全部，仅有资本是不够的，但它是进步的一个必要条件。1955 年刘易斯有一段著名的论述："经济增长理论中的中心问题是要理解一个社会从 5% 的储蓄者变为 12% 的储蓄者的过程，以及伴随着这种转变而来的在态度、制度和技术方面的一切变化。"这句话强调经济增长不仅伴随着储蓄的增长,而且伴随着人们的意识形态、制度和技术等的变化。

二是力图纠正重点,强调人力资本的重要性。以舒尔茨和贝克尔为代表的学者们发展了人力资本的概念及其含义,创造了一个全新的分支学科——教育经济学。舒尔茨说道:"我开始认识到,确定为资本和劳动力的生产要素不是不变的,但在一定时期可以改进,而且作为资本和劳动力来衡量时,这些改进被忽略了。在美国许多人对自己进行大量投资,作为人的因素,这些人的投资对经济增长有一种渗透的影响,而人力资本的关键投资就是教育。"

三是重新将贸易作为增长的引擎。倡导通过自由贸易和出口导向型的发展战略来推动经济增长。发展似乎包括富裕社会的每个方面,每个人都可以从不同的层面对发展做出不同的解释。帕金斯等指出,"经济发展的一个关键是大多数人能否参与发展的过程。他们不仅参与利益的生产,还参与利益的享受,经济发展还包括生活质量的提高"。迈克尔·托达罗则对发展的含义提出了三个核心价值观:生存、自尊和自由。他说生存提供基本需求的能力,自尊要把人当作一个人来看待,自由能进行选择。具有这些表现的发展才是真正的发展。

经济史表明,发展必须以增长为前提。在追求现代化的过程中,通过工业化和经济增长的其他形式来达到这个目标是理想的办法,也是减轻贫困和更一般地促使物质进步的手段。根据霍利斯·钱纳里的理论:"从历史上看,工业化一直是发展的中心内容"。目前,人们已经认识到发展就是经济结构的成功转变。库兹涅茨在他的关于现代经济增长的历史研究中,将资源由农业向工业转移确定为这一转变的基本特征。战后发展中国家的发展经历表明:工业化和收入水平增长有着很高的相关关系,同时,由于资源禀赋和政府政策的不同,发展也会形成重大差异。

进入 21 世纪以后,学者们尤为关注发展中国家的经济发展和经济转型问题,研究如何缩小发达国家和发展中国家的经济发展差距。这些研究围绕历史经验和实证研究展开。另外一些研究集中在自然与经济之间的和谐发展,出现了一些如绿色经济发展或低碳经济发展理论等。总的来说,经济发展理论强调社会的和谐和全面发展,同时更多地关注一个国家或地区的人口、自然、技术、人力资源、经济、政治、教育、法律及社会文化制度、市场开放度、收入分配、意识形态、政府干预政策及经济开发战略等因素的影响和作用。

(三) 经济发展方式

经济发展方式是指关系到经济发展的诸多因素的配置方式和利用方法。美国哈佛大学教授迈克尔·波特 (Michael E. Porter, 1990) 曾经在《各国的竞争优势》中把经济发展划分为四个阶段,依次是"要素推动的发展阶段""投资推动的发展阶段""创新推动的发展阶段""财富推动的发展阶段"。这四个经济发展的阶段也对应着不同的经济发展方式。在第一个阶段,主要是通过大规模投入劳动力、土地、资源等生产要素来推动经济增长,是一种粗放型的发展方式。在第二个阶段,主要是通过大规模投资获得规模效应,经济增长既依赖于资本积累,也依赖于技术进步。在第三个阶段,创新成为推动经济增长的主要来源,经济发展依赖于能够创造新经济增长点的高新技术进步,此时是一种集约型的发展方式。第四个阶段,人们对个性的全面发展和非生产性活动(艺术、体育、音乐、保健、旅游等)的需求大大增加,由此带来生产性投资和生产活动的衰退以及以前积累的国民财富的消耗。不同的经济发展阶段也对应着不同的经济发展方式,与前文所述经济增长方式的含义也相互重叠,说明经济发展方式与经济增长方式有着紧密的联系,只不过经济发展方式包括的内容更为广泛。

(四) 经济发展方式转变

我国现行经济发展的方式存在着一些突出的矛盾和严重的弊病,如内外部经济不协调、传统竞争优势减弱、技术进步推力不足、储蓄与消费关系不协调、资源环境压力持续增长、经济发展和社会发展不协调等,这些问题的存在已经严重影响到我国经济的平稳运行和未来的持续发展。国内要素成本上升和资源环境约束强化对转变经济发展方式起到了一种倒逼作用,转变经济发展方式已经成为一项紧迫而艰巨的任务。自2010年始,加快经济发展方式转变的问题成为我国在新时期的一个重大战略命题,已经上升到了国家发展战略的高度,也是中国在全球金融危机的背景下实现中国经济转型升级的一场深刻变革。

推动经济发展方式转变的战略重点是经济结构调整,关键是要走新型工业化道路,大力推动技术创新、环境保护和能源节约,并且还需完善社会保障和基本公共服务体系，以及促进形成资源节约型、环境友好型的消费模式等各项政策改革。转变经济发展方式就要调整经济结构，提高经济增长的质量。具体来说，转变经济发展方式，必须要实现经济过程中的三个转变：第一，实现经济发展目标的转变，应由过去追求GDP总量增长转向实现人民收入增长。第二，实现经济增长动力因素的转变，应由过去主要是依靠物质要素投入推动经济增长的方式转向依赖科技进步和创新发展的途径来推进经济发展方式转型。第三，实现参与经济全球化战略的转型，由依赖自身资源和劳动力的比较优势，转向提高资本和技术要素的竞争优势。

目前对我国经济发展方式转变的研究涉及转变的机理、路径、战略重点、主要模式等一些重大领域。比如，国务院发展研究中心课题组（2010）汇编的《转变经济发展方式的战略重点》中，分成以基本保障为重点的改善民生并拉动内需战略、以农民工市民化为重点的城镇化战略、以提升产业中高端竞争力为重点的产业优化升级战略和以降低单位GDP碳排放强度为重点的资源节约和环境保护战略的四大专题对我国经济发展方式转变的重要战略做了详细的报告。沈坤荣（2011）在《经济发展方式转变的机理与路径》中对我国经济增长的动力结构和微观机理进行了分析，并分别从技术创新、对外开放、资源环境约束、经济结构转化等方面对我国经济发展方式转变的途径进行了研究。

在经济发展方式转变方面，我国国内学者和海外学者也有着不同的见解。

杨万东（2011）的《经济发展方式转变："本土派"与"海外派"的对话》一书中就录入了国内外专家在透视中国经济发展方式转变中的12个方面的大问题所进行的观点交锋和思维碰撞，充满了中外多元化视角，有利于把握经济发展方式转变的海外观念与全球趋势。西方学者非常关注中国模式能不能迅速崛起，认为这取决于中国能否实现经济发展方式的转变与升级。对此，巴里·诺顿（2010）的《中国经济：转型与增长》重点关注中国经济在过去几年中非同寻常的快速转型阶段，认为中国正在沿着一条宽广的转型道路向现代化市场经济的一般模式趋进。

关于经济发展方式转变的途径或突破口有提高资源利用效率、通过自主创新、调整经济结构和产业结构、提供制度保障、提高经济增长的质量等。一些学者就是从不同的转变途径入手，分析我国经济发展方式转变的重点和关键点。例如，聂正彦（2012）的《金融转型、技术创新与中国经济发展方式转变》、沈开艳（2012）主编的《结构调整与经济发展方式转变》、杨志（2013）等所著的《低碳经济——全球经济发展方式转变中的新增长极》等书。

还有一些学者则探讨了地方性经济发展方式转变的问题，例如，陈鸿宇（2010）主编的《广东加快转变经济发展方式十讲》、王大超（2010）等的《辽宁转变经济发展方式对策研究》、辛文（2008）主编的《四川经济结构调整与发展方式转变》等。

三　经济增长与经济发展关系

经济增长和经济发展是用于分析宏观经济运行的两个常用的重要概念，直至20世纪四五十年代，当时的古典经济理论中通常将经济发展等同于经济增长，认为经济发展就是GDP的增长。然而，经济增长的主流研究长期集中在生产技术方面，却忽略了其他因素的重要性，经济学家开始对传统经济理论进行反思，逐渐认识到其他因素的重要影响，并从不同视角、领域入手不断完善经济增长理论。经济增长理论与经济发展理论是具有不同内涵的两个概念。尤其是经济发展理论的研究还形成了一门独立的经济学分支——发展经济学。80年代中期以后出现的新经济增长理论，则标志着经济增长理论的新发展以及与发展经济学的理论融合。经济发展理论在研究经济增长速度的同时，也比较重视经济增长的质量，也就是说经济增长的优劣程度和品质属性。不同于建立在GDP的基础上的狭义的增长理论，从不同角度提出衡量经济增长状况的许多修正指标是发展理论所主张的。

经济增长是手段，而经济发展则为目的，这是从经济发展与经济增长的关系来说的。经济发展是以经济增长为基础的，同时经济发展也是经济增长的结果。一般情况下，经济发展是以经济增长为基础与前提的，经济增长为经济发展的必要不充分条件。

四　中部地区经济增长与经济发展

在我国，中部地区的范围包括湖南、湖北、河南、安徽、江西和山西六个相邻的省份，是我国的经济腹地，形成了中部区域经济体系，在区域发展中占有一席之地。当前，关于我国中部地区经济增长和发展问题的研究主要分为下述几个领域：

（一）关于中部地区经济增长的某种"塌陷"与崛起问题的研究

河南、湖南、湖北等中部地区各省的产业结构、经济基础等呈现出明显的聚类特征，如历史形成的低层次生产分工定位，到现在未能改变其农业区和资源粗加工区的经济结构，这样其在资源配置中具有很不利的特点；中部地区位于内陆，经济开放程度相对较低，在经济全球化背景下形成一种"边缘化"的格局。这种现象被称为"中部塌陷"。面对困境，中部省份在国际产业分工中，必须依靠沿海地区的经济辐射，抓住产业转移的机会，实现经济崛起和赶超。

（二）关于中部地区经济增长因素的研究

例如武汉大学张秀生教授指出，中部地区的农业资源和矿藏资源具有比较优势，但中部地区处于工业化中期阶段，经济增长过程中自然资源的贡献率在不断地下降，相比而言高级生产要素的作用一直在加强，所以不应形成"资源依赖"。张秀生（2009）在其主编的《中部地区经济发展》一书中从中部地区产业结构的优化、农业发展、城市化与城市群、县域经济发展、对外开放、人力资本、区域创新能力、区域经济协调发展等各个方面对中部地区经济发展的影响和促进作用进行了综合性研究。

（三）关于中部地区经济增长的比较研究

例如汤尚颖（2011）所著的《湖北与中部五省经济发展比较研究》。

（四）关于中部地区经济发展方式转变的研究

促进中部区域发展模式的转变关键在于必须要促进中部地区内的产业转型升级，并提高自主创新能力。例如河南财经政法大学的李新安教授认为，中部地区现有的高投入、高消耗的数量扩张型发展方式，日益受到资源环境的"瓶颈"约束，应当实施产业技术创新，并在经济学家林毅夫以最终产品部门、人力资本部分及 R&D 部门三个部门的划分为基础的内生增长模型的基础上进行分析，得出转变经济发展方式的关键在于提高人力资本与 R&D 资本等产业技术创新的核心要素对于经济增长的贡献度。

五 评价

（1）国外经济增长和经济发展理论研究始于 20 世纪 30 年代，但经济增长和经济发展理论在 20 世纪 70 年代因为全球经济增长和经济发展面临的诸多困境而得到很大的发展，因此，相对而言，国外经济增长和经济发展在实践和理论方面都是比较先进的。而国内对经济增长与经济发展理论研究的起步有点晚，其研究大多在经济增长与经济发展的必要性、重要性、困境分析、制度和模式等方面，对经济增长和经济发展模式和机制等有一定的宏观描述，但缺乏具体可供操作的模式。

（2）关于区域经济增长和经济发展理论，国内外相关研究总体来看是比较零散、不成体系的。在我国"中部崛起"的背景下，中部地区作为我国重要的区域之一，诸多学者做了一定的研究，但缺乏系统和全面的分析，作为一个整体的研究的范式更是不足，因此，亟须中部地区经济增长和经济发展的全面、系统和深入的研究。

第四节　研究思路和方法

一　研究思路

本书的研究思路为：首先明确研究背景、对国内外研究动向及进展进行综合分析、对相关理论基础进行阐析，设计研究的总体框架；其次采用实际调查法、模型化方法、比较分析方法、系统分析方法，借助全要素生产率方法对中部地区经济增长的效率进行省际比较分析，然后对中部地区经济增长的动力因素进行分解，研究了中部地区经济增长的投资、消费、对外贸易、金融和技术创新等动因，探讨了中部地区经济发展、中部地区经济增长和经济发展协调性、中部地区经济发展方式转变等问题，提出了中部地区经济发展方式转变政策建议。本书研究的技术路线见图1-2。

二　研究方法

本书的研究是把定性分析和定量分析结合、理论分析与实证研究相统一；历史分析、现实分析和比较分析有机渗透，并且在研究分析过程中尤其重视实地调查和各类统计数据的运用。具体而言，本书采用的研究方法主要有以下几种：

（一）文献研究法

文献研究法是根据研究目的，通过查阅文献获取资料，从而全面地、系统地了解所要研究问题的一种方法。本书通过对大量文献的查阅和分析研究，了解国内和国外有关问题的历史和现状，做出关于研究对象的基本定位，得到很多现实情况之间相比较的一些资料，对更进一步深入地分析和探讨问题起到了一定的支撑作用。

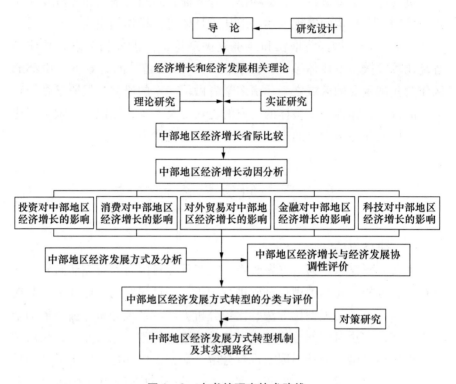

图 1 - 2　本书的研究技术路线

（二）调查法

本书综合运用调查问卷法、观察法、访谈法等科学方式，分别对中部六省及代表性投资、贸易、技术和金融等部门进行了调研，对调查搜集到的大量资料进行分析、综合、比较、归纳，并结合文献资料和非参与观察所得数据，对涉及中部地区经济增长和经济发展两大主体的因素进行实证分析。

（三）跨学科研究法

交叉运用多门学科的理论、方法以及成果，多方向地对中部地区经济增长和经济发展体系进行系统研究，是本书研究方法中较为突出的一种。在理论研究中，本书注重消费经济学、管理学、产业经济学、计量经济学、行为经济学和制度经济学等现代经济学和管理学理论的综合运用，为理论创新提供了坚实的基础。

（四）数量研究方法

在本书的研究内容中，中部地区经济增长及其比较分析、中部地区经济增长的投资、消费、对外贸易、金融和技术创新等动因分析、中部地区经济发展分析、中部地区经济增长和经济发展协调性分析、中部地区经济发展方式转变分析等普遍运用了建模和定量分析的方法。采用了DEA – Malmquist 模型对中部地区六省经济增长效率进行实证分析，通过面板数据模型（Panel Data Model）实证分析了投资对中部六省经济增长的动因，运用向量自回归（VAR）模型分析了中部地区六省消费和金融与经济增长的关系。

（五）系统科学方法

本书自始至终以科学的系统观，以系统科学的理论和观点，从整体和全局出发，从系统内部的各种对立统一关系中，对中部地区经济增长和经济发展体系进行考察、分析和研究，以得到最优化的处理与解决问题，体现出了系统科学的研究方法。

第五节　创新与展望

一　本书创新

（一）全面厘清了中部地区经济增长动因

在传统经济学关于经济发展动因划分的基础上，本书分别从投资、消费、出口、金融和技术创新等方面分析了与中部地区经济增长的关系，分别运用了修正的投入—产出模型、向量自回归（VAR）模型等，运用中部六省经济发展及其投资、消费、出口、金融和技术创新等截面数据，厘清了投资、消费、出口、金融和技术创新与中部地区经济增长的关系，客观描述了投资、消费、出口、金融和技术创新对中部地区经济增长的贡献，分析了各自存在的问题。

（二）规范刻画了中部地区经济发展及其方式

选取经济发展速度、经济发展效益、经济结构优化、经济与社会和谐、经济与自然和谐五个方面的一级指标和 GDP 增长率、工业增加值增长率、固定资产投资增长率、第三产业总产值增长率、进出口总额增长率、社会消费品零售总额增长率等 30 个二级指标构建中部地区经济发展方式综合评价模型，运用截面数据进行评价，结果显示：中部各省经济发展整体评分并不高，经济发展方式合理性还处在比较低的水平。目前，中部各省的经济发展方式处于粗放型的发展方式，经济增长的动力来自多种因素综合作用的结果。

（三）系统探索了中部地区经济增长与经济发展协调性

运用主成分协调度综合评价方法，选取 2004—2013 年中部六省的各指标样本数据，通过所建立的中部地区各省份经济增长与经济发展协调水平指标体系，利用主成分分析法以及协调度模型，对中部地区各省的经济协调水平进行实证。结果显示：中部六省在经济增长与经济发展的动态协调水平上内部分化为两大阵营。其中湖北、湖南、河南以及安徽在动态协调度上相近，且湖北在经济增长与经济发展上的协调度最高，而安徽总体来说在协调度上相对最低。另一阵营江西和山西在协调水平上则处于相对较低的状态，除个别年份在协调水平上高于江西外，基本上与中部其他 5 省在经济协调水平的比较上处于末位。

（四）总体评价和设计了中部地区经济发展方式转变机制及其实现路径

运用综合评价方法，选取经济增长本身、经济增长中的决定因素、经济增长质量、生产结构调整、需求结构调整、资源消耗和污染产生、劳动力流动机制及增长实施主体 7 个方面刻画经济发展方式是否发生转变及转变程度大小。研究结果显示：1990—2006 年中部地区经济发展方式转变过程明显地呈阶段性规律：1990—1994 年，中部地区经济发展方式存在明确地朝集约型方向转变的趋势；1994—2004 年，经济发展方式转变过程则处于摇摆之中，缺乏明确的变动方向，但 1994—2002 年大致呈下跌趋势；2002—2007 年经济发展方式存在明确地朝集约型方向转变的趋势。

转变经济发展方式，需要从适应新型经济发展模式的政策配套机制、突出中部地区经济结构特征的特色发展机制和建立可持续发展的利益均衡及利益分配的公平机制三个方面着手，建立和完善中部地区经济发展方式转变机制，实现从要素和资源驱动转向创新驱动、从投资和消费驱动转向供给侧改革驱动、从出口导向转向"两个市场"发展、从粗放型增长转向绿色发展。

二 研究展望

经济增长和经济发展既是经济学长期研究的核心问题，也是包括发展中国家的全球各国，特别是中国这样的高速发展中的国家特别关注的问题。在我国经济步入"新常态"的背景下，作为我国经济重要组成部分的中部地区经济增长和经济发展既具有战略意义，更具有理论和现实意义。但基于研究问题的复杂性和课题组成员能力的局限，还亟须做好以下几个方面的研究：

首先，经济增长和经济发展研究理论需要深入。本书用经济增长和经济发展的传统理论对中部地区经济增长和经济发展开展了研究，比较了中部地区各省经济发展状况、对中部地区经济增长动因进行了分析，从投资、消费、出口、金融、科技等方面对中部地区经济增长和经济发展进行了研究。在中国经济增长和经济发展特殊的背景下，如何创新经济增长和经济发展研究理论是一个巨大的挑战。另外，本书还研究经济发展方式评价、经济增长和经济发展协调性评价、经济发展方式转型评价等问题，研究方法还需要进一步完善。

其次，中部地区经济发展方式转变机制与路径设计需要细化。本书提出了建立适应新型经济发展模式的政策配套机制、突出中部地区经济结构特征的特色发展机制和建立可持续发展的利益均衡及利益分配的公平机制，设计了要素和资源驱动转向创新驱动、从投资和消费驱动转向供给侧改革驱动、从出口导向转向"两个市场"发展、从粗放型增长转向绿色发展的实现路径。但总体来看，还是比较宏观的，需要结合中部地区，特别是中部地区具体省份的实际情况，设计出切实可行的实现路径。

第二章 中部地区经济增长的省际比较研究

第一节 中部地区省际经济增长数量比较

一 经济发展总量

（一）总体情况

改革开放以后，中部地区经济增长进入长期快速增长阶段。中部地区作为一个整体，GDP 总量从 1978 年的 750 亿元增长到 2015 年年底的 147139.64 亿元。37 年间，中部地区的 GDP 总量增长了 195.19 倍。

表 2 - 1　　1978—2015 年中部地区经济总量及其占全国比重

年份	中部地区合计（亿元）	全国（亿元）	中部地区占全国比重（%）
1978	750	3645.2	20.58
1979	894.64	4062.6	22.02
1980	981.17	4545.6	21.59
1981	1092.69	4891.6	22.34
1982	1197.65	5323.4	22.50
1983	1362.85	5962.7	22.86
1984	1617.88	7208.1	22.45
1985	1956.23	9016.0	21.70
1986	2191.36	10275.2	21.33
1987	2559.54	12058.6	21.23
1988	3149.1	15042.8	20.93
1989	3577.51	16992.3	21.05
1990	4019.36	18667.8	21.53

续表

年份	中部地区合计（亿元）	全国（亿元）	中部地区占全国比重（%）
1991	4403.89	21781.5	20.22
1992	5279.99	26923.5	19.61
1993	6671.27	35333.9	18.88
1994	8663.09	48197.9	17.97
1995	11286.24	60793.7	18.56
1996	13469.74	71176.6	18.92
1997	15176	78973.0	19.22
1998	16321.64	84402.3	19.34
1999	17194.82	89677.1	19.17
2000	18900.86	99214.6	19.05
2001	20697.35	109655.2	18.87
2002	22694.92	120332.7	18.86
2003	25870.88	135822.8	19.05
2004	31616.35	159878.3	19.78
2005	37411.17	187318.9	19.97
2006	43480.57	219438.5	19.81
2007	52971.08	270232.3	19.60
2008	64040.56	319515.5	20.04
2009	70577.56	349081.4	20.22
2010	86109.38	413030.3	20.85
2011	104473.87	489300.6	21.35
2012	116277.75	540367.4	21.52
2013	127909.58	595244.4	21.49
2014	138679.65	643974	21.53
2015	147139.64	676708	21.74

　　1978 年中部地区在全国经济总量中所占比重为 20.58%，到了 2015 年中部地区在全国经济总量中所占比重为 21.74%，提高了近 1.2 个百分点。

　　从整体上看中部地区 GDP 总量所占全国 GDP 比重呈"U"形曲线，改革开放初期所占比例较高，进入 20 世纪 80 年代中期以后不断下降，从 20 世纪 90 年代中期以后开始不断上升。这其中主要由于国家政策，导致出现了"中部塌陷"现象，到了 90 年代以后，随着中部崛起等一系列政策的实施，中部地区 GDP 总量占全国比重开始上升。

从 1978 年到 2015 年，中部地区经济总量所占全国经济总量的比重在不断波动，中部地区 GDP 总量所占比重最高的是 1983 年，为 22.86%，最低的是 1994 年，为 17.97%。

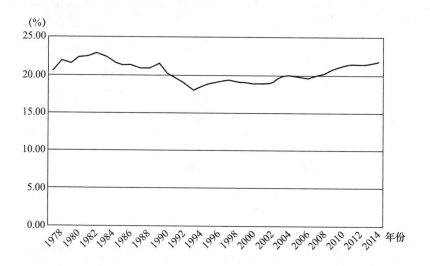

图 2 - 1　中部地区 1978—2015 年 GDP 总量占全国比重变化趋势

（二）省际比较

但具体到中部 6 省，其情况存在一定的差异。

1978 年 GDP 总量最高的是河南省，为 162.92 亿元；第二名是湖北省，为 151.00 亿元；第三名是湖南省，为 146.99 亿元；第四名是安徽省，为 114.10 亿元；第五名是山西省，为 87.99 亿元，最低的是江西省，为 87.00 亿元。

数据显示，中部 6 省无论是经济总量还是产业结构，都有了翻天覆地的变化。2011 年随着山西省和江西省的相继加入，中部六省 GDP 总量均跨过 10000 亿元大关，进入"万亿时代"。这其中，GDP 总量最高的河南省 2012 年年底 GDP 总量已经接近 3 万亿元，2015 年已经接近 4 万亿元，达 37010.25 亿元，居中部 6 省区之首；2015 年湖北省、湖南

省接近 30000 亿元大关，分别以 29550. 19 亿元和 29047. 2 亿元位居第
2 位和第 3 位；安徽省 GDP 总量为 22005. 6 亿元，居中部第 4 位；江西
省和山西省分别以 16723. 8 亿元和 12802. 6 亿元，排在中部 6 省的第 5
位和第 6 位。

　　中部各省 GDP 数据如表 2 - 2 所示。

表 2 - 2　　中部各省 1978—2015 年 GDP 数据（按当年价格）　单位：亿元

年份	山西	安徽	江西	河南	湖北	湖南
1978	87.99	114.10	87.00	162.92	151.00	146.99
1979	106.43	127.50	104.15	190.09	188.46	178.01
1980	108.76	141.00	111.15	229.16	199.38	191.72
1981	121.71	170.60	121.26	249.69	219.75	209.68
1982	139.22	187.10	133.96	263.30	241.55	232.52
1983	155.06	215.70	144.13	327.95	262.58	257.43
1984	197.42	265.80	169.11	370.04	328.22	287.29
1985	218.99	331.40	207.89	451.74	396.26	349.95
1986	235.11	382.80	230.82	502.91	442.04	397.68
1987	257.23	442.60	262.90	609.60	517.77	469.44
1988	316.69	546.90	325.83	749.09	626.52	584.07
1989	376.26	616.20	376.46	850.71	717.08	640.80
1990	429.27	658.00	428.62	934.65	824.38	744.44
1991	468.51	663.60	479.37	1045.73	913.38	833.30
1992	551.12	801.20	572.55	1279.75	1088.39	986.98
1993	680.41	1037.10	723.04	1660.18	1325.83	1244.71
1994	826.66	1320.50	948.16	2216.83	1700.92	1650.02
1995	1076.03	1810.60	1169.73	2988.37	2109.38	2132.13
1996	1292.11	2093.30	1409.74	3634.69	2499.77	2540.13
1997	1476.00	2347.40	1605.77	4041.09	2856.47	2849.27
1998	1611.08	2542.90	1719.87	4308.24	3114.02	3025.53
1999	1667.10	2712.30	1853.65	4517.94	3229.29	3214.54
2000	1845.72	2902.20	2003.07	5052.99	3545.39	3551.49
2001	2029.53	3246.70	2175.68	5533.01	3880.53	3831.90
2002	2324.80	3519.80	2450.48	6035.48	4212.82	4151.54

续表

年份	山西	安徽	江西	河南	湖北	湖南
2003	2855.23	3923.10	2807.41	6867.70	4757.45	4659.99
2004	3571.37	4759.31	3456.70	8553.79	5633.24	5641.94
2005	4230.53	5350.17	4056.76	10587.42	6590.19	6596.10
2006	4878.61	6112.5	4820.53	12362.79	7617.47	7688.67
2007	6024.45	7360.92	5800.25	15012.46	9333.40	9439.60
2008	7315.4	8851.66	6971.05	18018.53	11328.92	11555.00
2009	7358.31	10062.82	7655.18	19480.46	12961.10	13059.69
2010	9200.86	12359.33	9451.26	23092.36	15967.61	16037.96
2011	11237.55	15300.65	11702.82	26931.03	19632.26	19669.56
2012	12112.83	17212.05	12948.88	29599.31	22250.45	22154.23
2013	12602.20	19038.87	14338.50	32155.86	24668.49	24501.70
2014	12761.49	20848.75	15714.63	34938.24	27379.22	27037.32
2015	12802.6	22005.6	16723.8	37010.25	29550.19	29047.2
增长倍数	145.50	192.86	192.23	227.17	195.70	197.61

从增长倍数来看，增长最高的是河南省，2015 年 GDP 总量是 1978 年的 227.17 倍；增长最低的是山西省，2015 年 GDP 总量是 1978 年的 145.5 倍。

从 GDP 总量最高的省份与 GDP 总量最低的省份之间的关系来看，1978 年，GDP 总量最高的是河南省，为 162.92 亿元，最低的是江西省，为 87.00 亿元，最高的河南省是最低的江西省的 1.87 倍；2015 年 GDP 总量最高的河南省，高达 37010.25 亿元，最低的是山西省，为 12802.6 亿元，最高的河南省是最低的山西省的 2.89 倍。最高者与最低者之间的差距增长迅猛，呈现出非常明显的"马太效应"。

中部各省 1978—2015 年 GDP 占中部地区比重如表 2-3 所示。

表 2-3　　　　中部各省 1978—2015 年 GDP 占中部地区比重　　　单位:%

年份	山西	安徽	江西	河南	湖北	湖南
1978	11.73	15.21	11.60	21.72	20.13	19.60
1979	11.90	14.25	11.64	21.25	21.07	19.90
1980	11.08	14.37	11.33	23.36	20.32	19.54
1981	11.14	15.61	11.10	22.85	20.11	19.19

续表

年份	山西	安徽	江西	河南	湖北	湖南
1982	11.62	15.62	11.19	21.98	20.17	19.41
1983	11.38	15.83	10.58	24.06	19.27	18.89
1984	12.20	16.43	10.45	22.87	20.29	17.76
1985	11.19	16.94	10.63	23.09	20.26	17.89
1986	10.73	17.47	10.53	22.95	20.17	18.15
1987	10.05	17.29	10.27	23.82	20.23	18.34
1988	10.06	17.37	10.35	23.79	19.90	18.55
1989	10.52	17.22	10.52	23.78	20.04	17.91
1990	10.68	16.37	10.66	23.25	20.51	18.52
1991	10.64	15.07	10.89	23.75	20.74	18.92
1992	10.44	15.17	10.84	24.24	20.61	18.69
1993	10.20	15.55	10.84	24.89	19.87	18.66
1994	9.54	15.24	10.94	25.59	19.63	19.05
1995	9.53	16.04	10.36	26.48	18.69	18.89
1996	9.59	15.54	10.47	26.98	18.56	18.86
1997	9.73	15.47	10.58	26.63	18.82	18.77
1998	9.87	15.58	10.54	26.40	19.08	18.54
1999	9.70	15.77	10.78	26.28	18.78	18.69
2000	9.77	15.35	10.60	26.73	18.76	18.79
2001	9.81	15.69	10.51	26.73	18.75	18.51
2002	10.24	15.51	10.80	26.59	18.56	18.29
2003	11.04	15.16	10.85	26.55	18.39	18.01
2004	11.30	15.05	10.93	27.05	17.82	17.85
2005	11.31	14.30	10.84	28.30	17.62	17.63
2006	11.22	14.06	11.09	28.43	17.52	17.68
2007	11.37	13.90	10.95	28.34	17.62	17.82
2008	11.42	13.82	10.89	28.14	17.69	18.04
2009	10.43	14.26	10.85	27.60	18.36	18.50
2010	10.69	14.35	10.98	26.82	18.54	18.63
2011	10.76	14.65	11.20	25.78	18.79	18.83
2012	10.42	14.80	11.14	25.46	19.14	19.05
2013	9.90	14.96	11.26	25.26	19.38	19.25
2014	9.20	15.03	11.33	25.19	19.74	19.50
2015	8.70	14.96	11.37	25.15	20.08	19.74

28

　　从各省 GDP 总量占中部地区比重来看，1978 年所占比重最高的是河南省，占比为 21.72%；其次是湖北省，所占比重为 20.13%；第三是湖南省，所占比重为 19.60%；第四是安徽省，所占比重为 15.21%；第五是山西省，所占比重为 11.73%；所占比重最低的是江西省，所占比重为 11.60%。

　　到了 2015 年，所占比重最高的仍然是河南省，占比为 25.15%，提高了 3.43 个百分点；其次仍是湖北省，所占比重为 20.08%，下降了 0.05 个百分点；第三是湖南省，所占比重为 19.74%，提高了 0.14 个百分点；第四是安徽省，所占比重为 14.96%，下降了 0.25 个百分点。占比排名前四位的省区次序没有发生变化，但是所占比重变化较大。除了河南省和湖南省所占比重提高外，其他省区均有所下降。

　　排名第五的变为江西省，所占比重为 11.37%，下降了 0.23 个百分点；所占比重最低的变为山西省，所占比重为 8.7%，下降了 3.03 个百分点，下降幅度较大。

　　中部各省 1978—2015 年 GDP 占中部地区比重变化趋势如图 2 - 2 所示。

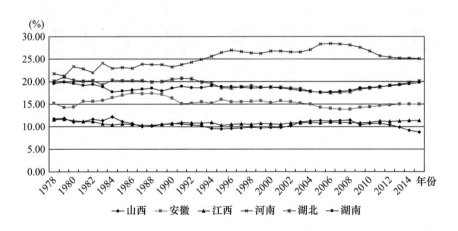

图 2 - 2　中部各省区 1978—2015 年 GDP 占中部地区比重变化趋势

　　从图 2 - 2 中可以看出，各省 GDP 总量占中部地区的比重不断处于动态变化之中，以所占比重最高的河南省为例，其 GDP 总量占中部地区比重最高的是 2006 年，占比为 28.43%；所占比重最低的是 1979

年，所占比重为 21.25%。

山西省与江西省之间位置的转换发生在 2009 年，2009 年以前，山西省 GDP 总量要高于江西省；2009 年以后，山西省 GDP 总量开始低于江西省，并且这一差距还有逐渐扩大的趋势。

湖北省与湖南省的 GDP 总量变化趋势比较特殊，在 1978 年到 1994 年，湖北省的 GDP 总量一直高于湖南省；从 1994 年开始，两省的 GDP 总量开始呈现出"你追我赶"，交错上升趋势。1995 年、1996 年湖南省的 GDP 总量短暂超越了湖北省，1997 年湖北省又完成了反超；2000 年，湖南省 GDP 总量再次超过湖北省；2001 年、2002 年、2003 年湖北省 GDP 总量又超过了湖南省；这之后从 2004 年到 2011 年，湖南省 GDP 总量连续 8 年超过了湖北省；2012 年开始，湖北省的 GDP 总量又再次超过湖南省，一直到 2015 年，湖北省仍然保持领先，但是领先的优势并不大，在未来湖北省与湖南省的 GDP 竞争将会持续下去。

安徽省的位次比较稳定，一直保持在中部第四的位置。其 GDP 总量占中部地区的比重最高的是 1986 年，所占比重为 17.47%，最低的是 2008 年，所占比重为 13.82%。

二 经济发展速度

在中国经济高速发展的大背景下，中部地区不论是经济总量还是人均 GDP 都有很大的提升，经济增长速度较快。

表 2 – 4   中部各省 1978—2015 年 GDP 增长速度

（按可比价计算，上年 = 100）

年份	山西	安徽	江西	河南	湖北	湖南	全国
1978	117.6	100.4	113.3	111.3	113.5	116.4	111.7
1979	109.8	109.9	115.8	108.7	115.6	109.1	107.6
1980	102.0	102.4	104.2	115.4	106.4	105.2	107.8
1981	100.8	117.8	105.6	107.8	106.5	105.5	105.2
1982	115.6	109.4	109.3	104.3	111.9	109.4	109.1
1983	113.9	108.8	106.8	123.8	105.9	109.2	110.9
1984	121.6	120.1	115.4	110.1	120.9	109.4	115.2
1985	107.1	115.4	114.8	113.5	116.2	112.0	113.5
1986	106.5	111.1	106.7	104.6	105.5	108.1	108.8

续表

年份	山西	安徽	江西	河南	湖北	湖南	全国
1987	105.2	104.8	108.3	115.0	108.4	109.3	111.6
1988	107.8	105.4	111.4	109.8	107.8	108.2	111.3
1989	105.2	105.2	106.1	107.0	104.5	103.6	104.1
1990	105.0	102.9	104.5	104.5	105.0	104.0	103.8
1991	104.2	99.1	108.2	106.9	106.6	107.9	109.2
1992	112.5	116.8	114.8	113.7	114.1	111.1	114.2
1993	113.1	118.6	113.7	115.8	113.0	112.4	114.0
1994	110.3	114.5	108.8	113.8	113.7	110.6	113.1
1995	112.0	114.3	106.8	114.8	113.2	110.3	110.9
1996	111.8	112.7	111.7	113.9	111.6	112.1	110.0
1997	111.3	111.7	112.3	110.4	111.9	110.6	109.3
1998	109.9	108.3	107.1	108.8	108.6	108.5	107.8
1999	107.3	109.1	107.8	108.1	107.8	108.4	107.6
2000	109.4	108.27	108.0	109.5	108.6	109.0	108.4
2001	110.1	108.89	108.8	109.0	108.9	109.0	108.3
2002	112.9	109.61	110.5	109.5	109.2	109.0	109.1
2003	114.9	109.36	113.0	110.7	109.7	109.6	110.0
2004	115.2	113.31	113.2	113.7	111.2	112.1	110.1
2005	113.5	110.97	112.8	114.2	112.1	112.2	111.3
2006	112.8	112.53	112.3	114.4	113.2	112.8	112.7
2007	115.9	114.17	113.2	114.6	114.6	115.0	114.2
2008	108.5	112.67	113.2	112.1	113.4	113.9	109.6
2009	105.4	112.94	113.1	110.9	113.5	113.7	109.2
2010	113.9	114.59	114.0	112.5	114.8	114.6	110.4
2011	113.0	113.51	112.5	111.9	113.8	112.8	108.7
2012	110.1	112.10	111.0	110.1	111.3	111.3	108.1
2013	104.56	111.72	111.29	108.76	111.42	111.14	110.16
2014	100.76	108.42	109.05	108.53	110.44	109.81	108.19
2015	100.32	105.55	106.42	105.93	107.93	107.43	105.08
平均	109.78	110.46	110.41	111.01	110.86	107.26	109.74

从平均增长速度来看，中部 6 省 GDP 平均增长速度均高于同期全国 GDP 平均增长速度，这其中增长速度最高的是河南省，GDP 年平均增长速度为 11.01%，比全国平均增速高 1.27 个百分点；其次是湖北省，GDP 年平均增长速度为 10.86%，比全国平均增速高 1.12 个百分点；安徽省 GDP 年平均增长速度为 10.46%，比全国平均增速高 0.72个百分点；江西省 GDP 年平均增长速度为 10.41%，比全国平均增速高 0.67 个百分点；山西省 GDP 年平均增长速度为 9.78%，比全国平均增速高 0.04 个百分点；湖南省 GDP 年平均增长速度为 7.26%，比全国平均增速低 2.48 个百分点。

年增速最高纪录由山西省创造，在 1984 年山西省 GDP 增速高达21.6%；年增速最低纪录是安徽省在 1991 年创造，GDP 不但没有增长，反而比去年降低了 0.9 个百分点，这也是中部 6 省在 1978—2015年唯一的一次负增长记录。

中部 6 省 GDP 增长速度与全国 GDP 增长速度对比情况如图 2-3 所示。

从图 2-3 中可以看出，中部 6 省的 GDP 增长速度与全国 GDP 增长速度的变化趋势基本一致。在 1990 年以前，中部 6 省的 GDP 增长速度波动幅度均比较大；而 1990 年以后，中部 6 省的 GDP 进入平稳、快速增长阶段，直到 1997 年受到亚洲金融危机的影响，GDP 增长速度出现回落。进入 2000 年以后，GDP 增长一直保持着平稳快速增长。这其中由于煤炭在山西省经济总量中所占比重较高，导致受到 2008 年全球金融危机影响出现明显下滑。

三　经济结构变化

（一）第一产业

1. 总体情况

中部地区在 GDP 总量增长的同时，经济结构也在不断优化。1978年，中部地区第一产业占据较大比重，第一产业产值为 293.98 亿元，占 GDP 总量为 39.2%，比全国平均水平高了 11.01 个百分点；而到了2012 年，中部地区第一产业产值增长到 14019.8 亿元，是 1978 年的47.69 倍。但是中部地区第一产业占 GDP 总量的比重却下降到12.06%，虽然仍然比全国平均水平高了将近 2 个百分点，但是差距已经大大缩小。

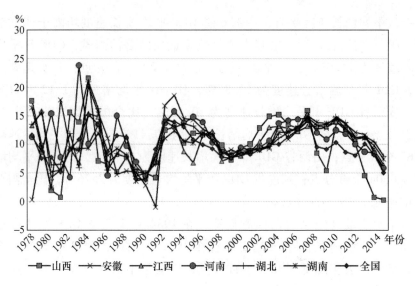

图 2 - 3　全国及中部各省 1978—2015 年 GDP 增长速度变化趋势

1978—2015 年中部地区与全国第一产业产值及其占总产值比重如表 2 - 5 所示。

表 2 - 5　　　　　1978—2015 年中部地区与全国第一产业产值
及其占总产值比重

年份	中部		全国	
	第一产业产值（亿元）	比重（%）	第一产业产值（亿元）	比重（%）
1978	293.98	39.20	1027.5	28.19
1979	374.4	41.85	1270.2	31.27
1980	379.23	38.65	1371.6	30.17
1981	461.95	42.28	1559.5	31.88
1982	509.14	42.51	1777.4	33.39
1983	565.05	41.46	1978.4	33.18
1984	644.36	39.83	2316.1	32.13
1985	732.91	37.47	2564.4	28.44
1986	791.98	36.14	2788.7	27.14
1987	911.39	35.61	3233	26.81

续表

年份	中部		全国	
	第一产业产值（亿元）	比重（%）	第一产业产值（亿元）	比重（%）
1988	1050.63	33.36	3865.4	25.70
1989	1185.67	33.14	4265.9	25.10
1990	1397.18	34.76	5062	27.12
1991	1357.47	30.82	5342.2	24.53
1992	1495.08	28.32	5866.6	21.79
1993	1749.37	26.22	6963.8	19.71
1994	2358.5	27.22	9572.7	19.86
1995	3195.49	28.31	12135.8	19.96
1996	3754.64	27.87	14015.4	19.69
1997	4035.54	26.59	14441.9	18.29
1998	4079.71	25.00	14817.6	17.56
1999	3926.44	22.84	14770	16.47
2000	4015.6	21.25	14944.7	15.06
2001	4190.13	20.24	15781.3	14.39
2002	4360.09	19.21	16537	13.74
2003	4408.11	17.04	17381.7	12.80
2004	5583.13	17.66	21412.7	13.39
2005	6031.08	16.12	22420	12.12
2006	6403.29	14.73	24040	11.11
2007	7640.06	14.42	28627	10.77
2008	9123.23	14.25	33702	10.73
2009	9606.34	13.61	35226	10.33
2010	11221.07	13.03	40533.6	10.10
2011	12897.37	12.35	47486.2	10.04
2012	14019.8	12.06	52373.6	10.09
2013	14589.95	11.41	55329.1	9.30
2014	15350.65	11.07	58343.5	9.06
2015	15868.8	10.78	60863	8.99

1978—2015 年，除了个别年份，中部地区第一产业所占比重与全国一样，呈现出明显下降趋势，中部地区与全国 1978—2015 年第一产业产值比重变化趋势如图 2 – 4 所示。

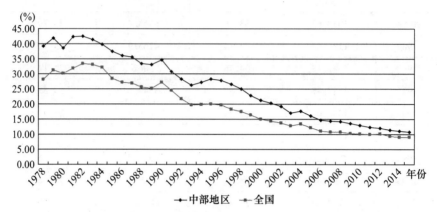

图 2 – 4　中部地区与全国 1978—2015 年第一产业产值比重变化趋势

2. 省际比较

从第一产业产值来看，1978 年第一产业产值最高的是河南省，为 64.86 亿元；其次是湖北省，为 61.11 亿元；第三名是湖南省，为 59.83 亿元；第四名是安徽省，为 53.80 亿元；第五名是江西省，为 36.18 亿元，最低的是山西省，为 18.20 亿元。

2015 年第一产业产值最高的仍然是河南省，为 4209.56 亿元；第二名与第三名发生了变化，第二名变成了湖南省，为 3331.6 亿元；第三名是湖北省，为 3309.84 亿元；第四名到第六名没有发生变化，第四名仍是安徽省，为 2456.7 亿元；第五名是江西省，为 1773 亿元，排名最后的是山西省，为 788.1 亿元。

中部各省 1978—2015 年第一产业产值如表 2 – 6 所示。

表 2 – 6　　中部各省 1978—2015 年第一产业产值（按当年价格）

单位：亿元

年份	山西	安徽	江西	河南	湖北	湖南
1978	18.20	53.80	36.18	64.86	61.11	59.83
1979	22.65	61.20	48.70	77.30	85.15	79.40

续表

年份	山西	安徽	江西	河南	湖北	湖南
1980	20.63	64.70	48.31	93.23	71.22	81.14
1981	31.13	88.40	56.09	106.04	87.00	93.29
1982	37.33	90.00	63.91	108.18	101.73	107.99
1983	37.79	96.60	63.98	143.49	105.40	117.79
1984	46.25	116.30	71.89	155.28	126.36	128.28
1985	42.26	141.00	84.06	173.43	144.44	147.72
1986	37.90	155.90	90.27	179.02	163.61	165.28
1987	39.06	176.40	104.63	220.22	183.99	187.09
1988	48.54	210.50	119.18	240.72	214.66	217.03
1989	63.75	225.40	133.19	289.95	239.07	234.31
1990	80.81	246.10	175.96	325.77	289.45	279.09
1991	68.77	190.50	183.27	334.61	279.30	301.02
1992	82.94	230.50	200.81	353.92	303.00	323.91
1993	97.27	286.00	225.58	410.45	346.39	383.68
1994	123.84	339.30	314.35	546.68	501.44	532.89
1995	168.69	584.10	374.64	762.99	619.77	685.30
1996	198.28	668.40	440.00	937.64	716.34	793.98
1997	191.84	736.30	475.18	1008.55	767.92	855.75
1998	207.25	744.10	450.44	1071.39	778.22	828.31
1999	159.96	746.70	464.40	1123.14	653.99	778.25
2000	179.86	741.80	485.14	1161.58	662.30	784.92
2001	171.09	760.80	506.00	1234.34	692.17	825.73
2002	197.80	783.70	535.98	1288.36	707.00	847.25
2003	215.19	749.40	560.00	1198.70	798.35	886.47
2004	276.30	950.50	664.50	1649.29	1020.09	1022.45
2005	262.42	966.50	727.37	1892.01	1082.13	1100.65
2006	276.77	1011.03	786.14	1916.74	1140.41	1272.20
2007	311.97	1200.18	905.77	2217.66	1378.00	1626.48
2008	313.58	1418.09	1060.38	2658.78	1780.00	1892.40
2009	477.59	1495.45	1098.66	2769.05	1795.90	1969.69
2010	554.48	1729.02	1206.98	3258.09	2147.00	2325.50

续表

年份	山西	安徽	江西	河南	湖北	湖南
2011	641.42	2015.31	1391.07	3512.24	2569.30	2768.03
2012	698.32	2178.73	1520.23	3769.54	2848.77	3004.21
2013	741.01	2267.15	1588.51	3972.7	3030.27	2990.31
2014	788.89	2392.39	1683.72	4160.01	3176.89	3148.75
2015	788.1	2456.7	1773	4209.56	3309.84	3331.6
增长倍数	43.30	45.66	49.00	64.90	54.16	55.68

从增长倍数来看，增长倍数最高的是河南省，从1978年到2015年，第一产业产值增长了63.9倍；增长倍数最低的是山西省，从1978年到2015年，第一产业产值仅增长了42.3倍。

从第一产业产值最高的省份与最低的省份之间的关系来看，1978年第一产业产值最高的是河南省，为64.86亿元；最低的是山西省，为18.20亿元，最高的河南省是最低的山西省的3.56倍。2015年第一产业产值最高的是河南省，为4209.56亿元；最低的仍然是山西省，为788.1亿元，最高的河南省是最低的山西省的5.34倍。

中部各省1978—2015年第一产业产值占总产值比重如表2-7所示。

表2-7　　中部各省1978—2015年第一产业产值占总产值比重　　单位:%

年份	山西	安徽	江西	河南	湖北	湖南
1978	20.68	47.15	41.59	39.81	40.47	40.70
1979	21.28	48.00	46.76	40.66	45.18	44.60
1980	18.97	45.89	43.46	40.68	35.72	42.32
1981	25.58	51.82	46.26	42.47	39.59	44.49
1982	26.81	48.10	47.71	41.09	42.12	46.44
1983	24.37	44.78	44.39	43.75	40.14	45.76
1984	23.43	43.75	42.51	41.96	38.50	44.65
1985	19.30	42.55	40.43	38.39	36.45	42.21
1986	16.12	40.73	39.11	35.60	37.01	41.56
1987	15.18	39.86	39.80	36.13	35.54	39.85

续表

年份	山西	安徽	江西	河南	湖北	湖南
1988	15.33	38.49	36.58	32.13	34.26	37.16
1989	16.94	36.58	35.38	34.08	33.34	36.57
1990	18.82	37.40	41.05	34.85	35.11	37.49
1991	14.68	28.71	38.23	32.00	30.58	36.12
1992	15.05	28.77	35.07	27.66	27.84	32.82
1993	14.30	27.58	31.20	24.72	26.13	30.82
1994	14.98	25.69	33.15	24.66	29.48	32.30
1995	15.68	32.26	32.03	25.53	29.38	32.14
1996	15.35	31.93	31.21	25.80	28.66	31.26
1997	13.00	31.37	29.59	24.96	26.88	30.03
1998	12.86	29.26	26.19	24.87	24.99	27.38
1999	9.60	27.53	25.05	24.86	20.25	24.21
2000	9.74	25.56	24.22	22.99	18.68	22.10
2001	8.43	23.43	23.26	22.31	17.84	21.55
2002	8.51	22.27	21.87	21.35	16.78	20.41
2003	7.54	19.10	19.95	17.45	16.78	19.02
2004	7.74	19.97	19.22	19.28	18.11	18.12
2005	6.20	18.06	17.93	17.87	16.42	16.69
2006	5.67	16.54	16.31	15.50	14.97	16.55
2007	5.18	16.30	15.62	14.77	14.76	17.23
2008	4.29	16.02	15.21	14.76	15.71	16.38
2009	6.49	14.86	14.35	14.21	13.86	15.08
2010	6.03	13.99	12.77	14.11	13.45	14.50
2011	5.71	13.17	11.89	13.04	13.09	14.07
2012	5.77	12.66	11.74	12.74	12.80	13.56
2013	5.85	11.79	11.02	12.34	12.22	12.15
2014	6.18	11.47	10.71	11.91	11.60	11.65
2015	6.16	11.16	10.60	11.37	11.20	11.47

从第一产业产值占 GDP 总量的比重来看，1978 年第一产业所占比重最高的是安徽省，比重为 47.15%，接近一半，比全国同期平均水平

高了 18.96 个百分点；其次是江西省，第一产业所占比重为 41.59%，比全国同期平均水平高了 13.4 个百分点；第三是湖南省，第一产业所占比重为 40.70%，比全国同期平均水平高了 12.51 个百分点；第四是湖北省，第一产业所占比重为 40.47%，比全国同期平均水平高了 12.28 个百分点；第五是河南省，第一产业所占比重为 39.81%，比全国同期平均水平高了 11.62 个百分点。从排名第二的江西省到排名第五的河南省，相互之间差距不大，且均比全国平均水平高了 10 个百分点以上。

1978 年中部 6 省中第一产业所占比重最低的是山西省，所占比重仅为 20.68%，是中部 6 省中唯一一个第一产业所占比重低于全国平均水平 28.19% 的省区。

而到了 2015 年，各省第一产业所占比重均有大幅度下降，但是内部排名也发生了较大变化。第一产业所占比重最高的省区变成了湖南省，所占比重为 11.47%，比全国同期平均水平 8.99% 高了 2.48 个百分点；第二名是河南省，所占比重为 11.37%，比全国同期平均水平高了 2.38 个百分点；第三名是湖北省，所占比重为 11.20%，比全国同期平均水平高了 2.21 个百分点；第四名是安徽省，所占比重为 11.16%，比全国同期平均水平高了 2.17 个百分点；第五名是江西省，所占比重为 10.60%，比全国同期平均水平高了 1.61 个百分点。

2015 年中部 6 省区中第一产业所占比重最低的仍然是山西省，所占比重仅为 6.16%，是中部 6 省区中唯一一个第一产业所占比重低于全国平均水平 8.99% 的省区。

从 1978 年到 2015 年，虽然个别年份有所波动，但是从整体上看，中部地区各省区第一产业所占比重呈现出明显的下降趋势。

中部各省 1978—2015 年第一产业比重变化趋势如图 2-5 所示。

（二）第二产业

1. 总体情况

中部地区第一产业所占比重在不断降低的同时，第二产业所占比重在不断上升。1978 年，中部地区第二产业产值为 318.13 亿元，占 GDP 总量为 42.42%；全国第二产业产值占 GDP 的比重为 47.88%，中部地区比全国平均水平低了 5.46 个百分点。

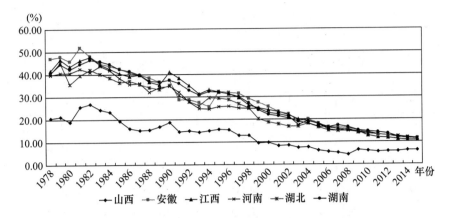

图 2-5 中部各省 1978—2015 年第一产业比重变化趋势

而到了 2015 年，中部地区第二产业产值已经迅猛增长到 69702.22 亿元，是 1978 年的 219.1 倍，远远超过第一产业增长倍数，第二产业占 GDP 总量比重也上升到 47.37%，已经比全国平均水平高了 6.84 个百分点。

1978—2015 年中部地区与全国第二产业产值及其占总产值比重如表 2-8 所示。

表 2-8　　1978—2015 年中部地区与全国第二产业产值及其占总产值比重

年份	中部		全国	
	第二产业产值（亿元）	比重（%）	第二产业产值（亿元）	比重（%）
1978	318.13	42.42	1745.2	47.88
1979	365.91	40.90	1913.5	47.10
1980	417.71	42.57	2192	48.22
1981	424.47	38.85	2255.5	46.11
1982	452.83	37.81	2383	44.76
1983	521.18	38.24	2646.2	44.38
1984	634.36	39.21	3105.7	43.09
1985	785.51	40.15	3866.6	42.89
1986	882.87	40.29	4492.7	43.72
1987	1015.44	39.67	5251.6	43.55

续表

年份	中部		全国	
	第二产业产值（亿元）	比重（%）	第二产业产值（亿元）	比重（%）
1988	1274.03	40.46	6587.2	43.79
1989	1403.51	39.23	7278	42.83
1990	1490.35	37.08	7717.4	41.34
1991	1701.25	38.63	9102.2	41.79
1992	2129.67	40.33	11699.5	43.45
1993	2834.34	42.49	16454.4	46.57
1994	3583.04	41.36	22445.4	46.57
1995	4504.12	39.91	28679.5	47.18
1996	5344.97	39.68	33835	47.54
1997	6060.24	39.93	37543	47.54
1998	6549.96	40.13	39004.2	46.21
1999	6897.09	40.11	41033.6	45.76
2000	7640.64	40.42	45555.9	45.92
2001	8494.7	41.04	49512.3	45.15
2002	9415.23	41.49	53896.8	44.79
2003	11246.91	43.47	62436.3	45.97
2004	14023.94	44.36	73904.3	46.23
2005	17499.24	46.78	87598.1	47.37
2006	21163.32	48.67	103719.5	47.95
2007	26204.59	49.47	125831.4	47.34
2008	32367.09	50.54	149003.4	47.45
2009	35554.24	50.38	157638.8	46.24
2010	45130.31	52.41	187383.2	46.67
2011	55940.2	53.54	220412.8	46.59
2012	61450.71	52.85	235162.0	45.32
2013	64799.63	50.66	261956.1	44.01
2014	68770.53	49.59	277571.8	43.10
2015	69702.22	47.37	274278	40.53

从 1978 年到 2015 年，除了个别年份，中部地区第二产业所占比重与全国一样，整体呈现出平稳上升趋势。从变化趋势上看，在 2002 年以前，中部地区第二产业所占比重在 40% 左右波动；从 2003 年开始，进入单边上升趋势。在 2006 年，中部地区第二产业所占比重首次超过全国平均水平，这之后开始一直高于全国平均水平，并逐渐拉开差距。

中部地区与全国 1978—2015 年第二产业产值比重变化趋势如图 2-6 所示。

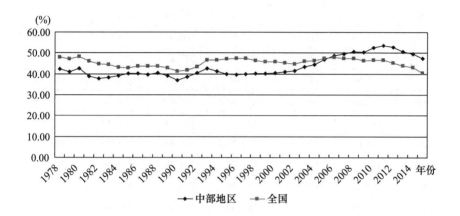

图 2-6　中部地区与全国 1978—2015 年第二产业产值比重变化趋势

2. 省际比较

从第二产业产值来看，1978 年第二产业产值最高的是河南省，为 69.45 亿元；其次是湖北省，为 63.71 亿元；第三名是湖南省，为 59.82 亿元；第四名是山西省，为 51.47 亿元；第五名是安徽省，为 40.60 亿元，最低的是江西省，为 33.08 亿元。

2015 年第二产业产值排名前三名没有发生变化，但是后三名变化较大。产值最高的仍然是河南省，为 18189.36 亿元；其次是湖北省，为 13503.56 亿元；第三名是湖南省，为 12955.4 亿元；第四名从山西省变成了安徽省，为 11342.3 亿元；第五名是江西省，为 8487.3 亿元，山西省从第四名变成了第六名，为 5224.3 亿元。

中部各省 1978—2015 年第二产业产值如表 2-9 所示。

表2-9 中部各省1978—2015年第二产业产值（按当年价格）单位：亿元

年份	山西	安徽	江西	河南	湖北	湖南
1978	51.47	40.60	33.08	69.45	63.71	59.82
1979	62.73	44.80	36.41	80.52	73.03	68.42
1980	63.51	50.10	41.00	94.44	91.67	76.99
1981	64.45	52.50	41.10	95.79	92.85	77.78
1982	70.25	59.70	42.64	102.76	94.97	82.51
1983	82.55	73.20	49.20	116.36	106.50	93.37
1984	103.12	92.80	61.31	136.29	136.50	104.34
1985	120.06	117.90	76.05	170.07	174.35	127.08
1986	128.25	137.60	83.60	202.15	187.96	143.31
1987	137.97	157.80	92.44	230.25	224.53	172.45
1988	163.29	201.00	117.38	299.83	271.25	221.28
1989	188.75	227.80	131.23	317.13	300.45	238.15
1990	210.07	251.50	133.56	331.85	313.39	249.98
1991	236.28	280.30	154.77	388.09	359.86	281.95
1992	270.28	333.00	199.40	545.21	444.61	337.17
1993	335.03	445.00	282.46	764.20	537.60	470.05
1994	396.57	542.00	338.23	1058.89	657.63	589.72
1995	494.45	660.10	403.74	1394.98	780.18	770.67
1996	600.21	742.10	481.30	1677.62	923.68	920.06
1997	707.57	828.90	548.84	1861.28	1071.86	1041.79
1998	761.25	920.50	608.22	1937.83	1199.08	1123.08
1999	785.47	974.30	648.82	1981.07	1314.44	1192.99
2000	858.37	1056.80	700.76	2294.15	1437.38	1293.18
2001	956.01	1254.90	786.12	2510.45	1574.40	1412.82
2002	1134.31	1337.00	941.77	2768.75	1709.90	1523.50
2003	1463.38	1535.30	1204.33	3310.14	1956.02	1777.74
2004	1919.40	1844.90	1566.40	4182.10	2320.60	2190.54
2005	2357.04	2245.90	1917.47	5514.14	2852.12	2612.57
2006	2755.66	2711.18	2419.74	6724.61	3365.08	3187.05
2007	3454.49	3370.96	2975.53	8282.83	4143.06	3977.72
2008	4242.36	4198.93	3554.81	10259.99	5082.07	5028.93

年份	山西	安徽	江西	河南	湖北	湖南
2009	3993.8	4905.22	3919.45	11010.50	6038.08	5687.19
2010	5234	6436.62	5122.88	13226.38	7767.24	7343.19
2011	6635.26	8309.38	6390.55	15427.08	9815.94	9361.99
2012	6731.56	9404.84	6942.59	16672.20	11193.10	10506.42
2013	6613.06	10390.04	7713.02	16742.9	11786.64	11553.97
2014	6293.91	11077.67	8247.93	17816.56	12852.4	12482.06
2015	5224.3	11342.3	8487.3	18189.36	13503.56	12955.4
增长倍数	101.50	279.37	256.57	261.91	211.95	216.57

从增长倍数来看，增长倍数最高的是安徽省，从 1978 年到 2015 年，第二产业产值增长了 278.37 倍；增长倍数最低的是山西省，从 1978 年到 2015 年，第二产业产值仅增长了 100.5 倍；但是各省第二产业的增长倍数均远远高于第一产业的增长倍数。

从第二产业产值最高的省份与最低的省份之间的关系来看，1978 年第二产业产值最高的是河南省，为 69.45 亿元；最低的是江西省，为 33.08 亿元，最高的河南省是最低的江西省的 2.10 倍。2015 年第二产业产值最高的仍是河南省，为 18189.36 亿元；最低的变为山西省，为 5224.3 亿元，最高的河南省是最低的山西省的 3.48 倍。

中部各省 1978—2015 年第二产业产值占总产值比重如表 2－10 所示。

表 2－10　　中部各省1978—2015 年第二产业产值占总产值比重　　单位:%

年份	山西	安徽	江西	河南	湖北	湖南
1978	58.50	35.58	38.02	42.63	42.19	40.70
1979	58.94	35.14	34.96	42.36	38.75	38.44
1980	58.39	35.53	36.89	41.21	45.98	40.16
1981	52.95	30.77	33.89	38.36	42.25	37.09
1982	50.46	31.91	31.83	39.03	39.32	35.49
1983	53.24	33.94	34.14	35.48	40.56	36.27
1984	52.23	34.91	36.25	36.83	41.59	36.32

年份	山西	安徽	江西	河南	湖北	湖南
1985	54.82	35.58	36.58	37.65	44.00	36.31
1986	54.55	35.95	36.22	40.20	42.52	36.04
1987	53.64	35.65	35.16	37.77	43.36	36.74
1988	51.56	36.75	36.02	40.03	43.29	37.89
1989	50.16	36.97	34.86	37.28	41.90	37.16
1990	48.94	38.22	31.16	35.51	38.02	33.58
1991	50.43	42.24	32.29	37.11	39.40	33.84
1992	49.04	41.56	34.83	42.60	40.85	34.16
1993	49.24	42.91	39.07	46.03	40.55	37.76
1994	47.97	41.05	35.67	47.77	38.66	35.74
1995	45.95	36.46	34.52	46.68	36.99	36.15
1996	46.45	35.45	34.14	46.16	36.95	36.22
1997	47.94	35.31	34.18	46.06	37.52	36.56
1998	47.25	36.20	35.36	44.98	38.51	37.12
1999	47.12	35.92	35.00	43.85	40.70	37.11
2000	46.51	36.41	34.98	45.40	40.54	36.41
2001	47.10	38.65	36.13	45.37	40.57	36.87
2002	48.79	37.99	38.43	45.87	40.59	36.70
2003	51.25	39.13	42.90	48.20	41.11	38.15
2004	53.74	38.76	45.31	48.89	41.19	38.83
2005	55.72	41.98	47.27	52.08	43.28	39.61
2006	56.48	44.35	50.20	54.39	44.18	41.45
2007	57.34	45.80	51.30	55.17	44.39	42.14
2008	57.99	47.44	50.99	56.94	44.86	43.52
2009	54.28	48.75	51.20	56.52	46.59	43.55
2010	56.89	52.08	54.20	57.28	48.64	45.79
2011	59.05	54.31	54.61	57.28	50.00	47.60
2012	55.57	54.64	53.62	56.33	50.31	47.42
2013	52.21	54.03	53.52	52.01	47.54	46.93
2014	49.32	53.13	52.49	50.99	46.94	46.17
2015	40.81	51.54	50.75	49.15	45.70	44.60

从第二产业产值占 GDP 总量的比重来看，1978 年第二产业所占比重最高的是山西省，比重为 58.50%，超过一半，比全国同期平均水平高了 10.62 个百分点，是中部 6 省区唯一一个第二产业产值比重超过全国平均水平的省份；其次是河南省，第二产业所占 GDP 总量的比重为 42.63%，比全国同期平均水平低了 5.25 个百分点；第三是湖北省，第二产业所占比重为 42.19%，比全国同期平均水平低了 5.69 个百分点；第四是湖南省，第二产业所占比重为 40.70%，比全国同期平均水平低了 7.18 个百分点；第五是江西省，第二产业所占比重为 38.02%，比全国同期平均水平低了 9.86 个百分点。中部 6 省第二产业所占比重最低的是安徽省，所占比重仅为 35.58%，比全国同期平均水平低了 12.30 个百分点。

而到了 2015 年，除山西省外，各省区第二产业所占比重均有大幅度增加，同时内部排名也发生了较大变化。

2015 年第二产业所占比重最高的由山西省变成了安徽省，为 51.54%，超过一半，不仅高于同期中部地区平均水平的 47.37%，也比全国同期平均水平高了 11.01 个百分点；其次是江西省，第二产业所占 GDP 总量的比重为 50.75%，比全国同期平均水平高了 10.04 个百分点；第三名是河南省，第二产业所占比重为 49.15%，比全国同期平均水平高了 8.62 个百分点；第四名是湖北省，第二产业所占比重为 45.70%，比全国同期平均水平高了 5.17 个百分点；第五是湖南省，第二产业所占比重为 44.6%，比全国同期平均水平高了 4.07 个百分点；第二产业所占比重最低的是山西省，比重为 40.81%，仅比全国同期平均水平高了 0.28 个百分点。

从 1978 年到 2015 年，中部地区各省区第二产业所占比重变化幅度较大，无明显规律，并非呈现出平稳下降趋势。

中部各省 1978—2015 年第二产业比重变化趋势如图 2-7 所示。

其中山西省的变化呈现出"U"形特殊形态，两端高中间低；而其他省份则在 2002 年之前一直呈现出围绕某个轴线上下波动，从 2002 年之后，第二产业占 GDP 总量的比重开始呈现出不断上升的发展趋势。并从 2012 年开始，第二产业占 GDP 总量的比重开始呈现出不断下降的发展势态。

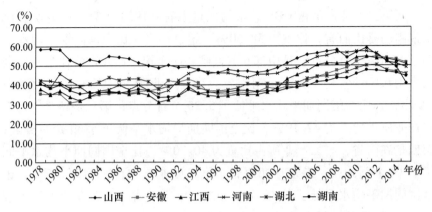

图 2 - 7 中部各省 1978—2015 年第二产业比重变化趋势

（三）第三产业

1. 总体情况

中部地区经济总量在不断增加的同时，第三产业所占比重也在不断上升。1978 年，中部地区第三产业产值为 137.89 亿元，占 GDP 总量为 18.39%；全国第三产业产值占 GDP 的比重为 23.94%，中部地区比全国平均水平低了 5.55 个百分点；而到了 2015 年，中部地区第三产业产值已经迅猛增长到 61568.62 亿元，是 1978 年的 446.51 倍，增长倍数远远超过第一产业和第二产业，第三产业占 GDP 总量虽然上升到 41.84%，但是与全国平均水平的差距却在不断扩大，比全国平均水平的 50.47% 低了 8.63 个百分点，差距较 1978 年增长了 3 个多百分点。

1978—2015 年中部地区与全国第三产业产值及其占总产值比重如表 2 - 11 所示。

表 2 - 11   1978—2015 年中部地区与全国第三产业产值及其占总产值比重

年份	中部		全国	
	第三产业产值 （亿元）	比重（%）	第三产业产值 （亿元）	比重（%）
1978	137.89	18.39%	872.5	23.94
1979	154.33	17.25	878.9	21.63
1980	184.23	18.78	982.0	21.60
1981	206.27	18.88	1076.6	22.01

续表

年份	中部		全国	
	第三产业产值（亿元）	比重（%）	第三产业产值（亿元）	比重（%）
1982	235.68	19.68	1163.0	21.85
1983	276.62	20.30	1338.1	22.44
1984	339.17	20.96	1786.3	24.78
1985	437.81	22.38	2585.0	28.67
1986	516.51	23.57	2993.8	29.14
1987	632.7	24.72	3574.0	29.64
1988	824.44	26.18	4590.3	30.51
1989	988.32	27.63	5448.4	32.06
1990	1131.83	28.16	5888.4	31.54
1991	1345.17	30.55	7337.1	33.69
1992	1655.24	31.35	9357.4	34.76
1993	2087.56	31.29	11915.7	33.72
1994	2721.54	31.42	16179.8	33.57
1995	3586.63	31.78	19978.5	32.86
1996	4370.13	32.44	23326.2	32.77
1997	5080.22	33.48	26988.1	34.17
1998	5691.96	34.87	30580.5	36.23
1999	6371.29	37.05	33873.4	37.77
2000	7244.62	38.33	38714.0	39.02
2001	8012.53	38.71	44361.6	40.46
2002	8919.61	39.30	49898.9	41.47
2003	10215.85	39.49	56004.7	41.23
2004	12009.27	37.98	64561.3	40.38
2005	13880.85	37.10	74919.3	40.51
2006	15913.96	36.60	88554.9	40.94
2007	19126.43	36.11	111351.9	41.89
2008	22550.24	35.21	131340.0	41.82
2009	25416.98	36.01	148038.0	43.43
2010	29757.99	34.56	173596.0	43.24
2011	35636.31	34.11	205205.0	43.37
2012	40807.24	35.09	231406.5	44.59
2013	48519.99	37.93	277959.3	46.70
2014	54558.46	39.34	308058.6	47.84
2015	61568.62	41.84	341567	50.47

中部地区与全国1978—2015年第三产业产值比重变化趋势如图2－8所示。

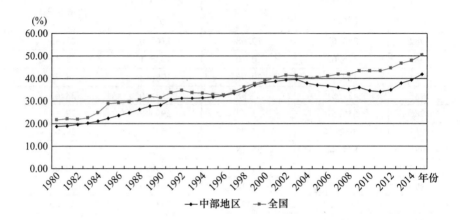

图2－8　中部地区与全国1978—2015年第三产业产值比重变化趋势

从图2－8中可以看出，在2003年之前，中部地区第三产业所占比重与全国一样，呈现出平稳上升趋势，并且与全国平均水平的差距有逐渐缩小的趋势，在2003年，中部地区第三产业产值占GDP总量的比重达到了最高值39.49%；当年中部地区第三产业产值占GDP总量的比重与全国平均水平的差距仅为1.74个百分点。

但是从2004年开始，中部地区第三产业产值占GDP总量的比重开始不断降低，直到2012年比重才开始提高。

2. 省际比较

从第三产业产值来看，1978年第三产业产值最高的是河南省，为28.61亿元；其次是湖南省，为27.34亿元；第三名是湖北省，为26.18亿元；第四名是安徽省，为19.70亿元；第五名是山西省，为18.32亿元，最低的是江西省，为17.74亿元。

2012年第三产业产值排名没有发生变化，最高的仍然是河南省，为9157.57亿元；其次是湖南省，为8643.60亿元；第三名是湖北省，为8208.58亿元；第四名是安徽省，为5628.48亿元；第五名是山西省，为4682.95亿元，最低的是江西省，为4486.06亿元。

中部各省1978—2015年第三产业产值如表2－12所示。

表 2-12　　　　　中部各省 1978—2015 年第三产业
产值（按当年价格）　　　单位：亿元

年份	山西	安徽	江西	河南	湖北	湖南
1978	18.32	19.70	17.74	28.61	26.18	27.34
1979	21.05	21.50	19.04	32.27	30.28	30.19
1980	24.62	26.20	21.84	41.49	36.49	33.59
1981	26.13	29.70	24.07	47.86	39.90	38.61
1982	31.64	37.40	27.41	52.36	44.85	42.02
1983	34.72	45.90	30.95	68.10	50.68	46.27
1984	48.06	56.70	35.91	78.47	65.36	54.67
1985	56.67	72.50	47.78	108.24	77.47	75.15
1986	68.96	89.30	56.95	121.74	90.47	89.09
1987	80.19	108.40	65.83	159.13	109.25	109.90
1988	104.86	135.40	89.27	208.54	140.61	145.76
1989	123.76	163.00	112.04	243.63	177.55	168.34
1990	138.39	160.40	119.10	277.03	221.54	215.37
1991	163.46	192.80	141.33	323.03	274.22	250.33
1992	197.90	237.70	172.34	380.62	340.78	325.90
1993	248.11	306.10	215.00	485.53	441.84	390.98
1994	306.25	439.20	295.58	611.26	541.84	527.41
1995	412.89	566.40	391.35	830.40	709.43	676.16
1996	493.62	682.80	488.44	1019.43	859.75	826.09
1997	576.59	782.20	581.75	1171.26	1016.69	951.73
1998	642.58	878.30	661.21	1299.02	1136.71	1074.14
1999	721.67	991.30	740.43	1413.73	1260.86	1243.30
2000	807.49	1103.60	817.17	1597.26	1445.71	1473.39
2001	902.43	1231.00	883.56	1788.22	1613.97	1593.35
2002	992.69	1399.10	972.73	1978.37	1795.93	1780.79
2003	1176.65	1638.40	1043.08	2358.86	2003.08	1995.78
2004	1375.67	1963.90	1225.80	2722.40	2292.55	2428.95
2005	1611.07	2137.77	1411.92	3181.27	2655.94	2882.88
2006	1846.18	2390.29	1614.65	3721.44	3111.98	3229.42
2007	2257.99	2789.78	1918.95	4511.97	3812.34	3835.40

年份	山西	安徽	江西	河南	湖北	湖南
2008	2759.46	3234.64	2355.86	5099.76	4466.85	4633.67
2009	2886.92	3662.15	2637.07	5700.91	5127.12	5402.81
2010	3412.38	4193.68	3121.40	6607.89	6053.37	6369.27
2011	3960.87	4975.96	3921.20	7991.72	7247.02	7539.54
2012	4682.95	5628.48	4486.06	9157.57	8208.58	8643.60
2013	5311.18	6572.14	5108.66	11475.7	9974.92	10077.39
2014	5678.69	7378.68	5782.98	12961.67	11349.93	11406.51
2015	6790.2	8206.6	6463.5	14611.33	12736.79	12760.2
增长倍数	370.64	416.58	364.35	510.71	486.51	466.72

从增长倍数来看，增长倍数最高的是河南省，从 1978 年到 2015 年，第三产业产值增长了 509.71 倍；增长倍数最低的是江西省，从 1978 年到 2015 年，第三产业产值仅增长了 363.35 倍；但是各省第三产业的增长倍数不仅远远高于第一产业的增长倍数，同时也远远高于第二产业的增长倍数。

从第三产业产值最高的省份与最低的省份之间的关系来看，1978 年第三产业产值最高的是河南省，为 28.61 亿元；最低的是江西省，为 17.74 亿元，最高的河南省是最低的江西省的 1.61 倍。2015 年第三产业产值最高的是河南省，为 14611.33 亿元；最低的还是江西省，为 6463.5 亿元，最高的河南省是最低的江西省的 2.26 倍，差距有所扩大。

中部各省 1978—2015 年第三产业产值占总产值比重如表 2 - 13 所示。

表 2 - 13　　中部各省 1978—2015 年第三产业产值占总产值比重　　单位:%

年份	山西	安徽	江西	河南	湖北	湖南
1978	20.82	17.27	20.39	17.56	17.34	18.60
1979	19.78	16.86	18.28	16.98	16.07	16.96
1980	22.64	18.58	19.65	18.11	18.30	17.52
1981	21.47	17.41	19.85	19.17	18.16	18.41

续表

年份	山西	安徽	江西	河南	湖北	湖南
1982	22.73	19.99	20.46	19.89	18.57	18.07
1983	22.39	21.28	21.47	20.77	19.30	17.97
1984	24.34	21.33	21.23	21.21	19.91	19.03
1985	25.88	21.88	22.98	23.96	19.55	21.47
1986	29.33	23.33	24.67	24.21	20.47	22.40
1987	31.17	24.49	25.04	26.10	21.10	23.41
1988	33.11	24.76	27.40	27.84	22.44	24.96
1989	32.89	26.45	29.76	28.64	24.76	26.27
1990	32.24	24.38	27.79	29.64	26.87	28.93
1991	34.89	29.05	29.48	30.89	30.02	30.04
1992	35.91	29.67	30.10	29.74	31.31	33.02
1993	36.46	29.51	29.74	29.25	33.33	31.41
1994	37.05	33.26	31.17	27.57	31.86	31.96
1995	38.37	31.28	33.46	27.79	33.63	31.71
1996	38.20	32.62	34.65	28.05	34.39	32.52
1997	39.06	33.32	36.23	28.98	35.59	33.40
1998	39.89	34.54	38.45	30.15	36.50	35.50
1999	43.29	36.55	39.94	31.29	39.04	38.68
2000	43.75	38.03	40.80	31.61	40.78	41.49
2001	44.46	37.92	40.61	32.32	41.59	41.58
2002	42.70	39.75	39.70	32.78	42.63	42.89
2003	41.21	41.76	37.15	34.35	42.10	42.83
2004	38.52	41.26	35.46	31.83	40.70	43.05
2005	38.08	39.96	34.80	30.05	40.30	43.71
2006	37.84	39.10	33.50	30.10	40.85	42.00
2007	37.48	37.90	33.08	30.05	40.85	40.63
2008	37.72	36.54	33.79	28.30	39.43	40.10
2009	39.23	36.39	34.45	29.26	39.56	41.37
2010	37.09	33.93	33.03	28.62	37.91	39.71
2011	35.25	32.52	33.51	29.67	36.91	38.33
2012	38.66	32.70	34.64	30.94	36.89	39.02
2013	41.94	34.18	35.45	35.65	40.23	40.93
2014	44.50	35.39	36.80	37.10	41.45	42.19
2015	53.04	37.29	38.65	39.48	43.10	43.93

从第三产业产值占 GDP 总量的比重来看，1978 年第三产业产值所占比重最高的是山西省，为 20.82%，比全国同期平均水平低了 3.12个百分点；其次是江西省，第三产业所占 GDP 总量的比重为 20.39%，比全国同期平均水平低了 3.55 个百分点；第三名是湖南省，第三产业所占比重为 18.60%，比全国同期平均水平低了 5.34 个百分点；第四名是河南省，第三产业所占比重为 17.56%，比全国同期平均水平低了6.38 个百分点；第五名是湖北省，第三产业所占比重为 17.34%，比全国同期平均水平低了 6.60 个百分点。1978 年中部 6 省第三产业所占比重最低的是安徽省，所占比重仅为 17.27%，比全国同期平均水平低了6.67 个百分点。

2015 年第三产业所占比重排名发生了变化，山西省仍为第一名，比重为 53.04%，比全国同期平均水平高了 2.57 个百分点；第二名为湖南省，第三产业所占 GDP 总量的比重为 43.93%，比全国同期平均水平 50.47% 低了 6.54 个百分点；湖北省由第五名变为第三名，第三产业所占比重为 43.10%，比全国同期平均水平低了 7.37 个百分点；江西省由第二名变为第四名，第三产业所占比重为 38.65%，比全国同期平均水平低了 11.82 个百分点；安徽省仍然为最后一名，第三产业所占比重为 37.29%，比全国同期平均水平低了 13.18 个百分点。2015 年河南省则从第四名降为第五名，所占比重仅为 39.48%，比全国同期平均水平低了 10.99 个百分点。

中部各省 1978—2015 年第三产业比重变化趋势如图 2 - 9 所示。

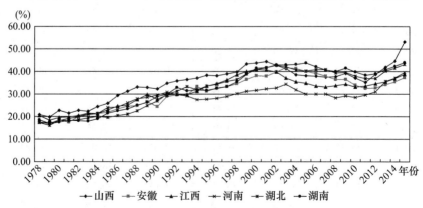

图 2 - 9 中部各省 1978—2015 年第三产业比重变化趋势

从 1978 年到 2000 年,中部地区各省第三产业所占比重呈现出不断上升趋势,从 2000 年开始,中部地区各省第三产业所占比重波动幅度较大,并有下降趋势。而从 2011 年开始,则再次呈现不断上升的发展趋势。

四 人均产值变化

改革开放以后,中部地区 6 省在经济总量增长的同时,人均地区生产总值也得到了快速增长。

从人均地区生产总值来看,1978 年中部 6 省人均地区生产总值均低于全国平均水平,其中人均地区生产总值最高的是山西省,为 365 元;其次是湖北省,为 332.03 元;第三名是湖南省,为 286 元;第四名是江西省,为 276 元;第五名是安徽省,为 244 元,最低的是河南省,为 232 元。

2015 年中部 6 省人均地区生产总值排名发生了较大变化,中部 6 省中人均地区生产总值最高的由山西省变成了湖北省,为 50808 元,湖北省也是唯一人均地区生产总值高于全国平均水平的省区,其他 5 省区均低于全国平均水平;其次是湖南省,为 42968 元;第三名是 1978 年中部 6 省区最后一名的河南省,为 39222 元;江西省跃居第四名,达到 36724 元;安徽省仍为第五名,为 35997 元;山西省则从第一名下降到最后一名,为 35018 元。

中部各省 1978—2015 年人均地区生产总值如表 2-14 所示。

表 2-14 中部各省 1978—2015 年人均地区生产总值(按当年价格)单位:元

年份	山西	安徽	江西	河南	湖北	湖南	全国
1978	365	244	276	232	332.03	286	381
1979	437	268	325	267	409.35	343	419
1980	442	291	342	317	427.98	365	463
1981	488	346	369	340	466.32	394	492
1982	551	375	403	353	506.33	430	528
1983	604	428	428	433	543.27	470	583
1984	756	523	497	482	670.97	519	695
1985	838	646	597	580	800.69	626	858
1986	890	738	652	635	881.61	703	963

续表

年份	山西	安徽	江西	河南	湖北	湖南	全国
1987	962	842	729	756	1018.42	818	1112
1988	1168	1026	891	910	1215.93	999	1366
1989	1367	1136	1013	1012	1373.22	1074	1519
1990	1528	1182	1134	1091	1541.17	1228	1644
1991	1592	1164	1249	1201	1668.03	1357	1893
1992	1862	1390	1472	1452	1962.45	1595	2311
1993	2271	1785	1835	1865	2360.53	1997	2998
1994	2729	2257	2376	2467	2991.33	2630	4044
1995	3515	3070	2896	3297	3671.41	3359	5046
1996	4178	3524	3452	3978	4310.98	3963	5846
1997	4724	3929	3890	4389	4883.80	4420	6420
1998	5104	4235	4124	4643	5287.03	4667	6796
1999	5230	4495	4402	4832	5452.46	4933	7159
2000	5722	4779	4851	5450	6293.41	5425	7858
2001	6226	5313	5221	5959	6866.99	6120	8622
2002	7082	5736	5829	6487	7436.58	6734	9398
2003	8641	6375	6624	7376	8378.01	7589	10542
2004	10741	7681.25	8097	9201	9897.64	9165	12336
2005	12647	8630.70	9440	11346	11554.00	10562	14185
2006	14497	9995.88	11145	13172	13360.00	12139	16500
2007	17805	12039.47	13322	16012	16386.00	14869	20169
2008	21506	14448.15	15900	19181	19858.00	18147	23708
2009	21522	16407.66	17335	20597	22677.00	20428	25608
2010	26283	20887.80	21253	24446	27906.00	24719	30015
2011	31357	25659.31	26150	28661	34197.27	29880	35198
2012	33628	28792.32	28800	31499	38572.33	33480	38420
2013	34984	32001	31930	34211	42826	36943	43852
2014	35070	34425	34674	37072	47145	40271	47203
2015	35018	35997	36724	39222	50808	42968	49351
增长倍数	95.94	147.53	133.06	169.06	153.02	150.24	129.53

从增长倍数来看，增长倍数最高的是河南省，从 1978 年到 2015 年，人均地区生产总值增长了 168.06 倍；增长倍数最低的是山西省，从 1978 年到 2015 年，人均地区生产总值增长了 94.94 倍，也是中部 6 省区唯一一个增长倍数低于全国增长倍数的省区。

从人均地区生产总值最高的省份与最低的省份之间的关系来看，1978 年人均地区生产总值最高的是山西省，为 365 元；最低的是河南省，为 232 元，最高的山西省是最低的河南省的 1.57 倍。2015 年人均地区生产总值最高的是湖北省，为 50808 元；最低的却是山西省，为 35018 元，最高的湖北省是最低的山西省的 1.45 倍，人均地区生产总值差距有所缩小。

从中部各省 1978—2015 年人均产值与全国人均产值之比来看，1978 年人均地区生产总值最高的山西省，为全国平均水平的 95.80%；其次是湖北省，为全国平均水平的 87.15%；第三名是湖南省，为全国平均水平的 75.07%；第四名是江西省，为全国平均水平的 72.44%；第五名是安徽省，为全国平均水平的 64.04%，最低的是河南省，仅为全国平均水平的 60.89%。

2015 年人均地区生产总值最高的湖北省，为全国平均水平的 102.95%；其次是湖南省，为全国平均水平的 87.07%；第三名是河南省，为全国平均水平的 79.48%；第四名是江西省，为全国平均水平的 74.41%；第五名是安徽省，为全国平均水平的 72.94%；最低的是山西省，为全国平均水平的 70.96%。

中部各省 1978—2015 年人均产值与全国人均产值之比如表 2 - 15 所示。

表 2 - 15 中部各省 1978—2015 年人均产值与全国人均产值之比　　　单位:%

年份	山西	安徽	江西	河南	湖北	湖南
1978	95.80	64.04	72.44	60.89	87.15	75.07
1979	104.30	63.96	77.57	63.72	97.70	81.86
1980	95.46	62.85	73.87	68.47	92.44	78.83
1981	99.19	70.33	75.00	69.11	94.78	80.08
1982	104.36	71.02	76.33	66.86	95.90	81.44
1983	103.60	73.41	73.41	74.27	93.19	80.62

续表

年份	山西	安徽	江西	河南	湖北	湖南
1984	108.78	75.25	71.51	69.35	96.54	74.68
1985	97.67	75.29	69.58	67.60	93.32	72.96
1986	92.42	76.64	67.71	65.94	91.55	73.00
1987	86.51	75.72	65.56	67.99	91.58	73.56
1988	85.51	75.11	65.23	66.62	89.01	73.13
1989	89.99	74.79	66.69	66.62	90.40	70.70
1990	92.94	71.90	68.98	66.36	93.75	74.70
1991	84.10	61.49	65.98	63.44	88.12	71.69
1992	80.57	60.15	63.70	62.83	84.92	69.02
1993	75.75	59.54	61.21	62.21	78.74	66.61
1994	67.48	55.81	58.75	61.00	73.97	65.03
1995	69.66	60.84	57.39	65.34	72.76	66.57
1996	71.47	60.28	59.05	68.05	73.74	67.79
1997	73.58	61.20	60.59	68.36	76.07	68.85
1998	75.10	62.32	60.68	68.32	77.80	68.67
1999	73.05	62.79	61.49	67.50	76.16	68.91
2000	72.82	60.82	61.73	69.36	80.09	69.04
2001	72.21	61.62	60.55	69.11	79.64	70.98
2002	75.36	61.03	62.02	69.03	79.13	71.65
2003	81.97	60.47	62.83	69.97	79.47	71.99
2004	87.07	62.27	65.64	74.59	80.23	74.29
2005	89.16	60.84	66.55	79.99	81.45	74.46
2006	87.86	60.58	67.55	79.83	80.97	73.57
2007	88.28	59.69	66.05	79.39	81.24	73.72
2008	90.71	60.94	67.07	80.91	83.76	76.54
2009	84.04	64.07	67.69	80.43	88.55	79.77
2010	87.57	69.59	70.81	81.45	92.97	82.36
2011	89.09	72.90	74.29	81.43	97.16	84.89
2012	87.53	74.94	74.96	81.99	100.40	87.14
2013	79.78	72.98	72.81	78.01	97.66	84.24
2014	74.30	72.93	73.46	78.54	99.88	85.31
2015	70.96	72.94	74.41	79.48	102.95	87.07

整体上看，2015 年中部 6 省人均地区生产总值与全国平均水平的差距大大缩小，中部各省 1978—2015 年人均产值与全国人均产值之比变化趋势如图 2 – 10 所示。

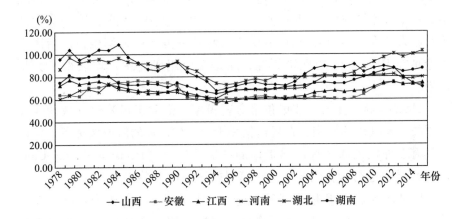

图 2 – 10　中部各省 1978—2015 年人均产值与全国人均产值之比变化趋势

第二节　中部地区省际经济增长效率及比较

一　TFP 测算方法

在传统的增长核算分析中，主要方法是索洛余值法。其原理是通过考察资本与劳动两大投入要素对经济增长的影响，利用索洛增长方程进行核算，将投入要素之外影响经济增长的各种要素对经济增长的贡献定义为全要素生产率（TFP），从而对广义技术进步的作用进行衡量。

与索洛余值这种参数方法不同，利用非参数方法对 TFP 进行核算时，并不要求估计生产函数，设定的限制条件比较少，不用对相关数据进行无量纲化处理，运算相对比较简单，同时也具有更强的适用性，从而得到了广泛的应用。这其中，数据包络分析（Data Envelopment Analysis，DEA）就是使用非常频繁的一种非参数方法。

对于 DEA 的研究最早可以追溯到 1957 年 Farrell 提出的分段线性凸包的前沿估计方法，此后众多经济学家在运筹学理论与实践的不断运用和完善过程中，形成了以线性规划技术为核心的效率评价方法。

最早提出"数据包络分析"这一术语的是 Charnes、Cooper 和 Rhodes 等（1978），他们建立了第一个非参数模型，对规模收益不变情况下的技术效率进行了评估。这之后通过将其扩展为规模收益可变情况下的技术效率的研究，DEA 这一非参数模型迅速在 20 世纪 80 年代逐渐流行起来。在 1988 年前后由专家学者将这一方法引入国内，此后国内无论是在 DEA 方法的理论研究，还是在应用研究中，均取得了大量成果。

Charnes 等人提出的数据包络分析模型，借助于运筹学领域的线性规划技术及其对偶模型，在规模报酬不变（CRS）的假设条件下，可以对具有多种投入和多种产出指标的各决策单元（Decision Making Unit，DMU）效率进行量化测算，这一模型被称为 CCR 模型。

Banker 等在 CCR 模型基础上进行了大量研究，对规模报酬不变这一假定进行了放宽处理，从而提出了规模报酬可变（VRS）的 DEA 模型，也称为 BCC 模型。

BBC 模型进一步将技术效率（TE）分解为纯技术效率（PTE）和规模效率（SE），并有如下关系成立：

$$TE = PTE \times SE$$

在同等投入水平的前提下，技术效率主要对生产前沿决策单元产出（最大产出）之间的距离进行测度，或者在现实产出水平下，对生产前沿决策单元同样产出所需投入水平（最小投入）之间的距离进行测度。这一距离的大小与技术效率的高低成反比，即距离越大，则技术效率水平越低。

DEA 模型又可以划分为投入导向型和产出导向型两种基本类型，产出导向型测度的是各决策单位在投入水平既定条件下，获得最大产出的能力；而投入导向型测度的是各决策单位在产出水平既定条件下，采用最少要素投入的能力。

在经济增长的研究中仅仅研究静态效率是不够的，不能对经济的增长情况进行较好的解释，还需要对经济增长过程中生产率变动的情况进行研究。在实际应用中，反映生产率变动情况的效率指数较多，包括 Malmquist 指数、Laspeyres 指数、Passche 指数、Fisher 指数等，其中 Malmquist 生产率指数应用最为广泛。

这一方法最早由瑞典经济学家 Sten Malmquist 于 1953 年率先提出，但之后由于缺乏合适的度量方法，难以应用，因此在很长时间内学术界对此并未过多关注。直到 1978 年 Charnes、Cooper 和 Rhodes 提出数据包络分析方法（DEA）之后，通过线性规划方法来对生产效率进行测度得到了迅速的发展和广泛应用。Färe 等（1994）基于 DEA 方法，对以产出为指标的 Malmquist 生产率变化指数进行了定义，Malmquist 生产率指数从此由理论分析领域进入实证分析领域。

我国学者章祥荪、贵斌威（2008）等对 Malmquist 指数法的应用进行了详细分析。Malmquist 生产率指数是以数据包络分析（DEA）为基础，以时间趋势作为变量，应用确定性前沿生产函数模型，采用面板数据对生产率变动进行测算与分析，在概念上和经验估算上可以将生产率进一步分解为技术进步、效率变化和规模效率的改善（Nishimizu and Page，1982；Forsund and Hjalmarsson，1979b）。

二 DEA – Malmquist 实证分析

本节采用投入型 DEA – Malmquist 分析模式，以地区生产总值为产出，以固定资本投资、就业人数为投入进行分析，时间跨度为 1981—2015 年，比较中部地区六省和全国其他省区平均水平在经济增长效率方面的差距。

（一）全国经济增长效率评价

1. 相关数据

全国 1981—2015 年要素投入与产出情况如表 2 – 16 所示。

表 2 – 16　　　　全国 1981—2015 年要素投入与产出情况

年份	地区生产总值（亿元）	固定资产投资（亿元）	年末从业人数（万人）
1981	4891.6	961.00	43725
1982	5323.4	1230.40	45295
1983	5962.7	1430.10	46436
1984	7208.1	1832.90	48197
1985	9016.0	2543.20	49873
1986	10275.2	3120.6	51282
1987	12058.6	3791.7	52783
1988	15042.8	4753.8	54334

续表

年份	地区生产总值（亿元）	固定资产投资（亿元）	年末从业人数（万人）
1989	16992.3	4410.4	55329
1990	18667.8	4517	64749
1991	21781.5	5594.5	65491
1992	26923.5	8080.1	66152
1993	35333.9	13072.3	66808
1994	48197.9	17042.1	67455
1995	60793.7	20019.3	68065
1996	71176.6	22974	68950
1997	78973	24941.1	69820
1998	84402.3	28406.2	70637
1999	89677.1	29854.7	71394
2000	99214.6	32917.73	72085
2001	109655.2	37213.49	73025
2002	120332.7	43499.91	73740
2003	135822.8	55566.61	74432
2004	159878.3	70477.4	75200
2005	183217.4	88773.62	75825
2006	211923.5	109998.2	76400
2007	257305.6	137323.94	76990
2008	300670	172828.4	77480
2009	340902.8	224598.9	75828
2010	401512.8	278121.9	76105
2011	473104	311485.1	76420
2012	518942.1	374694.7	76704
2013	595244.4	446294.09	76977
2014	643974	512020.65	77253
2015	676708	562000	77451

2. 实证分析

利用 DEA - Malmquist 分析工具，对全国 1981—2015 年全要素生产率动态变化进行了分析，分析结果如表 2 - 17 所示。

表 2 - 17　　　　全国 1981—2015 年全要素生产率动态变化

年份	效率 （effch）	技术效率 （techch）	纯技术效率 （pech）	规模效率 （sech）	全要素生产率 （tfpch）
1981—1982	1.000	0.945	1.000	1.000	0.945
1982—1983	1.000	1.026	1.000	1.000	1.026
1983—1984	1.000	1.048	1.000	1.000	1.048
1984—1985	1.000	1.044	1.000	1.000	1.044
1985—1986	1.000	1.015	1.000	1.000	1.015
1986—1987	1.000	1.049	1.000	1.000	1.049
1987—1988	1.000	1.098	1.000	1.000	1.098
1988—1989	1.000	1.162	1.000	1.000	1.162
1989—1990	1.000	1.003	1.000	1.000	1.003
1990—1991	1.000	1.042	1.000	1.000	1.042
1991—1992	1.000	1.023	1.000	1.000	1.023
1992—1993	1.000	1.027	1.000	1.000	1.027
1993—1994	1.000	1.189	1.000	1.000	1.189
1994—1995	1.000	1.159	1.000	1.000	1.159
1995—1996	1.000	1.086	1.000	1.000	1.086
1996—1997	1.000	1.058	1.000	1.000	1.058
1997—1998	1.000	0.996	1.000	1.000	0.996
1998—1999	1.000	1.031	1.000	1.000	1.031
1999—2000	1.000	1.049	1.000	1.000	1.049
2000—2001	1.000	1.033	1.000	1.000	1.033
2001—2002	1.000	1.010	1.000	1.000	1.010
2002—2003	1.000	0.994	1.000	1.000	0.994
2003—2004	1.000	1.040	1.000	1.000	1.040
2004—2005	1.000	1.017	1.000	1.000	1.017
2005—2006	1.000	1.035	1.000	1.000	1.035
2006—2007	1.000	1.082	1.000	1.000	1.082
2007—2008	1.000	1.038	1.000	1.000	1.038
2008—2009	1.000	1.005	1.000	1.000	1.005
2009—2010	1.000	1.056	1.000	1.000	1.056
2010—2011	1.000	1.111	1.000	1.000	1.111

续表

年份	效率 (effch)	技术效率 (techch)	纯技术效率 (pech)	规模效率 (sech)	全要素生产率 (tfpch)
2011—2012	1.000	0.998	1.000	1.000	0.998
2012—2013	1.000	0.996	1.000	1.000	0.996
2013—2014	1.000	0.988	1.000	1.000	0.988
2014—2015	1.000	0.965	1.000	1.000	0.965
平均	1.000	1.046	1.000	1.000	1.046

整体上看，1981—2015 年，全国的全要素生产率 TFP 平均值为 1.046，大于1；分年度来看，全国的全要素生产率呈现出动态变化特征，最高值出现在 1993—1994 年，为 1.189；最低值出现在 1981—1982 年，为 0.945；除了 1981—1982 年、2002—2003 年、2011—2015 年之外，其余年份全要素生产率均大于或等于1。

进一步对全要素生产率进行分解发现，影响全要素生产率变动的主要是技术效率的变化，而纯技术效率与规模效率均为1，保持不变。

全国 1981—2015 年全要素生产率 TFP 变化趋势如图 2-11 所示。

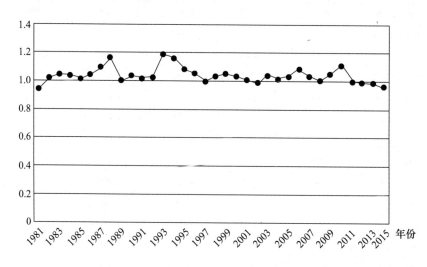

图 2-11　全国 1981—2015 年全要素生产率 TFP 变化趋势

（二）山西省经济增长效率评价

1. 相关数据

山西省 1981—2015 年要素投入与产出情况如表 2 - 18 所示。

表 2 - 18　　　　　山西省 1981—2015 年要素投入与产出情况

年份	地区生产总值（亿元）	固定资产投资（亿元）	年末从业人数（万人）
1981	121.71	25.5	1031.9
1982	139.22	34.5	1062.4
1983	155.06	44.8	1080.2
1984	197.42	68.9	1116.7
1985	218.99	91.7	1154.1
1986	235.11	97	1189.5
1987	257.23	106.2	1223
1988	316.69	107.7	1257.1
1989	376.26	108	1281.7
1990	429.27	123.4	1304
1991	468.51	149.5	1332.2
1992	551.12	172.8	1363.8
1993	680.41	251.3	1383.6
1994	826.66	290.9	1403.8
1995	1076.03	295.6	1424.5
1996	1292.11	333.5	1441.2
1997	1476.00	398.4	1439.4
1998	1611.08	534.7	1398.3
1999	1667.10	575.4	1402.2
2000	1845.72	625.2	1392.4
2001	2029.53	708.3	1399.5
2002	2324.80	838.3	1403.3
2003	2855.23	1116.3	1469.5
2004	3571.37	1477.7	1474.6
2005	4230.53	1859.4	1500.2
2006	4878.61	2321.5	1561.2
2007	6024.45	2927.2	1595.7

年份	地区生产总值（亿元）	固定资产投资（亿元）	年末从业人数（万人）
2008	7315.4	3635.1	1614.1
2009	7358.31	5033.53	1630.6
2010	9200.86	6352.60	1685.9
2011	11237.55	7373.06	1738.89
2012	12112.83	9176.31	1790.17
2013	12665.25	11031.89	1820.3
2014	12761.49	12354.53	1850.5
2015	12802.6	14137.2	1864.4

2. 实证分析

利用 DEA - Malmquist 分析工具，对山西省 1981—2015 年全要素生产率动态变化进行了分析，分析结果如表 2 - 19 所示。

表 2 - 19   山西省 1981—2015 年全要素生产率动态变化

年份	效率（effch）	技术效率（techch）	纯技术效率（pech）	规模效率（sech）	全要素生产率（tfpch）
1981—1982	1.000	0.969	1.000	1.000	0.969
1982—1983	1.000	0.969	1.000	1.000	0.969
1983—1984	1.000	1.010	1.000	1.000	1.010
1984—1985	1.000	0.946	1.000	1.000	0.946
1985—1986	1.000	1.028	1.000	1.000	1.028
1986—1987	1.000	1.031	1.000	1.000	1.031
1987—1988	1.000	1.206	1.000	1.000	1.206
1988—1989	1.000	1.175	1.000	1.000	1.175
1989—1990	1.000	1.058	1.000	1.000	1.058
1990—1991	1.000	0.981	1.000	1.000	0.981
1991—1992	1.000	1.081	1.000	1.000	1.081
1992—1993	1.000	1.016	1.000	1.000	1.016
1993—1994	1.000	1.121	1.000	1.000	1.121
1994—1995	1.000	1.282	1.000	1.000	1.282

续表

年份	效率 (effch)	技术效率 (techch)	纯技术效率 (pech)	规模效率 (sech)	全要素生产率 (tfpch)
1995—1996	1.000	1.124	1.000	1.000	1.124
1996—1997	1.000	1.046	1.000	1.000	1.046
1997—1998	1.000	0.956	1.000	1.000	0.956
1998—1999	1.000	0.996	1.000	1.000	0.996
1999—2000	1.000	1.066	1.000	1.000	1.066
2000—2001	1.000	1.030	1.000	1.000	1.030
2001—2002	1.000	1.052	1.000	1.000	1.052
2002—2003	1.000	1.040	1.000	1.000	1.040
2003—2004	1.000	1.085	1.000	1.000	1.085
2004—2005	1.000	1.047	1.000	1.000	1.047
2005—2006	1.000	1.012	1.000	1.000	1.012
2006—2007	1.000	1.088	1.000	1.000	1.088
2007—2008	1.000	1.083	1.000	1.000	1.083
2008—2009	1.000	0.850	1.000	1.000	0.850
2009—2010	1.000	1.095	1.000	1.000	1.095
2010—2011	1.000	1.116	1.000	1.000	1.116
2011—2012	1.000	0.952	1.000	1.000	0.952
2012—2013	1.000	0.987	1.000	1.000	0.987
2013—2014	1.000	0.975	1.000	1.000	0.975
2014—2015	1.000	0.968	1.000	1.000	0.968
平均	1.000	1.046	1.000	1.000	1.046

　　整体上看，1981—2015年，山西省的全要素生产率TFP平均值为1.046，大于1；分年度来看，山西省的全要素生产率呈现出动态变化特征，最高值出现在1994—1995年，为1.282；最低值出现在2008—2009年，为0.850；共有1981—1982年、1982—1983年、1984—1985年、1990—1991年、1997—1998年、1998—1999年、2008—2009年、2011—2015年11个年份全要素生产率小于1，其余年份全要素生产率均大于或等于1。

　　进一步对全要素生产率进行分解发现，影响全要素生产率变动的主要是技术效率的变化，而纯技术效率与规模效率均为 1，保持不变。

山西省 1981—2015 年全要素生产率 TFP 变化趋势如图 2 - 12 所示。

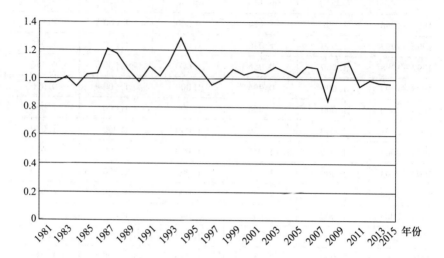

图 2 - 12　山西省 1981—2015 年全要素生产率 TFP 变化趋势

（三）安徽省经济增长效率评价

1. 相关数据

安徽省 1981—2015 年要素投入与产出情况如表 2 - 20 所示。

表 2 - 20　　　　　　　安徽省 1981—2015 年要素投入与产出情况

年份	地区生产总值（亿元）	固定资产投资（亿元）	年末从业人数（万人）
1981	170.60	15.7	2078.0
1982	187.10	34.0	2160.2
1983	215.70	46.2	2234.1
1984	265.80	62.2	2311.4
1985	331.40	80.7	2420.6
1986	382.80	103.5	2495.9
1987	442.60	117.2	2563.3
1988	546.90	137.8	2665.9
1989	616.20	114.4	2723.9

续表

年份	地区生产总值（亿元）	固定资产投资（亿元）	年末从业人数（万人）
1990	658.00	123	2807.6
1991	663.60	137.3	2877.1
1992	801.20	214.8	2985.8
1993	1037.10	321	3156.5
1994	1320.50	399.5	3119.5
1995	1810.60	532.5	3206.9
1996	2093.30	614.3	3257.7
1997	2347.40	687.3	3322.1
1998	2542.90	729	3379.3
1999	2712.30	773.9	3398.6
2000	2902.20	866.7	3450.7
2001	3246.70	964.1	3463
2002	3519.80	1133.3	3500.5
2003	3923.10	1477.7	3544.9
2004	4759.31	1914.2	3605.2
2005	5350.17	2521	3669.7
2006	6112.5	3544.7	3741
2007	7360.92	5093.7	3818
2008	8851.66	6800	3916
2009	10062.82	9263.18	3988.0
2010	12359.33	11849.43	4050
2011	15300.65	12147.78	4120.9
2012	17212.05	15054.95	4206.8
2013	19229.34	18621.9	4275
2014	20848.75	21875.58	4325.9
2015	22005.6	23965.6	4336.2

2. 实证分析

利用 DEA - Malmquist 分析工具，对安徽省 1981—2015 年全要素生产率动态变化进行了分析，分析结果如表 2 - 21 所示。

表 2 - 21 安徽省 1981—2015 年全要素生产率动态变化

年份	效率 (effch)	技术效率 (techch)	纯技术效率 (pech)	规模效率 (sech)	全要素生产率 (tfpch)
1981—1982	1.000	0.731	1.000	1.000	0.731
1982—1983	1.000	0.973	1.000	1.000	0.973
1983—1984	1.000	1.044	1.000	1.000	1.044
1984—1985	1.000	1.070	1.000	1.000	1.070
1985—1986	1.000	1.004	1.000	1.000	1.004
1986—1987	1.000	1.072	1.000	1.000	1.072
1987—1988	1.000	1.117	1.000	1.000	1.117
1988—1989	1.000	1.223	1.000	1.000	1.223
1989—1990	1.000	1.014	1.000	1.000	1.014
1990—1991	1.000	0.943	1.000	1.000	0.943
1991—1992	1.000	0.948	1.000	1.000	0.948
1992—1993	1.000	1.030	1.000	1.000	1.030
1993—1994	1.000	1.148	1.000	1.000	1.148
1994—1995	1.000	1.171	1.000	1.000	1.171
1995—1996	1.000	1.068	1.000	1.000	1.068
1996—1997	1.000	1.050	1.000	1.000	1.050
1997—1998	1.000	1.043	1.000	1.000	1.043
1998—1999	1.000	1.032	1.000	1.000	1.032
1999—2000	1.000	1.003	1.000	1.000	1.003
2000—2001	1.000	1.059	1.000	1.000	1.059
2001—2002	1.000	0.995	1.000	1.000	0.995
2002—2003	1.000	0.970	1.000	1.000	0.970
2003—2004	1.000	1.057	1.000	1.000	1.057
2004—2005	1.000	0.971	1.000	1.000	0.971
2005—2006	1.000	0.954	1.000	1.000	0.954
2006—2007	1.000	0.994	1.000	1.000	0.994
2007—2008	1.000	1.028	1.000	1.000	1.028
2008—2009	1.000	0.965	1.000	1.000	0.965
2009—2010	1.000	1.078	1.000	1.000	1.078
2010—2011	1.000	1.212	1.000	1.000	1.212

续表

年份	效率 （effch）	技术效率 （techch）	纯技术效率 （pech）	规模效率 （sech）	全要素生产率 （tfpch）
2011—2012	1.000	1.000	1.000	1.000	1.000
2012—2013	1.000	0.997	1.000	1.000	0.997
2013—2014	1.000	0.985	1.000	1.000	0.985
2014—2015	1.000	0.962	1.000	1.000	0.962
平均	1.000	1.027	1.000	1.000	1.027

整体上看，1981—2015 年，安徽省的全要素生产率 TFP 平均值为 1.027，大于 1；分年度来看，安徽省的全要素生产率呈现出动态变化特征，最高值出现在 1988—1989 年，为 1.223；最低值出现在 1981—1982 年，为 0.731；共有 1981—1982 年、1982—1983 年、1990—1991 年、1991—1992 年、2001—2002 年、2002—2003 年、2004—2005 年、2005—2006 年、2006—2007 年、2008—2009 年、2011—2015 年 14 个年份全要素生产率小于 1，其余年份全要素生产率均大于或等于 1。

进一步对全要素生产率进行分解发现，影响全要素生产率变动的主要是技术效率的变化，而纯技术效率与规模效率均为 1，保持不变。

安徽省 1981—2015 年全要素生产率 TFP 变化趋势如图 2 - 13 所示。

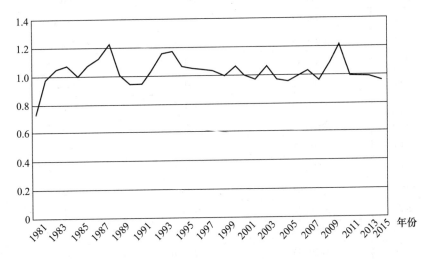

图 2 - 13　安徽省 1981—2015 年全要素生产率 TFP 变化趋势

（四）江西省经济增长效率评价

1. 相关数据

江西省1981—2015年要素投入与产出情况如表2－22所示。

表 2 – 22　　　　江西省 1981—2015 年要素投入与产出情况

年份	地区生产总值（亿元）	固定资产投资（亿元）	年末从业人数（万人）
1981	121. 26	17. 1	1409. 8
1982	133. 96	24. 5	1434. 0
1983	144. 13	28. 1	1498. 2
1984	169. 11	35. 2	1537. 3
1985	207. 89	44	1584. 8
1986	230. 82	53. 4	1622. 6
1987	262. 90	58. 8	1668. 4
1988	325. 83	78. 2	1723
1989	376. 46	73. 3	1760. 4
1990	428. 62	70. 7	1816. 5
1991	479. 37	91. 1	1874. 5
1992	572. 55	125. 4	1870. 4
1993	723. 04	185. 5	1903. 7
1994	948. 16	237. 5	2007. 7
1995	1169. 73	284. 2	2100. 5
1996	1409. 74	355. 9	2107. 2
1997	1605. 77	384. 3	2120. 6
1998	1719. 87	454. 8	2094. 3
1999	1853. 65	491. 5	2089
2000	2003. 07	548. 2	2060. 9
2001	2175. 68	660. 5	2054. 8
2002	2450. 48	924. 6	2130. 6
2003	2807. 41	1380	2168. 2
2004	3456. 70	1819. 7	2214
2005	4056. 76	2169	2276. 7
2006	4820. 53	2683. 6	2321. 1
2007	5800. 25	3301. 9	2369. 6

年份	地区生产总值（亿元）	固定资产投资（亿元）	年末从业人数（万人）
2008	6971.05	4745.4	2404.5
2009	7655.18	5693.14	2445.2
2010	9451.26	7164.63	2498.76
2011	11702.82	8737.60	2532.63
2012	12948.88	10774.16	2555.95
2013	14410.19	12850.25	2575.86
2014	15714.63	15079.26	2586.78
2015	16723.8	17388.1	2594.2

2. 实证分析

利用 DEA – Malmquist 分析工具，对江西省 1981—2015 年全要素生产率动态变化进行了分析，分析结果如表 2 – 23 所示。

表 2 – 23　　　　江西省 1981—2015 年全要素生产率动态变化

年份	效率（effch）	技术效率（techch）	纯技术效率（pech）	规模效率（sech）	全要素生产率（tfpch）
1981—1982	1.000	0.915	1.000	1.000	0.915
1982—1983	1.000	0.983	1.000	1.000	0.983
1983—1984	1.000	1.035	1.000	1.000	1.035
1984—1985	1.000	1.083	1.000	1.000	1.083
1985—1986	1.000	0.996	1.000	1.000	0.996
1986—1987	1.000	1.070	1.000	1.000	1.070
1987—1988	1.000	1.058	1.000	1.000	1.058
1988—1989	1.000	1.181	1.000	1.000	1.181
1989—1990	1.000	1.141	1.000	1.000	1.141
1990—1991	1.000	0.970	1.000	1.000	0.970
1991—1992	1.000	1.019	1.000	1.000	1.019
1992—1993	1.000	1.029	1.000	1.000	1.029
1993—1994	1.000	1.129	1.000	1.000	1.129
1994—1995	1.000	1.103	1.000	1.000	1.103
1995—1996	1.000	1.075	1.000	1.000	1.075

续表

年份	效率 （effch）	技术效率 （techch）	纯技术效率 （pech）	规模效率 （sech）	全要素生产率 （tfpch）
1996—1997	1.000	1.093	1.000	1.000	1.093
1997—1998	1.000	0.991	1.000	1.000	0.991
1998—1999	1.000	1.038	1.000	1.000	1.038
1999—2000	1.000	1.030	1.000	1.000	1.030
2000—2001	1.000	0.991	1.000	1.000	0.991
2001—2002	1.000	0.935	1.000	1.000	0.935
2002—2003	1.000	0.930	1.000	1.000	0.930
2003—2004	1.000	1.061	1.000	1.000	1.061
2004—2005	1.000	1.060	1.000	1.000	1.060
2005—2006	1.000	1.058	1.000	1.000	1.058
2006—2007	1.000	1.074	1.000	1.000	1.074
2007—2008	1.000	0.995	1.000	1.000	0.995
2008—2009	1.000	0.994	1.000	1.000	0.994
2009—2010	1.000	1.089	1.000	1.000	1.089
2010—2011	1.000	1.114	1.000	1.000	1.114
2011—2012	1.000	0.992	1.000	1.000	0.992
2012—2013	1.000	0.985	1.000	1.000	0.985
2013—2014	1.000	0.973	1.000	1.000	0.973
2014—2015	1.000	0.969	1.000	1.000	0.969
平均	1.000	1.038	1.000	1.000	1.038

整体上看，1981—2015 年，江西省的全要素生产率 TFP 平均值为 1.038，大于 1；分年度来看，江西省的全要素生产率呈现出动态变化特征，最高值出现在 1988—1989 年，为 1.181；最低值出现在 2002—2003 年，为 0.930；共有 1981—1982 年、1982—1983 年、1985—1986 年、1990—1991 年、1997—1998 年、2000—2001 年、2001—2002 年、2002—2003 年、2007—2008 年、2008—2009 年、2011—2015 年 14 个年份全要素生产率小于 1，其余年份全要素生产率均大于或等于 1。

进一步对全要素生产率进行分解发现，影响全要素生产率变动的主要是技术效率的变化，而纯技术效率与规模效率均为 1，保持不变。

江西省 1981—2015 年全要素生产率 TFP 变化趋势如图 2 – 14 所示。

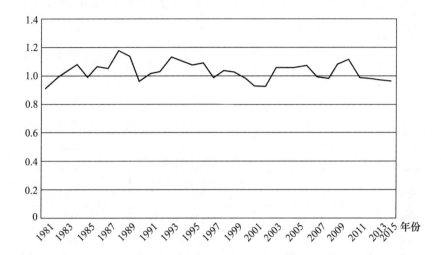

图 2 – 14　江西省 1981—2015 年全要素生产率 TFP 变化趋势

（五）河南省经济增长效率评价

1. 相关数据

河南省 1981—2015 年要素投入与产出情况如表 2 – 24 所示。

表 2 – 24　　　　　　河南省 1981—2015 年要素投入与产出情况

年份	地区生产总值（亿元）	固定资产投资（亿元）	年末从业人数（万人）
1981	249.69	47.25	3039
1982	263.30	53.52	3146
1983	327.95	61.40	3289
1984	370.04	86.93	3346
1985	451.74	126.95	3520
1986	502.91	144.94	3598
1987	609.60	160.42	3782
1988	749.09	204.05	3916
1989	850.71	187.68	3943
1990	934.65	206.12	4086
1991	1045.73	256.46	4216

续表

年份	地区生产总值（亿元）	固定资产投资（亿元）	年末从业人数（万人）
1992	1279.75	318.83	4332
1993	1660.18	450.43	4400
1994	2216.83	628.03	4448
1995	2988.37	805.03	4509
1996	3634.69	1003.61	4638
1997	4041.09	1165.19	4820
1998	4308.24	1252.22	5000
1999	4517.94	1324.18	5205
2000	5052.99	1475.72	5572
2001	5533.01	1627.99	5517
2002	6035.48	1820.45	5522
2003	6867.70	2310.54	5536
2004	8553.79	3099.38	5587
2005	10587.42	4378.69	5662
2006	12362.79	5907.74	5719
2007	15012.46	8010.11	5773
2008	18018.53	10490.65	5835
2009	19480.46	13704.65	5949
2010	23092.36	16585.85	6042
2011	26931.03	17770.51	6198
2012	29599.31	21449.99	6288
2013	32191.3	26087.46	6369
2014	34938.24	30782.17	6458
2015	37010.25	35660.34	6508

2. 实证分析

利用 DEA – Malmquist 分析工具，对河南省 1981—2015 年全要素生产率动态变化进行了分析，分析结果如表 2 – 25 所示。

表 2 – 25　　　　河南省 1981—2015 年全要素生产率动态变化

年份	效率 (effch)	技术效率 (techch)	纯技术效率 (pech)	规模效率 (sech)	全要素生产率 (tfpch)
1981—1982	1.000	0.974	1.000	1.000	0.974
1982—1983	1.000	1.137	1.000	1.000	1.137
1983—1984	1.000	0.940	1.000	1.000	0.940
1984—1985	1.000	0.985	1.000	1.000	0.985
1985—1986	1.000	1.031	1.000	1.000	1.031
1986—1987	1.000	1.124	1.000	1.000	1.124
1987—1988	1.000	1.071	1.000	1.000	1.071
1988—1989	1.000	1.180	1.000	1.000	1.180
1989—1990	1.000	1.030	1.000	1.000	1.030
1990—1991	1.000	0.987	1.000	1.000	0.987
1991—1992	1.000	1.083	1.000	1.000	1.083
1992—1993	1.000	1.083	1.000	1.000	1.083
1993—1994	1.000	1.125	1.000	1.000	1.125
1994—1995	1.000	1.183	1.000	1.000	1.183
1995—1996	1.000	1.074	1.000	1.000	1.074
1996—1997	1.000	1.012	1.000	1.000	1.012
1997—1998	1.000	1.010	1.000	1.000	1.010
1998—1999	1.000	0.999	1.000	1.000	0.999
1999—2000	1.000	1.024	1.000	1.000	1.024
2000—2001	1.000	1.048	1.000	1.000	1.048
2001—2002	1.000	1.031	1.000	1.000	1.031
2002—2003	1.000	1.009	1.000	1.000	1.009
2003—2004	1.000	1.070	1.000	1.000	1.070
2004—2005	1.000	1.034	1.000	1.000	1.034
2005—2006	1.000	1.000	1.000	1.000	1.000
2006—2007	1.000	1.038	1.000	1.000	1.038
2007—2008	1.000	1.043	1.000	1.000	1.043
2008—2009	1.000	0.937	1.000	1.000	0.937
2009—2010	1.000	1.069	1.000	1.000	1.069
2010—2011	1.000	1.112	1.000	1.000	1.112

续表

年份	效率 （effch）	技术效率 （techch）	纯技术效率 （pech）	规模效率 （sech）	全要素生产率 （tfpch）
2011—2012	1.000	0.993	1.000	1.000	0.993
2012—2013	1.000	0.995	1.000	1.000	0.995
2013—2014	1.000	0.989	1.000	1.000	0.989
2014—2015	1.000	0.976	1.000	1.000	0.976
平均	1.000	1.045	1.000	1.000	1.045

整体上看，1981—2015 年，河南省的全要素生产率 TFP 平均值为1.045，大于 1；分年度来看，河南省的全要素生产率呈现出动态变化特征，最高值出现在 1994—1995 年，为 1.183；最低值出现在 2008—2009 年，为 0.937；共有 1981—1982 年、1983—1984 年、1984—1985年、1990—1991 年、1998—1999 年、2008—2009 年、2011—2015 年10 个年份全要素生产率小于 1，其余年份全要素生产率均大于或等于 1。

进一步对全要素生产率进行分解发现，影响全要素生产率变动的主要是技术效率的变化，而纯技术效率与规模效率均为 1，保持不变。

河南省 1981—2015 年全要素生产率 TFP 变化趋势如图 2 – 15 所示。

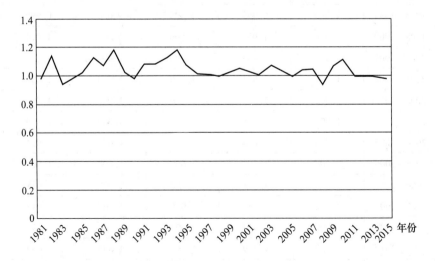

图 2 – 15　河南省 1981—2015 年全要素生产率 TFP 变化趋势

（六）湖北省经济增长效率评价

1. 相关数据

湖北省1981—2015年要素投入与产出情况如表2-26所示。

表2-26 湖北省1981—2015年要素投入与产出情况

年份	地区生产总值（亿元）	固定资产投资（亿元）	年末从业人数（万人）
1981	219.75	33.48	2045.1
1982	241.55	48.83	2107.8
1983	262.58	56.13	2144.7
1984	328.22	74.47	2203.1
1985	396.26	102.91	2238.1
1986	442.04	111.44	2297.5
1987	517.77	140.08	2349.4
1988	626.52	160.46	2407.4
1989	717.08	123.70	2432.8
1990	824.38	144.44	3040.4
1991	913.38	168.19	3082.7
1992	1088.39	240.73	3118.6
1993	1325.83	383.18	3157.6
1994	1700.92	593.07	3196.9
1995	2109.38	826.50	3232.5
1996	2499.77	984.38	3275.5
1997	2856.47	1083.60	3311.2
1998	3114.02	1231.10	3328.2
1999	3229.29	1302.17	3358.1
2000	3545.39	1421.55	3384.9
2001	3880.53	1551.75	3414.5
2002	4212.82	1695.22	3443.0
2003	4757.45	1883.59	3476.0
2004	5633.24	2356.38	3507.0
2005	6590.19	2834.75	3537.0
2006	7617.47	3572.69	3564.0
2007	9333.40	4534.14	3584.0

续表

年份	地区生产总值（亿元）	固定资产投资（亿元）	年末从业人数（万人）
2008	11328.92	5798.56	3607.0
2009	12961.10	8211.85	3622
2010	15967.61	10802.69	3645
2011	19632.26	12935.02	3672
2012	22250.45	16504.17	3687
2013	24791.83	19307.33	3706
2014	27379.22	22915.3	3721
2015	29550.19	28250.48	3734

2. 实证分析

利用 DEA – Malmquist 分析工具，对湖北省 1981—2015 年全要素生产率动态变化进行了分析，分析结果如表 2 – 27 所示。

表 2 – 27　　　　　湖北省 1981—2015 年全要素生产率动态变化

年份	效率 （effch）	技术效率 （techch）	纯技术效率 （pech）	规模效率 （sech）	全要素生产率 （tfpch）
1981—1982	1.000	0.897	1.000	1.000	0.897
1982—1983	1.000	1.005	1.000	1.000	1.005
1983—1984	1.000	1.071	1.000	1.000	1.071
1984—1985	1.000	1.019	1.000	1.000	1.019
1985—1986	1.000	1.058	1.000	1.000	1.058
1986—1987	1.000	1.033	1.000	1.000	1.033
1987—1988	1.000	1.117	1.000	1.000	1.117
1988—1989	1.000	1.297	1.000	1.000	1.297
1989—1990	1.000	0.952	1.000	1.000	0.952
1990—1991	1.000	1.020	1.000	1.000	1.020
1991—1992	1.000	0.990	1.000	1.000	0.990
1992—1993	1.000	0.960	1.000	1.000	0.960
1993—1994	1.000	1.025	1.000	1.000	1.025
1994—1995	1.000	1.045	1.000	1.000	1.045

续表

年份	效率 （effch）	技术效率 （techch）	纯技术效率 （pech）	规模效率 （sech）	全要素生产率 （tfpch）
1995—1996	1.000	1.079	1.000	1.000	1.079
1996—1997	1.000	1.083	1.000	1.000	1.083
1997—1998	1.000	1.020	1.000	1.000	1.020
1998—1999	1.000	1.004	1.000	1.000	1.004
1999—2000	1.000	1.047	1.000	1.000	1.047
2000—2001	1.000	1.043	1.000	1.000	1.043
2001—2002	1.000	1.034	1.000	1.000	1.034
2002—2003	1.000	1.066	1.000	1.000	1.066
2003—2004	1.000	1.054	1.000	1.000	1.054
2004—2005	1.000	1.062	1.000	1.000	1.062
2005—2006	1.000	1.026	1.000	1.000	1.026
2006—2007	1.000	1.085	1.000	1.000	1.085
2007—2008	1.000	1.070	1.000	1.000	1.070
2008—2009	1.000	0.959	1.000	1.000	0.959
2009—2010	1.000	1.071	1.000	1.000	1.071
2010—2011	1.000	1.119	1.000	1.000	1.119
2011—2012	1.000	1.001	1.000	1.000	1.001
2012—2013	1.000	1.027	1.000	1.000	1.027
2013—2014	1.000	1.015	1.000	1.000	1.015
2014—2015	1.000	1.013	1.000	1.000	1.013
平均	1.000	1.040	1.000	1.000	1.040

　　整体上看，1981—2015 年，湖北省的全要素生产率 TFP 平均值为
1.040，大于 1；分年度来看，湖北省的全要素生产率呈现出动态变化
特征，最高值出现在 1988—1989 年，为 1.297；最低值出现在 1981—
1982 年，为 0.897；共有 1981—1982 年、1989—1990 年、1991—1992
年、1992—1993 年、2008—2009 年 5 个年份全要素生产率小于 1，其
余年份全要素生产率均大于或等于 1。

　　进一步对全要素生产率进行分解发现，影响全要素生产率变动的主
要是技术效率的变化，而纯技术效率与规模效率均为 1，保持不变。

湖北省 1981—2015 年全要素生产率 TFP 变化趋势如图 2-16 所示。

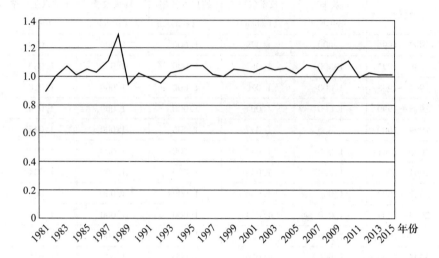

图 2-16 湖北省 1981—2015 年全要素生产率 TFP 变化趋势

（七）湖南省经济增长效率评价

1. 相关数据

湖南省 1981—2015 年要素投入与产出情况如表 2-28 所示。

表 2-28　　　　　　湖南省 1981—2015 年要素投入与产出情况

年份	地区生产总值（亿元）	固定资产投资（亿元）	年末从业人数（万人）
1981	209.68	33.45	2449.46
1982	232.52	40.18	2541.05
1983	257.43	55.66	2594.37
1984	287.29	60.54	2672.86
1985	349.95	83.52	2728.71
1986	397.68	99.26	2808.87
1987	469.44	116.39	2904.1
1988	584.07	140.04	2998.64
1989	640.80	114.41	3091.37
1990	744.44	124.17	3158.42
1991	833.30	157.07	3222.43

续表

年份	地区生产总值（亿元）	固定资产投资（亿元）	年末从业人数（万人）
1992	986.98	233.39	3278.83
1993	1244.71	320.24	3345.61
1994	1650.02	420.89	3400.29
1995	2132.13	524.01	3467.31
1996	2540.13	678.33	3514.16
1997	2849.27	700.73	3560.29
1998	3025.53	848.59	3603.17
1999	3214.54	943.34	3601.39
2000	3551.49	1066.27	3577.58
2001	3831.90	1210.63	3607.96
2002	4151.54	1355.87	3644.52
2003	4659.99	1557.00	3694.78
2004	5641.94	1981.29	3747.1
2005	6596.10	2563.96	3801.48
2006	7688.67	3242.39	3842.17
2007	9439.60	4294.36	3883.41
2008	11555.00	5649.69	3910.06
2009	13059.69	7695.27	3935.21
2010	16037.96	9821.06	3982.73
2011	19669.56	11431.48	4005.03
2012	22154.23	14576.61	4019.31
2013	24621.67	17841.4	4032.45
2014	27037.32	21242.92	4044.2
2015	29047.2	25954.3	4057.88

2. 实证分析

利用 DEA - Malmquist 分析工具，对湖南省 1981—2015 年全要素生产率动态变化进行了分析，分析结果如表 2 - 29 所示。

表 2 - 29　　　　　　湖南省1981—2015年全要素生产率动态变化

年份	效率 （effch）	技术效率 （techch）	纯技术效率 （pech）	规模效率 （sech）	全要素生产率 （tfpch）
1981—1982	1.000	0.993	1.000	1.000	0.993
1982—1983	1.000	0.931	1.000	1.000	0.931
1983—1984	1.000	1.054	1.000	1.000	1.054
1984—1985	1.000	1.026	1.000	1.000	1.026
1985—1986	1.000	1.027	1.000	1.000	1.027
1986—1987	1.000	1.072	1.000	1.000	1.072
1987—1988	1.000	1.116	1.000	1.000	1.116
1988—1989	1.000	1.195	1.000	1.000	1.195
1989—1990	1.000	1.103	1.000	1.000	1.103
1990—1991	1.000	0.985	1.000	1.000	0.985
1991—1992	1.000	0.963	1.000	1.000	0.963
1992—1993	1.000	1.066	1.000	1.000	1.066
1993—1994	1.000	1.147	1.000	1.000	1.147
1994—1995	1.000	1.147	1.000	1.000	1.147
1995—1996	1.000	1.040	1.000	1.000	1.040
1996—1997	1.000	1.096	1.000	1.000	1.096
1997—1998	1.000	0.959	1.000	1.000	0.959
1998—1999	1.000	1.008	1.000	1.000	1.008
1999—2000	1.000	1.043	1.000	1.000	1.043
2000—2001	1.000	1.008	1.000	1.000	1.008
2001—2002	1.000	1.019	1.000	1.000	1.019
2002—2003	1.000	1.040	1.000	1.000	1.040
2003—2004	1.000	1.066	1.000	1.000	1.066
2004—2005	1.000	1.020	1.000	1.000	1.020
2005—2006	1.000	1.031	1.000	1.000	1.031
2006—2007	1.000	1.061	1.000	1.000	1.061
2007—2008	1.000	1.064	1.000	1.000	1.064
2008—2009	1.000	0.965	1.000	1.000	0.965
2009—2010	1.000	1.081	1.000	1.000	1.081
2010—2011	1.000	1.134	1.000	1.000	1.134

续表

年份	效率 （effch）	技术效率 （techch）	纯技术效率 （pech）	规模效率 （sech）	全要素生产率 （tfpch）
2011—2012	1.000	0.996	1.000	1.000	0.996
2012—2013	1.000	0.987	1.000	1.000	0.987
2013—2014	1.000	0.977	1.000	1.000	0.977
2014—2015	1.000	0.989	1.000	1.000	0.989
平均	1.000	1.045	1.000	1.000	1.045

整体上看，1981—2015 年，湖南省的全要素生产率 TFP 平均值为 1.045，大于 1；分年度来看，湖南省的全要素生产率呈现出动态变化特征，最高值出现在 1988—1989 年，为 1.195；最低值出现在 1982—1983 年，为 0.931；共有 1981—1982 年、1982—1983 年、1990—1991 年、1991—1992 年、1997—1998 年、2008—2009 年、2011—2015 年 10 个年份全要素生产率小于 1，其余年份全要素生产率均大于或等于 1。

进一步对全要素生产率进行分解发现，影响全要素生产率变动的主要是技术效率的变化，而纯技术效率与规模效率均为 1，保持不变。

湖南省 1981—2015 年全要素生产率 TFP 变化趋势如图 2 - 17 所示。

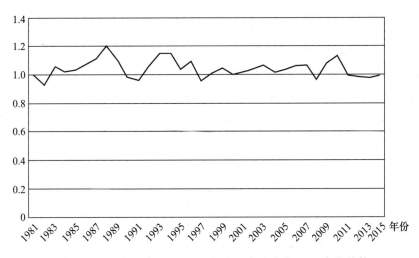

图 2 - 17　湖南省 1981—2015 年全要素生产率 TFP 变化趋势

三　中部地区省际经济增长效率比较分析

根据前面的计算结果，对相关数据进行了整理，中部六省与全国
DEA – Malmquist 指数的纵向比较分析如表 2 – 30 所示。

表 2 – 30　　　中部六省与全国 DEA – Malmquist 指数的纵向比较

年份	全国	山西	安徽	江西	河南	湖北	湖南
1981—1982	0.945	0.969	0.731	0.915	0.974	0.897	0.993
1982—1983	1.026	0.969	0.973	0.983	1.137	1.005	0.931
1983—1984	1.048	1.010	1.044	1.035	0.940	1.071	1.054
1984—1985	1.044	0.946	1.070	1.083	0.985	1.019	1.026
1985—1986	1.015	1.028	1.004	0.996	1.031	1.058	1.027
1986—1987	1.049	1.031	1.072	1.070	1.124	1.033	1.072
1987—1988	1.098	1.206	1.117	1.058	1.071	1.117	1.116
1988—1989	1.162	1.175	1.223	1.181	1.180	1.297	1.195
1989—1990	1.003	1.058	1.014	1.141	1.030	0.952	1.103
1990—1991	1.042	0.981	0.943	0.970	0.987	1.020	0.985
1991—1992	1.023	1.081	0.948	1.019	1.083	0.990	0.963
1992—1993	1.027	1.016	1.030	1.029	1.083	0.960	1.066
1993—1994	1.189	1.121	1.148	1.129	1.125	1.025	1.147
1994—1995	1.159	1.282	1.171	1.103	1.183	1.045	1.147
1995—1996	1.086	1.124	1.068	1.075	1.074	1.079	1.040
1996—1997	1.058	1.046	1.050	1.093	1.012	1.083	1.096
1997—1998	0.996	0.956	1.043	0.991	1.010	1.020	0.959
1998—1999	1.031	0.996	1.032	1.038	0.999	1.004	1.008
1999—2000	1.049	1.066	1.003	1.030	1.024	1.047	1.043
2000—2001	1.033	1.030	1.059	0.991	1.048	1.043	1.008
2001—2002	1.010	1.052	0.995	0.935	1.031	1.034	1.019
2002—2003	0.994	1.040	0.970	0.930	1.009	1.066	1.040
2003—2004	1.040	1.085	1.057	1.061	1.070	1.054	1.066
2004—2005	1.017	1.047	0.971	1.060	1.034	1.062	1.020
2005—2006	1.035	1.012	0.954	1.058	1.000	1.026	1.031
2006—2007	1.082	1.088	0.994	1.074	1.038	1.085	1.061
2007—2008	1.038	1.083	1.028	0.995	1.043	1.070	1.064

续表

年份	全国	山西	安徽	江西	河南	湖北	湖南
2008—2009	1.005	0.850	0.965	0.994	0.937	0.959	0.965
2009—2010	1.056	1.095	1.078	1.089	1.069	1.071	1.081
2010—2011	1.111	1.116	1.212	1.114	1.112	1.119	1.134
2011—2012	0.998	0.952	1.000	0.992	0.993	1.001	0.996
2012—2013	0.996	0.987	0.997	0.985	0.995	1.027	0.987
2013—2014	0.988	0.975	0.985	0.973	0.989	1.015	0.977
2014—2015	0.965	0.968	0.962	0.969	0.976	1.013	0.989
平均	1.046	1.046	1.027	1.038	1.045	1.040	1.045

从表2-30中可以看出，1981—2015年，中部6省的平均全要素生产率，除山西省与全国平均全要素生产率相同，其余5省区的全要素生产率均低于全国平均全要素生产率。

中部6省中，平均全要素生产率最高的是山西省，为1.046；其次是河南省和湖南省，平均全要素生产率均为1.045；排名第四的是湖北省，平均全要素生产率为1.040；排名第五的是江西省，平均全要素生产率为1.038；排名最后的是安徽省，平均全要素生产率为1.027。

全国及中部6省1981—2015年全要素生产率TFP变化趋势如图2-18所示。

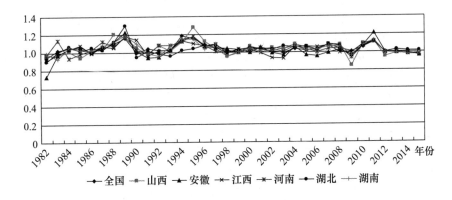

图2-18 全国及中部6省1981—2015年全要素生产率TFP变化趋势

从趋势图中可以看出，中部 6 省全要素生产率 TFP 变化趋势的波动幅度要远远大于全国全要素生产率的波动幅度。

由于全国与各省的全要素生产率变动主要由技术效率变动所导致，因此，中部 6 省需要通过提高技术效率，从而提高整体的全要素生产率。

第三章 中部地区经济增长动因分解及分析

第一节 分析原理

经济发展包含的因素众多，在众多因素作用下决定了经济发展态势。无论是采用计量经济学常用的回归分析，还是采用数理统计的方差分析、主成分分析，都存在一些不足之处。在控制论中，人们常用颜色深浅的不同来对系统信息的明确程度进行比较直观的刻画。对于研究人员来说信息完全明确的系统可称之为白色系统，而研究人员对其信息完全未知的系统则称为黑色系统，而介于二者之间，部分信息比较明确而部分信息不明确的系统则称为灰色系统。

邓聚龙教授于20世纪80年代创立了灰色系统理论，是不确定性系统研究的重要成果之一。在经济发展中，由于系统作用因素众多，加上目前人们对于经济发展内在动因与规律把握与认识水平的局限性，对于经济发展动因的分析往往带有一定的不确定性。因此，通过引入系统科学与工程领域的灰色系统理论对经济发展动因进行探讨，是目前经济学研究的一个领域之一，这其中主要应用的就是灰色关联度分析。

灰色关联度分析的基本思路是分析序列曲线的几何形状，系统行为特征往往通过几何形状来表现，因此通过分析几何形状的相似程度就可以判断各系统联系的紧密程度。

设 $X_0 = (x_0(1), x_0(2), x_0(3), \cdots, x_0(n))$ 为系统行为特征序列，且

$$X_1 = (x_1(1), x_1(2), x_1(3), \cdots, x_1(n))$$
$$\vdots$$
$$X_i = (x_i(1), x_i(2), x_i(3), \cdots, x_i(n))$$

$\vdots$

$X_m = (x_m(1), x_m(2), x_m(3), \cdots, x_m(n)) \gamma(X_0, X_i) = \dfrac{1}{n} \displaystyle\sum_{k=1}^{n} \gamma$

$(x_0(k), x_i(k))$

为相关因素序列。

若给定实数满足如下条件：

一是规范性：

$0 < \gamma(X_0, X_i) \leqslant 1, \ 0 < \gamma(X_0, X_i) = 1 \Longleftarrow X_0 = X_i$

二是整体性：

对于 $X_i, X_j \in \{X_s | s = 0, 1, 2, \cdots, m, m \geqslant 2\}$，有

$\gamma(X_i, X_j) \neq \gamma(X_j, X_i), \ i \neq j$

三是偶对称性：

对于 $X_i, X_j \in X$，有

$\gamma(X_i, X_j) = \gamma(X_j, X_i) \Leftrightarrow X = \{X_i, X_j\}$

四是接近性：

$|x_0(k) - x_i(k)|$ 越小，则有 $\gamma(x_0(k), x_i(k))$ 越大

则可称 $\gamma(x_0(k), x_i(k))$ 为 X_i 与 X_0 的灰色关联度。

灰色关联度是分析多种因素对系统的相互制约、相互作用关系的一个有效方法。关联度分析的主导思想是基于灰色系统的灰色过程，通过对各影响因素的时间序列进行比较分析，从而对哪些是影响大的主导因素进行确定，是一种动态过程的研究。

第二节　分析方法

设系统行为序列为：

$X_0 = (x_0(1), x_0(2), x_0(3), \cdots, x_0(n))$

$X_1 = (x_1(1), x_1(2), x_1(3), \cdots, x_1(n))$

$\vdots$

$X_i = (x_i(1), x_i(2), x_i(3), \cdots, x_i(n))$

$\vdots$

$X_m = (x_m(1), x_m(2), x_m(3), \cdots, x_m(n))$

对于 $\xi \in (0, 1)$, 令

$$\gamma(x_0(k), x_i(k)) = \frac{\min\limits_{i}\min\limits_{k}|x_0(k) - x_i(k)| + \xi \max\limits_{i}\max\limits_{k}|x_0(k) - x_i(k)|}{|x_0(k) - x_i(k)| + \xi \max\limits_{i}\max\limits_{k}|x_0(k) - x_i(k)|}$$

$$\gamma(X_0, X_i) = \frac{1}{n}\sum_{k=1}^{n}\gamma(x_0(k), x_i(k))$$

则 $\gamma(X_0, X_i)$ 满足灰色关联四公理, 其中, ξ 称为分辨系数, $\gamma(X_0, X_i)$ 称为 X_0 与 X_i 的灰色关联度。

根据上述定义, 灰色关联度的计算步骤如下:

第一步, 求各序列的初值像,

$$X'_i = \frac{X_i}{x_i(1)} = (x'_i(1), x'_i(2), \cdots, x'_i(n)), i = 0, 1, 2, \cdots, m$$

第二步, 求差序列,

$$\Delta_i(k) = |x'_0(k) - x'_i(k)|$$

$$\Delta_i = (\Delta_i(1), \Delta_i(2), \cdots, \Delta_i(n)), i = 1, 2, \cdots, m$$

第三步, 求极最大差与极最小差, 记

$$M = \max\limits_{i}\max\limits_{k}\Delta_i(k), m = \min\limits_{i}\min\limits_{k}\Delta_i(k)$$

第四步, 求关联系数,

$$\gamma_{0i}(k) = \frac{m + \xi M}{\Delta_i(k) + \xi M}, \xi \in (0, 1), k = 1, 2, \cdots, n; i = 1, 2, \cdots, m$$

第五步, 计算关联度,

$$\gamma_{0i}(k) = \frac{1}{n}\sum_{k=1}^{n}\gamma_{0i}(k)$$

第三节 指标体系构建

根据经济增长原因分析之父——美国经济学家丹尼尔森的理论, 影响一国经济增长的主要因素可以分为七个大类, 分别是: (1) 就业人数及其性别年龄结构; (2) 劳动时间; (3) 教育年限及教育水平; (4) 资本存量; (5) 资源配置状态; (6) 规模经济; (7) 知识进展。

俄裔美国著名经济学家库兹涅茨提出了现代经济增长六个相互关联的方面：（1）总产量和人口的快速增加；（2）生产效率的增长率；（3）经济结构从农业生产占主导地位向制造业和服务业占主导地位的改变；（4）社会结构和思维方式的转变；（5）通讯和运输技术改变引起的国家之间的相互依赖；（6）世界经济中的分化迹象。

根据上述经济学家以及我国学者毕世杰、马春文、沈正平等人所作研究，本书从国内生产总量、产业、消费、投资、技术创新、对外贸易、金融七个方面构建了反映经济增长动因的综合指标体系，对1978—2012年中部各省区的经济增长动力因素进行分析，指标体系如表3-1所示。

表3-1   **经济增长动因综合指标体系**

指标类别	指标内容
总量指标	国内生产总值
产业指标	第一产业产值、工业产值、建筑业产值、第三产业产值
消费指标	城镇居民人均可支配收入、农村居民人均纯收入、社会消费品零售总额、居民消费、政府消费
投资指标	全社会固定资产投资总额、资本形成总额、
技术创新指标	高等学校在校生人数、教育经费支出、邮电业务量、固定电话与移动电话用户合计数
对外贸易指标	实际利用外资额、进口额、出口额
金融指标	金融机构贷款余额、城乡居民储蓄存款余额

第四节　中部六省经济增长动因实证分析

一　山西省经济增长动因实证分析

（一）相关数据

1978—2012年山西省各指标数据如表3-2、表3-3所示。

表 3 - 2　　　　　　　　山西省 1978—2012 年各相关指标数据（一）　　　　　单位：亿元

年份	国内生产总值	第一产业	工业	建筑业	第三产业	社会消费品零售总额	居民消费	政府消费	资本形成总额	全社会固定资产投资总额	金融机构贷款余额
1978	87.99	18.20	48.12	3.35	18.32	32.4	42.0	3.9	33.9	21.49	46.61
1979	106.43	22.65	56.87	5.86	21.05	35.8	46.2	8.4	31.9	23.27	51.77
1980	108.76	20.63	58.21	5.30	24.62	42.6	54.1	8.8	32.7	28.20	59.11
1981	121.71	31.13	58.52	5.93	26.13	48.7	61.4	8.9	33.0	25.47	65.07
1982	139.22	37.33	62.20	8.05	31.64	52.5	68.0	11.2	43.3	34.55	71.21
1983	155.06	37.79	71.51	11.04	34.72	58.3	75.9	13.9	54.7	44.83	84.34
1984	197.42	46.25	89.61	13.51	48.06	70.6	87.3	18.3	80.9	68.90	120.79
1985	218.99	42.26	102.12	17.94	56.67	89.4	102.0	21.3	109.3	91.69	151.24
1986	235.11	37.90	108.87	19.38	68.96	99.2	109.4	25.5	112.0	97.02	183.72
1987	257.23	39.06	118.08	19.89	80.19	113.6	124.7	29.7	130.0	106.24	215.06
1988	316.69	48.54	142.23	21.06	104.86	144.6	157.0	38.3	145.3	107.68	238.25
1989	376.26	63.75	169.07	19.68	123.76	154.3	176.9	50.8	165.9	107.96	280.93
1990	429.27	80.81	186.61	23.46	138.39	158.0	191.5	68.4	187.0	123.41	356.90
1991	468.51	68.77	210.81	25.47	163.46	179.9	218.1	65.9	176.7	149.52	432.83
1992	551.12	82.94	240.44	29.84	197.90	212.6	263.0	79.1	225.3	172.79	514.84
1993	680.41	97.27	296.01	39.02	248.11	256.5	333.2	85.4	303.5	251.26	638.10
1994	826.66	123.84	347.18	49.39	306.25	308.5	378.6	116.3	355.7	290.90	802.06
1995	1076.03	168.69	438.50	55.95	412.89	376.0	486.5	140.7	412.9	295.56	1223.11
1996	1292.11	198.28	532.73	67.48	493.62	449.6	581.4	173.1	487.6	333.47	1420.11
1997	1476.00	191.84	626.36	81.21	576.59	523.9	620.5	232.0	570.1	398.40	1524.98
1998	1611.08	207.25	658.55	102.70	642.58	587.1	579.3	212.0	770.7	534.69	1741.79
1999	1667.10	159.96	684.55	100.92	721.67	661.8	584.4	272.7	785.2	575.35	1909.21
2000	1845.72	179.86	748.65	109.72	807.49	722.7	651.8	294.2	856.2	625.16	2453.15
2001	2029.53	171.09	832.45	123.56	902.43	781.2	710.6	335.8	920.2	708.35	2408.40
2002	2324.80	197.80	991.44	142.87	992.69	867.12	893.0	343.0	1090.3	838.27	2903.18
2003	2855.23	215.19	1291.94	171.44	1176.65	1005.00	994.0	404.9	1369.8	1116.35	3552.29
2004	3571.37	276.30	1711.30	208.10	1375.67	1219.06	1222.0	480.1	1786.6	1477.70	4016.12
2005	4230.53	262.42	2117.68	239.36	1611.07	1410.65	1395.7	559.5	2178.5	1859.40	4229.00
2006	4878.61	276.77	2485.06	270.6	1846.18	1635.39	1629.6	622.3	2594.6	2321.47	4788.51
2007	6024.45	311.97	3141.89	312.6	2257.99	1953.26	1869.6	717.0	3204.4	2927.17	5394.47
2008	7315.4	313.58	3868.54	373.82	2759.46	2421.08	2104.7	898.0	4002.0	3635.14	5960.33
2009	7358.31	477.59	3518.88	474.92	2886.92	2808.97	2343.33	1042.00	4910.69	5033.53	7814.74
2010	9200.86	554.48	4657.97	576.03	3412.38	3318.15	2855.21	1174.82	6341.25	6352.60	9634.32
2011	11237.55	641.42	5959.96	675.30	3960.87	3903.43	3492.53	1375.58	7251.38	7373.06	11169.35
2012	12112.83	698.32	6023.55	708.01	4682.95	4506.83	3900.70	1605.39	8223.85	9176.31	13106.21

表 3 - 3　山西省 1978—2012 年各相关指标数据（二）

年份	在校大学生人数（万人）	教育经费支出（亿元）	出口额（万美元）	进口额（万美元）	实际利用外资额（万美元）	邮电业务量（万美元）	固定与移动电话用户数（万人）	城镇居民人均可支配收入（元）	农村居民人均纯收入（元）	城乡居民储蓄存款余额（万元）
1978	2.09	2.86	731			11102	5.3	301	102	44282
1979	2.53	3.36	1328			11597	5.7	340	145	56002
1980	3.31	4.00	1513			12309	5.8	380	156	77374
1981	3.70	4.10	2852	1580		12463	5.7	401	180	94940
1982	3.17	5.08	3007	2698		12583	5.9	433	227	118453
1983	3.29	6.01	2835	5017		13433	6.2	452	276	153846
1984	3.63	7.19	16654	8415		14430	6.6	517	339	217645
1985	4.19	8.17	22670	11373	43	16477	7.2	595	358	296904
1986	4.66	9.86	30226	8625	15	16091	7.9	718	345	411933
1987	4.91	10.10	34551	7129	15	18043	8.8	807	377	573738
1988	4.95	12.16	34483	5261	652	19858	10	945	439	786647
1989	5.12	14.12	40001	9183	882	20712	11.3	1176	514	1128300
1990	5.13	15.60	26300	8700	340	25489	13.2	1291	604	1551235
1991	5.15	17.06	32200	13700	421	32285	15.2	1410	568	1995226
1992	5.57	19.94	37200	17400	5384	42066	20.0825	1623	627	2509041
1993	6.22	22.55	38100	24600	7038	60727	28.5246	1958	718	3226208
1994	6.64	30.79	65400	18500	3170	91983	46.0101	2566	884	4399484

续表

年份	在校大学生人数（万人）	教育经费支出（亿元）	出口额（万美元）	进口额（万美元）	实际利用外资额（万美元）	邮电业务量（万美元）	固定与移动电话用户数（万人）	城镇居民人均可支配收入（元）	农村居民人均纯收入（元）	城乡居民储蓄存款余额（万元）
1995	6.74	34.05	114367	26402	6383	138297	69.4316	3306	1208	8444641
1996	6.88	38.97	97700	23165	13802	202688	99.9019	3703	1557	10738217
1997	7.11	40.97	113382	21250	26592	275212	125.3634	3990	1738	12368354
1998	7.61	45.40	89321	21792	24451	396188	197.5515	4099	1859	14370605
1999	9.74	49.65	83940	44799	39129	526958	259.2984	4343	1773	16143945
2000	12.57	56.19	123687	52751	22472	759017	451.9898	4724	1906	17484210
2001	16.50	73.26	146824	47274	23393	837201	717.9893	5391	1956	19797268
2002	20.84	84.73	166194	64980	24916	949463	934.978	6234	2150	23073176
2003	27.40	100.76	226599	81818	22035	1482964	1279.734	7005	2299	27815374
2004	34.53	119.05	403489	134684	9021	2087587	1540.1934	7903	2590	33423062
2005	40.70	150.02	352871	201726	27516	2806333	1803.9342	8913.9	2890.66	41196865
2006	44.64	180.38	414030	248749	47199	3328878	1874.9804	10027.7	3180.92	47961838
2007	48.45	181.22	653296	503751	134283	4406790	2279.3505	11565.0	3665.66	54223930
2008	52.68	234.99	924474	514530	102282	5594534	2501.49	13119.1	4097.24	70486087
2009	54.74	278.0654	283836	571596	82646	6270024	2456.4	13996.6	4244.10	80994287
2010	56.29	328.5846	470930	786909	116512	7276478	2713.2	15647.7	4736.25	92229697
2011	59.45	421.7924	542823	933158	249530	3050000	2914.9	18123.9	5601.40	104554604
2012	63.73	558.0258	701620	802705	276711	3390000	3246.6	20411.7	6356.63	119970319

（二）灰色关联度分析

经过计算分析，在分辨率为 0.5 的情况下，山西省各经济增长因素与 GDP 总量之间的灰色关联度如表 3-4 所示。

表 3-4 　　　　山西省各经济增长因素与 GDP 总量之间的
灰色关联度（ξ=0.5）

	第一产业	工业	建筑业	第三产业	社会消费品零售总额
关联系数	0.6012	0.8431	0.6754	0.7314	0.8303
	居民消费	政府消费	资本形成总额	全社会固定资产投资总额	金融机构贷款余额
关联系数	0.7571	0.6157	0.8115	0.7480	0.8679
	在校大学生人数	教育经费支出	出口额	进口额	实际利用外资额
关联系数	0.5745	0.7368	0.5308	0.5566	0.5197
	邮电业务量	固定与移动电话用户数	城镇居民人均可支配收入	农村居民人均纯收入	城乡居民储蓄存款余额
关联系数	0.5591	0.6256	0.7716	0.8211	0.5131

（三）主要结论

从综合关联度分析结果来看，上述各经济增长因素均与 GDP 总量的增长有较强的关联性。但从关联度大小来看，金融机构贷款余额、工业、社会消费品零售总额这三项因素的关联度最强，关联系数分别为 0.8679、0.8431 和 0.8303，而这说明山西省经济增长的主要动因是工业引领、投资驱动与消费拉动，这是山西省经济增长的主要动因。

二　安徽省经济增长动因实证分析

（一）相关数据

安徽省 1978—2014 年各相关指标数据如表 3-5、表 3-6 所示。

表 3-5

安徽省 1978—2014 年各相关指标数据（一）

单位：亿元

年份	国内生产总值	第一产业	工业	建筑业	第三产业	社会消费品零售总额	居民消费	政府消费	资本形成总额	全社会固定资产投资总额	金融机构贷款余额
1978	114.10	53.80	36.30	4.30	19.70	47.8	77.2	11.6	24.1	13.1	54.6
1979	127.50	61.20	40.30	4.50	21.50	54.8	89.8	13.3	25.0	13.8	59.8
1980	141.00	64.70	44.10	6.00	26.20	63.9	106.9	12.2	28.1	17.3	66.3
1981	170.60	88.40	46.30	6.20	29.70	69.6	128.1	11.9	26.0	15.7	80.2
1982	187.10	90.00	51.70	8.00	37.40	77.4	141.3	12.3	43.0	34.0	92.8
1983	215.70	96.60	62.00	11.20	45.90	85.1	153.8	17.0	55.1	46.2	101.3
1984	265.80	116.30	79.30	13.50	56.70	99.8	158.3	19.6	79.8	62.2	144.0
1985	331.40	141.00	101.40	16.50	72.50	122.6	187.3	30.7	113.3	80.7	180.3
1986	382.80	155.90	117.30	20.30	89.30	145.7	215.9	43.9	134.1	103.5	236.9
1987	442.60	176.40	135.60	22.20	108.40	169.3	253.4	45.0	149.3	117.2	280.0
1988	546.90	210.50	174.30	26.70	135.40	212.9	312.6	48.1	182.1	137.8	322.1
1989	616.20	225.40	205.50	22.30	163.00	229.5	354.2	55.4	183.9	114.4	358.8
1990	658.00	246.10	223.30	28.20	160.40	231.6	373.0	60.8	204.7	123.0	446.0
1991	663.60	190.50	245.40	34.90	192.80	253.0	389.4	77.0	208.4	137.3	560.8
1992	801.20	230.50	293.00	40.00	237.70	291.4	440.5	74.8	272.1	214.8	681.3
1993	1037.10	286.00	387.90	57.10	306.10	351.5	561.2	70.4	414.0	321.0	828.0
1994	1320.50	339.30	466.10	75.90	439.20	463.4	669.0	124.3	521.2	399.5	1036.7
1995	1810.60	584.10	562.40	97.70	566.40	599.6	837.5	182.2	786.7	532.5	1279.3

续表

年份	国内生产总值	第一产业	工业	建筑业	第三产业	社会消费品零售总额	居民消费	政府消费	资本形成总额	全社会固定资产投资总额	金融机构贷款余额
1996	2093.30	668.40	634.20	107.90	682.80	743.3	978.7	201.8	918.5	614.3	1535.8
1997	2347.40	736.30	703.70	125.20	782.20	879.0	1060.4	225.0	1068.7	687.3	1906.2
1998	2542.90	744.10	766.00	154.50	878.30	945.5	1128.6	293.8	1123.3	729.0	2152.5
1999	2712.30	746.70	820.20	154.10	991.30	1001.0	1237.2	356.7	1121.0	773.9	2344.9
2000	2902.20	741.80	885.10	171.70	1103.60	1077.8	1324.3	419.9	1159.4	866.7	2385.0
2001	3246.70	760.80	1062.00	192.90	1231.00	1168.4	1498.3	466.3	1285.7	964.1	2605.4
2002	3519.80	783.70	1115.10	221.90	1399.10	1256.2	1681.1	519.8	1323.0	1133.3	2941.6
2003	3923.10	749.40	1255.80	279.50	1638.40	1379.3	1899.2	554.4	1472.0	1477.7	3374.6
2004	4759.30	950.50	1488.90	356.00	1963.90	1557.4	2112.7	584.6	2073.8	1914.2	3900.6
2005	5350.17	966.50	1837.36	408.54	2137.77	1765.0	2410.6	610.1	2365.0	2521.0	4313.6
2006	6112.50	1011.03	2240.37	470.81	2390.29	2029.4	2715.4	667.50	2768.9	3544.7	5132.0
2007	7360.92	1200.18	2810.00	560.96	2789.78	2403.7	3225.49	754.22	3419.7	5093.7	6042.5
2008	8851.66	1418.09	3505.67	693.26	3234.64	3045.2	3679.34	892.63	4383.0	6800.0	6948.70
2009	10062.82	1495.45	4064.72	840.50	3662.15	3527.8	4188.29	990.79	4914.15	9263.18	9289.40
2010	12359.33	1729.02	5407.40	1029.22	4193.68	4151.5	4873.35	1339.80	6171.54	11849.43	11452.29
2011	15300.65	2015.31	7062.00	1247.38	4975.96	4900.6	5995.10	1609.20	7725.04	12147.779	13729.83
2012	17212.05	2178.73	8025.84	1379.00	5628.48	5685.6	6562.72	1876.29	8855.77	15054.95	16294.28
2013	19119.34	2267.15	8880.45	1524.11	6572.15	7044.7	7051.18	2230.04	10018.25	18251.12	19088.80
2014	20848.75	2392.39	9455.48	1638.32	7378.69	7957.0	7839.17	2297.64	10905.76	21256.29	22088.30

表 3 - 6　安徽省 1978—2014 年各相关指标数据 （二）

年份	在校大学生人数（万人）	教育经费支出（亿元）	出口额（万美元）	进口额（万美元）	实际利用外资额（万美元）	邮电业务量（万元）	固定与移动电话用户数（万人）	城镇居民人均可支配收入（元）	农村居民人均纯收入（元）	城乡居民储蓄存款余额（万元）
1978	2.94	3.91	1062			9060	5.590		113.3	2.9
1979	3.33	4.37	2782			9597	5.901		170.2	4.0
1980	3.95	5.42	3982			10187	5.813		185	5.9
1981	4.78	5.61	8769	2432		10406	6.312	425	246	7.4
1982	4.05	6.26	14164	2453		10846	6.641	453	269	9.7
1983	4.36	7.01	17047	2369		11772	7.148	488	305	12.7
1984	4.86	7.53	24377	4736		13128	7.934	559	323	28.3
1985	5.67	8.98	30693	12320	163	15484	8.726	634	369	38.4
1986	6.08	10.71	36738	12222	794	17249	9.538	815	397	55.5
1987	6.20	10.83	52296	10307	452	20114	10.609	925	429	75.3
1988	6.56	12.83	55373	15000	435	24542	12.312	1075	486	90.3
1989	6.45	14.52	56964	13118	478	28873	14.191	1248	516	119.7
1990	6.24	17.34	65409	8259	961	33968	16.876	1355	539	163.1
1991	6.17	19.16	70455	14965	954	42825	20.537	1485	446	208.9
1992	6.59	22.54	83119	27320	5002	61845	29.988	1796	574	261.0
1993	8.10	24.36	96399	32377	25783	103054	48.073	2234	725	348.9
1994	8.77	32.57	127618	57235	37000	155380	85.234	3036	973	487.4
1995	8.80	41.31	157723	73046	48256	226453	130.030	3779	1303	683.9

续表

年份	在校大学生人数（万人）	教育经费支出（亿元）	出口额（万美元）	进口额（万美元）	实际利用外资额（万美元）	邮电业务量（万元）	固定与移动电话用户数（万人）	城镇居民人均可支配收入（元）	农村居民人均纯收入（元）	城乡居民储蓄存款余额（万元）
1996	8.94	49.32	175376	99735	50661	307418	179.990	4494	1608	884.1
1997	9.60	56.09	200539	111066	43443	410980	244.553	4599	1809	1036.6
1998	10.49	58.40	201531	110481	27673	573314	332.707	4770	1863	1175.1
1999	13.30	68.59	167657	97237	36132	821886	428.307	5065	1900	1302.9
2000	18.24	77.11	217206	117483	31847	1201398	692.890	5294	1935	1447.2
2001	25.22	92.56	228226	133771	33672	1224567	1058.051	5669	2020	1700.5
2002	33.01	106.45	245341	172784	37523	1434890	1333.695	6032	2118	2047.5
2003	41.01	118.05	306424	287867	39051	1769410	1701.555	6778	2127	2475.8
2004	50.13	147.45	393654	327467	54669	2234666	2023.097	7511	2499	2972.4
2005	58.91	165.46	519038	392933	68845	2840149	2396.430	8471	2641	3508.7
2006	66.37	216.98	683617	541243	139354	3558090	2718.081	9771	2969	4077.8
2007	73.05	212.97	882125	710853	299892	4464130	2904.335	11474	3556	4546.5
2008	80.83	286.26	1135271	908258	348988	5507520	3095.036	12990	4202	5647.5
2009	87.78	323.79	888729	674791	388416	6624847	3421.590	14085.74	4504.32	6619.48
2010	93.90	386.31	1241288	1186388	501446	3003244	4029.670	15788.17	5285.17	7788.48
2011	99.13	564.71	1708389	1425393	662887	3616143	4503.360	18606.13	6232.21	9233.57
2012	102.30	717.94	2675228	1257299	863811	4051792	4691.780	21024.21	7160.46	11178.62
2013	105.21	736.59	2825638	1737737	1068772	5133986	4935.60	23114.22	8097.90	12924.9
2014	108.05	743.07	3149309	1777970	1233978	5860055	5055.80	24838.52	12467.63	14636.55

（二）灰色关联度分析

经过计算分析，在分辨率为 0.5 的情况下，安徽省各经济增长因素与 GDP 总量之间的灰色关联度如表 3-7 所示。

表 3-7 安徽省各经济增长因素与 GDP 总量之间的
灰色关联度（ξ = 0.5）

	第一产业	工业	建筑业	第三产业	社会消费品零售总额
关联系数	0.6396	0.8025	0.6450	0.7099	0.7871
	居民消费	政府消费	资本形成总额	全社会固定资产投资总额	金融机构贷款余额
关联系数	0.7645	0.7575	0.7299	0.7063	0.8544
	在校大学生人数	教育经费支出	出口额	进口额	实际利用外资额
关联系数	0.5760	0.7384	0.5244	0.5498	0.5114
	邮电业务量	固定与移动电话用户数	城镇居民人均可支配收入	农村居民人均纯收入	城乡居民储蓄存款余额
关联系数	0.5515	0.6172	0.8173	0.7572	0.6601

（三）主要结论

从综合关联度分析结果来看，上述各经济增长因素均与 GDP 总量的增长有较强的关联性。从关联度大小来看，金融机构贷款余额、城镇居民人均可支配收入、工业这三项因素的关联度最强，关联系数分别为 0.8544、0.8173 和 0.8025，这说明安徽省经济增长主要是投资驱动、工业引领与居民收入的提高这三项综合作用的结果，这是安徽省经济增长的主要动因。

三 江西省经济增长动因实证分析

（一）相关数据

江西省 1978—2014 年各相关指标数据如表 3-8、表 3-9 所示。

表 3－8　　　　　江西省 1978—2014 年各相关指标数据（一）

单位：亿元

年份	国内生产总值	第一产业	工业	建筑业	第三产业	社会消费品零售总额	居民消费	政府消费	资本形成总额	全社会固定资产投资总额	金融机构贷款余额
1978	87.00	36.18	23.16	9.92	17.74	33.9			34.5	8.13	39.54
1979	104.15	48.70	26.43	9.98	19.04	38.6			39.3	8.40	44.39
1980	111.15	48.31	30.84	10.16	21.84	45.5	68.5	12.6	36.3	18.82	52.12
1981	121.26	56.09	31.93	9.17	24.07	53.7	75.7	13.3	33.9	17.09	61.91
1982	133.96	63.91	33.44	9.20	27.41	57.6	88.5	15.2	38.9	24.50	70.27
1983	144.13	63.98	38.12	11.08	30.95	62.0	95.0	16.2	43.0	28.09	77.51
1984	169.11	71.89	49.89	11.42	35.91	70.3	105.8	21.6	53.1	35.21	97.96
1985	207.89	84.06	63.13	12.92	47.78	85.7	126.3	25.0	68.8	44.03	127.95
1986	230.82	90.27	71.21	12.39	56.95	96.5	137.5	28.1	80.9	53.35	163.84
1987	262.90	104.63	79.33	13.11	65.83	108.8	150.7	33.5	95.7	58.77	193.30
1988	325.83	119.18	100.73	16.65	89.27	140.0	182.1	37.1	129.1	78.18	231.17
1989	376.46	133.19	111.91	19.32	112.04	152.7	212.4	56.0	134.8	73.28	274.02
1990	428.62	175.96	116.50	17.06	119.10	151.9	250.0	60.1	127.0	70.65	339.02
1991	479.37	183.27	135.82	18.95	141.33	169.2	270.9	70.9	147.6	91.08	419.09
1992	572.55	200.81	168.14	31.26	172.34	197.6	299.4	82.6	219.5	125.36	512.57
1993	723.04	225.58	233.76	48.70	215.00	243.6	349.3	110.9	298.3	185.50	710.74
1994	948.16	314.35	269.16	69.07	295.58	330.9	471.9	125.2	368.6	237.45	856.88
1995	1169.73	374.64	314.49	89.25	391.35	410.9	629.8	140.2	425.4	284.18	1034.61

续表

年份	国内生产总值	第一产业	工业	建筑业	第三产业	社会消费品零售总额	居民消费	政府消费	资本形成总额	全社会固定资产投资总额	金融机构贷款余额
1996	1409.74	440.00	375.83	105.47	488.44	490.4	758.4	161.2	507.6	355.85	1304.02
1997	1605.77	475.18	438.98	109.86	581.75	558.5	796.8	192.8	617.0	384.30	1477.58
1998	1719.87	450.44	477.15	131.07	661.21	605.1	823.0	230.6	672.9	454.77	1603.58
1999	1853.65	464.40	503.79	145.03	740.43	650.5	865.9	256.7	715.5	491.48	1696.09
2000	2003.07	485.14	543.88	156.88	817.17	704.9	989.2	280.4	718.3	548.20	1739.87
2001	2175.68	506.00	603.23	182.89	883.56	763.3	1042.0	315.5	800.8	660.49	1880.94
2002	2450.48	535.98	702.42	239.35	972.73	832.7	1114.6	345.1	999.3	924.60	2130.76
2003	2807.41	560.00	863.31	341.02	1043.08	923.2	1171.27	354.63	1321.68	1379.97	2545.28
2004	3456.70	664.50	1140.00	426.40	1225.80	1074.5	1431.42	390.72	1697.01	1819.66	2854.02
2005	4056.76	727.37	1455.50	461.97	1411.92	1244.89	1642.20	475.10	1981.98	2168.97	3019.00
2006	4820.53	786.14	1905.15	514.59	1614.65	1448.19	1780.54	568.12	2494.67	2683.57	3460.80
2007	5800.25	905.77	2412.30	563.23	1918.95	1718.93	2036.02	746.32	3060.96	3301.94	4026.74
2008	6971.05	1060.38	2906.86	647.95	2355.86	2141.79	2545.08	757.70	3760.50	4345.43	4544.84
2009	7655.18	1098.66	3196.56	722.89	2637.07	2484.43	2743.30	795.12	4163.37	5693.14	6416.20
2010	9451.26	1206.98	4286.76	836.12	3121.40	2956.21	3552.93	943.76	4854.65	7164.63	7843.28
2011	11702.82	1391.07	5411.86	978.69	3921.20	3485.06	4261.66	1332.27	5989.05	8737.60	9175.16
2012	12948.88	1520.23	5828.20	1114.39	4486.06	4027.25	4753.79	1560.52	6513.67	10774.16	11080.15
2013	14410.19	1588.51	6452.41	1260.61	5108.60	4576.05	5415.58	1666.98	7262.75	12850.25	13111.73
2014	15714.63	1683.72	6848.63	1399.59	5782.98	5292.63	6006.78	1793.96	7923.54	15079.26	15696.83

表 3 - 9   江西省 1978—2014 年各相关指标数据（二）

年份	在校大学生人数（万人）	教育经费支出（亿元）	出口额（万美元）	进口额（万美元）	实际利用外资额（万美元）	邮电业务量（万元）	固定与移动电话用户数（万人）	城镇居民人均可支配收入（元）	农村居民人均纯收入（元）	城乡居民储蓄存款余额（万元）
1978	2.18	2.93	5088	1969		7682	5.59	305	141	41577
1979	2.91	3.41	8558	1447		8436	5.8085	329	157	57464
1980	3.56	4.07	9274	1590		9120	5.9318	353	181	77127
1981	3.79	4.35	19386	1884		9552	5.9516	377	227	114586
1982	3.57	5.08	16489	1595		10022	6.1088	402	270	149938
1983	3.64	5.62	21631	2686		10696	6.2581	408	302	194643
1984	3.88	6.46	23384	3029	80	11475	6.7412	463	334	257293
1985	4.46	7.82	25725	6130	517	13593	7.4817	583	377	348463
1986	4.94	9.20	30527	6889	458	14967	8.1215	730	396	480440
1987	5.21	9.43	40218	8178	394	16644	8.7911	792	429	646801
1988	5.28	11.45	48938	10912	563	21031	10.0537	938	488	811381
1989	5.34	12.74	46948	15539	587	24106	11.0336	1082	559	1064999
1990	5.66	13.92	58023	13911	621	28510	12.6058	1188	670	1427897
1991	5.64	14.84	50814	25754	1949	36300	15.3922	1295	703	1862639
1992	5.93	18.26	64707	31826	9653	50623	20.7597	1585	768	2378005
1993	7.05	20.83	61409	55331	20817	71449	28.6488	1985	870	3216531
1994	7.80	27.92	80014	50443	26168	96478	46.8237	2777	1218	4581242
1995	8.20	30.67	101035	28009	28818	141794	77.245	3377	1537	6139568

续表

年份	在校大学生人数（万人）	教育经费支出（亿元）	出口额（万美元）	进口额（万美元）	实际利用外资额（万美元）	邮电业务量（万元）	固定与移动电话用户数（万户）	城镇居民人均可支配收入（元）	农村居民人均纯收入（元）	城乡居民储蓄存款余额（万元）
1996	8.46	36.20	85243	26429	30068	197247	99.9739	3780	1870	7770406
1997	8.80	39.29	111438	21846	47768	275576	181.7027	4071	2107	9282412
1998	9.41	42.90	101870	22850	46493	399047	279.065	4251	2048	10692222
1999	11.09	47.86	90611	40776	32080	604882	332.3856	4721	2129	11624907
2000	14.43	55.13	119736	42663	22724	813100	494.38	5104	2135	12431536
2001	19.65	69.56	103930	49189	39575	882000	751.79	5506	2232	14295157
2002	26.63	81.88	105232	64236	108725	1201200	949.22	6336	2334	17066270
2003	35.86	90.66	150569	102230	161234	1417500	1151.36	6901	2458	20154504
2004	48.99	104.49	199539	153656	205238	2034700	1364.3	7560	2953	23477204
2005	64.61	126.41	244004	161934	242258	2594400	1627	8620	3266	27528875
2006	77.05	153.43	3000716	1947882	280657	3182800	1814.1	9551	3585	31516842
2007	78.17	173.81	4168726	3061698	310358	4073500	2067.2	11222	4098	33608099
2008	76.42	206.86	5412965	4132153	360368	4951700	2123.9	12866	4697	41661949
2009	79.35	251.93	5033213	3694316	402354	6242400	2295.5	14021.54	5075.01	50926656
2010	81.65	297.50	9079759	5550062	510084	6980500	2520.6	15481.12	5788.56	61132432
2011	81.94	474.43	14160957	6226483	605881	7793600	2996	17494.87	6891.63	71235286
2012	85.11	622.06	15846515	5239807	682431	3097400	3283	19860.36	7827.82	84718600
2013	86.18	664.53	17525434	5319545	755096	3365400	3428.5	22120	9088.78	97251700
2014	91.64	711.72	19666525	6576959	845074	3967300	3516.3	24309	10116.58	107907000

（二）灰色关联度分析

经过计算分析，在分辨率为 0.5 的情况下，江西省各经济增长因素与 GDP 总量之间的灰色关联度如表 3－10 所示。

表 3－10　　　　　江西省各经济增长因素与 GDP 总量之间的
灰色关联度（ξ＝0.5）

	第一产业	工业	建筑业	第三产业	社会消费品零售总额
关联系数	0.6455	0.7681	0.7198	0.7334	0.7828
	居民消费	政府消费	资本形成总额	全社会固定资产投资总额	金融机构贷款余额
关联系数	0.7585	0.7687	0.8258	0.6882	0.8432
	在校大学生人数	教育经费支出	出口额	进口额	实际利用外资额
关联系数	0.5996	0.7562	0.5235	0.5168	0.5074
	邮电业务量	固定与移动电话用户数	城镇居民人均可支配收入	农村居民人均纯收入	城乡居民储蓄存款余额
关联系数	0.5393	0.6276	0.7673	0.8151	0.5188

（三）主要结论

从综合关联度分析结果来看，上述各经济增长因素均与 GDP 总量的增长有较强的关联性。从关联度大小来看，金融机构贷款余额、资本形成总额、农村居民人均纯收入这三项因素的关联度最强，关联系数分别为 0.8432、0.8258 和 0.8151，这说明江西省经济增长主要是投资驱动与农村居民收入的提高这两项综合作用的结果，这是江西省经济增长的主要动因。

四　河南省经济增长动因实证分析

（一）相关数据

河南省 1978—2013 年各相关指标数据如表 3－11、表 3－12 所示。

表 3 – 11 河南省 1978—2013 年各相关指标数据 （一）

单位：亿元

年份	国内生产总值	第一产业	工业	建筑业	第三产业	社会消费品零售总额	居民消费	政府消费	资本形成总额	全社会固定资产投资总额	金融机构贷款余额
1978	162.92	64.86	59.20	10.25	28.61	71.79	94.34	12.73	52.49	24.80	99.99
1979	190.09	77.30	68.64	11.88	32.27	80.44	113.01	14.09	60.46	23.75	108.14
1980	229.16	93.23	80.51	13.93	41.49	96.04	135.23	16.25	69.20	24.27	125.01
1981	249.69	106.04	82.61	13.18	47.86	106.86	147.09	17.74	76.12	47.25	146.42
1982	263.30	108.18	88.62	14.14	52.36	113.82	159.95	23.06	71.15	53.52	153.73
1983	327.95	143.49	100.35	16.01	68.10	123.05	165.43	29.00	115.21	61.40	174.83
1984	370.04	155.28	116.66	19.63	78.47	146.85	187.89	34.28	130.82	86.93	229.88
1985	451.74	173.43	144.39	25.68	108.24	180.59	231.11	44.84	173.43	126.95	284.91
1986	502.91	179.02	174.47	27.68	121.74	198.32	256.87	51.04	184.00	144.94	350.21
1987	609.60	220.22	195.75	34.50	159.13	225.28	285.09	59.59	223.78	160.42	392.32
1988	749.09	240.72	258.38	41.45	208.54	283.25	348.87	61.76	307.85	204.05	447.99
1989	850.71	289.95	281.71	35.42	243.63	310.85	395.47	70.86	345.19	187.68	511.90
1990	934.65	325.77	288.58	43.27	277.03	314.31	447.97	79.46	364.81	206.12	773.04
1991	1045.73	334.61	336.26	51.83	323.03	368.92	479.04	93.59	421.32	256.46	945.90
1992	1279.75	353.92	481.11	64.10	380.62	470.30	531.59	110.20	571.96	318.83	1127.26
1993	1660.18	410.45	678.36	85.84	485.53	577.96	672.23	206.46	682.64	450.43	1366.98
1994	2216.83	546.68	948.78	110.11	611.26	790.17	927.84	268.33	879.39	628.03	1704.82
1995	2988.37	762.99	1256.52	138.46	830.40	957.76	1251.49	339.40	1235.62	805.03	2170.17

续表

年份	国内生产总值	第一产业	工业	建筑业	第三产业	社会消费品零售总额	居民消费	政府消费	资本形成总额	全社会固定资产投资总额	金融机构贷款余额
1996	3634.69	937.64	1496.72	180.90	1019.43	1194.76	1537.04	399.95	1485.58	1003.61	2665.41
1997	4041.09	1008.55	1641.08	220.20	1171.26	1427.53	1694.84	451.69	1677.86	1165.19	3320.89
1998	4308.24	1071.39	1692.35	245.48	1299.02	1565.88	1717.39	500.23	1845.87	1252.22	3878.53
1999	4517.94	1123.14	1729.29	251.78	1413.73	1691.20	1781.18	565.95	1924.38	1324.18	4179.51
2000	5052.99	1161.58	2000.04	294.11	1597.26	1869.80	2090.01	655.79	2104.00	1475.72	4356.94
2001	5533.01	1234.34	2182.78	327.67	1788.22	2071.93	2266.65	819.50	2257.24	1627.99	4885.73
2002	6035.48	1288.36	2412.18	356.57	1978.37	2292.75	2446.93	939.75	2474.19	1820.45	5553.58
2003	6867.70	1198.70	2876.93	433.21	2358.86	2539.33	2870.19	1021.51	2786.46	2310.54	6422.66
2004	8553.79	1649.29	3644.40	537.70	2722.40	2938.26	3370.21	1198.31	3745.50	3099.38	7092.31
2005	10587.42	1892.01	4896.01	618.13	3181.27	3380.88	3817.86	1535.81	5019.81	4378.69	7434.53
2006	12362.79	1916.74	6031.21	693.40	3721.44	3932.55	4251.50	1850.77	6322.82	5907.74	8567.33
2007	15012.46	2217.66	7508.33	774.50	4511.97	4690.32	4820.00	2011.27	8366.37	8010.11	9545.48
2008	18018.53	2658.78	9328.15	931.84	5099.76	5815.44	5521.46	2237.87	10713.52	10490.65	10368.05
2009	19480.46	2769.05	9900.27	1110.23	5700.91	6746.38	6248.92	2493.77	13304.05	13704.65	13437.43
2010	23092.36	3258.09	11950.88	1275.50	6607.89	8004.15	7402.60	2807.23	15977.40	16585.85	15871.32
2011	26931.03	3512.24	13949.32	1477.76	7991.72	9453.65	8617.90	3165.17	19166.59	17770.51	17506.24
2012	29599.31	3769.54	15017.56	1654.64	9157.57	10915.62	9754.41	3584.03	22060	21449.99	20301.72
2013	32155.86	4058.98	15960.60	1845.79	10290.49	12426.61				26087.45	23511.41

表3-12

河南省1978—2012年各相关指标数据（二）

年份	在校大学生人数（万人）	教育经费支出（亿元）	出口额（万美元）	进口额（万美元）	实际利用外资额（万美元）	邮电业务量（万元）	固定与移动电话用户数（万人）	城镇居民人均可支配收入（元）	农村居民人均纯收入（元）	城乡居民储蓄存款余额（万元）
1978	2.73	5.77	10231	1612		7120	12.0517	315.00	104.71	98071
1979	3.38	7.05	13422	1984		7540	12.399	361.04	133.56	129657
1980	4.59	8.31	20448	2196		8062	12.9569	413.80	160.78	194361
1981	4.93	8.84	24948	3539		8390	13.124	436.90	215.57	269038
1982	4.63	9.83	25471	3290		8666	13.369	462.24	216.74	328280
1983	4.80	10.45	27963	2455		9024	13.2539	483.21	272.00	455905
1984	5.33	11.83	34174	4029	267	9647	14.326	537.28	301.17	643509
1985	6.85	13.93	36710	8281	565	11057	15.6683	653.62	328.78	842280
1986	7.50	15.78	45263	5408	605	11977	16.7465	790.04	333.64	1150281
1987	7.57	16.67	65434	9298	467	14675	14.0027	893.28	377.72	1678777
1988	7.99	19.47	75052	9909	6436	19182	16.0996	946.10	401.32	2093320
1989	8.01	22.76	81897	16642	4266	22805	18.9243	1111.46	457.06	2763367
1990	8.04	24.54	86689	13696	1049	48983	22.7609	1267.73	526.95	3761229
1991	8.18	26.99	104297	17192	3791	59324	27.3085	1384.81	539.29	4848436
1992	8.95	33.22	81632	34562	10691	80685	36.6546	1608.03	588.48	5953905
1993	10.44	39.28	75546	55877	34197	122245	55.7022	1962.75	695.85	7665698
1994	11.71	50.64	102242	60951	42488	188902	89.3093	2618.55	909.81	10858017
1995	12.24	58.30	135759	87159	47981	302583	135.7378	3299.46	1231.97	14563472

续表

年份	在校大学生人数（万人）	教育经费支出（亿元）	出口额（万美元）	进口额（万美元）	实际利用外资额（万美元）	邮电业务量（万元）	固定与移动电话用户数（万人）	城镇居民人均可支配收入（元）	农村居民人均纯收入（元）	城乡居民储蓄存款余额（万元）
1996	12.79	69.49	124001	72854	52566	461609	229.5771	3755.44	1579.19	18552849
1997	13.60	75.43	128663	61036	64735	643107	340.5659	4093.62	1733.89	22430004
1998	14.64	82.89	118675	54521	61794	1035556	561.4026	4219.42	1864.05	26572250
1999	18.55	95.57	112889	62155	49527	1384139	946.5508	4532.36	1948.36	29400777
2000	26.24	108.46	149338	78148	53999	1300586	1222.4	4766.26	1985.82	31820758
2001	36.91	131.35	171548	107708	35861	1740235	1599.12	5267.42	2097.86	36345024
2002	46.80	166.56	211876	108475	45165	2201977	1711.31	6245.40	2215.74	42025659
2003	55.72	188.27	298041	173599	56149	3035707	2443.43	6926.12	2235.68	49190900
2004	70.28	220.81	417610	243736	87367	4359263	3017.34	7704.90	2553.15	56073000
2005	85.19	270.22	510093	263511	122960	5565060	3678.29	8667.97	2870.58	64885500
2006	97.41	362.82	663497	316097	184526	7214687	4378.7	9810.26	3261.03	73673700
2007	109.52	523.51	839145	441347	306162	9331635	4855.0029	11477.05	3851.60	78122400
2008	125.02	661.40	1071890	676044	403266	11241309	5061.3311	13231.11	4454.24	95158200
2009	136.88	843.47	734648	609191	479858	12968686	5480.7324	14371.56	4806.95	112074000
2010	145.67	979.24	1053447	725710	624670	4861142	5881.7211	15930.26	5523.73	128837000
2011	150.01	1332.75	1924040	1340172	1008209	5813626	6402.08	18194.80	6604.03	146484300
2012	155.90	1671.77	2967788	2207239	1211777	6613588	7076.6	20442.62	7524.94	175280800

（二）灰色关联度分析

经过计算分析，在分辨率为 0.5 的情况下，河南省各经济增长因素与 GDP 总量之间的灰色关联度如表 3 - 13 所示。

表 3 - 13　　　　　河南省各经济增长因素与 GDP 总量之间的
灰色关联度（$\xi = 0.5$）

	第一产业	工业	建筑业	第三产业	社会消费品零售总额
关联系数	0.6468	0.8099	0.7335	0.7209	0.8339
	居民消费	政府消费	资本形成总额	全社会固定资产投资总额	金融机构贷款余额
关联系数	0.7369	0.6839	0.7839	0.7046	0.8931
	在校大学生人数	教育经费支出	出口额	进口额	实际利用外资额
关联系数	0.5962	0.7551	0.7196	0.5804	0.5188
	邮电业务量	固定与移动电话用户数	城镇居民人均可支配收入	农村居民人均纯收入	城乡居民储蓄存款余额
关联系数	0.5287	0.6362	0.8025	0.6854	0.5259

（三）主要结论

从综合关联度分析结果来看，上述各经济增长因素均与 GDP 总量的增长有较强的关联性。从关联度大小来看，金融机构贷款余额、社会消费品零售总额、工业这三项因素的关联度最强，关联系数分别为 0.8931、0.8339 和 0.8099，这说明河南省经济增长主要是投资驱动、城镇居民收入提高与工业拉动这三项主要因素综合作用的结果，这是河南省经济增长的主要动因。

五　湖北省经济增长动因实证分析

（一）相关数据

湖北省 1978—2014 年各相关指标数据如表 3 - 14、表 3 - 15 所示。

表3-14　　　　　湖北省1978—2014年各相关指标数据（一）　　　　　单位：亿元

年份	国内生产总值	第一产业	工业	建筑业	第三产业	社会消费品零售总额	居民消费	政府消费	资本形成总额	全社会固定资产投资总额	金融机构贷款余额
1978	151.00	61.11	52.17	11.54	26.18	59.84	74.70	7.00	43.12	33.58	96.78
1979	188.46	85.15	58.98	14.05	30.28	67.98	87.01	12.76	47.71	31.53	105.90
1980	199.38	71.22	75.63	16.04	36.49	81.91	93.51	14.28	40.10	35.50	120.44
1981	219.75	87.00	78.73	14.12	39.90	89.90	106.26	15.88	49.28	33.48	142.62
1982	241.55	101.73	82.69	12.28	44.85	99.83	126.75	18.24	65.47	48.83	160.78
1983	262.58	105.40	92.19	14.31	50.68	112.44	141.49	22.70	69.96	56.13	183.80
1984	328.22	126.36	120.32	16.18	65.36	137.34	172.19	30.67	97.35	74.47	245.21
1985	396.26	144.44	152.88	21.47	77.47	181.17	203.23	36.79	135.43	102.91	319.81
1986	442.04	163.61	164.93	23.03	90.47	200.20	247.13	44.35	146.73	111.44	397.40
1987	517.77	183.99	197.66	26.87	109.25	234.06	271.22	49.24	168.02	140.08	463.22
1988	626.52	214.66	244.17	27.08	140.61	295.80	328.82	70.56	223.31	160.46	519.22
1989	717.08	239.07	276.47	23.99	177.55	320.68	398.09	80.57	201.39	123.70	599.03
1990	824.38	289.45	284.15	29.24	221.54	326.36	434.62	100.87	261.95	144.44	732.77
1991	913.38	279.30	327.50	32.36	274.22	362.26	475.85	121.57	281.92	168.19	850.22
1992	1088.39	303.00	402.59	42.02	340.78	411.52	546.61	143.32	335.46	240.73	983.48
1993	1325.83	346.39	475.44	62.16	441.84	521.35	694.49	181.67	512.31	383.18	1161.00
1994	1700.92	501.44	580.80	76.83	541.84	723.75	845.14	198.10	740.13	593.07	1396.82
1995	2109.38	619.77	680.92	99.26	709.43	931.80	1095.97	209.20	973.63	826.50	1750.41

续表

年份	国内生产总值	第一产业	工业	建筑业	第三产业	社会消费品零售总额	居民消费	政府消费	资本形成总额	全社会固定资产投资总额	金融机构贷款余额
1996	2499.77	716.34	805.53	118.15	859.75	1145.73	1346.76	253.00	1191.75	984.38	2273.20
1997	2856.47	767.92	929.91	141.95	1016.69	1345.34	1438.12	282.10	1466.81	1083.60	2617.67
1998	3114.02	778.22	1041.20	157.88	1136.71	1481.38	1518.92	341.10	1614.60	1231.10	3137.01
1999	3229.29	653.99	1139.52	174.92	1260.86	1617.14	1507.12	380.70	1754.79	1302.17	3172.23
2000	3545.39	662.30	1243.24	194.14	1445.71	1789.35	1594.08	436.00	1882.47	1421.55	3493.91
2001	3880.53	692.17	1360.10	214.30	1613.97	1975.16	1767.38	495.30	1884.57	1551.75	3787.25
2002	4212.82	707.00	1473.00	236.90	1795.93	2129.38	1951.54	548.41	1905.92	1695.22	4312.79
2003	4757.45	798.35	1682.16	273.86	2003.08	2358.69	2188.05	631.20	2037.19	1883.59	5000.74
2004	5633.24	1020.09	1987.50	333.10	2292.55	2619.47	2452.62	721.56	2538.77	2356.38	5377.43
2005	6590.19	1082.13	2478.66	373.46	2655.94	2985.83	2785.42	860.29	2943.58	2834.75	5649.67
2006	7617.47	1140.41	2929.19	435.89	3111.98	3461.09	3124.37	1121.31	3634.13	3572.69	6430.44
2007	9333.40	1378.00	3588.00	555.06	3812.34	4115.78	3709.69	1289.97	4450.25	4534.14	7496.46
2008	11328.92	1780.00	4391.24	690.84	4466.85	5109.74	4225.38	1666.65	5716.36	5798.56	8465.63
2009	12961.10	1795.90	5183.68	854.40	5127.12	5928.41	4456.31	1868.84	6827.00	8211.85	11659.37
2010	15967.61	2147.00	6726.53	1040.71	6053.37	7013.90	5136.78	2253.02	8511.17	10802.69	14136.58
2011	19632.26	2569.30	8538.04	1277.90	7247.02	8275.20	6241.95	2689.53	11027.27	12935.02	15662.54
2012	22250.45	2848.77	9735.15	1457.95	8208.58	9562.50	7085.46	2897.33	12554.67	16504.17	18004.54
2013	24791.83	3030.27	10139.24	1705.95	9974.92	11035.94	8053.82	3107.39	14245.35	20753.91	
2014	27379.22	3176.89	10992.79	1529.05	11349.93	12449.27	9124.48	3438.28	16109.59	25001.71	

表 3－15　　　　　　　湖北省 1978—2014 年各相关指标数据（二）

年份	在校大学生人数（万人）	教育经费支出（亿元）	出口额（万美元）	进口额（万美元）	实际利用外资额（万美元）	邮电业务量（万元）	固定与移动电话用户数（万人）	城镇居民人均可支配收入（元）	农村居民人均纯收入（元）	城乡居民储蓄存款余额（万元）
1978	4.94	4.64	15901	1432	0	6900	8.62	326.0	110.5	10.53
1979	6.03	5.50	22550	1361	0	5934	9.05	352.0	159.7	14.79
1980	6.53	6.82	25109	1560	0	8131	9.34	414.0	170.0	17.30
1981	7.41	7.37	33064	2245	0	8280	9.65	456.0	217.4	20.71
1982	6.56	7.98	36423	2349	0	8706	10.13	481.0	286.1	26.02
1983	7.49	8.86	41192	3146	0	9490	10.92	511.0	299.2	31.61
1984	8.74	9.71	45852	5868	0	10294	11.87	591.0	392.3	35.74
1985	11.11	11.70	52985	15958	0	12009	13.04	704.0	421.2	54.38
1986	12.41	13.45	72547	13612	5845	13152	14.58	851.0	445.1	74.18
1987	12.41	13.64	95495	16019	10089	15050	16.43	952.0	460.7	102.42
1988	13.00	16.50	97957	50088	15992	18994	18.69	1028.0	497.8	130.07
1989	13.04	18.11	96299	38862	16504	22284	21.07	1263.0	571.8	166.79
1990	13.04	19.87	94490	26852	16967	47964	64.85	1427.0	670.8	218.27
1991	12.99	21.55	113003	39185	26534	61905	27.51	1593.0	626.9	274.36
1992	13.72	25.89	115837	58696	41657	85401	33.78	1874.0	677.8	335.48
1993	15.60	30.99	122743	100169	60572	130596	54.91	2439.0	783.2	425.99
1994	17.01	42.57	171845	103035	93436	199066	98.78	3346.0	1170.1	561.98
1995	18.27	46.90	198435	142485	110941	298049	175.03	4017.0	1511.2	744.61

续表

年份	在校大学生人数（万人）	教育经费支出（亿元）	出口额（万美元）	进口额（万美元）	实际利用外资额（万美元）	邮电业务量（万元）	固定与移动电话用户数（万户）	城镇居民人均可支配收入（元）	农村居民人均纯收入（元）	城乡居民储蓄款余额（万元）
1996	18.99	52.12	152603	133684	131053	432586	264.24	4350.0	1863.6	975.58
1997	19.68	59.78	192084	128584	142908	601387	340.69	4673.0	2102.2	1416.68
1998	21.01	66.85	170711	112478	194400	835217	487.94	4826.0	2172.2	1577.75
1999	25.94	77.27	151378	116729	91488	991814	572.58	5213.0	2217.1	1706.23
2000	34.66	88.17	193090	127941	94368	1076000	961	5525.0	2268.5	1908.80
2001	45.33	104.93	179771	178030	120993	1202770	1065	5856.0	2352.2	2287.40
2002	58.50	120.08	209896	185561	140151	1368584	1352.5	6789.0	2444.1	2754.96
2003	72.15	129.42	265573	245474	155702	1626052	1773.8	7322.0	2566.8	3296.52
2004	89.20	148.55	338386	338765	207126	1765900	2203	8023.0	2890.0	3865.69
2005	101.27	118.85	444985	464203	218475	3736300	2637	8786.0	3099.2	4465.79
2006	109.23	145.47	625864	547977	244853	4566000	3007	9803.0	3419.4	5103.43
2007	116.37	217.20	817379	668449	276622	5809400	3219.9	11485.0	3997.4	5430.81
2008	118.49	427.58	1159209	897464	324481	7138000	3707.7	13153.0	4656.4	6745.44
2009	124.91	317.29	997840	725028	365766	839.18	4225.2	14367	5035	8163.46
2010	129.69	366.57	1444166	1146510	405015	1028.09	4481.1	16058	5832	9798.04
2011	134.03	488.16	1953490	1398437	465503	377.24	4974	18374	6898	11361.76
2012	138.61	732.37	1940062	1255863	566591			20839.6	7852	13547.34
2013	142.14	690.63	2283800	1355200	698800	603.67		22906.4	8866.7	15972.15
2014	141.97	773.35	2264600	1641800	792800	720.35	5514.2	2485230	10849.1	17820.7

（二）灰色关联度分析

经过计算分析，在分辨率为 0.5 的情况下，湖北省各经济增长因素与 GDP 总量之间的灰色关联度如表 3 - 16 所示。

表 3 - 16　　　　湖北省各经济增长因素与 GDP 总量之间的
灰色关联度（ξ = 0.5）

	第一产业	工业	建筑业	第三产业	社会消费品零售总额
关联系数	0.6407	0.8187	0.6411	0.7411	0.7907
	居民消费	政府消费	资本形成总额	全社会固定资产投资总额	金融机构贷款余额
关联系数	0.7244	0.6440	0.7926	0.5117	0.9101
	在校大学生人数	教育经费支出	出口额	进口额	实际利用外资额
关联系数	0.5770	0.7136	0.6571	0.5412	0.6099
	邮电业务量	固定与移动电话用户数	城镇居民人均可支配收入	农村居民人均纯收入	城乡居民储蓄存款余额
关联系数	0.5420	0.6217	0.8458	0.7772	0.6781

（三）主要结论

从综合关联度分析结果来看，上述各经济增长因素均与 GDP 总量的增长有较强的关联性。从关联度大小来看，金融机构贷款余额、城镇居民人均可支配收入和工业这三项因素的关联度最强，关联系数分别为 0.9101、0.8458 和 0.8187，这说明湖北省经济增长主要是投资驱动、城镇居民收入的提高与工业拉动这三项综合作用的结果，这是湖北省经济增长的主要动因。

六　湖南省经济增长动因实证分析

（一）相关数据

湖南省 1978—2012 年各相关指标数据如表 3 - 17、表 3 - 18 所示。

表 3－17　湖南省 1978—2012 年各相关指标数据（一）

单位：亿元

年份	国内生产总值	第一产业	工业	建筑业	第三产业	社会消费品零售总额	居民消费	政府消费	资本形成总额	全社会固定资产投资总额	金融机构贷款余额
1978	146.99	59.83	51.94	7.88	27.34	54.84	93.93	6.90	42.41	20.15	64.46
1979	178.01	79.40	59.23	9.19	30.19	65.20	109.67	9.10	41.82	25.29	72.85
1980	191.72	81.14	65.31	11.68	33.59	76.77	125.42	11.52	40.02	32.20	87.34
1981	209.68	93.29	67.19	10.59	38.61	87.24	142.77	12.95	41.19	33.45	99.70
1982	232.52	107.99	71.31	11.20	42.02	95.39	159.45	15.23	50.53	40.18	112.58
1983	257.43	117.79	78.84	14.53	46.27	107.36	178.56	16.53	56.63	55.66	124.10
1984	287.29	128.28	90.79	13.55	54.67	124.36	199.24	18.85	59.06	60.54	151.59
1985	349.95	147.72	110.05	17.03	75.15	157.47	240.71	22.40	92.19	83.52	159.73
1986	397.68	165.28	124.30	19.01	89.09	180.61	265.54	24.60	115.02	99.26	201.04
1987	469.44	187.09	149.67	22.78	109.90	213.81	298.85	29.49	139.84	116.39	239.39
1988	584.07	217.03	190.40	30.88	145.76	277.71	364.37	34.78	184.75	140.04	366.49
1989	640.80	234.31	212.21	25.94	168.34	299.74	393.49	46.05	169.41	114.41	428.29
1990	744.44	279.09	220.69	29.29	215.37	300.95	454.90	109.80	184.12	124.17	517.90
1991	833.30	301.02	242.96	38.99	250.33	341.80	500.84	121.09	224.80	157.07	631.07
1992	986.98	323.91	284.66	52.51	325.90	401.17	582.91	142.69	291.04	233.39	776.79
1993	1244.71	383.68	399.58	70.47	390.98	496.55	709.62	176.26	380.33	320.24	944.40
1994	1650.02	532.89	499.97	89.75	527.41	673.14	964.13	224.42	462.19	420.89	1263.11
1995	2132.13	685.30	658.67	112.00	676.16	854.48	1214.61	277.40	641.80	524.01	1494.03

续表

年份	国内生产总值	第一产业	工业	建筑业	第三产业	社会消费品零售总额	居民消费	政府消费	资本形成总额	全社会固定资产投资总额	金融机构贷款余额
1996	2540.13	793.98	790.19	129.87	826.09	966.74	1462.70	326.90	751.93	678.33	1880.94
1997	2849.27	855.75	903.90	137.89	951.73	1062.93	1585.43	390.14	858.31	700.73	2123.00
1998	3025.53	828.31	960.70	162.38	1074.14	1148.36	1662.14	427.39	919.50	848.59	2274.41
1999	3214.54	778.25	1010.53	182.46	1243.30	1254.31	1789.71	477.69	963.53	943.34	2408.36
2000	3551.49	784.92	1094.76	198.42	1473.39	1392.26	1928.94	542.83	1046.05	1066.27	2403.39
2001	3831.90	825.73	1180.43	232.39	1593.35	1541.27	2030.06	608.33	1190.12	1210.63	2787.92
2002	4151.54	847.25	1265.72	257.78	1780.79	1712.33	2075.13	679.49	1391.46	1355.87	3227.46
2003	4659.99	886.47	1484.98	292.76	1995.78	1897.26	2290.01	756.49	1599.06	1557.00	3796.31
2004	5641.94	1022.45	1824.11	366.43	2428.95	2162.90	2680.61	871.44	2173.55	1981.29	4258.03
2005	6596.10	1100.65	2195.33	417.24	2882.88	2474.33	3092.25	933.77	2576.17	2563.96	4509.09
2006	7688.67	1272.20	2707.61	479.44	3229.42	2869.40	3488.56	1120.05	3250.48	3242.39	5173.87
2007	9439.60	1626.48	3397.69	580.03	3835.40	3419.17	3970.53	1304.76	4284.22	4294.36	6037.40
2008	11555.00	1892.40	4310.12	718.81	4633.67	4222.17	4554.12	1434.79	5655.36	5649.69	6989.42
2009	13059.69	1969.69	4819.40	867.79	5402.81	4913.75	5069.09	1575.65	6773.35	7695.27	9369.81
2010	16037.96	2325.50	6305.11	1038.08	6369.27	5839.50	5788.85	1814.68	8780.76	9821.06	11303.76
2011	19669.56	2768.03	8122.75	1239.24	7539.54	6884.73	6942.88	2145.85	10913.43	11431.48	13186.68
2012	22154.23	3004.21	9138.50	1367.92	8643.60	7921.89	7768.35	2397.74	12488.84	14576.61	15336.52

表3-18

湖南省1978—2012年各相关指标数据（二）

年份	在校大学生人数（万人）	教育经费支出（亿元）	出口额（万美元）	进口额（万美元）	实际利用外资额（万美元）	邮电业务量（万元）	固定与移动电话用户数（万人）	城镇居民人均可支配收入（元）	农村居民人均纯收入（元）	城乡居民储蓄存款余额（万元）
1978	3.6	4.33	13200	2718		4598	7.05	323.88	142.56	3.99
1979	4.3	5.04	22296	1067		4857	7.35	400	177.12	5.35
1980	5.5	6.68	31389	1246		7627	7.69	475.92	219.72	7.69
1981	5.5	6.81	35504	8027		7868	7.99	505.08	241.71	9.78
1982	4.8	7.91	38369	4293		8136	8.22	519.00	284.39	12.90
1983	5.2	8.79	40003	5664	26	8667	8.44	564.00	315.67	16.71
1984	5.8	9.86	41703	4468	342	9285	8.96	645.00	348.20	23.09
1985	7.1	12.53	39606	12943	1761	10412	9.16	760.80	395.26	32.80
1986	7.8	14.22	50305	12072	948	11330	9.62	904.44	439.66	47.91
1987	8.3	15.32	61945	12697	235	12723	10.45	1017.80	471.30	66.68
1988	8.7	18.30	63860	19543	771	16263	12.02	1254.97	515.40	109.08
1989	8.9	20.18	66563	18638	643	20126	13.73	1492.61	558.30	155.57
1990	8.8	22.43	79996	40564	1116	44425	15.67	1591.45	664.23	221.70
1991	8.9	24.50	93579	26427	2276	57066	20.02	1783.24	688.91	296.71
1992	9.5	28.42	141145	66655	12853	77181	32.64	2166.50	739.42	370.91
1993	11.1	32.96	113800	59500	43267	128071	59.97	2816.50	851.87	473.37
1994	12.3	42.54	143321	58418	32512	215397	105.55	3887.60	1155.00	671.77
1995	13.0	47.87	145101	56563	48802	314794	163.1	4699.20	1425.16	873.34

续表

年份	在校大学生人数（万人）	教育经费支出（亿元）	出口额（万美元）	进口额（万美元）	实际利用外资额（万美元）	邮电业务量（万元）	固定与移动电话用户数（万人）	城镇居民人均可支配收入（元）	农村居民人均纯收入（元）	城乡居民储蓄存款余额（万元）
1996	13.6	53.70	129074	47225	70344	427332	234.89	5052.10	1792.25	1074.36
1997	14.4	58.75	144796	44649	91702	522447	265.28	5209.70	2037.06	1224.68
1998	15.7	59.73	128290	49919	81816	759963	338	5434.30	2064.85	1373.92
1999	19.4	66.40	128200	67400	65374	924733	409.93	5815.40	2147.18	1689.12
2000	25.31	73.55	165308	85951	68182	1409225	887.48	6218.70	2197.16	1874.23
2001	33.13	91.62	175400	100441	81011	1341636	1122.5	6780.60	2299.46	2183.73
2002	41.94	113.12	179542	108079	103089	1854712	1406.88	6958.60	2397.92	2577.44
2003	53.72	124.62	214626	158990	148907	2342342	1736.1	7674.20	2532.87	3036.45
2004	62.60	144.30	309778	233996	141806	2608898	2121.71	8617.48	2837.76	3483.22
2005	74.24	171.99	374667	225818	207235	3722400	2446.6	9523.97	3117.74	4092.12
2006	81.95	205.90	509401	225858	259335	4893600	2835.32	10504.67	3389.81	4762.31
2007	89.05	328.36	652342	316645	327051	6282500	3212.61	12293.54	3904.26	5321.73
2008	94.86	450.79	840950	415634	400515	7613623	3517.97	13821.16	4512.46	6549.45
2009	101.38	357.58	549189	465912	459787	8909851	3903.5	15084	4910	7852.11
2010	104.43	403.10	795487	673399	518441	3572678	4336.7202	16566	5622	9060.04
2011	106.79	540.83	989747	910259	615031	4421600	4760.683	18844	6567	10652.70
2012	108.05	807.58	1259965	934117	728034	4912900	5215.8724	21319	7440	12705.14

（二）灰色关联度分析

经过计算分析，在分辨率为 0.5 的情况下，湖南省各经济增长因素与 GDP 总量之间的灰色关联度如表 3 – 19 所示。

表 3 – 19　　　　　湖南省各经济增长因素与 GDP 总量之间的

灰色关联度（ξ = 0.5）

	第一产业	工业	建筑业	第三产业	社会消费品零售总额
关联系数	0.6546	0.8350	0.7334	0.7163	0.8425
	居民消费	政府消费	资本形成总额	全社会固定资产投资总额	金融机构贷款余额
关联系数	0.7313	0.6224	0.7726	0.6910	0.8317
	在校大学生人数	教育经费支出	出口额	进口额	实际利用外资额
关联系数	0.5776	0.7476	0.6628	0.6339	0.5087
	邮电业务量	固定与移动电话用户数	城镇居民人均可支配收入	农村居民人均纯收入	城乡居民储蓄存款余额
关联系数	0.5199	0.6119	0.8389	0.7285	0.6535

（三）主要结论

从综合关联度分析结果来看，上述各经济增长因素均与 GDP 总量的增长有较强的关联性。从关联度大小来看，社会消费品零售总额、城镇居民人均可支配收入与金融机构贷款余额这三项因素的关联度最强，关联系数分别为 0.8425、0.8389 和 0.8317，这说明湖南省经济增长主要是消费带动、城镇居民收入提高与投资驱动这几项综合作用的结果，这是湖南省经济增长的主要动因。

第五节　结　论

根据分析，通过灰色综合关联度分析，中部六省区经济增长主要动因如表3-20所示。

表3-20　　　　　　　中部六省区经济增长主要动因

省区	经济增长动因
山西	金融机构贷款余额、工业、社会消费品零售总额
安徽	金融机构贷款余额、城镇居民人均可支配收入、工业
江西	金融机构贷款余额、资本形成总额、农村居民人均纯收入
河南	金融机构贷款余额、社会消费品零售总额、工业
湖北	金融机构贷款余额、城镇居民人均可支配收入、工业
湖南	社会消费品零售总额、城镇居民人均可支配收入、 金融机构贷款余额

从表中可以看出，对中部六省区来说，经济增长动因主要是投资、消费、金融与产业，尤其是投资、消费、金融这三个方面，对于中部六省区经济增长的影响最大，因此，后面将对投资、消费、金融进行更加详细的分析。

第四章 投资对中部地区经济增长的
影响研究

　　根据前文的分析我们发现，一个国家或地区经济增长的动力可以由多个因素组成，资本和劳动力等要素的投入、科技创新、交通和通信等基础设施的改善、对外贸易、金融发展、产业结构变动等都可以成为促进经济增长的动力因素，从本章开始，我们将详细论述每一种动力因素影响经济增长的机理，并实证探寻其经济增长的弹性系数，为充分理解经济增长的动因提供经验依据，也为发展方式转变的研究提供理论基础。

　　无论从理论还是实践角度，投资都是经济增长的重要动力。从理论角度看，投资对经济增长的作用可以通过两种方式来实现：一是短期需求效应，也就是投资是总需求的重要组成部分，投资增长能够直接拉动社会总需求的增长，从而带动总产出水平的增长。二是长期供给效应，即从供给方面来说，投资可以形成新的后续生产能力，并为长期的经济增长提供必要的物质和技术基础。从现实方面看，改革开放以来我国的经济增长速度有一半以上是由投资推动的，投资已经成为国家经济增长主要依赖的手段。

　　基础设施投资是社会总投资的主要部分，是投资的主要流向领域，金融危机后我国四万亿元的投资大部分投向了交通等基础设施上面，中部各省的经济增长在很大程度上也是依赖基础设施投资。为此，本章就以基础设施为社会总投资的代表，分析中部地区社会总投资对经济增长的影响，实证检验投资的经济增长效应，以探讨投资对中部地区经济增长的贡献。

第一节 投资对经济增长影响的理论分析

一 投资影响经济增长的文献梳理

作为社会总投资主要组成部分的基础设施投资（资本）是对基础设施的投资，是指能够为企业提供作为中间投入用于生产的基本需求、能够为消费者提供所需要的基本消费服务、能够为社区提供用于改善不利的外部环境的服务等基本设施建设的投资。关于基础设施投资对经济增长的影响的研究，无论是国内或是国外，并没有一致的结论。学者们的研究结论大致分为三类：一是基础设施投资对经济增长有明显的正向作用；二是两者具有弱相关或者不具有显著的相关关系；三是基础设施投资会挤占私人投资，对经济增长不利。具体总结如下：

20世纪70年代以后，越来越多的研究发现了基础设施对经济增长的贡献。Arrow和Kurz（1970）把公共资本存量作为一个生产要素加入到生产函数中，考察了公共资本（基础设施资本）对总产出增长的影响。Ratner（1983）研究了美国公共设施对产出的影响，发现公共资本的产出弹性为0.06。Aschauer（1989）使用美国1945—1985年的年度数据研究得出的结论是交通基础设施对经济增长的弹性为0.39。Murmell（1990）的研究得出的产出弹性为0.34—0.41。然而，许多学者对基础设施如此高的产出弹性持怀疑态度，如Tatom（1991）采用不同的建模方法得出的基础设施的产出弹性为0.14；Holtz和Eakin（1994）使用OLS进行回归得到的基础设施的经济增长弹性为0.2。

部分研究成果发现基础设施投资对经济增长的影响并不显著。Eisner（1991）的研究发现公共资本对产出的影响在统计上不显著，得出类似结论的还有Evans和Karras（1994）。而Bonaglia和Ferrara（2000）使用意大利的数据估计出的弹性只有0.071，甚至出现了负的效应。

国外学者使用向量自回归方法（VAR）研究了公共资本和经济增长之间的关系。Clarida（1993）使用美、英等国的数据分析发现，全要素生产率（TFP）与公共资本具有协整关系，但是格兰杰因果关系的方向并不确定。Binswanger等（1993）的研究发现，基础设施投资在短期没有经济增长效应，在长期才有经济增长效应存在。Pereira（1993）的研究也得出了类似的结论，但是给定公共资本一个百分点的冲击，可以使产出在 10 年后增长 7.4 个百分点。但是，Sturm 等（1999）的研究却发现，基础设施是国内生产总值的格兰杰原因，基础设施对国内生产总值具有正的增长效应。

国内学者关于基础设施对经济增长的影响的研究起步较晚，大部分是沿着国外的理论方法进行。马拴友（2000）采用生产函数分析方法，分析了中国公共资本的经济增长效应，研究发现其公共资本的产出弹性大约为 0.55，说明了公共资本对市场化部门具有较强的正外部性；娄洪（2003）使用我国 1978—1998 年的数据进行实证研究后发现，基础设施投资的产出弹性为 0.23；范九利等（2004）使用我国 1981—2001年的数据，估计出的基础设施资本对经济增长的产出弹性是 0.695；范九利、白暴利（2004）应用生产函数法估计出的基础设施投资的人均GDP 弹性为 0.187，并且基础设施对经济增长的影响存在明显的地区差异，西部地区基础设施投资对人均 GDP 的产出弹性最高，高于全国水平；刘伦武（2005）分析了我国东、中、西部地区的基础设施对经济增长的推动作用，发现基础设施投资对 GDP 的弹性较高，推动力较大；分地区来看，东部最大，中部次之，西部最小；姜轶嵩和朱喜（2006）估计出的基础设施的产出弹性为 0.13；而王任飞和王杰（2006）使用1981—2000 年的数据得出的弹性是 0.297；郭庆旺、贾俊雪（2006）采用我国 1981—2004 年的年度数据，采用 VAR 和格兰杰因果检验的方法，结论认为我国基础设施投资对产出具有较强的正影响，并且时滞较短。

彭清辉、曾令华（2009）对基础设施和非基础设施采用不同的折旧率进行计算，实证结果表明我国基础设施投资的经济增长弹性为0.238，基础设施对 GDP 的贡献度为 32.32%，也就是说，基础设施资本每增加 1 元，GDP 增加 0.3232 元。刘生龙、胡鞍钢（2010）使用我国 1987—2007 年的省际面板数据检验了交通基础设施对我国经济增长的影响，发现其对经济增长有着显著的正向促进作用，西部地区交通基础设施的快速发展有利于促进西部地区的经济增长与向中东部地区趋同。魏下海（2010）使用较为前沿的空间计量方法研究了我国 29 个省区 1991—2006 年基础设施对经济增长的影响，认为我国基础设施投资和经济增长呈现出明显的空间集群特征，绝大部分省区位于双高和双低类型区，并且交通密度的产出弹性为 0.118。陈亮等（2011）利用 2001—2008 年中国省际面板数据模型验证了信息基础设施投资对中国经济增长的影响，实证研究表明，信息基础设施投资对我国的经济增长有着显著的正向促进作用，但对不同地区区域增长的贡献存在反差，西部地区的促进作用高于全国水平。吴俊杰、王雯（2012）使用总量生产函数法和 VAR 模型对经济基础设施中的两类基础进行研究，发现交通信息类基础设施的贡献率平均达到 13%，能源类平均达到 40%。张学良（2012）通过构建交通基础设施对区域经济增长的空间模型，得出的结论是我国交通基础设施对区域经济增长的产出弹性值为 0.05—0.07，表明了基础设施对我国区域经济增长的重要作用。

综合国外和国内的研究成果来看，关于基础设施对经济增长影响的研究已经取得了相当丰富的成果，主流方法是使用生产函数法进行实证研究，近年来又出现了使用 VAR 方法、空间计量方法等的诸多文献，基本上认为基础设施对经济增长具有正向的促进作用，但是作用的大小和程度却有所不同，甚至相差颇大。原因可能是对基础设施的范围界定不清、数据不一致、研究方法不同等导致的。对我国基础设施投资的经济增长弹性的研究也缺乏统一的结论，现有文献没有针对中部地区的实证研究，这就给本书的研究提供了空间。

二 投资对经济增长影响的机理

（一）基础设施投资对经济增长的推动作用

1. 直接推动作用

基础设施投资对经济增长的直接推动作用表现在基础设施投资本身就是 GDP 的一部分，其总规模的扩大将直接反映在经济总量中。也就是说，基础设施投资是社会总需求（包括投资需求和消费需求）的重要组成部分，也就是国内生产总值的一部分，基础设施投资的增加必将推动经济总量的增长。从另外一个角度看，生产性基础设施，如交通、电力、水利等，作为生产部门的重要基础性生产条件，其投资的增加将带来生产能力的增加和服务水平的提高，也将直接地推动经济增长。

2. 间接推动作用

第一，基础设施投资具有增长的乘数效应。

根据凯恩斯的总需求理论，在有效需求不足的前提下，新增的投资经过一定的时间后，可导致收入和就业量数倍的增加，或产生数倍于投资量的经济增长。尽管投资乘数理论建立在充分就业、存货充足等严格的假定下，但是对于基础设施投资促进经济增长仍有一定的启示意义。基础设施投资可以增加就业，促进居民收入增加；基础设施的改善又可以为居民消费提供便利，进而促进消费的增长。投资和消费的扩大必将促进产出增长。

基础设施投资的乘数效应具体表现在它的向前诱发效应、伴随效应、向后波及效应三个方面。"向前诱发效应"是指在基础设施投资之前需要其前向部门提供必要的原材料、资金和技术。因此，基础设施的投资可以促使其前向部门的发展，如对交通设施进行投资必定会促进建筑材料行业的发展。"伴随效应"是指随着对基础设施投资的增加，基础设施内部的各个部门的生产能力和服务水平会得到一定程度上的提高，如对基础设施部门增加投资会引起就业的增加和收入的增长。"向后波及效应"是指在基础设施建成以后，通过对其他经济部门提供基础性服务从而来带动相关部门的产出增加。

第二，基础设施投资可以降低经济成本。

基础设施的发展既能降低企业生产成本，提高劳动生产率，又能减少管理与交易成本，促进管理效率的提高。从降低企业生产成本、提高劳动生产率方面来看，基础设施投资被认为是生产活动投资的先决条件，一定范围内，基础设施投资不足，将导致生产成本的提高，投资扩大，有利于降低生产成本。从降低交易成本和管理成本方面来看，基础设施的改善可以降低交易者获取交易信息所需的成本，如通信设施的发展使交易者能够方便、及时地获取市场交易信息，并且使交易谈判和订立合同变得更加简便易行；交通设施的发展降低了企业货物的运输、仓储等物流成本，节省交易时间和交易费用；教育、医疗等社会基础设施的发展，提高了交易者和管理者的文化素质和法律意识，使市场交易秩序平稳，有利于降低因维护市场交易秩序所支出的费用和管理成本。

第三，基础设施投资可以促进产业结构升级。

产业结构指的是各产业的构成及各产业之间的联系和比例关系，产业结构和经济增长的水平和质量密切相关，产业结构不同对经济增长贡献的大小也不相同。一般而言，扩大基础设施投资规模和更新基础设施技术，必将推动产业结构升级，从而构筑国民经济新的增长点，推动国民经济增长。产业结构的升级，又称产业结构的高度化，指一国经济发展重点或产业结构重心由第一产业向第二产业和第三产业转移的过程，标志着一国经济发展水平和发展质量的高低。例如，通过加大对农村交通、通讯、电力、市场等基础设施的投入，可以改善农业生产结构；通信基础设施的改善为第二产业优化升级向金融、文化、信息等第三产业转变提供了重要前提。基础设施的发达促使新的产业出现，改变了人们的需求结构，带动产业升级。

第四，基础设施投资可以促进商业贸易的迅速发展。

基础设施投资的增加将改善基础设施状况，如发达的交通网络、快捷的通信系统，可以奠定贸易发展的基础，促进贸易机会的产生或降低贸易的成本，进而促进贸易的繁荣，给地区经济增长带来机会。如在美国工业化的过程中，发达的铁路、水运等交通运输促进了南部地区棉花贸易的扩大；欧亚大陆桥的建成给中国、俄罗斯以及中亚等国家的贸易带来了前所未有的机遇；改善我国农村落后的交通和通信条件，将促进农产品贸易的扩大；等等。基础设施投资的增加不仅对国内贸易增长有利，并且对进出口贸易也大有裨益，而贸易量的增长是刺激经济增长的主要动力之一。

第五，基础设施投资有利于改善人们的生产和生活环境。

基础设施的建设和完善可以改善人们的生产和生活条件，而这些条件是社会进行经济活动的基础物质环境。没有基础设施，人们的社会经济活动能力就会受到限制。基础设施具有抵抗灾害、创造愉悦的生存环境的功能，推动着人们生存环境的优化。基础设施不仅可以改善企业的生产条件，而且可以促进人们生活质量的提高。生产条件的改善可以激发企业更新生产技术，提高生产力；生活质量的提高将促进需求结构的优化，产生新的消费需求，进而促进经济增长。

（二）基础设施投资不足对经济增长的制约作用

1. 投资规模不足对经济增长的制约作用

基础设施投资规模不足是指基础设施建设投资的总量不能满足生产发展和生活的需要。基础设施投资不足主要表现在两个方面，即基础设施新建投资不足和重置投资不足。基础设施新建投资的不足对经济增长的制约作用具体表现在：影响生产率的提高、减慢工业化的进程、不利于劳动力就业扩大、对城市化和贸易竞争力提高产生负面影响等。基础设施重置投资是指基础设施建成后在使用过程中的管理、维修与保养等方面的投资。当实际的基础设施重置投资规模小于需求的投资规模，将会出现基础设施管理效率低下的现象，对经济增长有负面影响。基础设施新建投资和重置投资的不足造成基础设施供给短缺，将造成基础设施服务功能的减弱，从而影响社会的生产和生活，减少社会需求，最终将制约经济增长。

2. 投资结构不合理对经济增长的负面影响

基础设施投资结构主要包括基础设施投资的产业结构、地区结构和规模结构等。基础设施投资的产业结构是指投资在基础设施产业部门中的配置或比例关系，不同的产业结构要求不同的基础设施投资结构，各基础设施产业部门之间投资结构的不合理将影响经济的增长；基础设施投资规模结构是指基础设施投资的项目大、中、小型基础设施的投资比例关系，基础设施有效作用的发挥需要合理的投资规模结构，以保障生产性投资不会因缺少基础设施受到抑制，也不会使过多的资金沉淀在非生产性的基础设施上；基础设施投资的地区结构是指基础设施投资在区域间的配置或比例关系，是区域经济增长的物质结构和基础，基础设施投资地区结构的不合理在很多发展中国家普遍存在，基础设施投资区域结构的不合理从整体和局部都不同程度地制约经济增长。

第二节　中部地区投资现状和问题分析

一　中部地区投资概述

基础设施按行业分，包括交通运输设施、邮电通讯设施、水利设施、能源供给设施、防灾设施、生态设施、社会性基础设施七大类。由于统计资料所限，本书对中部地区基础设施投资的分析主要集中在交通运输、邮电通讯、能源供给、科技教育、社会福利、环境卫生等若干方面。

包括安徽、山西、河南、江西、湖南和湖北六省在内的中部地区，是我国重要的粮食生产基地、能源原材料基地和综合交通运输枢纽，在经济社会发展格局中占有重要地位。新中国成立以来，尤其是改革开放以来，中部地区加大基础设施投资力度，基础设施建设取得了长足的发展，建设规模逐步扩大，投资结构也日趋合理。促进"中部崛起"战略实施以来，中部地区的发展速度明显加快，基础建设投资稳步推进。

（一）交通基础设施

1. 铁路

经过长时间的建设，中部地区铁路网已经具备一定的规模，形成了以京广铁路、京九铁路、大湛铁路和陇海线、浙赣线、襄渝线为主干的"三纵三横"铁路干线网和山西煤炭基地大能力煤运通道铁路网。截至2012年年底，中部六省铁路总里程达到22401.98公里，相比2000年增加了6963.98公里，增长幅度为45.1%。随着铁路提速升级和高速铁路的建设，中部地区铁路网络的市场运营能力有了大幅度提高。2000年，中部地区铁路总货运量为59660万吨，货物周转量为6399.7亿吨公里，到了2012年，中部地区的铁路总货运量为113446.26万吨，货物周转量达到9648.2亿吨公里，分别比2000年增长90.2%和50.8%。2012年，中部地区铁路输送旅客46645.2万人，旅客周转量达到3980.17亿人公里。

2. 公路

国家对中部地区的定位是"三个基地、一个枢纽"，其中"一个枢纽"就是要把中部地区建成全国综合交通运输的枢纽。"十一五"期间，交通部普遍提高了中部地区交通建设项目投资标准，共安排中央投资1389.22亿元用于中部地区公路建设。

截至2010年年底，中部六省公路通车里程达110.1万公里，较2005年增加17.2万公里，公路网结构日趋优化。骨架公路通道基本形成，其中国道主干线已于2007年年底按标准提前建设完成，国家高速公路已建成14481公里，占规划里程的81.4%。农民群众的基本交通出行条件得到显著改善，六省乡镇、建制村公路通达率分别达到99.99%和99.66%，乡镇、建制村公路通畅率分别达到99.92%和93.79%。

到了2012年，中部地区公路运营里程达115.54万公里，货运量达到961892万吨，货运周转量21849.7亿吨公里。目前，中部地区公路交通网初步形成，公路运输体系在整个交通网络体系中占据主导位置。

（二）电力基础设施

中部地区在"十五"和"十一五"期间，重点加大了对电力基础设施的投资和建设。在"十一五"期间，中部地区建设了110个电气化县城，新增装机容量为 56.2 万千瓦，解决了 275 万户以电代燃料问题和 1032 万人的用电问题。在 1986 年，中部地区的总电力装机容量为 3525.17 万千瓦，至 2000 年年底时达到了 6855.29 万千瓦；直至 2009 年，中部地区电力装机容量为 19557.05 万千瓦，较上年新增装机容量 2167.99 万千瓦，增幅为 11.09%。总发电量中，火力发电量为 5922.32 亿千瓦时，占当年全部发电量的 78.9%，而在 1986 年火力发电量仅为 898.71 亿千瓦时，占当年全部发电量的 89.21%，火力发电量占比呈减小趋势。中部地区电力设施投资的增加基本上满足了经济发展的用电需求。

（三）邮电通讯

近年来，中部地区加大了对邮政、电信等网络的投入和建设力度，邮电业务持续快速地发展。2012 年，邮电总业务量达到 2989.31 亿元，比上年的 2429.4 亿元增加了 20%。固定电话用户达到 4826.3 万户，移动电话用户为 23551.5 万户，移动电话超过固定电话，成为人们主要的通讯方式。

（四）水利设施

国家十分重视对中部地区水利基础设施建设的投入，"十五"期间，中部地区完成水利基础建设投资 1800 多亿元，占全国的一半左右，水利基础设施建设得到快速发展，水利建设对促进中部地区的经济社会发展发挥了重要作用。中部地区以其占全国 10.7% 的土地，承载了占全国 28.1% 的人口，创造了占全国 22.5% 的经济总量，水利基础设施发挥了极其重要的保障作用。

（五）教育和医疗

从教育资源来看，中部地区相对缺乏。2000 年，中央各部委高校共 113 所，其中分布在中部地区的仅为 15 所，只占高校总数的 13.27%。国家重点建设的"211"工程学校有 107 所，中部地区只有 17 所，仅占 15.9%。目前，中部地区代表高等教育发展质量的博士点数量占全国的 20.25%，而硕士点仅占全国的 15.78%。2012 年，全国有普通高等学校 2442 所，中部地区为 644 所，仅占全国的 26.4%。高等教育优质资源在中部地区的分布比例与中部地区人口占全国 28% 的比例严重不协调。中央和中部地区需要继续加大教育设施的投入力度。

从医疗设施来看，中部地区的医疗卫生服务随着医疗体制改革的过程得到了大幅度的提高。2012 年，中部地区医疗卫生机构数达到266086 个，占全国的 28%；医疗卫生床位数为 148.53 万张，每千人口医疗机构床位数为 4.73 张，略高于全国平均水平。到 2012 年年底，医疗卫生从业人员为 231.64 万人，每千人口卫生技术人员为 4.58 人，略低于全国 4.94 人的平均水平。

二 中部地区投资总量规模分析

基础设施发展的速度和投资规模的大小密切相关。本章重点分析2004 年以来中部地区基础设施总量规模的变化趋势状况①。通过表 4 - 1可以看出：

表 4 - 1 中部地区固定资产投资和基础设施投资情况

项目 年份	固定资产投资额（亿元）	固定资产投资增长率（%）	基础设施投资额（亿元）	基础设施投资年增长量（亿元）	基础设施投资年增长率（%）	基础设施投资占固定资产投资比重（%）
2004	12529.08	—	4477.03	—	—	35.73
2005	16145.55	28.86	5457.82	980.79	21.91	33.80
2006	20896.58	29.43	6829.56	1371.74	25.13	32.68
2007	27746.16	32.78	7893.86	1064.30	15.58	28.45
2008	36695.24	32.25	9377.03	1483.17	18.79	25.55
2009	49851.76	35.85	13448.66	4071.63	43.42	26.98
2010	62890.52	26.16	15995.27	2546.61	18.94	25.43
2011	70823.56	12.61	15707.97	-287.30	-1.80	22.18
2012	86614.79	22.30	18407.36	2699.39	17.18	21.25

资料来源：固定资产投资额数据来源于《中国统计年鉴》（2005—2013），基础设施投资总额根据年鉴中电力、燃气和水的生产和供应业，水利、环境和公共设施管理业，交通运输、仓储和邮政业，教育、卫生、社会保障和社会福利业，公共管理和社会组织的固定资产投资数据求和得出，其他数据由笔者自己计算得到。

———————

① 数据更新到 2012 年，由于本书采用的是电力、燃气和水的生产和供应业，交通运输、仓储和邮政业，水利、环境和公共设施管理业，教育、卫生、社会保障和社会福利业，公共管理和社会组织六大行业的固定资产投资作为基础设施投资的数据，2004 年以前由于统计口径的不同，无论是国家统计局还是地方统计局的年鉴均没有区分产业的投资数据。

（一）中部地区基础设施投资总量增长相对缓慢

从表中可以看出，2004 年，中部六省的固定资产投资总额为12529.08 亿元，基础设施投资总额为 4477.03 亿元，基础投资占比为35.73%；到了 2012 年，中部六省的固定资产投资总额达到了86614.79 亿元，基础设施投资总额为 18407.36 亿元，占比为 21.25%。

从 2004—2012 年，固定资产投资增长了 5.9 倍，年平均增长率为27.5%；而基础设施投资仅仅增长了 3.1 倍，年平均增长率为 19.9%。基础设施投资的增长速度小于固定资产投资增长的速度。图 4－1 也显示出了这种增长趋势的差别。

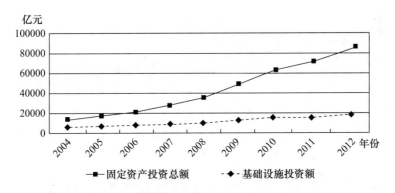

图 4－1　中部地区固定资产投资和基础设施投资发展趋势
资料来源：笔者根据《中国统计年鉴》（2005—2013）相关数据绘制。

从增长速度来看（见图 4－2），除 2009 年以外的所有年份，中部地区的基础设施投资的增长速度一直低于固定资产投资的增长速度，而且增长缓慢。在 2009 年，两种投资的增长率有一个峰值，这是由于当年金融危机波及中国之后，国家四万亿元的投资和地方政府的经济刺激造成的。除此之外，基础设施投资的增长速度一直较低，而且呈逐年下降的趋势。

（二）中部地区基础设施投资占固定资产投资比重呈下降趋势

从基础设施投资占固定资产投资的比重来看（见图 4－3），从 2004年的 35.73% 下降到 2012 年的 21.25%，除 2009 年的比重与上年稍高 1个百分点之外，近十年间的比重呈逐年下降的趋势。

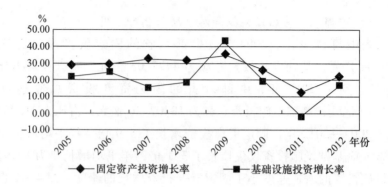

图 4 - 2　中部地区固定资产投资和基础设施投资增长率示意

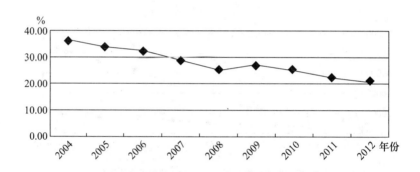

图 4 - 3　中部地区基础设施投资占固定资产投资比重趋势

（三）中部地区主要基础设施增长缓慢且波动较大

从中部地区主要基础设施投资总额及增长率来看（见表 4 - 2），与固定资产投资增长速度相比也存在增长速度缓慢的问题，并且增长的波动较大。如电力、燃气及水的生产和供应业，投资总额从 2004 年的 1110.7 亿元增长到 2012 年的 2761.7 亿元，增长了 1.49 倍，远远低于固定资产投资增长的 6.9 倍，并且低于基础设施总投资的 4.11 倍的增长速度，还在 2010 年和 2011 年出现了负增长。交通运输和仓储邮政业投资由 2004 年的 1558.5 亿元增长到 2012 年的 5390.2 亿元，增长了 2.5 倍，也低于固定资产投资的增长速度，而且增长率忽高忽低，波动剧烈。教育、卫生、社会保障和福利业等部门的投资也呈现出缓慢增长和强烈波动的特征。

表4-2　中部地区主要基础设施投资总额及增长率

单位：亿元，%

项目\年份	基础设施投资		电力、燃气及水的生产和供应业		交通运输和仓储邮政业		水利环境和公共设施管理业		教育		卫生、社会保障和社会福利业		公共管理和社会组织	
	总额	增长率	总额	增长率	总额	增长率	总额	增长率	总额	增长率	总额	增长率	总额	增长率
2004	4477.0		1110.7		1558.5		806.5		427.3		111.6		462.4	
2005	5457.8	21.9	1458.0	31.3	1825.1	17.1	1148.9	42.4	449.2	5.1	136.0	21.8	440.7	-4.7
2006	6829.6	25.1	1750.7	20.1	2207.8	21.0	1543.0	34.3	518.9	15.5	158.3	16.4	650.8	47.7
2007	7893.9	15.6	2032.0	16.1	2247.0	1.8	2217.0	43.7	553.4	6.6	199.2	25.9	645.3	-0.8
2008	9377.0	18.8	2347.0	15.5	2464.8	9.7	2924.4	31.9	607.4	9.8	266.0	33.5	767.5	18.9
2009	13448.7	43.4	2700.0	15.0	3957.1	60.5	4447.1	52.1	847.7	39.6	482.6	81.4	1014.2	32.2
2010	15995.3	18.9	2672.4	-1.0	4767.4	20.5	5737.5	29.0	1088.2	28.4	550.6	14.1	1179.1	16.3
2011	15708.0	-1.8	2551.6	-4.5	4872.5	2.2	5557.1	-3.1	948.9	-12.8	638.5	16.0	1139.3	-3.4
2012	18407.4	17.2	2761.7	8.2	5390.2	10.6	6984.6	25.7	1150.0	21.2	639.8	0.2	1481.1	30.0

资料来源：《中国统计年鉴》（2005—2013），增长率由笔者自行计算。

三 中部地区投资结构分析

基础设施投资结构是指根据不同的时间、空间或行业等的变化而形成的基础设施投资的分布状况，不同的基础设施投资结构对经济增长的影响程度也是不一样的。

（一）中部地区基础设施投资的地区结构

表4-3列出了2004—2012年中部六省基础设施投资总额以及每个省的投资占整个中部地区基础设施投资的比重，从基础设施投资总量上看，中部各省所占的比例相差较大，平均占比最大的是河南省，其次是湖北、湖南、安徽和江西，最后是山西省，说明基础设施投资的地区差异较大。河南省的国内生产总值近几年始终排在全国第五位，位居中部六省之首，说明基础设施投资和经济增长有很大的关系。从投资占比的发展趋势来看，随着山西、湖南的占比逐年上升和河南、江西的比重下降，基础设施投资地区结构有望朝均衡的方向发展。

表4-3　　　　　　　中部地区各省基础设施投资总额及占比　　　单位：亿元、%

省份 时间	山西		安徽		江西		河南		湖北		湖南	
	总额	比重	总额	比重	总额	比重	总额	比重	总额	比重	总额	比重
2004	513.2	11.5	629.5	14.1	713.8	15.9	1080.4	24.1	841.9	18.8	698.3	15.6
2005	625.2	11.5	802.1	14.7	867.4	15.9	1329.7	24.4	938.2	17.2	895.1	16.4
2006	733.7	10.7	1020.4	14.9	1013.0	14.8	1685.6	24.7	1255.2	18.4	1121.7	16.4
2007	978.1	12.4	1393.1	17.6	984.9	12.5	1696.2	21.5	1522.2	19.3	1319.4	16.7
2008	1210.9	12.9	1620.5	17.3	1076.6	11.5	1978.5	21.1	1800.5	19.2	1690.1	18.0
2009	1905.6	14.2	2059.5	15.3	1547.3	11.5	2668.1	19.8	2595.1	19.3	2673.1	19.9
2010	2240.0	14.0	2369.5	14.8	1906.4	11.9	3167.0	19.8	3246.4	20.3	3066.0	19.2
2011	2167.4	13.8	2093.5	13.3	1744.5	11.1	3047.6	19.5	3362.2	21.4	3292.5	21.0
2012	2631.6	14.3	2862.1	15.5	1947.3	10.6	3503.4	19.0	3702.1	20.1	3760.9	20.4
均值		12.8		15.3		12.9		21.5		19.3		18.2

资料来源：根据《中国统计年鉴》（2005—2012）整理，比重由笔者计算。

（二）中部地区基础设施投资的产业结构

基础设施投资的产业结构说明的是基础设施投资在国民经济不同产业部门之间的分布状况，基础设施投资在不同产业之间的分布不同，影响其对经济增长作用的程度。

从表4-4可以看出,基础设施投资在不同产业之间的比例差别很大,占比最大的是交通运输、仓储和邮政业,占据了30%左右的份额;其次是水利、环境和公共设施管理业,也有近30%的比例,这与其本身的产业性质有关,交通运输和水利等产业需要大量的投资,而且投资回报期较长。在基础设施投资中所占比重最小的是卫生、社会保障和福利业及教育部门,两者相加刚过10%,比重严重偏低。

从各产业部门投资所占比重的变化趋势来看(见图4-5),除了水利、环境和公共设施管理业比重增长明显外,其他各基础设施部门显示出比例下降的态势。投资比例下降最为明显的是电力、燃气及水的生产和供应业,从2004年的24.8%的比重下降到2012年的15%;尤其是教育产业部门的份额下滑严重,从2004年的9.5%下降到2012年的6.2%,使本来就比重偏低的状况变得更加严重。

从经济性基础设施和社会性基础设施的投资比重差别来看,电力、燃气及水的生产和供应业,交通运输、仓储和邮政业,水利、环境和公共设施管理业这三大经济性基础设施投资占据了整个基础设施投资的80%以上,是基础设施的主要投资领域,对经济发展具有重要的影响作用;而教育,卫生、社会保障和福利业,公共管理等社会性的基础设施投资比例严重不足,影响经济发展的后劲。这从侧面反映出,中部地区基础设施投资以经济性基础设施为投资重点的投资理念。

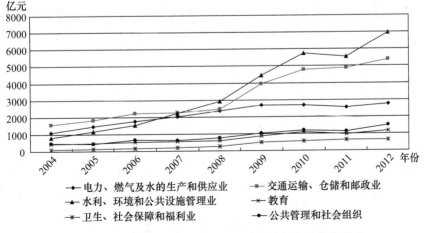

图4-4 中部地区各省主要基础设施产业部门投资额示意

表4-4　　主要基础设施投资额及其比重

单位：亿元，%

年份	基础设施投资总额	电力、燃气及水的生产和供应业		交通运输、仓储和邮政业		水利、环境和公共设施管理业		教育		卫生、社会保障和福利业		公共管理和社会组织	
		投资总额	占比	投资总额	占比	投资总额	占比	投资总额	占比	投资总额	占比	投资总额	占比
2004	4477.0	1110.7	24.8	1558.5	34.8	806.5	18.0	427.3	9.5	111.6	2.5	462.4	10.3
2005	5457.8	1458.0	26.7	1825.1	33.4	1148.9	21.1	449.2	8.2	136.0	2.5	440.7	8.1
2006	6829.6	1750.7	25.6	2207.8	32.3	1543.0	22.6	518.9	7.6	158.3	2.3	650.8	9.5
2007	7893.9	2032.0	25.7	2247.0	28.5	2217.0	28.1	553.4	7.0	199.2	2.5	645.3	8.2
2008	9377.0	2347.0	25.0	2464.8	26.3	2924.4	31.2	607.4	6.5	266.0	2.8	767.5	8.2
2009	13448.7	2700.0	20.1	3957.1	29.4	4447.1	33.1	847.7	6.3	482.6	3.6	1014.2	7.5
2010	15995.3	2672.4	16.7	4767.4	29.8	5737.5	35.9	1088.2	6.8	550.6	3.4	1179.1	7.4
2011	15708.0	2551.6	16.2	4872.5	31.0	5557.1	35.4	948.9	6.0	638.5	4.1	1139.3	7.3
2012	18407.4	2761.7	15.0	5390.2	29.3	6984.6	37.9	1150.0	6.2	639.8	3.5	1481.1	8.0
均值			21.8		30.5		29.2		7.1		3.0		8.3

资料来源：同表4-3。

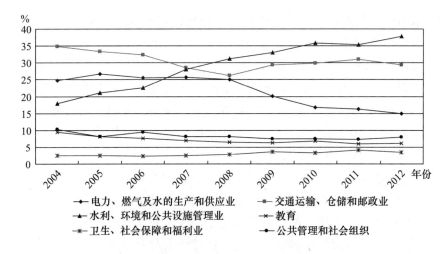

图 4 - 5　中部地区各省主要基础设施产业部门投资额占比示意

第三节　中部地区投资对经济增长的影响分析

一　分析框架和模型选择

（一）基于生产函数法的分析框架

从现有的文献来看，使用生产函数法分析基础设施对经济增长的影响是主流的研究方法，本章也使用这种方法来分析中部地区基础设施投资对经济增长的影响。生产函数的一般形式是：

$$Y = f(K, L) \tag{4-1}$$

即产出 Y 是资本 K 和劳动 L 的函数。最常用的一种生产函数的形式是柯布—道格拉斯生产函数，形式为：

$$Y = AK^{\alpha}L^{\beta} \tag{4-2}$$

式（4-2）的含义可以解释为：一个地区的产出增长是技术进步、固定资本投入增长和劳动力投入增长共同作用的结果。

将总的固定资本投入分为基础设施资本投入和非基础设施资本投入两部分，那么相应的柯布—道格拉斯生产函数的形式则变为：

$$Y = AK_J^{\alpha}L^{\beta}K_F^{\gamma} \tag{4-3}$$

其中，Y 代表产出，A 代表广义的技术进步，K_J 代表基础设施资本投入，L^β 代表劳动力投入，K_F^χ 代表非基础设施资本的投入。

将式（4-3）两边取对数可得：

$$\ln Y = \ln A + \alpha \ln K_J + \beta \ln L + \chi \ln K_F \qquad (4-4)$$

式（4-4）中，α、β、χ 分别为基础设施投资、劳动力投入、非基础设施投入的产出弹性。将式（4-4）中 $\ln A$ 看作是常数项，式右边再加上正态分布的随机扰动项，就构成了本章使用的基本分析模型。

（二）面板数据模型的选择

面板数据模型（Panel Data Model）又称混合数据或平行数据模型，它是同时在时间和截面上取得的数据，相对于单纯的时间截面数据或序列数据模型，面板数据模型的优势是既能反映截面特征，也能反映时间特征，并可以增大样本容量，提高了估计精度和有效性；面板数据模型降低了变量之间强相关的可能性，减少了多重共线性的影响。鉴于本章研究的是基础设施投资对中部六省的经济增长的影响，考虑到面板数据模型的优点，本章将采用面板数据模型进行实证分析。下面简单介绍一下面板数据模型的建模方法。

设有因变量 y_{it} 与 $k \times 1$ 维解释变量向量 $x_{it} = (x_{1,it}, x_{2,it}, \cdots, x_{k,it})$，满足线性关系

$$y_{it} = \alpha_{it} + x'_{it}\beta_{it} + u_{it}, \ i = 1, 2, \cdots, N, \ t = 1, 2, \cdots, T \qquad (4-5)$$

式（4-5）是考虑 k 个经济指标在 N 个个体及 T 个时间点上的变动关系。其中，N 表示个体截面成员的个数，T 表示每个截面成员的观测时期总数，参数 α_{it} 表示模型的常数项，β_{it} 表示对应于解释变量向量 x_{it} 的 $k \times 1$ 维系数向量，k 表示解释变量的个数。随机误差项 u_{it} 相互独立，且满足零均值、等方差为 σ_u^2 的假设。这就是面板数据模型的一般形式。根据截距向量 α 和系数向量 β 的不同限制要求，面板数据模型可以划分为不变系数模型、变截距模型、变系数模型。

（1）不变系数模型的单方程回归形式可以写为：

$$y_i = \alpha + x_i\beta + u_i, \ i = 1, 2, \cdots, N \qquad (4-6)$$

（2）变截距模型的单方程回归形式可以写为：

$$y_i = \alpha_i + x_i\beta + u_i, \ i = 1, 2, \cdots, N \qquad (4-7)$$

（3）变系数模型的单方程回归形式可以写为：

$$y_i = \alpha_i + x_i\beta_i + u_i, \ i = 1, 2, \cdots, N \qquad (4-8)$$

建立面板数据模型的第一步便是检验样本数据究竟符合不变系数、

变系数还是变截距模型的形式，即是检验被解释变量 y_{it} 的参数 α_i 和 β_i 是否对所有个体截面都相同。使用协方差检验，主要检验下面两个假设：

H_1：$\beta_1 = \beta_2 = \cdots = \beta_N$

H_2：$\alpha_1 = \alpha_2 = \cdots = \alpha_N$

　　　$\beta_1 = \beta_2 = \cdots = \beta_N$

如果接受假设 H_2 可以认为样本数据符合不变系数模型的形式，无须进行进一步的检验。如果拒绝假设 H_2，则需进一步检验假设 H_1。如果接受假设 H_1，则认为样本符合变截距模型，反之，则认为符合变系数模型的形式。

首先计算不变系数模型、变截距和变系数模型式的残差平方和，分别记为 S_1、S_2、S_3，在假设 H_2 下检验统计量 F_2 和假设 H_1 下检验统计量 F_1 分别服从相应自由度下的 F 分布，即：

$$F_2 = \frac{(S_3 - S_1)/[(N-1)(k+1)]}{S_1/(NT - N(k+1))} \sim F[(N-1)(k+1), \ N(T-k-1)]$$

(4-9)

$$F_1 = \frac{(S_2 - S_1)/[(N-1)k]}{S_1/(NT - N(k+1))} \sim F[(N-1)k, \ N(T-k-1)] \quad (4-10)$$

如果计算得到的 F_2 的值不小于给定置信度下的相应临界值，则拒绝假设 H_2，继续检验假设 H_1。反之，则认为样本符合不变系数模型。若计算得到的 F_1 的值不小于给定置信度下的临界值，则拒绝假设 H_1，认为样本符合变系数模型，反之，认为样本符合变截距模型。

模型形式选择完成以后，Panle Data 模型接下来的步骤是确定个体影响的固定效应或是随机效应。一般做法是：先建立随机影响的模型，然后检验该模型是否满足个体影响与解释变量不相关的假设，如果满足就将模型确定为随机影响的形式，反之则将模型确定为固定影响的形式。统计上一般用 Hausman 检验来进行确定。

二　数据来源和处理

对于产出水平 Y，一般使用国内生产总值（GDP）的总量或人均量表示，本章使用中部六省 2004—2012 年的地区生产总值作为经济总量的表征值。数据来自山西、安徽、江西、河南、湖北、湖南六省 2005—2013 年的统计年鉴。

对于基础设施投资 K_J，使用中部六省 2004—2012 年的电力、燃气及水的生产和供应业，水利、环境和公共设施管理业，交通运输、仓储和邮政业，教育，卫生、社会保障和福利业，公共管理和社会组织六大行业的固定资产投资数据求和得出，数据来源于《中国统计年鉴》（2005—2013）。

对于非基础设施投资 K_F，使用中部六省 2004—2012 年固定资产投资总额减去基础设施投资（即是 K_J，包括上述六大行业的固定资产投资之和）得出，来源同样是《中国统计年鉴》（2005—2013）。

对于劳动力投入 L，我们使用中部六省的从业人员数来表示，数据来源是中部六省统计年鉴（2005—2012）。

三 模型检验和分析

（一）数据平稳性检验

在进行面板数据模型建模之前，为了避免虚假回归或伪回归的问题，需要对变量数据进行平稳性检验，只有数据平稳性之后才能进行回归分析。本章使用 Eviews 6.0 软件对中部六省 2004—2012 年的产出 GDP、基础设施投资 JC、非基础设施投资 FJ 和劳动力投入 L 取对数后的面板数据以及取差分对数后的面板数据进行单位根检验，使用四种检验方法的结果如表 4 – 5 所示。结果显示，经济产出 GDP、基础设施投资 JC、非基础设施投资 FJ 和劳动力投入 L 的对数序列都是不平稳的，而差分对数序列都是平稳的，可以进行建模。

（二）协整分析

从上面的单位根检验可以看出，经济产出、基础设施投资的对数序列都是一阶单整的，因此可以进行协整分析，以确定基础设施投资和经济增长是否具有协整关系，如果是，说明基础设施投资和经济增长之间具有长期稳定的关系，可以进行回归分析以确定基础设施投资的产出弹性。使用 Pedroni 检验方法，统计量和伴随概率见表 4 – 6。由于各统计量的伴随概率均小于 0.05，所以认为基础设施投资和经济增长数据之间存在协整关系。

（三）模型形式的选择

在进行面板数据回归分析之前，需要确定面板模型是变参数模型、变截距模型还是不变参数模型，首先计算变系数模型、变截距和不变系数模型［参考式（4 - 6）、式（4 - 7）、式（4 - 8）］的残差平方和，然

表 4 - 5

面板数据单位根检验结果

变量 方法检验值	LN_GDP 不平稳		D_LN_GDP 平稳		LN_JC 不平稳		D_LN_JC 平稳		LN_FJ 不平稳		D_LN_FJ 平稳		LN_L 不平稳		D_LN_L 平稳	
	Statistic	Prob**	Statistic	Prob*	Statistic	Prob*	Statistic	Prob*	Statistic	Prob*	Statistic	Prob	Staic	Prob*	Statistic	Prob*
LLC	-0.727	0.234	-9.480	0.00	-2.781	0.003	-10.220	0.000	-2.432	0.008	-6.009	0.00	-0.9	0.170	-3.016	0.00
IPSW	2.242	0.988	-4.296	0.00	0.647	0.741	-3.348	0.000	0.201	0.580	-1.678	0.04	1.54	0.938	-0.180	0.04
ADF - Fisher	3.791	0.987	44.266	0.00	6.425	0.893	34.690	0.001	14.93	0.245	23.41	0.02	9.12	0.692	18.813	0.03
PP - F	12.939	0.374	51.757	0.00	14.230	0.286	21.486	0.044	21.97	0.038	13.16	0.03	22.8	0.029	45.606	0.00

后使用式（4-9）、式（4-10）计算 F 统计量，通过查表等一系列计算，确定模型的形式为变截距的面板数据模型，又通过 Hausman 检验确定是采取固定效应的估计方法，因此本章使用的模型如下：

表 4-6　　基础设施投资 JC 和经济产出 GDP 之间协整检验结果

	Statistic	Prob.
Panel v – Statistic	-1.092	0.020
Panel rho – Statistic	1.168	0.002
Panel PP – Statistic	-2.907	0.006
Panel ADF – Statistic	-2.016	0.002
Group rho – Statistic	1.92547	0.032
Group PP – Statistic	-3.364917	0.001
Group ADF – Statistic	-1.919348	0.023

$$\Delta\ln\_ GDP_{it} = \alpha_i + \beta_1 \Delta\ln\_ JC_{it} + \beta_2 \Delta\ln\_ FJ_{it} + \beta_3 \Delta\ln\_ L_{it} + u_{it}, \ i = 1, \cdots, 6, \ t = 1, \cdots, 9$$

其中，$\Delta\ln\_ GDP_{it}$ 表示产出增长的对数差分序列，$\Delta\ln\_ JC_{it}$ 表示基础设施投资的对数差分序列，$\Delta\ln\_ FJ_{it}$ 表示非基础设施投资的对数差分序列，$\Delta\ln\_ L_{it}$ 表示劳动力投入的对数差分序列，β_1、β_2、β_3 分别表示基础设施投资、非基础设施投资、劳动力投入的产出增长弹性系数，截距项 α_i 因个体成员不同而变化，u_{it} 是随机误差项，反映了模型中忽略的、随个体成员和时间变化的因素的影响。

（四）估计结果分析

由表 4-7 的估计结果可以看出，基础设施投资、非基础设施投资、劳动力投入都和经济产出呈显著的正相关关系，并且基础设施投资的产出弹性约为 0.12，也就是说，中部地区基础设施投资增加 1%，可以刺激经济增长 0.12%。这个弹性系数低于娄洪（2003）使用全国数据得出的 0.23 的弹性值，也低于范九利、白暴利（2004）应用生产函数法估计出的 0.187 的人均 GDP 弹性值，与姜轶嵩和朱喜（2006）估计出的 0.13 的产出弹性以及魏下海（2010）估计出的 0.118 的弹性值比较接近，是一个可以接受的弹性值。

实证分析结果充分显示了中部地区基础设施投资对经济增长正向的

积极影响，体现了基础设施投资对促进经济增长的重要作用。所以，在对中部地区经济增长动因的分析和研究中，不能忽视基础设施投资的积极作用。

表 4 - 7　　　　　　　　　　　面板数据模型估计结果

变量	系数	T统计量	P值	D - W 值
C	0.1550	8.3719	0.0000	
D_ LN_ JC	0.1175	8.3719	0.0005	1.9842
D_ LN_ FJ	0.1091	1.6936	0.0020	
D_ LN_ L	0.0463	1.0856	0.0000	

第四节　结　论

第一，基础设施投资对经济影响的推动作用可以从直接和间接两个方面来理解。直接推动作用指的是基础设施投资本身就是国内生产总值（总产出）的一部分，其总规模的扩大将直接反映为经济总量的扩大；间接作用指的是基础设施投资具有投资对产出增长的乘数效应，可以降低经济运行的成本、促进产业结构的升级、促进商业贸易的发展和改善人们的生产和生活环境。基础设施投资总量不足将造成基础设施供给短缺，会引起其服务功能减弱，影响社会的生产和生活，减少社会需求，从而制约经济增长；基础设施投资结构不合理也将带来经济发展的不平衡。

第二，从中部地区基础设施投资的总量规模上看，投资总量增长相对缓慢，远低于固定资产总投资的增长速度；基础设施投资占固定资产投资的比重呈下降趋势，说明基础设施投资的增长速度低于其他非基础设施投资的增长速度；电力、燃气及水的生产和供应业，交通运输等主要基础设施的增长相对缓慢且波动较大。从中部地区基础设施投资结构上看，地区差异较大，河南、湖北所占比例较高；基础设施投资在不同产业之间的差别很大，占比最大的是交通运输、仓储和邮政业，教育、卫生非经济基础设施部门所占比例较低，反映出中部地区基础设施投资以经济性基础设施为投资重点的投资理念。

第三，通过对中部六省 2004—2012 年的地区生产总值、基础设施投资、非基础设施投资和劳动力投入的面板数据构建 Panel Data Model，协整检验发现基础设施投资和地区生产总值之间存在长期稳定的关系。估计结果显示，基础设施投资的经济增长弹性为 0.12，也就是说，中部地区基础设施投资增加 1%，可以刺激经济增长 0.12%。实证分析结果充分显示了中部基础设施投资对经济增长正的积极影响，说明了加大中部地区基础设施投资在经济发展中的重要性。

第五章　消费对中部地区经济
增长的影响研究

改革开放以来，我国经济增长的动力主要来自投资和出口，对消费的关注较少，中部地区尤其如此。这种发展方式存在诸多弊端，直接导致我国在面对金融危机的冲击时，经济增长有较大的波动。目前，中部各省正处在全面建成小康社会的重要时期，地区内部的有效需求不足对经济增长的制约作用日益明显。长期以来中部地区消费不尽如人意，居民的消费支出与经济总量的增长不成比例，消费对 GDP 的拉动作用没有很好体现，消费需求不足已成为制约地区经济持续健康发展的重要障碍。

上一章论述了基础设施投资对经济增长的促进作用，但是长期的高投资促增长措施容易使经济患上投资依赖症，有损经济增长的持续性和质量，而消费对经济增长的促进作用则在长期内有效。从官方统计的口径看，最终消费包括居民消费和政府消费，居民消费支出是指常住住户在一定时期内对于货物和服务的全部最终消费支出；政府消费是指政府部门为全社会提供的公共服务的消费支出和免费以较低的价格向居民租户提供的货物和服务的净支出[1]。居民消费和政府消费都是最终消费的重要组成部分，居民消费在最终消费中占据主导地位。本章首先分析中部地区居民消费和政府消费的现状和问题，进而从理论和实证两方面分析居民消费和政府消费对中部地区经济增长的影响。

---

① 来自《中国统计年鉴》（2013）中统计指标的解释部分。

第一节 消费对经济增长影响的理论分析

一 消费影响经济增长的相关文献

(一)消费影响经济增长的国外文献

消费、投资和出口是拉动经济增长的"三驾马车",消费是其中最稳定的一乘。消费对经济增长的作用至关重要,国内外的学者对此进行了深入的研究。

近几十年来,关于居民消费问题的前沿研究大部分属于预防性储蓄理论(Carroll,1992;Dynan,1993;Wilson,2003;等)。Blinder(1975)设计了两种计量方法对收入差距与消费需求的关系进行检验,检验结果表明缩小收入差距有助于提高社会消费水平。Bailey(1971)认为公共支出与私人消费之间可能存在一定程度的替代性,政府扩大公共支出对私人消费将具有一定的挤出效应。Karras(1994)、Devereus等(1996)、Okubo(2003)和 Kwan(2006)等都用数据证明了这种互补关系。Gorbachev 和 Olga(2011)证实了在考虑居民对利率的预期、收入波动、流动性限制等因素后,美国居民消费的波动性在1970—2004 年上升了 25%。

有关居民消费影响经济增长的研究,Osterthaven 等(1997)的实证研究肯定了需求因素对欧盟各国经济增长的重要影响。Sabillon(2008)证实在 20 世纪初美国经济正是由于消费需求的快速增长才使经济年均增长率保持在 5% 以上。

有关政府支出与经济增长的关系的研究,阿罗和 Kurz(1970)遵循新古典传统,假设政府支出都是生产性的,研究发现私人投资可以从政府支出中获益,而政府支出只在短期内影响经济增长,但对稳态时的经济增长没有影响。20 世纪 80 年代中期以来,一些研究者试图在新经济增长理论的框架下建立有关政府公共支出与经济增长率之间关系的内生增长模型并进行经验研究,但结论有很大不同。有的研究结论表明经济增长与政府支出呈负相关关系(Landau,1983;Grier and Tulloek,1987;Engen and Skinner,1992);另一些研究结论则表明政府支出对经济增长具有正效应(Ram,1986)。

可见，国外对消费的研究主要关注的是微观方面的消费行为，对消费和收入之间关系的研究取得了丰硕的成果。宏观方面的实证分析，证实了消费需求的扩大刺激了经济增长，是经济增长的主要驱动力。政府消费对经济增长的影响尚未得出一致的结论，有的研究认为政府消费可以通过提高具有外部性的公共物品保持经济发展的持续性；而有的研究认为政府消费支出挤占了私人消费和投资，使经济发展的竞争性和公平性环境受到损害。

（二）消费影响经济增长的国内文献

王志涛（2004）从政府消费的视角考察了政府的职能以及政府的行为，认为社会产出最大化的政府是有效政府，政府消费具有对宏观经济状况的调节功能。存在通货紧缩和居民消费乏力的情况下，适当增加政府消费可以带动居民消费增长，进而促进经济增长。孙群力（2005）研究了我国政府投资和政府消费对经济增长的短期影响与长期关系。其结论是：我国经济增长与政府投资、政府消费之间存在长期的均衡稳定关系；在长期，政府消费与经济增长是正相关的，而政府投资与经济增长负相关；在短期，滞后两期的政府投资是经济增长的原因。孙群力、唐旭红（2005）研究发现，政府部门的消费对经济增长的外溢效应要大于东部和中部地区，中西部地区政府部门的要素边际生产率显著低于私人部门。毛中根、洪涛（2009）运用面板数据模型研究发现在全国层面上政府消费的系数为4.1656；在省（市、区）层面上，各地方政府消费的系数均大于零，但区域间存在显著差异。财政支出方式应逐步实现从政府投资向政府消费转变，并调整政府消费的内部结构、城乡结构和地区结构。李景睿、岳鹄（2010）基于厂商利润最大化和消费者效用最大化的微观基础从理论和实证的角度验证了政府消费和经济增长之间呈倒"U"形关系的结论，提高具有明显外溢效应的公共品和公共服务上的支出将对经济增长有显著的正向作用。邓雪琳（2012）运用菲德两部类模型，以广东为案例分析了地方政府消费性支出对经济增长的影响。结果表明，广东省政府消费性支出对经济增长的贡献并不明显；广东省政府部门的外溢效应对经济增长起着积极的促进作用。

胡雪梅、李慧欣（2010）以我国经济社会较为发达的山东省为例，运用协整与误差修正模型以及因果关系检验等方法，证实了政府消费、居民消费与经济增长之间均存在长期均衡的协整关系，居民消费对经济增长的影响无论是在长期还是短期都大于政府消费。徐小鹰（2011）利用1999—2008年我国省际面板数据，分析了我国城乡居民消费和政府消费对经济增长的影响。研究结论认为，我国城镇居民消费对经济增长促进作用较强；政府消费也能促进经济增长，但不如城乡消费作用明显。段景辉、陈建宝（2013）运用非参数面板数据模型刻画了居民消费、政府消费与经济增长关系的动态演进趋势，认为居民消费对经济增长有着积极的促进作用；而政府消费对经济增长的影响具有政策倾向性，在不同的经济发展阶段具有不同的促进作用。

通过梳理国内近些年的居民消费、政府消费对经济增长影响的文献可以看出，国内学者主要是使用全国或区域数据从实证研究的角度验证居民消费和政府消费对经济增长的影响，基本结论都认为居民消费和政府消费对经济增长有显著的正向作用，两者的增加都可以促进经济的增长，但居民消费的增长弹性更大一些。

二 居民消费、政府消费影响经济增长的机理

（一）居民消费推动经济增长的机理

居民消费是社会总需求的主要部分，也是国民生产总值的重要组成，居民消费对于经济增长具有显著的推动作用，并在某种程度上决定经济增长速度的快慢和增长质量的高低。居民消费扩大主要通过以下途径推动经济增长：

1. 居民消费的增长直接反映在国民生产总值中

支出法国内生产总值中的主要组成部分"最终消费"就是主要由居民消费组成，居民消费的增加可以马上反映在GDP的增加上，不需要任何的中间途径就可以直接促进经济的增长。

2. 居民消费具有引致投资作用

消费需求是最终需求，而投资需求是引致需求。消费需求的扩张使投资需求扩张，从而是整个总需求扩张的基础。居民消费需求的增长为投资的增长提供动力和市场，投资的增长会通过投资乘数作用，促进经济增长。

3. 居民消费通过提升劳动者素质增进人力资本形成

随着居民消费水平的增长，消费结构中的医疗保健、教育文化等发展型消费支出的快速增长将有利于提高劳动者的素质，提升劳动生产

率。教育支出的增加有利于劳动力素质的提高，促进人力资本的形成；医疗保健消费的支出提高了劳动力的健康水平。这些都将提高人力资本，进而形成生产力，为经济增长提供人力和智力支撑。

4. 居民消费结构升级带来产业结构的升级

随着居民消费支出总量的增加，居民消费结构也在向高层次迈进，从温饱型消费向享乐型和发展型消费转变，这种消费结构的变迁必然带来产业结构的变迁。消费结构升级使产业内新的专业性市场不断出现，产品系列将得到不断拓展，产品多样性会大大增加，从而使产业结构朝更高级化和合理化的方向发展。产业结构的优化和升级可以通过改善资源配置从而促进经济增长。

（二）政府消费影响经济增长的机理

政府消费主要由社会公众即期消费的各种公共服务，如教育、医疗、社保、科学、文化、体育、国防、外交和转移支付等各项社会性支出，以及政府自身的消费，即政府运行成本组成。政府消费增加可以促进经济增长，实现的路径有以下几个方面：

1. 稳定居民对未来的预期促进居民消费扩大

根据持久收入和理性预期理论，居民将根据其一生的收入和未来不确定性的支出决定当前的消费水平，如果未来不确定性支出增加（如医疗、教育、养老等支出），理性的消费者会抑制当下的消费，增加储蓄，这将造成整个社会的消费需求不足，经济增长缺乏动力。如果政府增加基础教育、医疗保险和社会保障等公共消费的支出，构建强大的社会保障体系，免去"后顾之忧"，减少对未来的不确定性，增强消费的信心，稳定消费预期，就会释放消费潜力，增加居民消费总量，扩大社会总需求，进而促进经济增长。

2. 增加社会总需求直接促进经济总量增长

社会总需求包括投资需求、消费需求和国外需求，而其中的消费需求包括居民消费需求和政府消费需求。也就是说，政府消费需求是社会总需求的一部分，增加政府消费，可以直接扩大消费总需求，促进经济总量增长。从另一方面理解，统计年鉴中支出法国内生产总值的统计包括最终消费、投资和出口，而最终消费就包括居民消费和政府消费，政府消费是国内生产总值核算的重要组成部分。

3. 通过提高劳动者素质和生产率进而促进经济增长

政府消费中的教育、文化、体育、卫生等支出的增加将提高劳动力的素质和劳动生产效率。一方面，政府增加教育支出，将增加劳动者接受教育的机会，而受过良好教育的劳动者的学习能力更强，技术性教育则可以提高劳动者的操作熟练程度，从而提高生产率。另一方面，政府增加医疗、卫生、体育及保健方面的消费支出可以提高劳动者的健康水平，有利于保证劳动力有效供给和提高生产效率。政府消费促进劳动力形成人力资本，较高的劳动力素质转化为生产力，将推动经济增长路径从粗放型向集约型转变，促进经济可持续增长。

4. 促进社会公平和稳定以营造良好的经济发展环境

政府消费中的教育支出，可以为社会成员提供更多受教育的机会，而教育对一个人的生存能力和价值创造能力至关重要，教育公平是最大的公平；政府消费中的国防支出，是为了营造一个和平稳定的经济发展环境，使经济增长不因战争、侵略等而中止；政府消费中的医疗、社会保障和福利性的转移支付支出，是关系民生、体现社会公平的重要方面，加大这些方面的政府支出有利于创造良好的社会发展环境。

另外，政府消费支出过大也有可能抑制经济的增长，原因是：

（1）政府消费过多将挤出投资，妨碍经济增长。政府消费和政府投资组成了政府总支出，政府消费过多必然会挤占政府投资支出，使政府投资对经济增长的调节作用减弱，不利于经济平稳增长。另外，政府消费的资金来源是居民和企业的资金，所以，政府消费越大，政府支出越多，居民和企业所拥有的资金就越少，这将影响居民消费和企业投资的扩大，不利于经济增长。

（2）政府消费过多容易滋生腐败，降低行政效率，阻碍经济增长。政府消费中的一大部分是用于政府自身运转，如果不对这部分进行约束，那么很容易因为各种公款消费和公务员福利的畸形增加而导致腐败滋生，并且可能形成机构臃肿、人浮于事等现象，造成政府决策及其他无形成本的上升，不利于经济增长。

（3）政府消费中的福利支出过高可能形成"福利陷阱"。福利保障措施完备会使人们对福利产生依赖，丧失劳动积极性，降低工作效率，同时使国家财政负担重，阻碍经济增长。

第二节　中部地区居民消费、政府消费
现状和存在问题分析

一　中部地区居民消费和政府消费的现状和特点

（一）消费总量扩大、增长率高

随着中部地区经济总量的增长和居民生活水平的提高，二十年来，中部地区的最终消费得到很大的发展，消费总量增长很快，已经从1994年的5346亿元上升到2012年的53746.73亿元，增长了9倍多，平均年增长率13.8%。总消费中居民消费从1994年的4262亿元增长到2012年的39825.43亿元，平均年增长率为13.4%；政府消费从1994年的1074亿元上升到2012年的13921.3亿元，平均年增长率为15.36%。见表5-1。

表5-1　　　　　　　　　中部地区消费情况　　　　　　单位：亿元、%

项目 年份	中部地区 生产总值	中部地区 最终消费	居民消费	居民消费 占比	政府消费	政府消费 占比	消费率
			最终消费				
1994	9103.00	5346.00	4262.00	79.72	1074.00	25.20	59.30
1995	11942.00	6915.00	5594.00	80.90	1319.00	23.58	58.75
1996	14412.60	8388.13	6255.00	74.57	1583.00	25.31	58.20
1997	16251.36	9391.91	7535.02	80.23	1856.89	24.64	57.80
1998	17388.40	9823.20	7778.98	79.19	2044.18	26.28	56.72
1999	18031.29	10443.87	8072.85	77.30	2371.02	29.37	58.75
2000	19644.88	11451.81	8822.77	77.04	2629.03	29.80	59.30
2001	21419.77	12588.10	9537.26	75.76	3050.84	31.99	58.77
2002	23440.49	13777.65	10368.00	75.25	3412.00	32.91	58.78
2003	26392.42	15314.02	11487.58	75.01	3826.44	33.31	58.02
2004	32220.32	17792.43	13413.17	75.39	4379.26	32.65	55.22
2005	37159.10	20129.31	15107.85	75.05	5021.46	33.24	54.17
2006	43255.72	23130.32	17134.14	74.08	5996.18	35.00	53.47

续表

项目 年份	中部地区 生产总值	中部地区 最终消费	最终消费				消费率
			居民消费	居民消费 占比	政府消费	政府消费 占比	
2007	52357.92	26526.38	19634.93	74.02	6891.45	35.10	50.66
2008	64397.74	30945.64	22830.13	73.77	8115.51	35.55	48.05
2009	70936.80	33822.80	25056.60	74.08	8766.20	34.99	47.68
2010	86324.20	39935.50	29602.40	74.13	10333.10	34.91	46.26
2011	105008.89	47869.63	35552.03	74.27	12317.60	34.65	45.59
2012	116686.68	53746.73	39825.43	74.10	13921.30	34.96	46.06

资料来源：根据《中国统计年鉴》（1995—2013）数据整理，各比重为笔者计算。

从图 5 - 1 可以看出，中部地区居民消费占总消费的比重近二十年来平均保持在 75% 的比例，而且一直保持了较高的稳定增长，有力地支持了经济的高增长。但是该比重从 1994 年的 79.72% 下降到 2012 年的 74.1%；而同期政府消费占比则由 25.2% 上升到 34.96%，政府消费对居民消费的"挤出"效应明显。消费对经济增长的贡献相对较低。2000—2012 年期间，消费需求对 GDP 的贡献率由 65.1% 下降到 55.4%，而投资对 GDP 的贡献率由 22.4% 上升到 48.8%。最终消费率长期徘徊在 60% 以下，低于全国平均水平，并呈下降趋势，到 2012 年只有 46%。

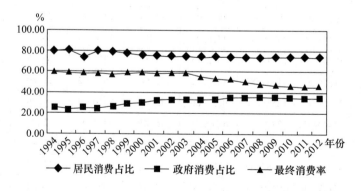

图 5 -1　居民消费和政府消费占最终消费比重和最终消费率趋势

（二）居民消费水平上升，但总体处于较低水平

随着我国经济水平的上升和居民收入水平的提高，中部地区的居民消费水平也有所上升，从 1994 年的平均 1275.83 元上升到 2012 年的 11130.42 元，农村居民和城镇居民人均消费分别为 6208.4 元和 16501.59 元，但与 2012 年居民消费水平的全国平均水平还相差 2967.6 元，中部居民消费水平二十年来始终低于全国居民消费平均水平，总体上处于较低的水平。居民消费水平平均每年有约 10% 的增长，增长速度较快，但是低于 1994—2012 年中部地区生产总值 15.8% 的增长速度。城市消费和农村消费比平均为 2.91，表现出明显的城乡差异。见表 5 - 2。

表 5 - 2　　　　　　　　中部地区居民消费水平和指数

年份	绝对数（元）				城乡比（农村 1）	指数（上年 = 100）		
	全国居民	中部居民	农村居民	城镇居民		全体居民	农村居民	城镇居民
1994	1833	1275.83	923.50	2718.17	2.94			
1995	2355	1397.04	1014.00	2862.23	2.82	109.50	109.80	105.30
1996	2789	1650.83	1062.00	3357.50	3.16	109.15	109.80	105.33
1997	3002	2163.50	1603.67	4203.50	2.62	106.58	106.27	105.70
1998	3159	2202.83	1612.83	4304.00	2.67	103.27	102.53	102.98
1999	3346	2266.72	1613.88	4533.05	2.81	102.86	99.82	105.25
2000	3632	2468.14	1708.53	5074.89	2.97	109.57	107.09	111.57
2001	3887	2647.29	1794.77	5388.67	3.00	107.27	105.43	105.71
2002	4144	3230.57	2062.29	6203.14	3.01	107.86	105.17	107.73
2003	4475	3448.46	2191.47	6250.85	2.85	107.60	106.80	107.10
2004	5032	3769.17	2371.17	6732.17	2.90	109.35	108.20	107.68
2005	5596	4408.91	2276.90	6540.92	2.87	116.97	96.02	97.16
2006	6299	4853.33	2712.00	8563.83	3.15	111.55	109.82	109.75
2007	7310	5566.50	3060.67	9709.17	3.17	110.20	109.02	108.73
2008	8430	6457.50	3709.83	10254.00	2.83	109.48	117.55	98.55
2009	9283	7039.83	3775.00	11485.83	3.05	111.90	109.17	106.00
2010	10522	8350.67	4446.00	13395.33	3.03	111.50	111.08	109.33
2011	12272	9985.65	5504.02	15223.54	2.78	118.73	120.99	113.63
2012	14098	11130.42	6208.40	16501.59	2.67	109.84	111.80	106.49

资料来源：《中国统计年鉴》（1995—2013），未进行价格调整。

二 中部地区居民消费和政府消费存在问题分析

（一）最终消费率过低，且呈下降趋势

从表 5 - 1 和图 5 - 1 中可以看出，中部地区的最终消费占地区生产总值的比重在 1994—2012 年的平均值为 54.29%，并且始终低于 60%，且低于同时期 55.63% 的全国水平。具体到居民消费率，与世界其他国家相比，处在较低的水平，如图 5 - 2 所示。我国居民消费率从 1900 年以来一直低于 50%，这比高收入国家低 11—16 个百分点，比中等收入国家低 12—17 个百分点，比低收入国家低 10—20 个百分点，比南亚国家低 20 个百分点以上。

中部地区的最终消费率不但处在较低的水平，而且还在近 20 年间由 59.3% 下降到 46.06%，下降了 13 个百分点。最终消费率的下降，反映了中部地区消费需求不足的现状更加严重，扩大内需刺激经济增长的形势越来越严峻。

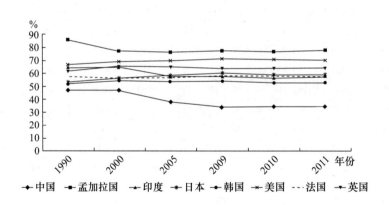

图 5 - 2 世界若干国家居民消费率比较

（二）居民消费二元结构明显，城乡差距大

与我国经济中存在的城乡二元结构一样，中部地区居民消费也呈现出居民消费的城乡二元结构，城市和农村之间的居民消费水平差异较大，城市居民平均消费水平是农村居民消费水平的三倍左右（见图 5 - 3）。城乡消费水平差距不断拉大，城市消费水平领先于农村消费为十年以上。农村居民消费水平低，消费需求疲软，不利于农村经济健康发展，也与全面建成小康社会的目标相背离，所以扩大农村居民的消费需求是中部地区经济工作的重要内容。

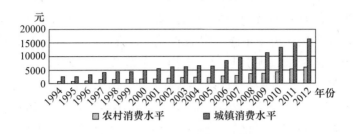

图 5 - 3　城乡居民消费结构比较

（三）政府消费总量上升过快，消费结构不合理

在国民经济核算中，政府消费是指政府部门为全社会提供公共服务的消费性支出和免费或以较低价格向住户提供的货物和服务的净支出，主要包括财政经常性支出、预算外资金支出及政府部门固定资产折旧等。

中部地区政府消费总量在 1994—2012 年上升了 13 倍左右，而居民消费仅仅上升了 9 倍，政府消费总量上升速度高于居民消费的上升速度。在此期间，政府消费占最终消费的比例也从 1994 年的 25% 上升到 2012 年的 35%，上升了 10 个百分点，政府消费的快速增长挤占了居民消费的扩大，因为政府消费的资金最终的来源是企业和居民创造的价值。

中部地区政府消费的结构也存在不合理的现象。政府消费结构总体可分为两部分，"为全社会提供的公共服务" 和 "免费或以较低的价格

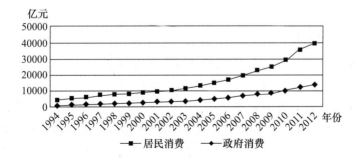

图 5 - 4　居民消费和政府消费的变化趋势

向居民住户提供的货物和服务的支出"。前者包括如外交、国防等，对居民消费并不产生直接影响；后者如教育、医疗等，对居民消费有较大的直接影响。政府消费中与居民消费直接相关的部分占40%左右，而又以教育和卫生支出为主体。中部地区政府消费结构存在的问题是科教文卫支出比例较低，尤其是教育支出。而行政管理支出（2007年以后包括在一般公共服务中）所占比例较高。以2012年为例，中部地区公共财政预算支出总额为22624.88亿元，其中科学技术、教育、文化、卫生支出共计6943.54亿元，约占30%，一般公共服务占据了财政预算支出的10.5%，并且有上升的趋势。

中部地区政府消费结构存在的问题是：关系到居民切身利益的教育和卫生方面的支出比例过小，使居民个人承担较多的教育和卫生支出负担，政府应当提供的社会公共服务落到了居民头上，必将抑制居民消费需求的扩大。例如，公共教育经费占国内生产总值的比重在高收入国家平均水平为5%，中等收入国家为4.1%，中部地区的教育经费比重低于世界平均水平，也低于中等收入国家水平，2012年仅为3.8%；医疗卫生支出占GDP的比重世界平均水平为9.7%，高收入国家为11.2%，中等收入国家为5.3%，低收入国家为5.1%，而我国仅为4.3%，中部地区的医疗卫生经费占地区生产总值的比重更是低至1.46%。政府消费严重挤压了居民消费，必须改变政府的支出模式，才能改变居民消费的现状。

第三节　中部地区消费对经济增长影响的实证分析

一　模型选择

向量自回归（VAR）模型的一般表达式如下：

$$y_t = A_1 y_{t-1} + \cdots + A_p y_{t-p} + Bx_t + \varepsilon_t, \quad t = 1, 2, 3, \cdots, T \qquad (5-1)$$

其中，y_t 是 k 维内生变量向量，x_t 是 d 维外生变量，p 是滞后阶数，T 是样本个数。A_1，$\cdots$，A_p 和 B 是待估参数矩阵，ε_t 是随机扰动向量，为零均值独立同分布的白噪声向量。如果所选取的变量是平稳时间序列，可以直接使用VAR模型进行估计；但如果变量不平稳，并且变量

之间存在协整关系，可以考虑使用向量误差修正（VEC）模型。VEC
模型是含有协整约束的 VAR 模型，多应用于具有协整关系的非平稳时
间序列建模。

如果式（5-1）中的 y_t 所包含的 k 个 I（1）过程存在协整关系，
则不包含外生变量的式（5-1）可以写成：

$$\Delta y_t = \alpha\beta'y_{t-1} + \sum_{i=1}^{p-1} \Gamma_i\Delta y_{t-i} + \varepsilon_t, \ t = 1, \ 2, \ 3, \ \cdots, \ T \qquad (5-2)$$

式中每个方程的误差项都具有平稳性，用误差修正模型可以将式
（5-2）表示为：

$$\Delta y_t = \alpha ecm_{t-1} + \sum_{i=1}^{p-1} \Gamma_i\Delta y_{t-i} + \varepsilon_t \qquad\qquad (5-3)$$

式（5-3）中的每一个方程都是误差修正模型。$ecm_{t-1} = \beta'y_{t-1}$ 是
误差修正项，反映变量之间的长期均衡关系，系数矩阵 α 反映了变量
之间偏离长期均衡状态时，将其调整到均衡状态的调整速度。解释变量
的差分项的系数反映各变量的短期波动对被解释变量的短期变化的
影响。

二　数据来源和处理

本章研究的是居民消费、政府消费对经济增长的影响，居民消费数
据就采用统计年鉴中支出法国内生产总值的"居民消费"部分，居民
消费包括城镇居民消费和农村居民消费，本章并不进行细分，而是作为
整体对待。时间序列的区间是 1994—2012 年，并使用以 1978 年为基期
的居民消费价格指数进行平减，来消除通货膨胀的影响。数据来源于
《中国统计年鉴》（1995—2013）中的地区数据，并进行简单的算术计
算得到。

政府消费的数据同样来自 1994—2012 年支出法国内生产总值中
"政府消费"部分，使用基期为 1978 年的 CPI 指数进行平减以消除通
货膨胀的影响。经济增长的指标我们采用的是地区生产总值（GDP），
以中部六省加总得到，同样使用居民消费价格指数消除通胀影响。数据
来源同样是《中国统计年鉴》（1995—2013）。三个时间序列的原始数
据如表 5-3 所示。

为了避免数据的剧烈波动带来的影响，也为了消除建模时的异方差
现象，分别对以上时间序列数据进行取对数处理，处理后的经济总量、

居民消费和政府消费的指标分别用 lnGDP、lnJMXF、lnZFXF 表示。

数据处理均使用 Eviews 6.0 统计软件处理。

表 5 - 3   中部地区生产总值、居民消费和政府消费的原始数据

年份	生产总值（亿元）	居民消费（亿元）	政府消费（亿元）
1994	9103.0	4262.0	1074.0
1995	11942.0	5594.0	1319.0
1996	14412.6	6255.0	1583.0
1997	16251.4	7535.0	1856.9
1998	17388.4	7779.0	2044.2
1999	18031.3	8072.9	2371.0
2000	19644.9	8822.8	2629.0
2001	21419.8	9537.3	3050.8
2002	23440.5	10368.0	3412.0
2003	26392.4	11487.6	3826.4
2004	32220.3	13413.2	4379.3
2005	37159.1	15107.9	5021.5
2006	43255.7	17134.1	5996.2
2007	52357.9	19634.6	6891.5
2008	64397.7	22830.1	8115.5
2009	70936.8	25056.6	8766.2
2010	86324.2	29602.4	10333.1
2011	105008.9	35552.0	12317.6
2012	116686.7	39825.4	13921.3

三　数据检验

（一）平稳性检验

在进行建模之前，需要对时间序列数据进行平稳性检验。平稳性检验的方法常用的有 ADF 检验和非参数的 PP 方法，本章采用 ADF 检验方法。ADF 检验结果如表 5 - 4 所示。LnGDP、D_ lnGDP 分别表示地区生产总值的对数序列和对数差分序列；lnJMXF、D_ lnJMXF 分别表示居民消费的对数序列和对数差分序列，lnZFXF、D_ lnZFXF 分别表示政

府消费的对数序列和对数差分序列。通过表 5－4 的数据可以看出，生产总值、居民消费和政府消费的对数序列都是非平稳序列，而它们的对数差分序列都是平稳序列，可以进行建模。

表 5－4　　　　　各变量水平值和一阶差分值的 ADF 检验结果

变量	T 统计量	P 值	临界值			结论
			1%	5%	10%	
lnGDP	2. 1086	0. 9997	－3. 8574	－3. 0404	－2. 6606	不平稳
D_ lnGDP	－3. 1529	0. 0440	－3. 9591	－3. 0810	－2. 6813	平稳
ln$JMXF$	1. 3692	0. 9978	－3. 8574	－3. 0404	－2. 6606	不平稳
D_ ln$JMXF$	－4. 9752	0. 0012	－3. 8868	－3. 0522	－2. 6666	平稳
ln$ZFXF$	0. 2621	0. 9688	－3. 8574	－3. 0404	－2. 6606	不平稳
D_ ln$ZFXF$	－5. 5091	0. 0004	－3. 8868	－3. 0522	－2. 6666	平稳

（二）协整检验

在建立向量误差修正模型之前，需要检验变量间是否存在协整关系，只有存在协整关系的变量才可以建立向量误差修正模型。本章选择以 VAR 模型为基础检验回归系数的 Johansen 协整检验方法对变量进行协整检验，选择无时间和趋势项，协整检验结果如表 5－5 所示。由表中结果可以发现，迹检验和最大特征值检验两种检验方法都认为在 5% 的水平下，流通增加值、居民消费和居民收入三者有 2 个协整关系存在，即三者具有长期稳定的关系。

表 5－5　　　　　变量之间 Johansen 协整检验结果

原假设	特征根	迹统计量（P 值）	Max－Eigen 统计量（P 值）
0 个协整向量**	0. 788961	41. 98029（0. 0012）**	24. 89138（0. 0141）**
至多 1 个协整向量*	0. 592364	17. 08891（0. 0285）	14. 35811（0. 0483）
至多 2 个协整向量	0. 156904	2. 730796（0. 0984）	2. 730796（0. 0984）

注：*表示在 1% 的水平下拒绝原假设，**表示在 5% 的水平下拒绝原假设。

（三）向量误差修正模型

下面构造居民消费和政府消费影响经济增长的向量误差修正模型

（VEC），我们建立形如式（5－4）的滞后 1 期的向量误差修正模型，使用统计软件估计出结果如表 5－6 所示。

$$D\_\ln GDP_t = 4.7002 + 0.8325D\_\ln JMXF_{t-1} + 0.39D\_\ln ZFXF_{t-1} - 0.38ECM_{t-1} \tag{5-4}$$

通过式（5－4）可以发现，从短期看来，居民消费和政府消费都对经济总量有正向的影响，不考虑其他因素，居民消费每增加 1 个百分点，可以促使经济总量增长 0.8 个百分点，反映了居民消费对经济增长的重要作用。政府消费每增长 1 个百分点，可以促使经济总量增长 0.39 个百分点，仅从经济增长弹性系数上看，政府消费的经济增长效果不及居民消费。

表 5－6　　　　　　　　向量误差修正模型的估计结果

误差修正项	D_lnGDP	D_lnJMXF	D_lnZFXF
CointEq1	−0.380564 [2.79044]	−0.204647 [1.98372]	−0.020908 [−0.18212]
D_lnGDP（−1）	−0.333433 [−0.69345]	−0.001941 [−0.00534]	−0.414022 [−1.02291]
D_lnJMXF（−1）	0.832577 [1.62243]	0.095499 [0.24602]	0.219397 [0.50790]
D_lnZFXF（−1）	0.390598 [−1.10446]	0.403078 [−1.50674]	0.409769 [−1.37645]

第四节　结论

通过前三节的文献分析、现状和问题分析以及实证分析，针对中部地区居民消费、政府消费的现状及其对经济增长的影响，我们得到了以下基本的结论。

第一，居民消费可以通过多种途径促进经济增长的实现。首先，居民消费的增长直接反映在国民生产总值中。其次，居民消费具有引致投资效应。再次，居民消费通过增进人力资本形成促进经济增长。最后，居民消费结构升级带来产业结构的升级，也将带来经济的健康发展。

第二，政府消费对经济增长的影响具有正反两方面的作用。一方面，政府消费通过稳定居民对未来的预期促进居民消费扩大；通过增加社会总需求直接促进经济总量增长；通过提高劳动者素质和生产率进而促进经济增长；促进社会公平和稳定以营造良好的经济发展环境来促进经济增长。另一方面，政府消费过多将挤出投资，妨碍经济增长；政府消费过多容易滋生腐败，降低行政效率，阻碍经济增长；政府消费中的福利支出过高可能形成"福利陷阱"。

第三，中部地区消费的现状和特征是：消费总量逐年扩大、消费增长率较高；居民消费水平呈不断上升趋势，但与东部地区和发达国家相比还处于较低水平；居民消费结构有所改善，非食品支出比例上升，但总体结构不合理。

中部地区消费存在的问题可以归结为：最终消费率过低，且呈下降趋势，与其他消费驱动型经济体相比差距较大；居民消费水平较低，消费需求不足；居民消费二元结构明显，城乡差距大，消费水平相差十年左右；政府消费总量上升过快，消费结构不合理，科教文卫支出比例偏低。

第四，通过协整分析发现，居民消费、政府消费与经济增长之间存在长期稳定的相关关系，可以进行回归分析；通过构建误差修正模型发现，居民消费每增加 1 个百分点，可以促使经济总量增长 0.8 个百分点。政府消费每增长 1 个百分点，可以促使经济总量增长 0.39 个百分点，仅从经济增长弹性系数上看，政府消费的经济增长效果不及居民消费。居民消费和政府消费的扩大都能刺激经济增长，但是作用的程度不同。

第六章 中部地区对外贸易与经济增长

第一节 引言

自改革开放以来，我国经济经历了飞跃式的发展。然而区域之间发展的不协调、不平衡，使缺乏地理优势的中部地区经济在增量和存量上均落后于东部及沿海地区。因此，深入分析中部地区相对落后的动因，并探讨对外贸易对该区域经济的影响，具有明显的现实意义。

首先，本章通过找出中部地区对外贸易与经济增长的关系，并根据其现状及其存在的问题，从企业和政府角度提供具有可操作性的建议。这不仅有助于改善中部地区相对粗放增长的经济现状，同时更利于促进中部地区与其他区域之间的优势互补，缩小区域经济发展的差距，促进整个国家经济水平的提高。

其次，本章在研究中部区域对外贸易现状的同时，还将其与东部地区对外贸易在经济发展中的贡献情况进行比较。进而发现其中的问题以及提出有针对性的解决办法。

最后，由于受到主要发达国家金融危机的影响以及劳动力成本的大幅上升，我国东部地区的出口受到了较大的影响，以往的劳动"红利"也开始衰减。在此基础上，东部地区的许多出口劳动密集型企业因受劳动力成本上升、人民币升值所造成的产品成本显著增加以及经济下滑导致的订单需求减少的双重负面影响下大量倒闭，或出口转内销。在这种负面局势下，中西部地区存在土地和劳动力成本优势已经或正在引起一大波东部外贸企业向中西部迁移。故对中部区域及各省份的对外贸易现状进行深入分析，充分研究外贸对区域经济增长、产业结构调整的关系，以利用自身优势，抓住机遇，成为本章研究的重要初衷。

第二节　对外贸易与经济增长关系研究

一　对外贸易结构与经济增长关系

关于对外贸易结构与经济增长关系的研究，现有研究文献并不多。学者 Lee（1995）依据新贸易和新增长理论，强调一国将内含有先进技术的进口品投入到国内生产，可直接提高国内既有生产函数的效率，进而最终导致经济增长。Keller（1999）通过不同贸易结构与技术转移影响国内全要素生产率的角度，从实证角度发现国内全要素生产率的增长与进口份额存在正相关关系。国内学者佟家栋（1995）较早注意到进口商品的结构与经济增长的关系，认为我国对机械及运输设备、食品、化学品的进口要积极引导，而对那些不利于经济增长的商品进口要加以适当的抑制。徐光耀（2007）分析了在不同的进口贸易结构下，进口贸易对我国经济增长有不同的促进作用。而 Kali、Mendez 和 Reyes（2007）则考察了对外贸易结构与经济增长率的关系，并且研究发现：对外贸易结构可不依赖于对外贸易的水平而单独对经济增长率产生显著影响。我国学者李兵（2008）则利用 1980—2005 年的数据对我国工业制成品及初级产品进口与经济增长的关系进行了实证研究，并得出工业制成品进口对我国经济增长有稳定的促进作用，但初级产品进口则起到消极的作用。

二　对外贸易政策与经济增长关系

对外贸易政策对经济增长的影响主要以作用于进出口总额为主，并通过贸易总额的变动间接地提高或阻碍经济增长的水平。Baldwin 和 Forslid（2000）指出对外贸易壁垒的高低决定了贸易政策对经济增长的积极影响程度。Arize（2002）根据 50 个国家的对外贸易数据，实证发现：从长期来看，宏观的贸易政策不仅有效且不会出现超支国际预算约束的情况。而 Santos – Paulino（2002）则针对发展中国家，指出关税的降低和非关税壁垒政策能够显著增加进口。

事实上，一国的对外贸易政策不仅会直接影响贸易总额，还会对贸易国的产业结构产生相当程度的影响。Gonzalez – Val、Lanaspa 和 Pueyo（2009）研究发现：若产业从发达国（欠发达国）向欠发达国（发达国）转移，则两国经济水平均会相应提高（发达国受益，而欠发达国受损）。而贸易政策的合理使用则会造成这种产业转移及可能的转移方向。不久，Sugimoto 和 Nakagawa（2011）建立了一个动态理论模型，以考察贸易政策的演变对经济增长的影响。其指出，贸易壁垒越弱，其对在制造业有比较优势的国家越有利。Maoz、Peled 和 Sarid（2011）则发现自由的贸易政策在发达国家向欠发达国家提供补贴的前提下，有助于改善贸易国的经济水平和福利。

Savvides（1998）则考察了处于不同经济发展水平的国家收入差距与贸易政策之间的关联性。他研究得到，经济越欠发达，贸易政策越自由造成的经济收入差距越大。而与此同时，经济发达到一定水平，这种贸易政策的自由度对经济收入差距的影响越不明显。Zhang 和 Zhang（1998）在验证克鲁格曼观点的基础上，还指出：出口补贴，相对于进口限制，更加有利于经济水平的提高。克鲁格曼（2000）则再次指出贸易政策战略性使用，如限定（征税）或鼓励（补贴）特定的产品出口，有利于出口国经济水平的提高。Greaney（2000）指出贸易壁垒对进口国企业的影响具有一定的滞后性。Harris 和 Schmitt（2000）的研究则发现：促进出口的贸易政策会使原先中间投入品关税高的国家引进更多的 FDI。Yanikkaya（2003）则认为对外贸易政策对经济增长的影响难以一概而论，其效果主要取决于一个国家的经济发展水平等因素。比如对于欠发达国家，采取一定的贸易保护政策对进口国更有利。而 Ozden 和 Reinhardt（2005）利用 1976—2000 年由 154 个发展中国家构成的面板数据，实证发现：欠发达国家的贸易政策越自由，其受发达国家的关税壁垒影响程度越小。因此，发达国家在看待发展中国家的一系列对外贸易政策以及自身现行的贸易政策制定上值得商榷。Limão 和 Panagariya（2007）则认为，若一国政府在对外贸易政策上考虑过多的目标，如国内区域经济发展的均衡情况等，即便是具有互惠贸易关系的国家之间，这种对自由贸易的负面影响则会更多地呈现。Hoekman 和 Nicita（2011）的调查发现，在对外贸易政策的战略性制定上，欠发达国家更倾向于关税以及非关税壁垒。

三 进出口与经济增长关系

（一）出口与经济增长关系

Maizels（1963）采用秩相关检验法得出了支持 ELG 假设的结论，

即出口引致经济增长。Michaely（1977）利用 41 个发展中国家或地区 1950—1973 年的数据，对其人均 GNP 年增长率、出口依存度的年变化率的斯皮尔曼秩相关系数进行了考察，结论显示出口对经济增长的拉动作用在发达国家较为明显，而在经济相对落后的国家和地区却并不明显。这说明出口贸易的促进作用可能在不同发展阶段会有不同的效果。Balassa（1978）对 11 个国家相关数据调查研究得到的结论同样支持出口引致经济增长的假设。Tyler（1981）同时运用斯皮尔曼秩和皮尔逊相关系数再次印证了出口引致经济增长假设。Feder（1982）建立的数理模型将一国经济分为对外贸易部门和非贸易部门，并利用其数理模型推导出的表达式对 19 个和扩展后的 31 个半工业化国家 1964—1973 年的两组数据样本进行回归分析，结果验证了出口部门边际要素生产率高于非出口部门的假设。Kavoussi（1984）则将根据 1960—1978 年 73 个发展中国家和地区的面板数据将这些国家分为两类：低收入组和中等收入组，并得到工业制成品的出口可以加强经济增长与出口之间具有一定的正相关性。之后，Jung 和 Marshall（1985）对 37 个发展中国家和地区的出口情况与经济增长相关的系列数据进行了格兰杰因果检验，其结果表明除印度尼西亚、埃及、哥斯达黎加和厄瓜多尔这四个国家外，其他国家出口与该国经济发展并不具备格兰杰因果关系。Chow（1987）对 7 个国家的因果关系检验发现出口与经济增长的因果关系也仅在 3 个国家存在。McNab 和 Moore（1998）的结论则显示，出口增长确实对经济增长起到促进作用。Kwan 和 Cotsomitis（1991）以中国 1952—1985 年的数据为样本进行研究，发现中国的出口与产出之间互为因果关系。Grossman 和 Helpman（1991）则研究了自由贸易政策下小国和大国的出口贸易与技术和经济增长的关系。他们发现，出口贸易可以极大地促进本国技术创新及经济水平的提高。Dollar（1992）也证实出口对一国的经济增长确实存在促进作用。而 Shah 和 Sun（1998）则在考虑劳动力、工业产值、资本支持等变量的情况下，得出出口与工业产值之间互为因果关系的结论。

（二）进口与经济增长关系

Romer（1993）选取了 76 个发展中国家 1960 年的出口贸易数据，对机械设备进口对生产的作用进行了分析，并得出结论：进口机械设备的确可以带动经济发展。Helpman 和 Coe（1995）则利用 21 个 OECD

国家及以色列的出口贸易数据，对进口贸易的溢出效应进行了检验。实证结果表明贸易国在技术创新上的研发投入能显著提高本国的全要素生产率。Lawrence 和 Weinstein（1999）发现全要素生产率会随着进口竞争的增加而提高。之后 Lawrence 等对日本和韩国的进口增长以及产业政策和劳动生产率之间的关系在部门层次上进行了检验，发现劳动生产率会随着出口的增加而上升，表明出口对其有显著的拉动作用。Connolly（2003）通过利用 1965—1990 年 75 个国家有关专利方面的统计将模仿以及创新程度数字化，在此基础之上对进口国由高科技产品进口所产生的创新溢出和仿照进行了量化。Jakob（2005）通过标准化、平减和加权等一系列方法对 1983—2002 年 13 个 OECD 国家的技术存量进行了面板数据研究，得出由进口产生的技术外溢可以使样本内国家的全要素生产率增长近 2 倍之多的结论。

近几年这种状况有所改变，研究进口贸易对经济增长贡献的国内外论文多了起来，境外代表性成果有，Marwah 和 Tavakoli（2004）分析 FDI 和进口对亚洲四个经济体经济增长的贡献份额。Abraham 和 van Hove（2005）发现美国贸易赤字的消长与经济增长率的高低成正比。Ucaki 和 Arisoy（2011）则以土耳其为研究对象，分析了进口对该国经济增长的积极影响。中国学者也有相关的研究，如许和连与赖明勇（2002）、范柏乃和王益兵（2004）、徐光耀（2007）等均认为我国进口有益于经济增长，钱学锋等（2011）还测算出中国消费者由于进口种类增长而获得的福利相当于中国 GDP 的 0.84%。这些成果的不足之处在于：多为进口总量与经济增长的一般分析，着重研究一国或少数几国的进口贸易变化规律；不仅缺乏对于进口结构的详尽分解，亦缺乏对于全球进口结构的大样本分析；更为重要的是，上述研究并没有针对性地研究经济增长发生趋势性改变情形下的进口结构演进规律。

四　述评

就实证分析而言，国内外学者在研究贸易与经济的关系时，大都从出口或者进口方面讨论。认为出口可以利用比较优势扩大一国市场、获取更多资本、扩大就业；而进口则可以使一国获得外国新兴的先进技术，通过技术的外溢发挥其促进作用。同时，进口使一国国内企业面临更为激烈的竞争，促使企业不断改变自身经营方式来满足市场需求，而这有利于一国的产业结构升级。因此实证文献中，大部分文献的结果也与贸易促进论相吻合，即对外贸易促进了本国产业结构调整以及经济的增长。

第三节 对外贸易影响经济增长的作用机理及作用条件

一 作用机理——静态角度

(一) 制度创新效应

诺贝尔经济学奖得主舒尔茨提到过：任何试图对经济产生作用的影响因素，均通过对经济制度的作用，最终传导到对经济增长的发展水平上。因此制度的创新对于经济的发展具有重要意义。对外贸易政策作为一国经济制度的一部分，必将会通过对制度创新的促进来达到促进经济增长的目的。

对外贸易政策的创新是引发制度创新的重要途径之一。任何一个现代国家，均无法通过不与其他国家进行贸易而实现自身的富足和经济上的改善，也更无法在不进行经济改善的基础上，巩固和维持新的与之匹配的上层建筑。因此在经济全球化的今天，制度创新不仅受到国家内部经济基础与上层建筑两者之间矛盾的推动，还受到国际经济竞争与合作的影响。发展中国家和地区若要更好地融入经济全球化进程中，获得经济全球化带来的收益，就必须在结合本国国情的基础上吸收国外发达国家经验，进行制度创新。这不仅有助于我国企业适应国际环境，提高竞争力，也有利于我国与贸易伙伴间建立更紧密的关系。以对外贸易政策的创新实现经济制度的创新，最终稳固且持久地提高经济增长水平。

(二) 优化资源配置效应

根据比较优势理论，各贸易国会倾向于进口一些具有明显比较劣势的产品，而出口那些具有比较优势的产品。Feder (1983) 研究指出，正因为出口的产品往往具有比较优势，因此这一贸易行为有利于提高规模化、专业化水平，进而带动整个行业或产业链的发展。同时也有利于资源从低效率部门向高效率部门转移，实现资源配置的优化。而这种资源配置的优化，又必将促进该国生产更多具有比较优势的产品出口到其他国家。显然，这种正向的循环使该国生产效率得到明显提高，资源得到合理配置，进而促进了该国经济的增长。另外，正像亚当·斯密在《国富论》所说的那样，出口使一国闲置资源（如产品、劳动力、自然资源和资本等）得到配置，这不仅增加了收入，还使人力资源的利用效率提高，进而最终促进经济的增长。

正像凯恩斯在其宏观经济模型中所表述的 $Y = C + I + G + X - M$，净出口 $X - M$ 与收入 Y 具有正向关系，且净出口贸易 $X - M$ 对一国经济增长如收入 Y 具有"乘数效应"。即出口使出口企业的货币收入增加，这又使出口企业的消费也随之增加。消费增加又必然引起出口企业所处行业或产业部门生产的增加。而生产增加促进了就业，使收入再次以一定倍数或乘数增加。

二 作用机理——动态角度

（一）产业结构升级效应

弗农的产品生命周期理论给我们阐释了对外贸易与处于不同经济发展水平的国家及其相应产业结构之间的关系。即从新产品阶段、成熟阶段到标准化阶段，出现产品由创新国家出口、由知识密集型的创新国转向由资本密集型或劳动密集型的国家生产和出口，再到欠发达国家出口。这一理论说明工业发达国和欠发达国之间的比较优势在产品的不同发展阶段，会不断地发生转换，而这伴随着产业结构的不断升级。

在这个产业结构不断升级的过程中对外贸易是这一系列环节的重要节点。出口贸易产业关联效应带动国内其他产业的发展，促进了新兴产业的形成，进而最终有利于该国的产业结构朝更高级的方向发展。

（二）规模经济效应

规模经济源自传统经济学，其为一种关于工业企业由于生产规模扩大而所引起的长期单位生产产品成本下降的现象。这一经济现象能够提高生产的利用率，并促进分工，从而降低成本、增加收益。

Helpman 和 Krugman（1985）认为对外贸易也存在传统经济学中工业企业所出现的规模经济现象。他们认为，对外贸易中出口的产品往往应具有比较优势。而规模报酬递增的经济现象则有助于体现或增加这一比较优势。特别是贸易国之间在资源优势上无明显差异的情况下，生产规模的扩大更容易形成竞争优势。因此，能否利用对外贸易使本国企业尽早实现规模经济，对于各国的经济增长都变得至关重要。

（三）溢出和学习效应

技术进步是经济增长的源泉。卢卡斯在其新经济增长理论模型中将技术进步分为两部分构成，即生产的一般知识（可由学校教育获得）和人力资本（其专业化知识可从"干中学"获得）。他认为国与国的竞争，根本上表现为人力资本的差异。而这种差异最终体现为各国经济水平的差异。

罗默则将知识代替资本，并把知识积累作为影响经济增长的重要变量对阿罗的"干中学"模型作了修正。他还认为知识积累的高低导致了要素收益率的差异，而这最终导致了国与国之间，特别是发达国家和发展中国家之间经济水平和收入水平重大差异。而国际贸易则有助于知识在全球范围内的扩散和积累，有利于全球经济水平的整体提高。

三 对外贸易对经济增长产生作用的条件

本章前面部分重点分析了对外贸易影响经济增长的中间环节。然而这些机制并非任何条件之下都行之有效，即其必须在一定的背景之下才能发挥作用。同时，对外贸易对经济增长的影响在不同时期或者不同地区未必相同。这就可以解释为何世界各地虽然都开展对外贸易，但是有的地区发展势如破竹，而有的地区却举步维艰。因此，弄清贸易促进机制的前提条件具有重大意义。

（一）贸易结构

各种产品的贸易会以各不相同的方式作用于一国经济增长，同时贸易主体、贸易领域和贸易方式三者改变其一也会带来不同的作用效果。因此，为了促进经济持续稳健增长，必须要合理搭配外贸比例。首先，合理的商品结构，比如：在消费资料进口时，要合理地在国内已有和国内尚无消费品之间进行分配；在生产资料进口时，先进机器进口、外国新兴技术进口和稀缺资源进口也要合理搭配，也就是说进出口的生产资料和消费资料要保持在合理的比例。其次，合理的贸易方式结构。最后，合理的贸易主体结构，即合理的私营和国营企业比例，以及合理的内外资企业比例。除此之外，合理的货物进出口贸易、技术贸易和服务贸易比例也是必不可少的。

（二）贸易政策

巴格瓦蒂等学者从政治的角度，将对外贸易对经济增长的研究中引入了政治制度对贸易政策形成的影响。他们认为，政府合理的外贸政策以及行业协会的协调与规范在合理配置贸易结构中起着决定性的作用。因此，必须要协调好外贸政策与外资政策、产业政策和就业政策。

对于处于工业化不同时期的国家和地区而言，合理的外贸战略各不相同。通常，在相对落后国家实现工业化的初级阶段采取进口替代战略比较有利于本国经济发展；工业化进程进入中级阶段时，进口替代型的贸易战略就显得有些不合时宜。而出口导向型的贸易战略此时则可以更好地拉动经济。伴随着工业化脚步的加快，出口导向型战略则逐渐转变为综合型的贸易发展战略，世界大部分发展中国家都是通过此路径发展。虽然在进入工业化中级阶段之前，进口比出口对于发展中国家经济增长的作用更大这一结论，已为现代经济学家大量的实证研究所多次验证，但对于发展中国家而言，经历初级阶段的进口替代贸易战略之后，不论选择出口导向型贸易战略还是综合型贸易战略，确保其促进经济的有效性是第一位的。为了有效协调各种贸易战略的政策目标，加快本国工业化进程要求将市场调节和宏观干预有机统一。

（三）人力资本

在新经济增长理论体系中，人力资本的作用居于核心地位。人是对外贸易对经济增长影响中唯一的传导者。因此，人力资本存量的充足与否对于贸易作用的发挥尤其关键。唯有贸易主体拥有对应相关方面人才时，一国企业通过对外贸易获取国际上先进的设备、知识、管理经验和技术才可能实现。举一个最简单的例子，先进设备和技术往往需要具备专业技能的人才来操作或执行，如果单单引进设备和技术却不培养所需的专业人才，则此设备可谓毫无用武之地，浪费资源。相对于实物机械，新科技、新管理经验等无形资产更加需要以人才为载体才能充分发挥其效用。对于企业而言，具有洞察力的企业家才能带领企业在国际市场上根据供求信息及时调整经营策略，保持企业的竞争力。这也是"企业家精神"为何在管理学中如此受到重视的原因。

第四节　中部地区对外贸易现状

自改革开放以来，中国的经济政策发生了翻天覆地的变化。中部地区的对外贸易情况有了极大的改善，对外贸易总额不断攀升，同时对外贸易的商品结构也在逐步优化。对外贸易结构是指构成贸易活动的要素之间的比例及其经济关系，主要表现为商品结构、规模结构、空间结构、行业结构和贸易所有制结构。中部地区对外贸易，无论是技术贸易还是服务贸易总额在经济增长中的贡献率均明显提高。其中工业制成品中的高新技术产品也逐渐成为出口产品的重要组成部分。本章从对外贸易规模、对外贸易方式、对外贸易商品结构、对外贸易区域结构几个方面来分析中部地区的对外贸易现状。

一 对外贸易规模

在中、东、西部地区的对外贸易总额对比上，根据商务部在例行发布会上公布的数据：2015 年上半年中部地区外贸增长 0.3%，西部地区外贸下降 6.2%，而东部地区外贸则下降 8.1%。其中，中、西部地区合计占全国进出口总额的 14.9%，同比提高 0.5 个百分点。中、西部地区出口分别增长 7.3% 和 3.5%，对全国出口增长的贡献率分别为 59.5% 和 34.5%。东部地区进出口 98100 亿元，下降 7.5%，其中出口增长 0.1%、进口下降 15.6%。中部地区的河南、安徽以及西部区域的云南、陕西等省在各自区域外贸增长中作出了重要贡献。虽然中部的出口贸易规模还远远弱于东部，但增长率却远高于东部。这说明中部地区在我国参与对外贸易中的价值呈现明显上升趋势，角色也越来越重要。

在中部地区的出口上，正如表 6-1 所示，中部六省进出口贸易总额（以后所指均按照经营单位所在地划分）增长极为迅速，其中，2015 年进出口贸易总额达到了近 2420 亿美元，是 2008 年 989 亿美元的 2 倍之多。在如此大基数的前提下，仅用了 7 年时间就增加了近 1500 亿美元。其中进口总额增加了约 450 亿美元，出口总额增加了约 1000 亿美元。中部地区充分利用国际和国内两大区域市场和资源，虽受到国外经济低迷的影响，仍在对外贸易上有不错的表现，其中出口贸易增长速度略快于进口贸易。2015 年中部地区出口总额是 2008 年的 2.67 倍，而进口总额则为 2008 年的 2.12 倍。

而在与全国进出口相比的情况下，中部区域在对外贸易总额保持增长趋势的同时，其占全国外贸总额的比重也在持续攀升，由 2008 年的 3.86% 上升为 2015 年的 6.11%。并且在进口总额和出口总额占比上，同样保持持续上升趋势。这说明中部区域不仅在进出口贸易总量上保持持续增长趋势，而且与国内其他区域相比，其进出口贸易地位在上升，与东部省份的进出口贸易差距在缩小。

表6－1　　　　　　　　　　中部六省进出口规模　　　　　单位：百万美元、%

指标	2015 年	2014 年	2013 年	2011 年	2009 年	2008 年
外贸总额	242055.866	246984.366	219598.785	162700	77902.45	98929.037
出口总额	157768.266	158420.014	138061.115	93062.133	41908.65	59184.573
进口总额	84267.600	88564.352	81537.672	69612.256	35993.81	39744.463
外贸总额占全国比重	6.1147	5.7398	5.2792	4.4668	3.5289	3.8595

资料来源：国家统计局。

　　另外对于中部区域各构成省份而言，在增加中部地区外贸总额上的比例及贡献也有明显的差异。如图6－1所示，2011年之前，湖北省在进出口增额上最高，且增幅最快。而在2011年之后，河南省则在进出口总额和增速上拔得头筹，其在2015年贸易总额上达到了700亿美元，比上年增长15.3%，遥遥处于中部六省的领先地位。另外安徽也在这些年进步神速，从2008年的约200亿美元上升为2015年的约488亿美

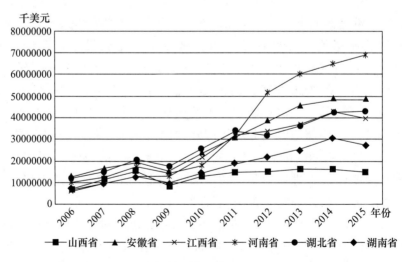

图6－1　2006—2015年中部六省历年外贸总额分布情况

资料来源：国家统计局及2015年地方统计年报。

元，增幅超过1倍之多。而山西省在2008年到2015年时间里，贸易总额基本上无太大的变化。这与中部其他省份进出口总额持续且大幅增长的趋势相比，有明显的不同。而这导致山西在中部六省中，不管是进出口总额，还是增幅上，均排名末位，在促进中部经济增长中拖了后腿。

　　一般而言，贸易结构的变化对一国经济增长的影响往往与该国的外向程度有关。该国外向经济发展程度越高（低），其对外贸易结构变化对经济增长的影响越显著（弱）。而衡量一国外向程度的指标则可由对外贸易依存度，即对外贸易总额占GDP总量的比重来体现。

表6-2　　　　　　　　中部六省历年GDP数据情况　　　　　　单位：亿元

年份 地区	2015	2014	2013	2012	2011	2010	2009	2008
山西省	12802	12761	12665	12112	11237	9200	7358	7315
安徽省	22005	20848	19229	17212	15300	12359	10062	8851
江西省	16723	15714	14410	12948	11702	9451	7655	6971
河南省	37010	34938	32191	29599	26931	23092	19480	18018
湖北省	29550	27379	24791	22250	19632	15967	12961	11328
湖南省	29047	27037	24621	22154	19669	16037	13059	11555

表6-3　　　　省份、地区及国家对外依存度（2010—2015年）　　　单位：%

地区对外 依存度	2010年	2011年	2012年	2013年	2014年	2015年
山西省	9.12	8.75	8.28	8.32	8.48	7.67
安徽省	13.10	13.65	15.22	15.79	15.73	14.79
江西省	15.26	17.93	17.21	17.01	18.13	15.80
河南省	5.15	8.08	11.66	12.42	12.40	12.43
湖北省	10.83	11.41	9.58	9.79	10.48	9.61
湖南省	6.09	6.42	6.61	6.82	7.60	6.28
中部地区	17.2	16.6	15.6	13.6	11.88	10.97
全国	48.84	48.31	45.18	43.37	41.03	36.34

资料来源：经网络数据整理得到。

由表 6 - 3 易发现，就单个省份而言，2015 年江西省在中部六省中的对外依存度最高，达到了 15.80%。而湖南省的对外依存度最低，仅为 6.28%。就整个中部地区而言，其对外依存度也仅有 10.97%，低于全国平均水平，更远远低于依赖对外贸易的东部省份。这说明无论从中部地区总体来看，还是从各构成省份来看，该地区经济增长中对外贸易的依赖度非常低，对外贸易产品的比较优势也非常不明显，对中部区域经济增长的拉动作用表现乏力。而从历年对外贸易发展趋势来看，无论是从单个省份来看，还是从整个中部地区来看，其对外依存度呈现明显的下降趋势。这说明中部地区的经济增长开始更多地从居民消费和固定投资来拉动经济增长，进出口贸易在拉动经济增长中的作用在减退。

二 对外贸易方式

对外贸易方式可分为加工贸易和一般贸易。其中加工贸易指从境外保税进口全部或部分原辅材料、零部件、元器件、包装物料（以下简称进口料件），经境内企业加工或装配后，制成品复出口的经营活动，包括来料加工和进料加工。而一般贸易是指企业的一般进出口贸易。

如表 6 - 4 所示，中部地区各省份中，横向与其他省份相比，江西省加工贸易对其 GDP 增长的贡献率近乎最高（2015 年为 0.64%）。但与其历年情况相比，却为最低。同样与全国加工贸易平均 5.6% 的贡献率更是相去甚远。这说明加工贸易在促进江西 GDP 增长中的贡献率在降低。事实上，不仅江西省加工贸易的贡献率在逐年下降，而且其他各省份加工贸易占 GDP 的比重也在降低。这说明出口贸易中加工贸易在促进中部地区经济增长的拉动作用在减弱，且中部地区在进出口贸易中始终扮演着配角。

表 6 - 4　　　　　　　中部各省份加工贸易对 GDP 增长

的贡献率（2006—2015 年）　　　　　单位:%

年份	山西	安徽	河南	湖北	湖南	江西
2006	0.36	1.74	0.91	1.51	0.59	0.70
2007	0.29	1.23	1.08	1.32	0.45	0.73
2008	0.28	0.93	0.96	0.99	0.39	0.51
2009	0.51	0.93	1.00	0.75	0.42	0.70

续表

年份	山西	安徽	河南	湖北	湖南	江西
2010	0.63	0.94	0.84	0.65	0.29	0.58
2011	0.60	1.05	0.56	0.67	0.18	0.85
2012	1.15	0.80	0.32	0.55	0.17	0.75
2013	0.59	0.55	0.21	0.42	0.15	0.80
2014	0.22	0.44	0.19	0.61	0.14	0.70
2015	0.26	0.41	0.17	0.61	0.14	0.64

资料来源：地方统计年鉴。

表 6 - 5　　　　　2010—2015 年湖南省对外贸易方式情况　单位：万美元

贸易方式	2010 年		2011 年		2012 年		2015 年	
	进口	出口	进口	出口	进口	出口	进口	出口
一般贸易	595477	657960	791640	802161	662022	865070	498875	1094617
加工贸易	62463	116444	98481	171546	253853	383260	342480	587045

资料来源：地方统计公报。

表 6 - 6　　　　　2010—2015 年湖北省对外贸易方式情况　单位：万美元

贸易方式	2010 年		2011 年		2012 年		2015 年	
	进口	出口	进口	出口	进口	出口	进口	出口
一般贸易	841306	829994	1029457	1104728	947733	1152839	1015449	1826909
加工贸易	239107	551392	288778	727686	229448	662330	468877	746963

资料来源：地方统计公报。

表 6 - 7　　　　　2010—2015 年江西省对外贸易方式情况　单位：亿美元、%

年份 贸易方式	2010	2011	2012	2013	2014	2015
一般贸易出口	79.22	135.9	173.5	101.1	256.57	258.4
同比上年增长	59.9	71.5	27.7	16.8	9.7	9.5
加工贸易出口	34.14	44.37	46.28	45	48.43	43.62
同比上年增长	63.4	30	4.3	17.4	18.8	- 2.3

资料来源：地方统计公报。

表 6-8 　　　　　 2010—2015 年安徽省对外贸易方式情况 　单位：亿美元、%

贸易方式 \ 年份	2010	2011	2012	2013	2014	2015
一般贸易出口	205.8	124.1	205.8	221.7	219.6	239.5
同比上年增长	65.9	33.4	65.9	7.8	-0.9	9.1
加工贸易出口	40.7	42.4	40.7	53.4	87.6	80.1
同比上年增长	-4.2	54.4	-4.2	31.3	64.1	-8.5

资料来源：地方统计公报。

不同的贸易方式对经济增长的拉动作用有着明显的差异。加工贸易，顾名思义，只进行加工或装配。因此，其对经济增长的影响立竿见影。但由于易受国际局势变动的影响，其波动性可能会较大。因此只有及时培育和提升中间品的比较优势，转变劳动密集型向技术密集型发展，加工贸易对经济的贡献率才能稳定且有效。而对于一般贸易，由于受资本的约束，只有这种贸易达到一定规模，其显著的经济拉动作用才会显现。虽然其对经济增长的正面影响表现缓慢，但其却有高稳定性、高持续性以及不易受国际局势影响的低波动性等优点。

三　对外贸易商品结构

对外贸易的商品结构，主要分为有形商品和无形商品。其中有形商品的对外贸易指货物贸易，而服务贸易和技术贸易则可分类为无形商品。对外贸易的商品结构既可指有形商品如货物与无形商品如技术或服务总额的比例，也可指有形商品中各种商品占贸易总额的比例。在传统贸易中，所谈到的商品结构指的是有形商品（货物贸易）中各商品的贸易情况。

有形商品贸易，即货物贸易。又可按加工程度（按海关统计上的分类）分为初级品和工业制成品。其中初级品和工业制成品所包含的商品种类情况可参照中国海关网站。而自20世纪90年代以来，高新技术产品首次在世界出口占比超过一般产品，成为主要的出口贸易商品。之后，各国均开始出口高新技术产品。其中这类产品的对外贸易程度，也成为国际公认的参考和衡量一个国家经济发达与否的重要指标之一。

由表6-9—表6-11以及所得到的零散数据，可知中部地区进出口总额中初级品和工业制成品占据了大部分比例，而高技术产品在进出口总额中的贡献却极为不足。事实上，中部地区高技术产品本身产值或主营业务收入就非常之低。如图 6－2 所示，中部地区中只有河南省的高技术产值达到了 2000 亿元以上，其他省份高技术产品主营收入主要分布在 500 亿—2000 亿元。特别是排名最后的山西省，其高技术产品主营收入仅在 100 亿—500 亿元，严重拖累了中部地区在全国的表现。

表 6－9　　　　　　　　河南省 2015 年进出口前 10 位商品

序号	进口值前 10 位的商品	序号	出口值前 10 位的商品
1	处理器及控制器	1	手持无线电话机（包括车载）
2	存储器	2	其他材料制假、假胡须、假眉毛、假睫毛等
3	非特种用途电视摄像机	3	人发制假发，胡须、眉毛，睫毛及其他人发制品
4	手持式无线电话机零件（天线除外）	4	客车或货运机车用充气橡胶轮胎
5	铅矿砂及其精矿	5	柴油客车，座位≥30 个
6	平均粒度≥0.8mm，<6.3mm 烧结铁矿砂及精矿	6	其他毛发制品
7	立式加工中心	7	纯度≥99.99% 未锻造银
8	其他通信专用仪器及装置	8	带有螺纹或翅片的精炼铜管，外径≤25mm
9	黄大豆，种用除外	9	手持无线电话机配件（天线除外）
10	放大器	10	其他铝合金矩形板、片，0.35mm＜厚度≤4mm

资料来源：河南统计年鉴及统计公报。

表 6－10　　　　　　　　山西省 2015 年进出口前 20 位商品

序号	品名
1	活动物及动物产品
2	植物产品
3	动、植物油脂及分解产品
4	食品、饮料、酒及醋
5	矿产品
6	化学工业及其相关工业的产品

续表

序号	品名
7	塑料及其制品；橡胶及其制品
8	生皮、皮革、毛皮及其制品；鞍具
9	木及木制品；木炭；软木及软木制品
10	木浆及其他纤维状纤维素浆；纸及纸制品
11	纺织原料及纺织制品
12	鞋、帽、伞、仗、鞭及其零件
13	石料、石膏、水泥、石棉、云母
14	天然或养殖珍珠、宝石或半宝石
15	贵贱金属及其制品
16	机器、机械器具、电气设备及其零件
17	车辆、航空器、船舶及有关运输设备
18	光学、照相、电影、计量、检验、医疗
19	杂项制品
20	艺术品；收藏品及古物

资料来源：山西统计年鉴及统计公报。

表 6 - 11 　　　　　　　　江西省 2015 年主要出口商品

序号	品名
1	机电产品
2	高新技术产品
3	服装及衣着附件
4	二极管及类似半导体器件
5	旅行用品及箱包
6	纺织纱线、织物及制品
7	塑料制品
8	家具及其零件
9	钢材
10	铁合金
11	鞋类
12	陶瓷产品
13	玻璃制品
14	农产品
15	灯具、照明装置及类似品

资料来源：地方统计年鉴。

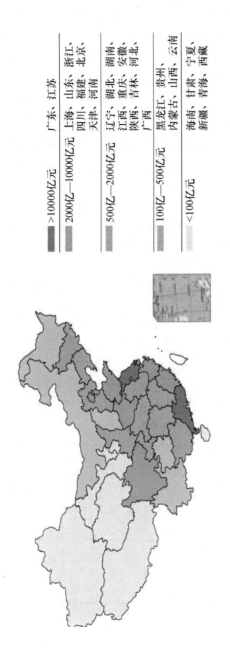

图 6 – 2　高科技产品主营收入分布情况（2014）

>10000亿元　　广东、江苏

2000亿—10000亿元　　上海、山东、浙江、四川、福建、北京、天津、河南

500亿—2000亿元　　辽宁、湖北、湖南、江西、重庆、安徽、陕西、吉林、河北、广西

100亿—500亿元　　黑龙江、贵州、内蒙古、山西、云南

<100亿元　　海南、甘肃、宁夏、新疆、青海、西藏

资料来源：2015 年《中国高科技产业统计年鉴》。

而从表 6 - 12 关于高科技产品进出口区域分布情况来看，出口方面，中部地区排名最靠前的河南也仅在第 7 位，其他省份如湖北、江西、山西、安徽以及湖南则排在第 13、14、17、18 位以及第 20 位，远远落后于东部省份。而再与西部省市相比，也不如四川和重庆。这说明中部地区高科技产品在促进当地经济发展中的作用有限。而在吸引高科技产品方面，中部省份除河南处于中游水平外，其他中部省份则在全国31 个省份中处于下游水平。这说明经济欠发达的省份在本身技术创新能力不足的情况下，在引进高技术产品的动力方面也表现欠佳。这同时也说明这些省份在提供创新氛围以及鼓励创新方面相关政策也缺乏配套措施。

表 6 - 12　　　　　　高技术产品进出口区域分布情况（2014）　单位：百万美元

地区	出口	进口	差额	地区	出口	进口	差额
广东	221361	186006	35355	山西	1922	1397	525
江苏	131555	92174	39381	安徽	1671	1378	293
上海	90585	82342	8243	广西	1594	1116	478
北京	19020	29869	- 10849	湖南	1383	1125	258
天津	18977	22558	- 3581	云南	550	488	62
四川	17481	12334	5147	海南	514	1576	- 1062
河南	16315	12821	3494	黑龙江	269	477	- 208
重庆	14932	8374	6558	吉林	254	2408	- 2154
浙江	14803	8750	6053	新疆	209	114	95
山东	14444	14068	376	甘肃	136	161	- 25
福建	14011	13269	742	贵州	122	112	10
辽宁	5089	4828	261	宁夏	85	46	39
湖北	4715	2961	1754	内蒙古	83	152	- 69
江西	3284	1465	1819	西藏	44	44	0
河北	3106	1123	1983	青海	15	21	- 6
陕西	2641	3307	- 666				

资料来源：《中国高科技产业统计年鉴》（2015）。

图 6 - 3 则给出了各省份在高科技产品出口方面的区域分布情况。除中部的河南省排在第三等级的 10000 百万—50000 百万美元水平内，其

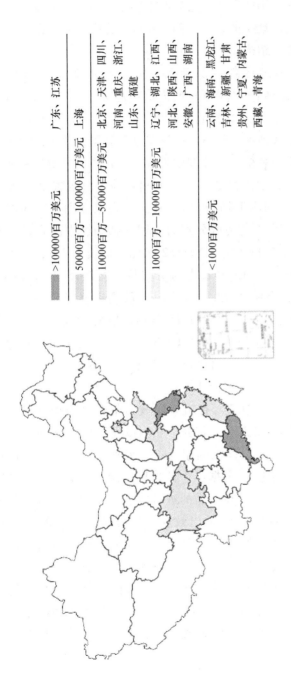

▣ >100000百万美元	广东、江苏
▨ 50000百万—100000百万美元	上海
▧ 10000百万—50000百万美元	北京、天津、四川、河南、重庆、浙江、山东、福建
▒ 1000百万—10000百万美元	辽宁、湖北、江西、河北、陕西、山西、安徽、广西、湖南
□ <1000百万美元	云南、海南、黑龙江、吉林、新疆、甘肃、贵州、宁夏、内蒙古、西藏、青海

图 6 - 3　高科技产品出口按地域分布情况（2014）

资料来源：《中国高科技产业统计年鉴》（2015）。

他中部 5 个省份均处于第四等级。这说明中部地区与东部沿海地区的差距始终较大，而与西部地区的重庆、四川相比，也有一定差距。

四 对外贸易区域结构

根据 2015 年中部地区各省份年度公报，河南省 2015 年出口额（2684.03 亿元，同比增长 11.0%）或进出口总额（达 4600.19 亿元，比上年增长 15.3%）排名从高到低为亚洲、北美洲、欧洲以及非洲等。其中亚洲前三个国家或地区为日本、中国香港和韩国，北美洲则主要为美国，欧洲主要为英国和德国，非洲则为南非。其中出口贸易额从高到低分别为美国、日本、中国香港以及澳大利亚等。山西省出口额 2015 年达到 84.2 亿美元，同比下降 5.8%。其出口则以亚洲、欧洲以及北美洲为主。其中出口额从高到低分别为美国、韩国、中国香港以及日本。湖北省 2015 年出口额达到了 1931.2 亿元，增长 8.7%，其出口区域则以美国、中国香港、印度和日本为主。湖南省 2015 年出口额达到了 1180.9 亿元，同比下降 2.9%，其出口区域则主要以中国香港、美国、韩国以及日本为主。而安徽省 2015 年出口额则达到了 331.1 亿美元，同比增长 5.2%，其出口区域则以美国、日本、马来西亚和德国为主。而江西出口区域以美国、中国香港、日本以及德国为主，出口总额也达到了 2060.9 亿元，同比增长 4.8%。

从出口贸易国来看，中部六省出口区域集中在美国和日本，其次集中在中国香港、韩国和德国。北美、亚洲以及欧盟区域为中部地区主要的对外贸易伙伴，且以发达国家为主。另外从综合进口和出口数据来看，这些国家（地区）占据了中部地区进出口贸易的 50% 以上。这些国家（地区）先进技术和产品的进口能够提高中部区域内企业自身的生产效率和技术或经验的溢出效应，还可带动整个产业链的发展，进而促进中部地区的经济增长和社会福利的提高。但需要注意的是对外贸易伙伴的过度集中也带来了一些风险。如贸易国家贸易政策调整、经济形势变动等带来的经济以及金融风险会对中部地区的外向型经济增长施加相当程度的负面影响。因此如何利用外贸促增长，又如何合理规避国外如政治、金融等风险，是中部地区乃至整个国家都不得不面对的重大问题。

第五节 中部地区对外贸易提升的
对策与政策建议

针对中部地区对外贸易现状中的问题，本章提供以下相关建议和对策，以促进产业结构优化，加快中部地区经济增长方式的转变，为中部崛起，乃至整个国力的提升做出应有的贡献。

一 优化对外贸易环境，实施引进—走出双战略

温家宝和李克强两任总理均强调，要扩大对外开放，将中部地区打造成为衔接东西部地区以及国内与国外之间的桥梁，积极吸纳各类生产要素进入中部区域。李克强总理在2014年政府工作报告中指出，着力深化改革开放，激发市场活力和内生动力是发展的根本之策。然而中部区域目前相对较低的开放度是限制中部崛起的重要因素之一。因此，加快中部对外贸易，以"走出去"的出口贸易，带动引进来的进口贸易，同时以引进来的进口贸易带动"走出去"的出口贸易，采取引进—走出双战略，才能提升中部地区的经济增长速度以及经济增长水平。

然而目前作为主要出口国的欧盟等区域经济受金融危机影响尚未恢复，北美洲国家如美国等经济初有起色。为提高本地就业率，贸易保护主义等形式的贸易壁垒必将人为抬升，中部区域走出去的出口战略必将难以有效实施。对此，中部地区要想有效实施引进—走出双战略，相关政府部门提供政策支持、相关配套设施必不可少。

二 衔接东西部，加强区域间合作，提供特色贸易

承接东部地区产业转移，为西部大开发提供过渡，中部地区的崛起势在必然。这必然促进中部地区对外贸易的发展。而这也与国家"十一五"和"十二五"规划发展相一致。

一些因素也制约了中部地区在承接东部加工贸易产业转移的顺利进行。这包括"加工贸易"要求的交货时间短、交易或运输成本低等因素，中部区域在地理位置上不占优势。同时中部地区对外开放程度较低的现状，和加工贸易的"两头在外"特点所要求的企业与市场联系紧密相背离。因此中部地区需要形成加工贸易相关的产业集群，以富有弹性的生产工艺以及较高的加工工艺来满足国外企业的要求。

中部地区的地理位置以及产业基础决定了其对外贸易的发展无法简单复制东部已有的产业特点或加工模式。而应选取适合自身特点、发挥自身优势的对外贸易形式。具体可采取的措施包括：首先，应满足加工贸易所需的基本条件如设备等；其次，应优化加工贸易的软环境如简化的审批手续、优惠的税收政策等，合理的硬环境如配套的基础设施建设以降低物流的运输成本等；再次，在承接的对外加工贸易项目上，中部地区应充分利用自身区域的劳动力"红利"，在传统劳动密集型项目上下大力度；在承接劳动密集型项目的基础上，发展具有技术密集型特点的项目；最后，除了有形贸易中的货物贸易以外，无形贸易中的服务贸易正在成为全球产业大转移中的中坚力量。服务贸易具有诸如信息技术复杂程度高（具有技术密集型项目的特点）、经济附加值大（收益高）、环境友好兼具资源节约（符合两型社会的要求），与此同时，具有提升就业水平，特别是满足高学历人士的就业率的特点。这一特点决定了其与传统运输领域的关系较低，也恰好规避了中部地区乃至西部地区在运输领域缺乏竞争力的劣势，应该大力发展。

三 转变贸易增长方式，优化贸易商品结构

转变贸易增长方式从粗放型向集约型迈进，同时优化对外贸易商品结构从劳动密集型和资源密集型产品转移到出口技术密集型产品。以此提升中部地区产品出口的竞争力，最终达到促进增长的目的。

我国对外贸易自改革开放至今，经历大约三个阶段：从20世纪80年代开放初期的轻纺产品到90年代的机电产品，再到21世纪初的机电产品以及高新技术产品等。从目前中部地区进出口贸易状况来看，其仍处于第二阶段。要实现对外贸易方式走向集约和贸易商品结构迈向技术密集型的转变，虽需不小的努力，但应为对外贸易的重点发展方向。

（一）以高新技术产品作为出口重点

由表6-9中河南省出口排名前十的产品中可以看出，高新技术产品在河南乃至整个中部地区出口贸易中所占比例仍较低。与此同时，资源消耗类产品如矿产中的初加工产品占比较高，这也说明中部地区仍以粗放型方式发展，对外贸易结构单一且附加值低。因此要提升出口贸易中产品技术含量以及经济附加值，可采取的措施分为以下三个部分：

首先，应增加科技研发投入，设立高新技术扶持基金项目。政府应扩大科技投入，进行财政预算，每年固定从税收收入中提取一定比例作

为高科技产品扶持基金。选取重点地区重点企业，引导高校、企业、科研机构联合，按市场需求进行科学研发，让科研成果走市场化的道路，提升企业创新能力，生产具有国际竞争力的高科技产品，扩大高新技术产品的出口。具体操作方面，可从地方政府每年的财政收入中提取固定比例作为对意向的高新技术企业及其产品的扶持基金。抓重点，促联合（与高校和科研机构的联合），根据市场需求进行科学研究和开发，使所开发的产品具有国际上的比较优势，最终扩大高新技术产品出口的贸易额。

其次，完善财税政策并建立激励创新的机制，引导高新技术企业发展。建立高新技术产业园区，整体规划，实施相应的优惠政策和鼓励措施，营造高新技术企业发展的良好环境。建立完善的人才培养机制，实现高新技术产业的可持续性发展。操作层面，如可建立高科技工业园区，并在园区内实施优惠的财税政策和激励措施，为高新技术企业的发展创造更好的环境。

最后，利用并引导民间资本，发挥资本在资源配置中应有的作用。高新技术产品的开发需要大量资金和人才的投入，而这些投入来源不仅来自政府投入，闲散的民间资本也应是重点调动的对象。操作层面，除了为民营企业提供公平的营商环境外，还要引导并鼓励民营企业家投资具有科技含量的项目，提升产品的经济附加值，出口具有比较优势的科技产品，使其走国际市场化之路，走科技富裕之路。

（二）采取差异化贸易商品结构政策

河南、湖北、湖南、安徽、江西和山西，虽同处中部区域，但各省在历史、资源、地域等方面仍具有差异，其各自优势产业也有明显不同。因此针对各省目前优势产业在促进经济方面的贡献率，应区别对待以执行差异化的贸易商品结构政策。具体措施如下：

首先，针对湖北、湖南以及山西省份，应在提高自身技术吸收能力的基础上，增加研发投入，提高模仿乃至自主创新的能力，以此促进整个高新技术产品的产业链良性发展。其中作为两型社会示范区以及第三个国家级高新技术示范区的湖北省，在光电子、高端制造以及生物制药方面的优势已初现端倪。通过这些高新技术产业对经济增长的拉动作用，以产业开放促进外贸增长，进而形成良性的外贸增长、产业实力增强、产业结构调整，乃至经济附加值增加，再到外贸增长的循环。另外，利用出口部门对非出口部门的溢出效应，也有助于非出口企业的创新能力，进而最终提升整个区域的创新能力。因此，除了继续巩固和增强优势产业以外，如何增大其与非出口部门的关联效应，应是湖北、湖南在改善对外贸易商品结构上的重中之重。

其次，针对河南、江西和安徽省，应以提升出口企业的生产效率，扩大技术密集型商品的贸易规模为重点。安徽、河南以及江西等省份出口产品以初加工产品、资源消耗型产品以及部分工业制成品为主，而以技术密集型商品为主的高新技术产品占比却较低。这就意味着这类高新技术产品的拉动效应以及其对非出口部门的溢出效应的正面作用有限。因此以促进贸易规模来强化资源优化配置，进而提升高新技术企业的产品质量、生产效率，最终达到促进增长的目的。另外，与湖北、湖南以及山西省一样，河南、江西以及安徽省的高新技术企业也要利用学习效应以及增强自身的技术吸收能力来达到提升自主创新能力的目的，并利用联动效应，增"长板"，补"短板"，使区域经济从粗放型向集约型乃至知识型转变。

总之，中部地区各省份应立足省情，结合自身优势，考虑本省对外贸易的特点及所处的发展阶段，制定各自最优的对外贸易商品结构政策。充分利用一般出口商品的规模效应以及高新技术产品的溢出和联动效应，带动经济增长，最终实现中部崛起。

四 实现贸易主体的多元化

贸易主体的多元化，首先包括出口企业身份的多元化。在西方国家贸易主体中的出口企业以民营企业为主，而这与中部地区乃至整个国家出口企业以国有企业为主体、FDI 企业次之的特征形成鲜明对比。事实上，目前我国民营企业大量存在，并在促进经济增长、提供就业中作出了突出的贡献。因此中部地区首先需要解决的就是提供民营企业与国有企业以及外商企业公平的营商环境，政策引导民营企业加快出口贸易。

而在促进民营企业出口贸易方面的措施，中部地区可参考和借鉴走在改革开放前沿的东部地区的经验教训。在总结经验教训的基础上，中部地区乃至各省份结合自身的优势与劣势，在产业政策和相关法规制定上创新，充分发挥民营企业的创新潜力，鼓励其走出去开拓海外市场。同时，还要针对目前国有企业在出口中的问题，该退出的退出，该调整的调整，使其集中资源发挥优势。另外在对 FDI 企业的投资政策上，在避免超国民待遇的同时提升政府办事效率，以营造良好的投资环境。

　　贸易主体的多元化，除了出口企业的身份要多元化外，出口市场的多元化也是必不可少的，究其原因在于规避及分散出口风险。根据前面小节对中部地区出口现状的分析可知，中部地区的出口国主要集中于美国、欧盟等国家和区域。一旦这些国家和区域发生金融危机或经济低迷，中部地区的出口势必受到牵连。因此增加出口产品的比较优势，以开拓更多的新市场，降低出口依存国经济波动对中部地区的影响，对保持中部地区经济的稳固增长具有重要意义。

第七章 中部地区金融发展与经济增长

第一节 金融作用于经济增长的机理

新古典增长理论和 AK 理论均认为，带动经济增长的是物质资本和人力资本的投资；而按照 Romer 的产品多样化模型和 Aghion – Howitt 的熊彼特模型，带动经济增长的是以研发形式出现的技术投资；并且这些理论都假定储蓄无摩擦地转化为投资。但这些基本增长理论都没有考虑现实中企业、个人在为带动经济增长的投资进行融资时可能面临的困难，也没有考虑银行或者其他金融中介在解决这些困难时可能发挥的作用。例如，在一个拥有高效且值得信任的银行体系的国家中，如果人们愿意更多地储蓄，则投资者就会获得更多的资源；此外，运转良好的银行体系还会将储蓄导向那些最有效率的用途；最后，通过监控投资者并确保其高效率地使用贷款，而不是用于私人消费或者其他欺骗最终借款人的行为，银行可以缓和代理人问题。另外，股票市场或者风险资本家等也都有助于识别好的投资项目并为之融资。

一 金融发展对经济增长的作用机制

"二战"以来，一大批新独立的国家在发展本国经济的过程中，都在一定程度上受到储蓄不足和资金短缺的影响，其经济发展严重受制于金融体系运行的低效和金融发展的滞后。由此，从 20 世纪 60 年代末开始，西方很多经济学家着眼于金融与经济发展关系方面的研究。

有关金融发展与经济增长之间关系的研究包括 Bagehot（1873）、Schumpeter（1912）、Gurley 和 Shaw（1956）、Patrick（1966）、Goldsmith（1969）以及 McKinnon（1973）。Gurley J. G. 和 Shaw E. S. 的研究揭开了金融发展理论研究的序幕，他们发表了《经济发展中的金融

方面》一文，文中详细论述了从简单向复杂、由初始向高级而逐步演进的金融发展模型，最终证明了"经济发展阶段越高，金融的作用越强"的命题。随后的《金融结构与经济发展》一文，进一步研究了包含货币理论的金融理论和包含银行理论的金融机构理论。Patrick（1966）的《欠发达国家的金融发展和经济增长》一文，提出了需求带动和供给引导的金融问题。Patrick 指出，由于金融体系所具有的有效配置资源、改进现有资本构成、刺激储蓄和投资等功能，因此，在欠发达国家，应该采用金融优先发展的货币供给带动政策。Raymond W. Goldsmith 的《金融结构与金融发展》一书，创造性地定义了"金融发展就是金融结构的变化"，并采用定性、定量分析相结合，横向、纵向比较的方法，构建了衡量一国金融结构和金融发展水平的基本指标体系。Raymond W. Goldsmith 的杰出贡献奠定了金融发展理论的基础。而 Ronald I. Mckinnon（1973）的《经济发展中的货币与资本》和 Shaw E. S.（1973）的《经济发展中的金融深化》两本书，则奠定了以发展中国家或地区为研究对象的金融发展理论。他们所提出的"金融抑制"和"金融深化"理论，对西方经济学界产生了极大影响，是发展经济学和货币金融理论的重大突破。之后，金融发展理论研究进入新的高潮，出现了大量的研究工作。

Acemoglu 和 Zilibotti（1997）的随机增长模型分析了风险分散化、金融发展和经济增长之间的关系，该模型认为，发展的过程经历若干阶段：首先是一个原始积累的阶段，其中总产出是高度波动的；其次是一个起飞的阶段，其中经济获得了较高程度的金融发展和更广泛的风险分散的范围；最后是一个高速和稳定增长的阶段，依赖于高度的风险分散化。因此，增长的过程在发展的早期阶段是缓慢而波动性较大的，然后开始加速，并且在发展的后期中稳定下来。Acemoglu 和 Zilibotti 认为，每一种新的活动都会涉及一项固定成本，从而欠发达的经济只能为有限数目的企业融资。因此，在这些经济中，风险分散的范围是有限的，这就促使该经济选择低等的、更安全的技术。与此同时，欠发达的经济不能分散异质性风险的事实使这些经济的波动性更大，从而抵御冲击的能力更弱。于是，个体为了回避风险而倾向于更多地投资于安全但低级的技术。通过国家的金融发展水平与其技术发展水平之间的相互作用，可以解释实际观测到的收敛和发散的模式。

　　Jones、Manuelli 和 Stachetti（2000）研究了宏观经济的波动性如何通过影响总量储蓄和投资而影响长期增长，得出的结论是波动性可能通过降低总投资而损害增长。Ross Levine（2005）在关于金融发展和经济增长的综述一文中总结了现有研究的结论：银行和资本市场功能更好的国家其经济增长也较快；功能良好的金融体系缓解了企业和产业扩张的外部融资约束，表明这是金融发展和经济增长相关的一种机制。

　　Aghion、Angeletos、Banerjee 和 Manova（2005）则在熊彼特框架中引入信用约束，并且根据信用约束的程度大小，分析了宏观经济的波动性如何影响企业在短期资本投资和长期的生产率增进型投资（如 R&D、IT 设备等投资）之间的选择。在没有信用约束时，长期的促进增长投资倾向是逆周期的，因为长期的促进生产率提高的投资常常是以减少当前直接的生产性活动为代价的。由于在衰退期中对于制造品的需求较低，结果导致生产性活动的报酬较低，从而长期的促进生产率提高的投资的机会成本也较低。于是，这就可能使衰退具有促进增长的效果。然而，在信用约束比较严重的经济中，R&D 投资会变得更加的顺周期。因为在衰退期中，当前的收益下降，加上信用市场不完全，导致企业为了创新而去借贷的能力下降。这意味着，金融发展程度越低，人们对于衰退将抑制 R&D 投资的预期就会越强烈。于是，衰退对于 R&D 和增长就具有损害的效果。这就解释了为什么在金融发展水平较低的国家中，不仅平均的增长较慢，而且宏观经济的波动性也由于 R&D 投资的周期性增强了总量生产率的波动性而变得较高。这就意味着，稳定经济周期的宏观经济政策在更多地受到金融约束的国家或部门中，对于经济增长的促进作用更大。由此可以得出的结论是：银行通过提供筛选服务来鉴别好的项目，以及通过提供事后的监控来防止借款人携款潜逃和缓和代理人问题，从而向创新者提供外部金融服务，这样的金融中介可以促进增长。

　　关于收入分配不平等与经济增长之间的相互关系，既可以是正向的也可以是负向的，取决于经济所处的具体环境。通常人们认为，财富和收入分布的均等化对于增长是有害的，因为向富人征税会损伤个体投资和创新的积极性。但是，Banerjee 和 Newrnan（1993）以及 Galor 和 Zeira（1993）指出，当存在信用约束时，降低财富不平等实际上具有刺激增长的效应。信用市场允许资本所有权和资本使用权分离，当存在资本边际产品递减时，如果拥有较少资本的企业可以向拥有较多资本的企业借贷，从而将资本的使用平均地分摊到更多的企业中，则增长将得以提高。但是，信用约束会阻碍这种借贷过程，从而收入分配不平等对于经济增长是有害的。也就是说，信用约束导致了财富不平等与增长之间的负向关系。值得注意的是，当信用约束非常紧时，如果所有的资本都由最具生产力的那个个体所拥有，则经济的增长要比每一个个体都拥有相同资本量时要快。因为，当所有个体都拥有相同数量的资本时，借入约束将阻止所有的资本都被最具生产力的那个个体使用。在这个意义上，经济增长和收入分配不平等之间是正向关系。上述结论的成立有一个条件，即财富要集中在聪明的、最具生产力的个体手中，不论其初始是富裕的还是贫穷的，均能提高增长。

Demirgue、KqInth 和 Maksimoric（1998）运用 30 多个国家的数据，从企业层面研究了金融发展与经济增长的关系。其研究表明，进入发达股票市场的企业比未进入发达股票市场的企业增长得更快。

综上，关于金融发展促进经济增长的作用机制可以归纳如下：

第一，有助于生产和处理信息，从而改进资源配置（Boyd and Prescott，1986）。

第二，通过生产关于企业的更好信息，以及给有前景的企业提供更多资金，更有效率地配置资本（Greenwood and Jovanovic，1990）。

第三，通过识别最有可能创新成功的企业家，以及给其提供资金，提高技术创新的速率（King and Levine，1993b）。

第四，激励公司金融，从而促进经济增长（Bencivenga and Smith，1993）。

第五，使贸易、套期保值以及风险合并更加便利化，从而正向影响经济增长（Acemoglu and Zilibotti，1997）。

第六，促进面临财富不平等和信用约束的国家或地区的物质资本和人力资本积累，从而加速了经济增长（Banerjee and Newrnan，1993；Galor and Zeira，1993；Aghion and Bolton，1997；Piketty，1997）。

第七，降低交易成本，从而进一步促进专业化、创新和增长（Greenwood and Smith，1996）。

第八，促进要素投入、提升资本配置效率、自身产值的贡献（王广谦，2002）。

显然，前四个方面作用表明金融通过服务于微观经济主体——企业的机制，间接促进经济增长，后四个作用则侧重于通过金融功能体系的发挥促进经济增长。但无论是哪种机制或途径，金融已经成为经济增长的一个很重要的因素，这一点已经在理论界取得共识。

二　金融发展对经济增长的作用效果

在经验研究方面，先驱性的工作是 Goldsmith（1969）、King 和 Levine（1993a），随后出现大量的研究。这些研究正如 Levine（2005）的综述所指出的，可按照以下几个方面来区分：

第一，研究考察的是跨国数据（如 King and Levine，1993a），还是跨产业数据（如 Rajan and Zingales，1998），或者是跨地区的数据（如 Guiso，Sapienza and Zingales，2002），又或者是企业水平的数据（如 Demirgüç - Kunt and Maksimovic，1998）。

第二，一国的金融发展水平是如何度量的：利用的是银行信用与 GDP 之比，还是股票市场发展的指标（Levine and Zervos，1998），或者像 Rajar 和 Zingales（1998）一样，这一变量还与衡量产业的外部金融依赖程度的某个变量是相互影响的。

第三，文章考察的是截面数据还是面板数据（Rajan and Zingales，1998；Levine，Loayza and Beck，2000；Rousseau and Wachtel，2000），抑或时间序列数据（Rousseau and Wachtel，1998；Arestis，Demetriades and Luintel，2001）。

第四，是否使用了关于金融发展的工具变量。

Raymond W. Goldsmith（1969）对经济增长与金融发展之间的关系作了开创性研究。Goldsmith 认为，金融结构是各种金融工具和金融机构的形式、性质以及相对规模。他进一步实证研究了 35 个国家 1860—1963 年的数据，演绎了金融结构变化的特征、金融结构与经济增长之间的关系。

Thorsten Beck、Asli Demirguc - Kunt、Ross Levine 和 VojisIav Makksimovic（1999）深化了 Goldsmith 的研究，将不同的国家划分为银行导向型与市场导向型，他们发现，通过控制一部分变量时，金融结构并不能解释经济增长，而在金融总体发展水平较高的国家，企业依靠较多外部融资则发展更快，新企业的创建数量越多，经济也越发达。

随着面板数据模型的不断丰富与发展，研究金融与经济增长得到了更加有力的支撑。Thorsten Beck 和 Ross Levine（2001）采用面板数据模型 GMM 研究了金融与经济增长之间的关系，发现银行与股票市场的发展对经济增长有显著的影响。Shandre M. Thangavelu、Ang Beng Jiunn 和 James（2004）利用 VAR 模型动态实证研究了澳大利亚的金融发展与经济增长关系，发现金融中介系统与股票市场的功能是不同的，经济增长与金融中介的发展存在双向因果关系，即经济发展与金融中介的发展相互促进，而股票市场发展与经济增长只存在单项因果关系，股票市场发展带动了经济的增长；反之，则没有证据显示经济增长带动了股票市场的发展。Aghion 和 Kharroubi（2007）使用 Rajan – Zingales 的方法论，利用跨国的面板数据，研究发现逆周期的财政政策对于那些严重依赖外部金融，同时又处于金融发展水平较低的国家而言，更加能够促进经济增长。Nichol Apergis、Ioannis Filippidis 和 Clarie Economidou（2007）研究了 15 个 OECD 成员国和 50 个非 OECD 成员国 1975—2000 年的数据，发现金融发展与经济增长之间存在长期的均衡关系，两者具有双向的因果关系。

国内学者对这一问题进行了大量实证研究，但研究结论分歧明显。

一是金融发展与经济增长显著正相关或具有显著促进作用。周立、王子明（2002）研究了中国各地区金融发展与经济增长的关系，发现其密切相关，金融发展对于长期经济增长具有重要作用，区域经济增长差异部分可由金融发展水平差距解释。冉光和等（2006）运用面板数据研究了东部和西部地区金融发展与经济增长的不同关系，发现东部和西部地区金融发展与经济增长存在明显差异，西部地区的金融发展对经济增长具有单向长期引导作用，而东部地区的金融发展与经济增长则呈现出显著的双向因果关系。蒋团标等（2010）检验了广西和江苏 1978—2007 年的时间序列数据，发现两省金融发展与经济增长之间均存在协整关系，且金融规模的扩大会促进经济的增长。胡金焱和张博（2013）采用动态面板广义矩阵估计方法，运用 2005—2011 年中国省际面板数据，对民间金融如何影响经济增长与产业发展进行了研究。结果表明，民间金融的发展对经济增长具有显著的推动作用；进一步研究表明，民间金融主要通过对以工业、建筑业为主的第二产业的推动作用促进经济整体的增长，其经济增长效应主要体现在通过将民间资本引向中小企业、拓宽中小企业融资渠道等促进了民营经济的发展。李斌、江伟（2006）以上市公司为样本研究金融发展与企业成长之间的关系，认为金融发展可以减轻企业的融资约束，特别是对于一些更多依赖外部资金的企业，从而可以有效地促进企业成长，促进企业规模的扩张。

二是金融发展对经济增长的阻碍。胡金焱等（2005）研究了改革开放后至2004年山东省金融发展与经济增长关系的时间序列数据，发现山东省金融发展与经济增长之间存在明显的负相关关系，并未促进经济增长。费和（2011）以甘肃省1994—2008年的数据进行定量分析，结果表明，金融发展与经济增长存在不显著的正向因果关系，金融发展指标FIR与经济增长指标GDPR之间存在长期稳定的负相关关系。

三是金融发展与经济增长不相关。李纯净（2009）对吉林省的研究结果表明，经济增长与金融发展没有相关性，金融发展没有推动经济增长。同样，杨强（2010）对南京市的实证研究得出了同样的结论，即金融发展与经济增长之间的相互促进作用不明显。

四是混合的作用。沈坤荣和孙文杰（2004）研究了1978—2002年数据，发现自20世纪90年代以来，金融发展与经济增长之间的相关性逐步增强，但金融系统在促进储蓄向投资转化的效率方面多年来并没有取得相应突破和改观。袁云峰、曹旭华（2007）研究了随机边界模型下中国金融体系在资源配置中的作用，发现金融发展可以促进资本积累从而促进经济的增长，但金融在配置资源中的作用并没有得以充分发挥。王舒健、李钊（2007）的研究得出了相似的结论，即金融资源配置的机能并没有完全得到发挥，中国经济的增长主要是通过大量投入资本与劳动来实现的。

第二节　中部地区经济状况与金融发展差异比较

一　中部地区经济状况及经济增长效率比较

（一）中部地区经济状况比较

从中原地区改革开放以来的总体经济发展来看（见图7-1），河南省经济在总体规模和增长速度上都高于其他5省。截至2014年年底，河南省GDP达到34938.24亿元，高于6省平均数23113.28亿元。湖

北省和湖南省的 GDP 略高于中部地区平均数，分别为 27379.22 亿元和
27037.32 亿元，且自 2008 年之后，两省的经济增长势头强劲，速度明
显加快。而安徽、江西和山西的经济规模和增长速度均低于中部地区平
均数。

从增长速度上看（见表 7 - 1、图 7 - 2），中部各省 2012 年的 GDP
较改革开放初增长超过 20 倍。其中增长最快的是河南省，增长倍数为
35.43 倍；增长最慢的是山西省，其他省增长速度相差不大。

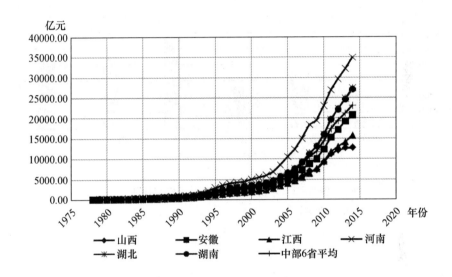

图 7 - 1　中部地区 GDP 比较

资料来源：《中国统计年鉴》。

表 7 - 1　　　　2014 年较 1978 年 GDP 增长情况（按不变价格计算）单位：亿元

年份	山西	安徽	江西	河南	湖北	湖南
1978 年	87.99	114.10	87.00	162.92	151.00	146.99
2014 年	2108.48	3444.67	2596.4	5772.56	4523.65	4467.16
增长倍数	23.96	30.19	29.84	35.43	29.96	30.39

资料来源：《中国统计年鉴》。

从人均 GDP 看（见图 7 - 3），自 20 世纪 80 年代中期以来，中部地
区经济发展较慢，人均 GDP 规模和增长速度几乎均低于全国平均水平。

其中江西和安徽人均 GDP 与全国平均数差距较大，近 5 年来人均 GDP 绝对金额低于平均数几乎 10000 元，相对数不到全国平均水平的 75%。山西和湖南人均规模和增长速度比较接近，2010 年以来增长速度有所下降。湖北经济自 2008 年以来，增长强劲，人均 GDP 在 2014 年达 47145 元，超过全国平均水平 46629 元，且增长速度明显高于全国平均水平和中部其他城市。

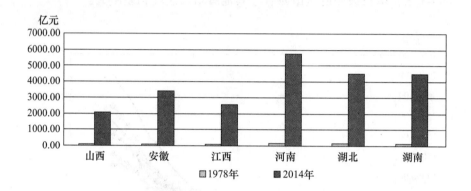

图 7 - 2   中部地区 GDP 增长速度比较

资料来源：《中国统计年鉴》。

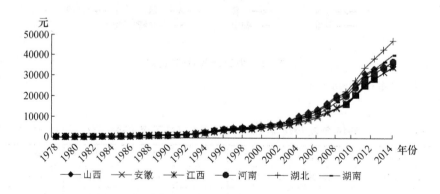

图 7 - 3   1978—2014 年中部地区人均 GDP 比较

资料来源：《中国统计年鉴》、《山西统计年鉴》、《安徽统计年鉴》、《江西统计年鉴》、《河南统计年鉴》、《湖北统计年鉴》、《湖南统计年鉴》。

（二）中部地区产业结构比较

根据新经济增长理论，产业结构的变迁是经济增长的一个重要机制，对经济增长有重大影响。产业经济学理论指出，产业结构和经济发展密切相关，产业结构制约着经济发展的速度，反映着一个国家经济发展的水平。结构主义发展理论认为，产业结构协调既包括产业结构本身的协调与优化，也包括区域之间在产业发展上的合理分工，产业结构协调问题是国家经济发展过程中的主要问题之一；产业结构的变迁是经济增长的一个重要源泉，会通过要素的重新配置实现生产效率的提升。因此，经济增长很大程度上取决于产业结构变迁的状态。Clarke（1940）、Kuznets（1941）研究指出，产业结构对经济增长具有积极的作用；Goldsmith（1969）开创性地认为金融与以产业结构变动为特征的经济增长间具有密切的关系；Stiglitz（1985）、Mckinnon（1973）、Shaw（1973）等的研究表明，金融发展对经济增长中的资源配置和结构变动均具有重要作用，因此对经济增长有促进作用。

　　产业结构有多种划分形式，这里采用传统的产业划分形式将产业划分为工业、农业和第三产业。在产业结构理论发展演进的过程中，最早关注产业结构的是 Clarke。Clarke 分析了 40 个国家不同时期三次的产业演变，其研究表明，随着经济的发展，工业的就业人口不断减少，而农业和第三产业的就业人口不断增加。而著名的"美国 GNP 之父"——Simon Smith Kuznets 则分析了当时 15 个欧美发达国家的历史资料，其研究表明，随着经济的发展，农业部门占总产值和总就业人数的比重不断下降，而工业部门和服务业部门所占比重趋于上升。这里通过分析经济进程中各产业比例变化的资料，对中部地区的经济发展状况和结构有一个初步判断。具体见表 7-2—表 7-3、图 7-4—图 7-10。

表 7-2　　　　　　　　中部 6 省产业结构比较（2014 年年底）　　　　　　单位:%

省份	产业	1980 年	1985 年	1990 年	1995 年	2000 年	2005 年	2010 年	2014 年
山西	第一产业	18.97	19.3	18.82	15.68	9.74	6.28	6.0	6.2
	第二产业	58.39	54.82	48.94	45.95	46.51	56.3	56.9	49.3
	第三产业	22.63	25.88	32.24	38.37	43.75	37.42	37.1	44.5
安徽	第一产业	45.89	42.55	37.4	32.26	25.56	17.98	14.0	11.5
	第二产业	35.53	35.58	38.22	36.46	36.41	41.32	52.1	53.1
	第三产业	18.58	21.88	24.38	31.28	38.03	40.7	33.9	35.4

续表

省份	产业	1980 年	1985 年	1990 年	1995 年	2000 年	2005 年	2010 年	2014 年
江西	第一产业	43.46	40.43	41.05	32.03	24.22	17.93	12.8	10.7
	第二产业	36.89	36.58	31.16	34.52	34.98	47.27	54.2	52.5
	第三产业	19.65	22.98	27.79	33.46	40.8	34.8	33.0	36.8
河南	第一产业	40.68	38.39	34.85	25.53	22.99	17.87	14.1	11.9
	第二产业	41.21	37.65	35.51	46.68	45.4	52.08	57.3	51.0
	第三产业	18.11	23.96	29.64	27.79	31.61	30.05	28.6	37.1
湖北	第一产业	35.72	36.45	35.11	29.38	18.68	16.6	13.4	11.6
	第二产业	45.98	44	38.02	36.99	40.54	43.1	48.6	46.9
	第三产业	18.3	19.55	26.87	33.63	40.78	40.31	37.9	41.5
湖南	第一产业	42.32	42.21	37.49	32.14	22.1	19.28	14.5	11.6
	第二产业	40.16	36.31	33.58	36.15	36.41	39.88	45.8	46.2
	第三产业	17.52	21.47	28.93	31.71	41.49	40.84	39.7	42.2

资料来源：《中国统计年鉴》、《山西统计年鉴》、《安徽统计年鉴》、《江西统计年鉴》、《河南统计年鉴》、《湖北统计年鉴》、《湖南统计年鉴》。

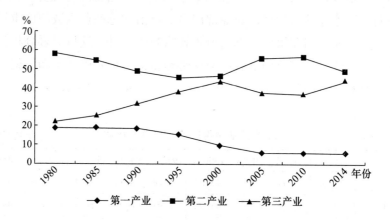

图 7 - 4　1980—2014 年山西省产业结构及其变化

资料来源：《山西统计年鉴》。

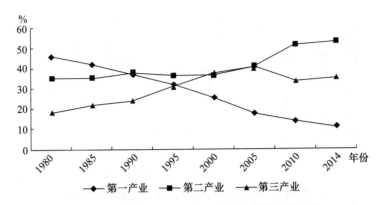

图 7 - 5　1980—2014 年安徽省产业结构及其变化

资料来源:《安徽统计年鉴》。

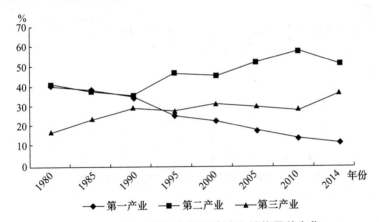

图 7 - 6　1980—2014 年江西省产业结构及其变化

资料来源:《江西统计年鉴》。

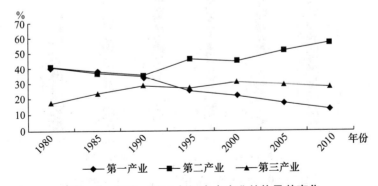

图 7 - 7　1980—2014 年河南省产业结构及其变化

资料来源:《河南统计年鉴》。

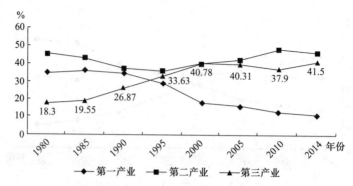

图 7 - 8　1980—2014 年湖北省产业结构及其变化

资料来源：《湖北统计年鉴》。

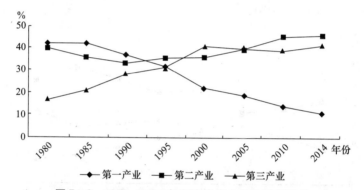

图 7 - 9　1980—2014 年湖南省产业结构及其变化

资料来源：《湖南统计年鉴》。

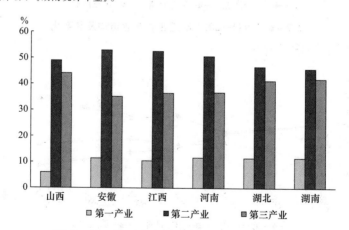

图 7 - 10　2014 年年底中部 6 省产业结构比较

资料来源：《中国统计年鉴》《山西统计年鉴》《安徽统计年鉴》《江西统计年鉴》《河南统计年鉴》《湖北统计年鉴》《湖南统计年鉴》。

表 7 - 3　　　　　中部 6 省产业结构变化（2014 年年底）　　　单位：亿元

省份	年份	地区生产总值	第一产业	第二产业	第三产业
山西	1980 年	108.76	20.63	63.51	24.62
	2014 年	12761.49	788.89	6293.91	5678.69
	增长倍数	117.34	38.24	99.10	230.65
安徽	1980 年	141.00	64.70	50.10	26.20
	2014 年	20848.75	2392.39	11077.67	7378.68
	增长倍数	147.86	36.98	221.11	281.63
江西	1980 年	111.15	48.31	41.00	21.84
	2014 年	15714.63	1683.72	8247.93	5782.98
	增长倍数	141.38	34.85	201.17	264.79
河南	1980 年	229.16	93.23	94.44	41.49
	2014 年	34938.24	4160.01	17816.56	12961.67
	增长倍数	152.46	44.62	188.65	312.40
湖北	1980 年	199.38	71.22	91.67	36.49
	2014 年	27379.22	3176.89	12852.40	11349.93
	增长倍数	137.32	44.61	140.20	311.04
湖南	1980 年	191.72	81.14	76.99	33.59
	2014 年	27037.32	3148.75	12482.06	11406.51
	增长倍数	141.03	38.81	162.13	339.58

资料来源：《中国统计年鉴》。

从以上分析可以得出：

第一，根据表 7 - 2 及图 7 - 4—图 7 - 9 可以看出，中部 6 省产业结构水平自 20 世纪 80 年代以来获得了一定的提升；农业产值逐步下降，工业占据主导地位，第三产业稳步提升，产业结构逐渐趋向合理。

第二，根据图 7 - 10，可以看到，中部 6 省目前均属于 "二三一" 型的产业结构。

第三，根据表 7 - 3，从各省内部纵向比较来看，自 1980—2014 年，山西、安徽、江西、河南、湖北、湖南六省 GDP 分别增长了 116.34 倍、146.86 倍、140.38 倍、151.46 倍、136.32 倍、140.03 倍。具体到各产业层面来看，第一产业增长最快的是河南省，增长了 43.62 倍，增长最慢的是江西省，增长了 33.85 倍；第二产业增长最快的是安徽省，增长了 220.11 倍，最慢的是山西省，增长了 98.1 倍；第三产业湖南省增长了 338.58 倍，增长最快，其他依次为河南、湖北、安徽、江西和山西，分别增长了 311.4 倍、310.04 倍、280.63 倍、263.79 倍和 229.65 倍。

第四，从中部 6 省与全国的横向比较来看，山西省产业结构相对较优，但其他各省产业结构层次相对较低，第三产业发展滞后，农业在经济结构中仍然扮演着重要角色。

（三）所有制结构比较

作为经济制度的基础，所有制是一种基础性资源，其决定了其他资源配置效率，是影响经济增长的非常重要的因素。如果所有制资源配置有效，则其他资源的配置也就易于有效。所有制资源配置的过程，也就是随着不同时期、不同情况经济增长的需要，所有制结构的不断调整和不断优化的过程。

自 20 世纪 80 年代以来，我国的所有制结构由单一的公有制结构向以公有制为主体的多元所有制结构并存的转化，为我国经济增长提供了源源不断的动力，推动了我国经济的高速发展。特别是民营经济的大量涌现和快速发展，已成为我国经济增长的巨大推动力。资源总配置效率的提高是所有制结构推动经济增长的另一个非常重要的原因。

所有制结构对经济增长的影响受到学者关注。Pranab Bard - han（1997）认为，国有经济在调节宏观计划、克服市场失灵、追求社会利益和公共目标的过程中发挥着不可替代的作用，并能通过推动基础产业、新兴产业、高科技产业的发展以及加速资本形成，从而推动经济的快速发展。景维民和张慧君（2006）指出，国有经济有利于收入分配均等，而相对均等的收入分配则有利于激发劳动者的积极性，从而有利于社会稳定，最终为国民经济的发展提供稳定的增长环境。曹新（1996）研究认为，应继续促进所有制结构的变动，使其更加多元化和合理化，从而使我国经济继续保持快速增长的势头。田卫民和景维民（2008）则以 1978—2006 年的经验数据，实证研究了我国当前的最优所有制结构安排。研究结果表明，只有在当前国有企业的最优规模达到 25.05% 的比例后，才对经济增长产生有利影响：当国有企业规模由低向高变化时，国民生产总值将持续提高；而当国有企业规模达到一个临界点时，国有企业规模的继续提高就不再引起国民生产总值的继续提高，相反会出现递减甚至负增长。

根据表 7-4，可以大致了解中部 6 省的企业所有制结构情况。

表 7-4　　　　　　　　中部 6 省所有制结构对比（2014 年年底）

项目	企业性质	山西		安徽		江西		河南		湖北		湖南		合计	
		数量	占比	数量	占比	数量	占比	数量	占比	数量	占比	数量	占比	数量	占比
企业单位数（个）	国有控股	757	23	687	5	483	8	805	7	742	7	754	7	4228	7
	私营	2345	72	12815	90	4611	78	10665	89	8586	84	9486	88	48508	86
	外商和港澳台投资	148	5	804	6	855	14	550	5	865	8	580	5	3802	7
	合计	3250	100	14306	100	5949	100	12020	100	10193	100	10820	100	56538	100
资产总计（亿元）	国有控股	19420	71	12934	54	5200	43	13622	41	14805	57	8862	51	15654	25
	私营	6078	22	8009	33	4444	36	14209	43	6298	24	6661	38	30493	49
	外商和港澳台投资	1938	7	2988	12	2537	21	5096	15	5014	19	1788	10	15654	25
	合计	27436	100	23931	100	12181	100	32928	100	26118	100	17311	100	61801	100
净资产（亿元）	国有控股	5007	70	4615	47	1909	34	4579	28	6102	53	3273	41	6061	21
	私营	1523	21	3959	40	2446	44	9955	71	3446	30	3853	48	16297	57
	外商和港澳台投资	624	9	1216	12	1183	21	1702	14	2071	18	868	11	6061	21
	合计	7153	100	9790	100	5538	100	16237	113	11618	100	7994	100	28419	100
利润总额（亿元）	国有控股	113	43	318	21	253	16	358	12	588	33	603	37	1377	18
	私营	72	27	971	64	953	62	2200	77	789	44	888	54	5059	65
	外商和港澳台投资	80	30	235	15	333	22	308	11	410	23	151	9	1377	18
	合计	266	100	1524	100	1539	100	2865	100	1788	100	1642	100	7813	100

资料来源：《中国统计年鉴》、《山西统计年鉴》、《安徽统计年鉴》、《江西统计年鉴》、《河南统计年鉴》、《湖北统计年鉴》、《湖南统计年鉴》。

从企业数量总数上看，中部 6 省各省差别较大。其中安徽和河南的企业总数量较多，分别为 14306 个和 12020 个，江西和山西的企业数量较少，分别为 5949 个和 3250 个，安徽的企业数量几乎是山西的 5 倍。

从企业数量结构上分析，中部地区私营企业数量占企业总数量的平均比重约为86%，国有控股和外资各约占7%。其中，私营企业比重最高的是安徽省，占总企业数量的90%，说明其经济开放度较高；国有企业和国有控股比重最高的是山西省，占企业总数量的23%，远远高于其他省份；在外资企业数量上，江西省比重最高，占企业总数量的14%，其他依次为湖北、安徽、湖南、河南和山西。

从企业资产总规模和净资产总规模上看，河南省企业资产总规模最大，资产总计和净资产分别为32928亿元和16237亿元，其次为湖北省，资产总计和净资产分别为26118亿元和11618亿元；江西省企业资产总规模和净资产总规模最小，资产总计和净资产分别为12181亿元和5538亿元，远远低于中原6省平均数。

从企业资产所有制结构上看，中部地区私营企业总资产占所有企业总资产的平均比重为49%，占净资产的平均比重为57%，国有及国有控股和外资各约占总资产的25%，净资产的21%。其中河南省民营经济发展较为活跃，民营企业资产规模占所有企业资产总额的43%，净资产的71%，利润总额的77%；其次是湖南，分别占资产总额的38%和净资产的48%，而湖北省的私营企业规模较小，仅占企业资产总额的24%和净资产的30%，公有制和外资企业比例较高。

从企业经营成果看，河南省利润规模最大，利润总额2865亿元，其他依次为湖北、湖南、江西、安徽和山西，分别为1788亿元、1642亿元、1539亿元、1524亿元和266亿元。

从企业经营成果所有制结构看，中部地区私营企业利润占所有企业总利润的平均比重为65%，国有及国有控股和外资各约占18%。其中河南省私营企业的利润规模最大，为2200亿元，占企业总利润规模的77%，国有控股企业利润总额最大的是湖南省，但占比重最大的是山西省，占企业总利润规模的43%；外资企业利润总额最大的是湖北省。

（四）规模以上工业企业经营效率比较

规模以上工业企业经营情况在一定程度上可以代表一个区域的企业经营水平。根据表7-5，2014年，中部地区规模以上工业企业的总资产贡献率和流动资产周转次数均高于全国平均水平，说明中部地区的资产营运能力较好，特别是流动资产的周转能力，部分省份的成本费用利润率低于全国平均水平，说明中部地区企业经营费用还有较大的降低空

间。从各省的情况看，河南省规模以上工业企业规模最大，资产总计
50540.15 亿元，所有者权益合计 26438.56 亿元，其次依次为湖北、山
西、安徽、湖南和江西。从主营业务收入看，从高到低依次为河南、湖
北、安徽、湖南、江西和山西，说明山西企业经营效率较低。这一结论
通过利润总额、主营业务利润率、总资产贡献率等指标表现得更为明
显。原因有可能与各省的经营成本有关，特别是资金成本。

表 7 - 5 　　　　中部地区规模以上工业企业经营情况（2014 年年底）

地区	资产总计 （亿元）	负债合计 （亿元）	所有者权 益合计 （亿元）	主营业务 收入 （亿元）	利润总额 （亿元）	总资产 贡献率 （%）	流动资产 周转次数 （次/年）	工业成本 费用利润 率（%）
山西	30574.37	22514.07	7975.81	17801.12	256.31	5.19	1.51	1.44
安徽	28831.52	16718.59	11947.41	36838.37	1943.62	13.15	2.87	5.6
江西	16061.44	8403.6	7494.87	31077.54	2130.41	22.69	4.37	7.37
河南	50540.15	23717.27	26438.56	68037.47	4946.19	15.79	3.03	7.83
湖北	32940.84	18193	14624.35	41401.49	2402.63	14.93	2.85	6.14
湖南	22025.27	11688.15	10255.09	33489.43	1688.30	19.05	3.62	5.47
中部 平均	30162.27	16872.45	13122.68	38107.57	2227.91	15.13	3.04	5.64
全国	—	—	—	—	—	13.69	2.53	6.52

资料来源：《中国统计年鉴》《山西统计年鉴》《安徽统计年鉴》《江西统计年鉴》《河南
统计年鉴》《湖北统计年鉴》《湖南统计年鉴》。

二　中部地区金融发展差异分析

（一）金融产业规模对比

1. 金融产业产值占 GDP 的比重分析

现代金融产业的形成与发展，不仅推动了国民经济的发展，同时也
通过自身产值的增长为经济发展直接做出相应的贡献。

根据表 7 - 6，整体上看，中部 6 省金融产业发展相对滞后，金融
产业产值占 GDP 的比重和占第三产业比重几乎均低于全国平均水平，

更是与目前发达国家金融产业产值占国民生产总值的15%—20%的水平相去甚远。

表7-6 中部6省金融产业产值（2014年年底）

地区	金融产业产值（亿元）	占GDP比重（%）	占第三产业比重（%）
山西	746.26	5.92	14.50
安徽	1046.67	5.02	14.19
江西	739.70	4.71	12.79
河南	1489.29	4.26	11.57
湖北	870.36	3.91	10.60
湖南	950.04	3.51	8.33
全国	46272.70	7.27	15.12

资料来源：《中国统计年鉴》《山西统计年鉴》《安徽统计年鉴》《江西统计年鉴》《河南统计年鉴》《湖北统计年鉴》《湖南统计年鉴》。

从中部6省的内部比较看，山西的金融产业在整个经济中所占的比重最大，占GDP比重的5.92%，第三产业的14.5%，但产值规模绝对值不大，低于中部6省的平均数973.72亿元。河南的金融产业产值绝对额最大，但相对整个经济和第三产业不高，仅占GDP的4.26%和第三产业的11.57%，远低于全国平均水平。湖北省和湖南省的金融产业发展较为滞后，在整体规模和所占比重中都不占优势。

2. 金融规模的相对测算——金融相关率

这里采用金融相关率指标进一步地考察中部地区的金融规模，以更好地对中部6省的金融发展水平有一个比较。金融相关率是由美国经济学家Raymond W. Goldsmith提出的，指的是某一日期一国全部金融资产价值与该国经济活动总量的比值。国际上通常采用"金融相关率"指标来衡量金融增长水平；在衡量发展中国家金融发展水平的指标选取上，通常采用金融增长作为金融发展的替代指标。但是，在进行区域比较时，由于缺乏各地金融资产和M2的统计资料，金融相关率只能采用替代指标。金融资产主要表现为货币性资产，因此研究者通常采用银行存款和贷款总数作为金融资产的替代指标。这里也采用这一替代指标来计算中部地区的金融相关率。如图7-11、表7-7所示。

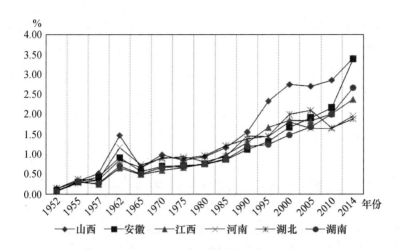

图7-11　1952—2014年中部6省金融相关率动态比较

资料来源：《中国统计年鉴》《山西统计年鉴》《安徽统计年鉴》《江西统计年鉴》《河南统计年鉴》《湖北统计年鉴》《湖南统计年鉴》。

表7-7　　　　　　　中部6省金融相关率比较（2014年年底）　　　　单位：亿元

省份	地区GDP	存款	贷款	合计	金融相关率（%）
山西	12759.44	26942.90	16559.40	43502.30	3.41
安徽	15300.65	29817.73	22088.30	51906.03	3.39
江西	15714.63	21755.49	15696.68	37452.17	2.38
河南	34939.38	41374.91	27228.27	68603.18	1.96
湖北	27037.32	36494.82	25289.82	51038.68	1.89
湖南	27367.04	36494.82	25289.82	61784.64	2.26
全国	634043.40	1323453.00	816770.00	2140223.00	3.38

资料来源：《中国统计年鉴》、《山西统计年鉴》、《安徽统计年鉴》、《江西统计年鉴》、《河南统计年鉴》、《湖北统计年鉴》、《湖南统计年鉴》。

图7-11动态描述了2014年年底全国及中部6省的金融相关率情况。从整体上看，中部6省金融相关率均低于全国平均水平，说明金融增长水平相对滞后，金融发展水平相对较低。金融发展理论认为，较高的金融相关率与较高的经济增长和经济发展水平相匹配，对表7-7的分析与这一结论相吻合。

从中部6省的内部比较看，山西的金融相关率最大，为2.86%，接近全国水平；其次依次为安徽、江西、湖北、湖南和河南。这明显与上述分析的中部6省的实际经济水平发展水平不符（山西省发展速度最低，河南最高）。

表7-7静态描述了2014年年底全国及中部6省的金融相关率情况。从整体上看，中部6省中的4省金融相关率均低于全国平均水平，说明金融增长水平相对滞后，金融发展水平相对较低。金融发展理论认为，较高的金融相关率与较高的经济增长和经济发展水平相匹配。

从中部6省的内部比较看，山西的金融相关率最大，为3.41%，高于全国水平；其次依次为安徽、江西、湖南、河南和湖北。这与上述分析的中部6省的实际经济发展水平不符（山西省发展速度最低，河南省最高）。另外，各发展中国家金融改革的实践表明，过分金融深化（金融相关率过高）会形成金融泡沫，从而使金融脱离实体经济单独发展。这种脱离表现在两方面：一方面表现为实体经济增长过慢，难以吸收过多过快增长的金融资源；另一方面表现为经济发展中资金利用的低效率或配置的低效。

（二）金融产业结构比较

1. 金融机构存贷款比率比较

存贷款比率是用来衡量商业银行流动性风险的重要性指标之一，也是影响银行营利性的重要因素。存贷款比率数值上等于各项贷款余额与各项存款余额的比率。按照中国人民银行的规定，各项贷款余额包括短期、中长期和逾期贷款以及应收押汇和贴现；各项存款包括活期存款、应解汇款、保证金、长期存款和长期储蓄存款等。

图7-12描述了新中国成立以来中部6省金融机构的存贷款比率动态变化情况。总体上看，中部地区金融机构在20世纪90年代中期之后逐渐进入规范化阶段，存贷款比率比较稳定，银行按照市场运行规律经营。进入21世纪之后，存贷款比率基本保持在1%以下，说明金融机构的风险意识增强，市场化程度进一步深化。

2. 金融机构存款结构比较

表7-8描述了中部6省存款来源结构。从整体上看，银行机构存款主要包括企业存款、个人存款和财政存款，但以个人存款为主，其中河南和湖南的个人存款分别占总存款的55.27%和54.79%。

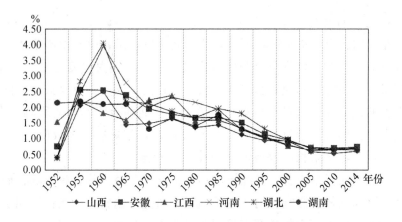

图 7 - 12　中部 6 省金融机构存贷款比率

资料来源:《中国统计年鉴》《山西统计年鉴》《安徽统计年鉴》《江西统计年鉴》《河南统计年鉴》《湖北统计年鉴》《湖南统计年鉴》。

表 7 - 8　　　　　　　存款来源结构比较 (2014 年年底)

省份		各项存款	企业存款	个人存款	其他存款
山西	金额（亿元）	26942.90	12027.31	13530.72	1115.44
	占比（%）	100.00	44.64	50.22	4.14
安徽	金额（亿元）	29817.73	14285.67	14354.26	799.12
	占比（%）	100.00	47.91	48.14	2.68
江西	金额（亿元）	21755.49	9685.90	11083.85	616.66
	占比（%）	100.00	44.52	50.95	2.83
河南	金额（亿元）	41374.91	16926.48	22867.91	1026.10
	占比（%）	100.00	40.91	55.27	2.48
湖北	金额（亿元）	36494.82	13678.00	17820.70	2025.46
	占比（%）	100.00	45.21	48.83	5.55
湖南	金额（亿元）	36494.82	15010.32	19995.51	967.11
	占比（%）	100.00	41.13	54.79	2.65

资料来源:《中国统计年鉴》《山西统计年鉴》《安徽统计年鉴》《江西统计年鉴》《河南统计年鉴》《湖北统计年鉴》《湖南统计年鉴》。

3. 金融机构贷款结构比较

在我国，由于资本市场不够发达，间接融资是企业不得不采取的主要融资方式。关于信贷总量与经济发展的关系，国内主要有三种结论：信贷量对经济增长和通货膨胀均有长期的正向影响；信贷量只对经济增长有长期正向作用，对价格水平在短期和长期却有着不同的影响方向；信贷对经济增长和通货膨胀的影响不大且时效较短。但多数研究认为，信贷总量对经济增长和价格水平均有显著影响。

从信贷期限结构看，对经济的影响不仅仅对经济总量有影响，而且对通货膨胀同样有影响。对于这一问题，研究结论较为一致：短期贷款会形成通胀压力，而中长期贷款则对通胀有一定的抑制作用。在短期信贷对经济增长的影响方面，范从来、盛天翔、王宇伟（2012）和吉霞（2012）认为，短期贷款对经济有正向作用；而赵兴波（2008）对深圳市的研究认为，短期贷款对经济无显著影响。关于中长期贷款对经济增长的影响，多数研究认为中长期贷款对经济增长有长期的促进作用，但这种促进作用需要一段时期后方能显现，而短期内的影响则很小甚至可能为负向的，如赵兴波（2008）、吉霞（2012）、范从来等（2012）、宋洋（2012）的研究。

表7-9描述了2014年年底中部6省金融机构人民币信贷总量和贷款期限结构情况。从信贷总量上看，河南信贷规模最大，其次是湖北和安徽，这3个省均高于中部平均水平。从贷款期限结构看，除了河南省外，其他各省以中长期贷款为主。而河南的短期贷款和中长期贷款相差不大，分别占总信贷量的47.02%和50.04%。

表7-9　　中部6省金融机构人民币贷款期限结构比较（2014年年底）

省份	各项贷款总额（亿元）	短期贷款总额（亿元）	中长期贷款总额（亿元）	短期贷款比重（%）	中长期贷款比重（%）
山西	16559.40	4231.41	6387.74	25.55	38.57
安徽	22088.30	4996.21	8270.93	22.62	37.44
江西	15696.68	6618.53	8623.47	42.17	54.94
河南	27228.27	12801.98	13625.90	47.02	50.04
湖北	25289.82	8613.55	15517.22	34.06	61.36

续表

省份	各项贷款 总额（亿元）	短期贷款 总额（亿元）	中长期贷款 总额（亿元）	短期贷款 比重（%）	中长期贷款 比重（%）
湖南	20783.10	6059.00	14312.70	29.15	68.87
6 省平均	21274.26	7220.11	11122.99	33.43	51.87

资料来源：《中国统计年鉴》《山西统计年鉴》《安徽统计年鉴》《江西统计年鉴》《河南统计年鉴》《湖北统计年鉴》《湖南统计年鉴》。

随着经济改革的推进，金融业的作用越来越重要。而经济改革过程中，金融业也发生了巨大的变化。然而，经济体制改革虽给金融格局带来了一定的显著变化，却不深刻。金融资源未能通过融资方式或渠道创新提高资源的配置效率，而是通过银行资产的扩张来维系经济的超高速增长，来自其自身效率的因素不多。

第三节　中部地区金融发展与经济增长的实证分析

一　指标选取与数据来源

本部分研究中部地区金融发展对经济增长影响。其中金融发展指标用中部地区的金融存款和金融贷款合计数作为替代指标（用 TDL 表示），经济增长指标选取地区国内生产总值（用 GDP 表示）。各指标的数据来源于《中国统计年鉴》、《山西统计年鉴》、《安徽统计年鉴》、《江西统计年鉴》、《河南统计年鉴》、《湖北统计年鉴》、《湖南统计年鉴》，数据的选取时间为 1978—2014 年。为消除数据的异方差，对两项指标的历年数据取对数。

二　向量自回归模型的建立

向量自回归（VAR）模型由克里斯托弗·西姆斯（Christopher Sims）于 1980 年提出。VAR 模型是一种常用的计量经济模型，其基本原理是用模型中所有当期变量对所有变量的若干滞后变量进行回归，从而将单变量自回归模型推广到由多元时间序列变量组成的"向量"自回归模型。VAR 模型是处理多个相关经济指标的分析与预测最容易操作的模型之一。

（一）单位根检验

这里用 Eviews 6.0 对原始数据进行单位根检验，发现原始序列不平稳，然后对一阶差分后的数据进行单位根检验，其结果如表 7－10 所示。

表 7－10   变量的 ADF 检验结果

变量	ADF 统计值	P 值	平稳定
LGDP	0.082757	0.9595	非平稳
D（LGDP）	－ 3.033301	0.0421	平稳
LTDL	－ 1.611552	0.4656	非平稳
D（LTDL）	－ 3.804404	0.0067	平稳

注：a = 0.05 时的临界值为 － 2.954021。

综合结果表明，原时间序列是非平稳的，但是它们的一阶差分变量都是平稳序列，而且两变量都是一阶单整序列。

（二）模型滞后期确定

基于变量 LGDP、LTDL 构建 2 维向量自回归模型。用模型滞后结构确定准则进行滞后期的选择，结果如表 7－11 所示。

表 7－11   VAR 模型滞后期选择指标

Lag	LogL	LR	FPE	AIC	SC	HQ
0	－ 30.03967	NA	0.027089	2.067076	2.159591	2.097233
1	101.1410	236.9716	7.41e － 06	－ 6.138129	－ 5.860584	－ 6.047656
2	110.4073	15.54348 *	5.30e － 06 *	－ 6.477891 *	－ 6.015315 *	－ 6.327103 *
3	113.9559	5.494516	5.51e － 06	－ 6.448765	－ 5.801158	－ 6.237661
4	115.1561	1.703607	6.73e － 06	－ 6.268137	－ 5.435499	－ 5.996718

注：* 表示概率在 1% 的水平上显著。

综合表 7－11 各项指标，最终选取最佳滞后期为 2。

通过对 VAR（2）模型残差进行 JB 正态检验、LM 自相关检验和 White 异方差检验，其结果显示残差序列服从正态分布、无自相关、不存在异方差。因此，VAR（2）的统计性质良好，可以成为随后脉冲分析的基础。VAR（2）模型方程为：

$$\begin{pmatrix} LGDP_t \\ LTDL_t \end{pmatrix} = \begin{pmatrix} 0.179979 \\ 0.302773 \end{pmatrix} + \begin{pmatrix} 1.346596 & 0.385732 \\ 0.340705 & 1.127754 \end{pmatrix} \begin{pmatrix} LGDP_{t-1} \\ LTDL_{t-1} \end{pmatrix} +$$

$$\begin{pmatrix} -0.493375 & -0.260605 \\ -0.421903 & -0.071317 \end{pmatrix} \begin{pmatrix} LGDP_{t-2} \\ LTDL_{t-2} \end{pmatrix}$$

三　协整方程的估计与检验

（一）协整关系检验

根据协整理论，两变量间可能存在协整关系，因此进一步做变量之间的协整关系检验。在取得协整方程之前，为了对各变量选取的合理性进行分析，采用普通最小二乘法，回归结果如表7－12所示。

表7－12　　　　　　　　　　　协整方程回归结果

Variable	Coefficient	Std. Error	t – Statistic	Prob.
LTDL	0.836542	0.009743	85.85874	0.0000
C	1.191326	0.093809	12.69952	0.0000
R – squared		0.995543		
Adjusted R – squared		0.995408		
F – statistic		7371.723		
Prob（F – statistic）		0.000000		
Log likelihood		30.57439		

得到回归方程为：

LGDP = 1.191326 + 0.836542 × LTDL

由表7－12可知，回归方程拟合程度比较理想，线性关系显著成立，解释变量对被解释变量有较高的解释程度。

（二）变量因果关系检验

协整回归的主要意义在于其揭示了变量之间存在的长期稳定的均衡关系，因此需要对上述变量是否构成因果关系进行 Granger 因果关系检验，检验结果见表7－13。

表 7 - 13   Granger 因果关系检验结果

Null Hypothesis:	Obs.	F - Statistic	Prob.
LTDL does not Granger Cause LGDP	33	3.83734	0.0337
LGDP does not Granger Cause LTDL		2.65488	0.0879

注：滞后期为 2。

由表 7 - 13 可知，不仅金融发展是影响经济增长的原因，经济增长也是影响金融发展的原因，二者互为因果关系。

（三）协整回归方程检验与估计

表 7 - 14   Johansen 协整检验结果

Hypothesized No. of CE（s）	Eigenvalue	Trace Statistic	0.05 Critical Value	Prob. **
None*	0.207948	7.693237	14.26460	0.4107
At most 1*	0.087828	3.033578	3.841466	0.0816

注：（1）迹检验表明在 5% 水平上存在两个协整方程。

（2）* 表示在 5% 水平上拒绝假设。

（3）** 代表 MacKinnon - Haug - Michelis（1999）p 值。

根据表 7 - 14 可知，以上 2 个序列中有 1 个协整回归方程。

表 7 - 15   协整回归方程

LGDP	LTDL
1.0000	- 1.382060
	(0.20326)
Adjustment coefficients（standard error in parentheses）	
D（LGDP）	- 0.008768
	(0.00856)
D（LTDL）	0.017847
	(0.00862)

根据表 7 − 15 可知，协整回归方程为：

LGDP = 1. 382060 × LTDL − 0. 008768 × D（LGDP） + 0. 017847 × D
（LTDL）

四　脉冲响应分析

VAR 模型是一种非理论性的模型，因此，往往在分析 VAR 模型
时，无须对变量作先验性约束，不分析一个变量的变化对另一个变量的
影响，而是直接分析当一个误差项发生变化，或者说模型受到某种冲击
时对系统的动态影响，即脉冲响应函数分析方法。

进行脉冲响应分析之前，要对 VAR 模型的平稳性进行检验，结果
如图 7 − 13 所示，模型的单位根均在单位圆以内，说明该模型是平稳
的，可以进行脉冲分析。脉冲响应函数如表 7 − 16、图 7 − 14 所示。

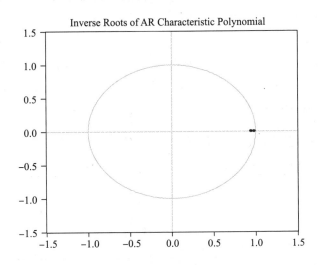

图 7 − 13　单位根检验结果

表 7 − 16　　　　　　　　　　　　脉冲响应函数

Period	Response of LGDP		Response of LTDL	
	LGDP	LTDL	LGDP	LTDL
1	0. 054914	0. 000000	0. 023133	0. 045460
2	0. 051595	0. 003655	0. 021483	0. 046664
3	0. 048456	0. 007062	0. 019927	0. 047750
4	0. 045488	0. 010236	0. 018458	0. 048724

续表

Period	Response of LGDP		Response of LTDL	
	LGDP	LTDL	LGDP	LTDL
5	0. 042683	0. 013188	0. 017073	0. 049592
6	0. 040030	0. 015931	0. 015767	0. 050363
7	0. 037522	0. 018478	0. 014535	0. 051040
8	0. 035152	0. 020839	0. 013374	0. 051631
9	0. 032912	0. 023025	0. 012280	0. 052140
10	0. 030796	0. 025046	0. 011250	0. 052572

Response to Cholesky One S.D. Innovations ± 2 S.E.

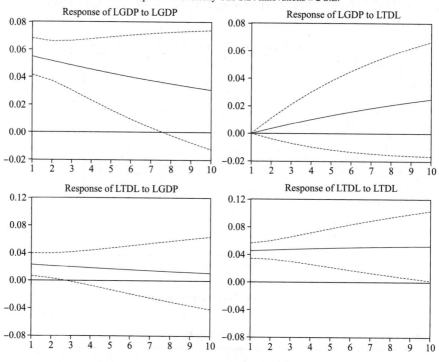

图 7 - 14 脉冲响应

表 7 - 16 和图 7 - 14 描述了经济增长与金融发展之间的动态关系。
横轴代表冲击作用的滞后期间数，纵轴代表被解释变量的变化，中间的
实线代表脉冲响应函数，表示给解释变量一个冲击后，被解释变量如何

变化；两侧虚线表示正负两倍标准差偏离带。由此可以得出的结论是：

第一，经济增长（LGDP）对其自身一个标准差的变化在 1 期响应最大，以后期间逐渐减小，逐渐趋于 0；经济增长（LGDP）对金融发展（LTDL）一个标准差的变化在 1 期基本没有响应，但以后各期响应逐渐明显，说明金融变化对经济增长具有长期效应。

第二，金融发展对经济增长（LGDP）及其自身一个标准差变化的响应在整个考察期中比较平稳，这可能与中部地区金融存贷款的政策性约束较强有关。

五 方差分解分析

为进一步评价不同结构冲击的重要性，通过利用已建立的向量自回归模型进行方差分解分析，以定量评价每一个结构冲击对内生变量变化（通常用方差来度量）的贡献度。分解结果如表 7 – 17 所示。

表 7 – 17   **LGDP 的方差分解**

Period	S. E.	LGDP	LTDL
1	0.043792	100.0000	0.000000
2	0.079427	95.65073	4.349270
3	0.111846	90.71021	9.289793
4	0.139663	85.25910	14.74090
5	0.162873	79.39442	20.60558
6	0.182107	73.25522	26.74478
7	0.198219	67.06128	32.93872
8	0.212043	61.07189	38.92811
9	0.224272	55.53232	44.46768
10	0.235411	50.62637	49.37363

由表 7 – 17 可以看出，对中部地区经济增长变化的贡献度最大的因素是经济增长自身的因素，但随着时间的推移，影响度逐渐降低；金融发展因素变化在初期时几乎对中部地区经济增长的变化度为 0，但随着时间推移，对经济增长变化的贡献度逐年增大，在第 10 年时，贡献度达到最大值，几乎占一半。

第四节 结论

一 关于中部地区经济发展现状的研究结论

（1）中部地区经济发展自改革开放以来取得了巨大进步，但无论是总体规模还是增长速度上仍滞后于全国平均水平。按照规模和增长速度的排名依次为河南、湖北、湖南、江西和山西。其中江西和安徽人均GDP与全国平均数差距较大。但湖北经济自 2008 年以来，增长强劲，人均 GDP 超过全国平均水平，增长速度也明显高于全国平均水平和中部其他城市。

（2）目前，中部地区产业结构属于"二三一"型的产业结构。但与全国平均水平相比，山西省产业结构相对较优，其他各省产业结构层次相对较低，第三产业发展滞后，农业在经济结构中仍然扮演着重要角色。

（3）中部地区的所有制结构已形成由一元公有制结构向混合所有制结构转化，民营经济已成为中部地区经济增长的巨大推动力，但各省存在较大差别。从企业数量结构看，河南省私营企业最多，远远多于其他省份，江西省的国有企业和国有控股最多，远高于其他省份，江西省外资企业最多；从企业资产总规模和净资产总规模上看，湖南省以民营经济为主导，湖南省的公有制和外资企业比例较高；从企业经营成果看，河南省私营企业的利润规模最大，湖南省国有及国有控股企业利润总额最大，但占比最大的是山西省，外资企业利润总额最大的是湖北省。

（4）中部地区规模以上工业企业的总资产贡献率和流动资产周转次数均高于全国平均水平，但成本费用利润率略低于全国平均水平，说明中部地区企业资产营运情况好于全国平均水平，但经营费用仍有较大的压缩空间。而且，各省规模以上企业经营效率存在较大差距。

二 关于中部地区金融发展现状的研究结论

（1）中部地区金融产业发展相对滞后。金融产业产值占 GDP 的比重和占第三产业比重几乎均低于全国平均水平，更是与目前发达国家金融产业产值占国民生产总值的 15%—20% 的水平相去甚远。从中部地区各省份看，山西的金融产业在整个经济中所占的比重最大，但产值绝对金额不大，河南的金融产业产值绝对额最大，但相对整个经济和第三产业不高，湖北省和湖南省的金融产业发展较为滞后，在整体规模和所占比重中都不占优势。

（2）中部地区金融机构逐渐进入规范化阶段，存贷款比率较稳定，银行基本按照市场运行规律经营，但金融结构仍需进一步调整优化，金融自身效率仍需进一步提高。具体到中部地区各省，信贷总量上河南规模最大，其次是湖北和安徽，均高于中部平均水平；贷款期限上河南的短期贷款和中长期贷款相差不大，其他各省均以中长期贷款为主。

三　关于中部地区金融发展与经济增长关系的研究结论

（1）经济增长与金融发展存在长期的协整关系。金融变化对经济增长具有长期效应，但经济变化对金融的长期影响不明显，这可能与中部地区金融存贷款的政策性约束较强有关。

（2）随着时间推移，金融发展因素变化对中部地区经济增长变化的贡献度逐年增大，在第 10 年时，贡献度几乎占一半。

（3）在某些省份金融发展与经济增长水平存在一定的偏离现象。如山西的金融相关率为 2.86%，接近全国水平，但山西省经济增长速度在中部 6 省中最低。其原因是过分金融深化导致的金融泡沫，从而使金融脱离实体经济单独发展。

第八章　中部地区技术创新与经济增长

第一节　引言

　　自改革开放以来，中国经济得到高速增长，如今中国经济的发展问题已成为世界性的研究热点。从江泽民、胡锦涛，到习近平的历届国家领导人均提出要整合全社会科技资源，提高企业科技创新水平，实现科技和经济的紧密结合。而随着知识经济时代的到来，科技水平在经济增长中的作用也越来越大，已然成为经济发展的主动力。当前我国对创新的重视早已上升到国家战略层面，并已进入全面建设以及逐步完善国家创新体系的新阶段。

　　党的十七大报告明确提出我国的战略任务：到 2020 年，我国自主创新能力显著提高，科技在经济增长中的贡献率大幅提升，并进入世界创新型国家前列。在这一承前启后的重要时刻，中国经济增长有哪些特点和规律以及如何科学测算并量化科技与经济的关系及其一系列的互动影响问题，已引起政策制定者以及学术界和企业界的普遍关注。

　　本章拟从系统工程角度出发，首先通过结合中部地区经济与科技的发展现状，对科技发展与经济增长的互动关系进行全面细致的研究，建立一套符合中部地区乃至我国国情的科技与经济结合评价指标体系及评价模型框架。同时基于地域特征，建立我国中部地区企业创新能力指标体系及评价模型框架，以求提出提升中部地区企业/行业创新能力以及促进科技与经济结合的有效方法措施，为推动中部地区实现经济平稳较快发展提供关键支撑，具有重要的理论与现实意义。

　　在理论价值方面：首先，其可对经济增长理论提供有益的补充。尽管在技术促进经济增长方面已有大量文献，且在经济理论研究方面也深入推进，但关于技术与经济互动关系的研究较为零散，缺乏深入。而这一研究的开展对于探索创新型国家的发展轨迹、丰富创新理论、构建有中国特色的创新型国家，具有重要的理论意义；另外，还有助于深入研究科技与经济两者结合协调性水平的评价问题。尽管存在一些关于"科技对经济增长的促进作用"的相关研究，也有一些学者提出经济增长同时对科技进步提供支撑。但对科技与经济结合协调度评价情况进行系统分析的相关研究尚未见到，本章试图建立科学合理的科技与经济结合紧密度的评价指标体系对近年来我国科技与经济结合情况进行测度，从而进一步丰富科技与经济紧密结合的评价理论，及实现科技经济紧密结合的指标监测与管理的科学化。

在现实意义方面：第一，有利于制定与实施经济发展战略。通过对科技与经济的互动关系进行全面、系统以及深入的研究，建立一套符合我国国情的科技与经济相结合评价指标体系，对近年来我国科技与经济结合情况进行测度，在此基础上，总结我国科技与经济发展过程中的成功经验与失败教训，分析经济发展过程中存在的主要问题，为促进我国科技与经济紧密结合、实现我国经济快速可持续发展，提出一些有针对性的切实可行的政策建议和方法措施，具有重要的现实意义。第二，有利于实现中部崛起，并为2020年我国创新型国家战略目标的实现做出贡献。

第二节　国内外关于科技与经济关系的述评

一　国外关于科技与经济关系的述评

学者Solow（1957）和Swan（1956）开拓性地论证了技术进步对经济增长的推动影响；之后Romer（1986）和Lucas（1988）的新经济增长理论则更进一步内生化技术进步。他们同时认为只要存在技术进步，则所谓的边际效益递减规律可以避免或减缓，进而对经济的促进作用具有持续性。

（一）科技投入与经济增长的关系研究

事实上，关于科技投入与经济增长之间关系的研究得到了政府和学界的双重关注。新经济增长理论将技术进步作为系统的内生变量，并且在劳动、资本等其他要素受递减规律影响而导致经济无以为继的情况下，只有技术进步才是经济增长的内在动力。Samuelson（1998）认为经济的增长依靠劳动、资本、资源以及技术四要素的投入。而一些学者如 Romer（1990）、Grossman 和 Helpman（1991）以及 Aghion 和 Howitt（1990）等通过构建研发作为内生变量时的增长模型，得出研发投入水平的提升会显著促进经济增长的结论。而 Jaffe、Fogarty 和 Banks（1998）以及 Henderson、Jaffe 和 Trajtenberg（2005）的实证分析则证实了这一结论。与此同时，他们还认为研发投入的作用不仅于此，还会带动整个产业的发展，进而提升整个国家的生产效率。

在科技进步与经济增长关系测度方面，主要是测定科技进步贡献的方法，如索洛余值法、丹尼森的测定方法和乔根森的测定方法。索洛将技术进步纳入生产函数中，在把资本增长和劳动增长对经济增长的贡献剥离以后，剩余部分归结为广义的技术进步，从而定量分离出了技术进步在经济增长中的作用，这便是有名的"索洛余值"，又称全要素生产率。美国丹尼森于 1962 年出版的《美国经济增长因素和我们面临的选择》一书中，指出总产出的增长是总投入增长和生产率提高的结果，把总投入和生产率分别细分为若干个小因素，根据美国的历史资料，测算了各个增长因素对国民收入增长所作的贡献，其后又对西欧各主要国家和日本战后经济做了测算。乔根森在丹尼森的基础上，进一步把资本投入和劳动投入的增长分解为数量增长和质量增长，将劳动体现型和资本体现型的技术进步从索洛余值中做了进一步的剥离，采用超越对数生产函数，在部门和总量两个层次上进行了生产率的度量。在部门层次上，乔根森基于部门增加值和科技投入、资本投入、劳动投入以及时间因素等构造了部门生产函数。时间和其他投入要素按对数处理，生产者均衡作为具体测算的假设条件引入度量理论推导过程中。在部门生产函数的基础上，测得各部门生产率增长的数据，并建立起总量生产率与部门生产率之间的关系。乔根森把资本投入和劳动投入的增长分解为数量增长和质量增长，采用超越对数生产函数，在部门和总量两个层次上对全要素生产率进行了度量。根据投入的质量变化和价格变化对投入数据进行修正是乔根森方法的核心。

科技投入包括对人力资源的投入，而对科技人才方面的投入则有助于技术创新以及技术整合。OECD 的一次科技政策委员会部长级会议总结报告上曾就未来所可能面临的威胁和挑战方面谈道：尽管科技方面的人才稀少，但其对经济、社会的影响却不可估量。关于促进人力资源向创新流动，OECD 科学、技术与产业专题报告也谈道，经济的快速发展离不开科技方面人力资本的投入。

（二）科技投入与经济绩效的实证研究

科技投入与经济绩效的实证研究方面，Griliches（1986）利用 1957—1977 年约 20 年间的 1000 家美国制造企业的历年数据，考察了研发投入对企业的绩效的影响问题。其研究结论表明研发投入，特别是对基础研究的投入对企业的经济绩效具有极大的促进作用。之后，一些学者如 Coe 和 Helpman（1995）则对 22 个国家的经济绩效和研发投入的关系进行了实证研究，并得出本国和贸易伙伴的经济增长与本国研发支出正相关。而 Fogarty（2000）的实证研究同样证实了 Affe、Fogarty 和 Banks（1998）的结论，即研发投入可通过提高产业的效率，进而提升整个国家的生产效率。学者 Guelec 等（2001）则根据 1980—1998 年 19 年的 OECD 国家的统计数据，对比分析了研发投入的类型差异对各要素产出效率的影响，同样发现其可显著带动经济水平的提高。

（三）经济增长对科技进步的影响

关于经济增长对科技进步的影响问题，目前国内外的研究较少。主要是经济增长、经济增长质量及经济与科技的协调发展等相关内容的研究。卡马耶夫（1983）首次谈到了经济的质量问题，并指出只谈经济增长的数量，而不谈经济增长的质量会掩盖其付出的代价。而托马斯等（2001）则认为，经济增长不应仅关注其发展的速度，经济增长的质量也应引起重视。他们还认为经济增长的质量构成了经济增长的具体呈现，如环境的可持续性、就业的再分配、全球经济所处风险状态等，并对所研究国家的经济增长质量问题进行了对比。Barro（2000）、Grmiaud 和 Rouge（2003）从经济波动的视角来考察经济增长的过程，并研究经济增长的代价。Diemont 和 Martin（2009）建立了区域科技与经济系统协调发展度预测模型的动态演化，通过函数仿真协调发展度可能落在稳定解、周期解和混沌区域。

一般来说，经济增长同时伴随着科技进步，而科技进步又会加速经济增长。经济增长与科技投入之间应是一种积极的、正向的双向关系：经济增长越快，经济总量越大，此时的科技投入也应越高；而科技投入越高，则经济增长越快。随着科技进步对经济增长贡献率的不断提高，应越来越重视对科技的投入。

（四）国外研究述评

国外现有文献表明：从微观层面来看，科技投入直接影响产业发展，科技投入的供求关系及其协调机制直接影响产业结构的调整及发展方向。而从宏观层面来看，科技投入能带来技术进步，而技术进步则能促进经济增长。

另外，关于"科技进步在促进经济增长"上的认知经历了从否认科技进步的作用、技术进步作为外生动力到内生变量的转变。其认识的转变过程，特别是把科技进步作为经济增长的内生变量的过程漫长而曲折。

科技进步对经济增长的贡献是多层面的，科技进步与经济增长之间的关系则是多重的。通过对科技进步与经济增长的理论和实证方面的研究发现，科技进步的贡献可体现在如 GDP、生产率等经济变量上。

同时研究发现，应用系统理论对科技进步与经济发展的相关性进行研究的文献较少，说明这一理论在这一领域的应用尚处于初始阶段，因此，应用系统理论进行更深一步的研究，对科技进步与经济发展的相关性分析具有重要的意义。

二 国内关于科技与经济关系的述评

（一）科技投入与经济增长的关系研究

科技投入是科技进步的物质基础和前提，定量测算科技投入的经济效果或者科技进步对于经济增长贡献一直是宏观经济学的重要研究课题。国内学者关于这方面的定量研究起步相对较晚，研究重点也各有差异。学者洪名勇（2003）基于新经济增长理论，试图整合并建立关于科技投入与经济增长的理论分析框架。而范柏乃等（2004）的研究与国外学者不同，他们通过采用广义差分回归分析来证明科技投入与经济增长之间仅为单向的因果关系。刘浩（2006）则基于2002—2004年的科研投入数据，从相关性、因果性以及弹性角度，对比分析16个副省级城市在科技投入与经济增长之间的关系。同年陈秀丽（2006）则利用1995—2003年吉林省的统计数据，分析了历年科技投入与经济增长的相关性情况。陈运平（2007）通过对技术进步对经济增长的贡献进行归纳，指出技术引进与自主研发双战略，对于快速提升整个国家科技水平具有明显战略意义。崔鑫生（2008）则以专利数量作为技术进步的替代变量，并得出一国经济的增长水平与专利数量正相关。而韦镇坤（2008）则通过建立的理论模型证明了国家或地区所选择的技术水平应与其相应的经济实力相协调，并认为东部的技术、资本和劳动力等要素的组合达到了较好的比例即达到适宜技术的要求，所以经济增长速度快，而中西部在对技术的引进和开发方面明显不如东部，在人才的培养和引进方面也落后于东部。综上来看，由于国内学者在这方面的研究刚起步不久，目前还未能对我国科技与经济的协调性评价进行较为全面、深入、系统的研究。

（二）科技投入与经济绩效的实证研究

王海鹏、田澎和靳萍（2006）利用 Granger 因果分析考察了中国的科技投入与经济绩效的关系。之后李强（2006）则运用新经济增长理论，对中国科技投入的产出绩效情况进行了评价。姜庆华等（2006）则运用灰色关联度的方法考察了科技与经济的关系紧密度情况。胡恩华、刘洪和张龙（2006）在改进的广义柯布—道格拉斯生产函数的基础上，对中国科研投入的经济绩效进行了实证分析。部分国内学者如朱春奎（2004），罗佳明和王卫红（2004），江蕾、安慧霞和朱华（2007），许治和周寄中（2007），范黎波、宋志红和宋志华（2008）以及赵志坚（2008）在对我国科研投入与经济绩效关系的研究上并无太大差异，大多数是基于不同的研究方法如协整分析、Granger 因果检验以及误差修正模型（ECM）而已。王荣和杨晓明（2007）基于我国1978—2005年的数据，讨论了科技进步在经济增长中的历年贡献率，并指出由于我国多年来的发展更多的是依靠高能耗、高污染的粗放式增长方式，因此目前科技投入在国内经济增长中的贡献率还较低。李建平和谢树玉（2007）的结论与王荣和杨晓明（2007）的结论具有一致性，即中国目前的经济增长对技术进步的依赖性还较低，而对劳动和资本的依赖性则较高。同时其还测算了目前的平均技术进步率仅为－0.39。杨志江和罗掌华（2010）则根据投入主体的不同，将科研投入分为政府投入和企业投入。同时基于我国1996—2008年的数据，运用协整方法分析得出：虽然两种投入均对经济的增长具有推动作用，但政府投入对经济的影响要显著低于企业科研投入。因此大力创造良好的科研氛围，强化企业作为创新主体的地位必然对经济增长起到显著正效应。李正辉和徐维（2011）则利用我国2002—2008年30个省级层面的数据，通过建立固定效应变截距模型对各省份科技投入与经济增长的关系进行了实证分析。其研究结论表明：各省科技投入对经济增长的贡献率基于不同经济发展阶段而有显著的差异。

以上是部分学者对全国范围内的科技投入与经济绩效之间关系的实证研究，采用的分析方法不同，得出的结论也迥异。

（三）经济增长对科技进步的影响

关于经济增长对科技进步的反向影响问题，目前国内研究者相对较少。而在这些研究者中，以定性研究者居多。温孝卿（2000）以及陈伟和罗来明（2002）均定性讨论了两者之间的关系，即经济的增长为技术投入提供稳固基础，而技术投入所带来的技术进步又推动了经济的可持续发展。然而其研究结论也并不新颖。依据全国和各省统计年鉴所提供的科技投入、科技产出及其在GDP中的比重等指标的统计数据，孟祥云（2004）将科技进步指标分解为两个次级指标，即科技成果增长率和科技进步贡献率。之后运用因子分析、相关系数矩阵等计量经济学方法，构建了经济增长对科技进步影响的计量模型。

（四）国内研究述评

国内学者由于在这方面的研究刚起步不久，目前尚不能对我国科技与经济的互动关系、协调性评价进行较为全面、系统、深入的分析和阐述。其中国内学者研究侧重于科技进步与经济增长的关系，主要基于西方理论展开经验性研究，但其研究成果并不适于中国科技与经济发展的实际需要，特别是中部这一以农业为主要产业的欠发达区域。带有地域特征变量的基于中国科技与经济紧密结合，协调统一发展的理论框架尚待进一步确立与修正。另外，关于经济增长对科技进步的影响研究很少，如何在经济发展的同时，提升我国科学技术发展水平，是关系到我国创新型国家战略能否顺利实施、国家核心竞争力能否持续提升的关键所在。因此，基于地域特征，首先从中国科技、经济发展中的实际问题出发，建立一套科学合理的评价指标体系，力求客观真实地反映科技与经济结合紧密度的实际现状，以期为实现经济的平稳快速增长提供重要支撑作用，已成为当前极为紧迫且十分严峻的工作。其次，如何客观、有效以及真实反映中部地区企业或行业创新水平，建立一套反映其创新能力的科学合理的评价指标体系同样变得极为紧迫。最后，综合评价方法的研究中仍存在几个问题；一是理论方法与实际应用之间还十分薄弱，相当部分研究仍停留在"具体理论方法＋实际应用案例"的分析阶段，与此同时，研究者在研究时也未能考虑应用案例的实际情况，因而出现效果欠佳乃至误用的情况；二是如何在评价方法中综合主观评价和客观评价是一个亟待解决的问题；三是评价系统的规范性和可扩充性需要理论和技术方法上的进一步支持。

第三节　中部地区科技发展现状

反映一个区域科技发展水平，可从科技政策、科研投入以及经济和社会效益等角度来进行衡量。其中科技政策反映所在区域创新氛围，科研投入反映创新主体对技术创新的投入水平，而经济和社会效益则反映其研发的效率高低以及对社会的正外部性。接下来逐一从这些角度对中部六省的科技发展现状进行分析。

一　中部地区科技创新政策

从 2007 年湖南和湖北关于两型（资源节约型和环境友好型）社会配套改革试验区的建立，到 2009 年国家对建设武汉东湖国家级自主创新示范区的批复，标志着国家对中部地区科技创新活动的高度重视以及在相关政策方面具有了"先试"的特权（三大国家级自主示范区中，其余两个为北京的中关村国家自主创新示范区以及上海的张江国家自主创新示范区）。而从 2004 年温家宝关于中部崛起的提出，到中原经济区、鄱阳湖生态经济区等规划的同意设立，也反映了国家对中部地区科技创新的大力支持。

其中关于原则通过的《促进中部地区崛起规划方案》中，国务院多次强调了科技创新的重要性，并提出要"着力改革开放，创新体制机制，转变发展方式，提升经济整体实力和竞争力；着力自主创新，调整优化结构，积极承接产业转移，大力推进新型工业化进程"，"向东融合，向西拓展，创新区域合作机制，引导生产要素跨区域合理流动"，以实现"自主创新能力显著提高，形成一批具有国际竞争力的自有品牌、优势企业、产业集群和产业基地"的目标。

而在鼓励科技创新上，以武汉东湖国家级自主创新示范区为例，相关配套政策有开展股权激励试点、科技金融改革创新试点、国家科技重大专项项目经费中按规定核定间接费用、支持新型产业组织参与国家重大科技项目、实施科技创新企业税收优惠政策等。这些鼓励科技创新的"先试"的权力，同样可见国家政策在鼓励创新上的不遗余力。

二　中部地区科研投入

科研的投入包括研发资金的投入和研发人员的投入。而科研投入的主体则为科研院所和企业。因此一个地区创新能力和人才培养能力的高低，与所在地区科研院所和高新企业的数量往往有密切的关系。接下来首先看看中部六省的创新主体对比情况，如表 8 - 1 所示。

表 8 - 1　　　　　　　　中部六省创新主体情况（2014 年）

创新主体	普通高校数量（所）	科学研究与开发机构数量（家）	高新技术企业数量（家）
山西省	69	170	134
安徽省	118	115	1036
江西省	95	113	792
河南省	129	128	1068
湖北省	123	158	920
湖南省	124	131	900
总计	658	815	4850
全国	2529	3677	27939

资料来源：经地方统计数据及《中国高技术产业统计年鉴》（2015）整理得到。

由表 8 - 1 可见，山西省的普通高校数量以及高新技术企业数量在中部各省中最少，分别为 69 所和 134 家，但科学研究与开发机构数量却在各省份中排名第一（170 家）。江西省的科学研究与开发机构最少，而从普通高校数量与研发机构之和来看，湖北省最多，达到了 281 家。河南省则在普通高校数量与高新技术企业数量之和居第一，达到了 1197 家。中部地区普通高校数量占全国高校数量比例约 26%，研发机构占全国约 22% 之多。从总体上看，中部地区创新主体规模较大，基础较为雄厚。不足之处在于中部六省中山西省较少的普通高校数量和高新技术企业数量，以及江西省较少的科学研究与开发机构数量，而这分别构成了中部地区在创新主体上的短板省份。

接下来再看中部六省的规模以上工业企业研发人员全时当量历年对比情况，如图 8 - 1 所示。

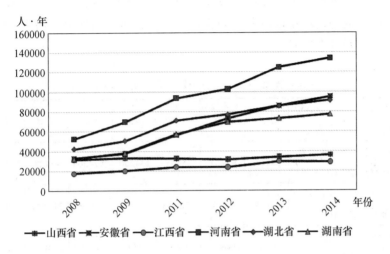

人·年

图 8 - 1　中部六省科研人员历年全时投入当量（2008—2014）

资料来源：经《中国高技术产业统计年鉴》（2015）整理得到。

由图 8 - 1 可以发现，自创新型国家战略及中部崛起提出之后，中部地区各省份科研人员投入数量均呈明显上升趋势。在科研人员投入数量及用时增幅上，河南和安徽发展最快。在科研人员绝对数量上，湖北科研人员数量最大，一直扮演着中部地区"领头羊"的角色。除大量优质高校聚集于此以外，武汉东湖国家级自主创新示范区的批复以及两型社会的"先试"权力，也是促使湖北科研数量及科研成果至今在中部地区遥遥领先的重要原因。而中部地区省份中江西的科研人员数量最少，在近些年发展中增幅和绝对数均排名末位，成为制约中部崛起的短板之一。但从总体来看，中部地区已经具有充足、优质的人才储备，具有明显的自主创新发展潜力。

除了科技研发人员的投入外，研发人员投入的时间、研发资金以及研发项目数的高低也是衡量一个地区对科技创新的重视和发达程度。如表 8 - 2 所示，2015 年大中型企业研发人员全时当量指标中，河南省起到了"领头羊"的作用，而江西省则排名垫底，仅为 28803 人·年。

在研发资金投入方面，中部地区中湖北省投入研发经费达到了 362.95
亿元，是末位山西省研发费用的近 3 倍之多。而在企业研发项目数量
上，安徽则不仅突破一万大关，跃居中部第一，且远远领先于同样落后
的山西省。由此可见，山西省在衡量研发投入的各项指标上，均远远落
后，已经成为制约中部崛起的短板因素。而在领先指标上，河南、湖北
以及安徽则各有所长。

表 8 - 2　　　　中部六省规模以上企业研发投入情况（2015 年）

指标　　　　　省份	山西	安徽	江西	河南	湖北	湖南	全国
规模以上工业企业研发人员全时当量（人·年）	35775	95287	28803	134256	91456	77428	2641578
规模以上工业企业研发经费（亿元）	124.7	284.73	128.46	337.27	362.95	310.04	9254.26
规模以上工业企业研发项目数（项）	2726	14648	4385	12635	9955	9393	342507

资料来源：国家统计局。

而各地的研发投入强度方面，如表 8 - 3 所示，中部六省中安徽省
R&D 经费投入强度最高，达到了 1.89%，但仍低于全国平均 2.05% 的
水平。其余五个省份研发投入强度同样低于全国平均水平，特别是江西
的研发投入强度甚至低于 1%。虽然从绝对值来看，如图 8 - 2 所示，
历年（2007—2015）各省财政科技支出整体呈增长趋势，但仍无法掩
盖中部地区各省份对科技创新支持力度以及补贴程度不足的实质表现，
而这已经导致中部地区在全国科技投入表现中处于下游水平。

表 8 - 3　　　　中部六省政府科技投入情况（2014 年）

指标　　　　　省份	山西	安徽	江西	河南	湖北	湖南	全国
财政一般预算支出（亿元）	3443.4	5239	4419.9	6806.46	3021.6	5684.5	175768
R&D 经费支出（亿元）	152.2	393.6	153.1	400	510.9	367.9	13015.6
R&D 经费投入强度（%）	1.19	1.89	0.97	1.14	1.87	1.36	2.05

资料来源：经 2015 年各省统计公报整理得到。

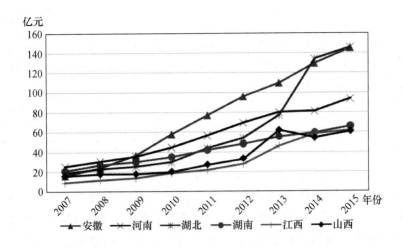

图 8-2　中部六省历年财政科技支出情况

资料来源：国家统计局。

三　中部地区科研产出及效率

中部地区各省份的科研产出及其效率可用专利授权数量/专利申请数量、技术市场成交额、新产品开发产值和项目数等情况来简单衡量。从专利绝对量来看（由表 8-4 可知），中部六省中安徽省在专利申请（99160 项），特别是其发明专利的申请数量最高（49960 项）。江西省的专利申请数量最低，特别是发明专利的申请数量上仅为 4688 项。而在申请效率上，安徽省虽然在授权量上也最高，但其发明专利申请的效率却最低，仅为 10.38%。湖南省的专利申请效率则最高，达到 60.27%。

表 8-4　　　　　　　中部六省专利申请情况（2015 年）

指标\地区	专利申请受理量（项）	发明专利申请受理量（项）	专利申请授权量（项）	发明专利申请授权量（项）	专利申请授权/申请比（%）	发明专利申请授权/申请比（%）
山西省	15687	6107	8371	1559	53.36%	25.53%
安徽省	99160	49960	48380	5184	48.79%	10.38%
江西省	25594	4688	13831	1033	54.04%	22.03%
河南省	62434	19646	33366	3493	53.44%	17.78%

续表

指标 地区	专利申请 受理量 （项）	发明专利 申请受理量 （项）	专利申请 授权量 （项）	发明专利 申请授权量 （项）	专利申请 授权/申请 比（%）	发明专利 申请授权/ 申请比（%）
湖北省	59050	22536	28290	4855	47.91%	21.54%
湖南省	44194	14474	26637	4160	60.27%	28.74%

资料来源：国家统计局。

那么从专利申请的数量和效率方面来看，中部地区在全国处于何种水平？由表8-5和表8-6可知，中部地区不管是在专利申请授权/申请比，还是在发明专利申请授权/申请比上，其历年申请效率均低于当年全国平均水平。另外中部地区申请的三大专利类型中，发明专利占比最低，也体现出中部地区在研发产出效率方面在全国处于下游水平。

表 8-5　　　　　　中部地区历年专利申请情况（2008—2014）　　　单位：项、%

指标	年份	2014	2013	2012	2011	2010	2009	2008
中部地区	专利申请受理量	306119	277222	234599	177100	140203	91175	73794
	发明专利申请受理量	117411	90520	63355	46314	31667	23822	20703
	专利申请授权量	158875	150018	132980	97563	72887	45827	32560
	发明专利申请授权量	20284	17334	15840	12047	7704	6143	4143
	专利申请授权/申请比	51.90	54.11	56.68	55.09	51.99	50.26	44.12
	发明专利申请 授权/申请比	17.28	19.15	25.00	26.01	24.33	25.79	20.01
全国	专利申请受理量	2186500	2209600	1912151	1504670	1083997	877611	717144
	发明专利申请受理量	801135	704936	535313	415829	293066	229096	194579
	专利申请授权量	1191600	1210200	1163226	883861	719408	501786	352406
	发明专利申请授权量	162680	143535	143847	112347	79767	65391	46590
	专利申请授权/申请比	54.50	54.77	60.83	58.74	66.37	57.18	49.14
	发明专利申请 授权/申请比	20.31	20.36	26.87	27.02	27.22	28.54	23.94

资料来源：国家统计局。

表8-6　　　　中部地区历年专利授权全国占比情况（2008—2014）单位：项、%

指标＼年份	2014	2013	2012	2011	2010	2009	2008
中部地区专利授权占全国比重	13.33	12.40	11.43	11.04	10.13	9.13	9.24
中部地区发明专利授权占全国比重	12.47	12.08	11.01	10.72	9.66	9.39	8.89

资料来源：经国家统计局数据整理得到。

　　而从技术市场成交额来看（见表8-7），历年中部地区各省份中河南省技术市场成交额最低，仅为45.56亿元（2015年），说明该省技术交易市场非常不活跃。而各省份中湖北省技术市场成交额最高，且远远高于其他省份，达到了830.07亿元（2015年）。虽然湖北省为中部地区技术市场成交额的提升做出了重大贡献，但受到其他省份的拖累，中部六省在全国技术市场成交额比重中仅为13.10%（2015年），但同过去几年（如2008年）相比，呈现明显上升趋势。因此从技术市场成交额这一指标来看，中部地区虽然在研发产出方面较为落后，但发展潜力较大。

表8-7　　　　中部地区历年技术市场成交额情况（2008—2015）

单位：亿元、%

地区＼年份	2015	2014	2013	2012	2011	2010	2009	2008
山西省	52.54	48.46	52.77	30.61	22.48	18.49	16.21	12.84
安徽省	190.5	169.83	130.83	86.16	65.03	46.15	35.62	32.49
江西省	64.8	50.76	43.06	39.78	34.19	23.05	9.79	7.76
河南省	45.56	40.79	40.24	39.94	38.76	27.20	26.30	25.44
湖北省	830.07	580.68	397.62	196.39	125.69	90.72	77.03	62.90
湖南省	105.4	97.93	77.21	42.24	35.39	40.09	44.04	47.70
中部六省	1288.87	988.45	741.73	435.12	321.54	245.7	208.99	189.13
全国	9835	8577.18	7469.13	6437.07	4763.56	3906.58	3039	2665.23
中部占全国比重	13.10	11.52	9.93	6.76	6.75	6.29	6.88	7.1

资料来源：经国家统计局数据整理得到。

从新产品开发与生产情况来看（见表 8-8），山西省在新产品项目数、新产品产值、新产品销售收入以及新产品出口四项指标上全部落后于其他五个省份，成为中部研发产出能力提升的短板之一。而安徽省则异军突起，在这四项指标上除了新产品销售收入落后于湖南省外，其他各项指标均全面领先，为中部地区整体研发产出实力的提升做出了重要贡献。

表 8-8　　　　　　中部地区新产品开发与生产情况（2014 年）

指标 ＼ 省份	山西	安徽	江西	河南	湖北	湖南
规模以上工业企业新产品项目数（项）	2426	18185	5139	11341	11678	9758
规模以上工业企业新产品产值（万元）	1004459	3685185	1291820	2971713	3646332	3151100
规模以上工业企业新产品销售收入（万元）	9246772	52808808	17563827	51689500	52745891	63103689
规模以上工业企业新产品出口销售收入（万元）	580955	2755507	1668647	23760285	1825490	4099694

资料来源：国家统计局。

就全国范围内新产品开发与生产来看，中部地区在新产品项目上的贡献率稳定在 15% 左右，在新产品产值上的贡献率有小幅增长，从 2008 年的 11.88% 上升到 2014 年的 16% 左右，在新产品销售收入上的贡献率则接近 15%。而在新产品出口销售收入上，则仅仅贡献了 7% 左右。可见除了新产品项目和销售收入以及新产品产值上的贡献率达到了 15% 左右，新产品出口销售收入方面的贡献率较低（见图 8-3）。

综合以上反映中部地区各省份的科研产出及其效率的指标来看，中部地区的研发产出及其效率目前在全国均处于较低水平。

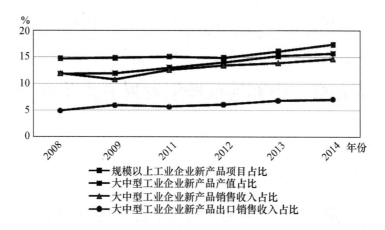

图 8 - 3　中部地区历年新产品开发与生产占全国比重情况

第九章　中部地区经济发展方式及评价

第一节　中部地区经济发展方式

一　中部地区总体经济发展方式

笔者通过大量的文献搜索发现，针对中部地区发展方式或是发展方式评价的研究并不多见，大部分文献分析的是经济增长或经济发展的现状，抑或是对发展方式转变的评价，使用大量数据确定地区的经济发展方式的特征或是构建模型对经济发展方式本身进行评价的文献较少。现将具有代表性的文献进行介绍。

李新安（2008）通过实证研究发现，中部六省各生产要素对经济增长贡献中，物质资本及劳动力等有形资本对经济增长的贡献份额大约占70%，无形资本与结构变动对经济增长的贡献份额大约占30%。进一步比较可以发现，中部六省物质资本的贡献远高于全国平均水平，可见中部六省目前尚处于以"高投入、高消耗"为主的外延式增长阶段。李新安的研究理论和实证分析相结合，具有开创性的意义。王云、潘云（2011）认为，"十一五"以来，中部地区经济发展中呈现出一些新态势和新特点，空间新格局正在形成，城市化发展加速，产业结构正在优化升级，中部经济已经进入一个新的发展阶段，但依然存在着整体化意识不强、产业结构不合理、城市化滞后和发展环境严峻等诸多问题。

蒋寒迪（2011）认为，中部六省已经从可持续发展、自主创新、推进产业结构升级、加强城市圈建设、解决民生等问题入手来加快转变发展方式。但在具体举措上，中部六省依据自身优势各有不同的侧重点：河南省立足"三农"和城乡统筹基调转变经济发展方式；山西省以推动能源基地绿色经济作为主题；安徽省以皖江城市带承接产业转移示范区建设为契机；湖南省实施了"一化三基"战略；湖北省根据省情"三业并举"，推进结构优化升级；江西省以鄱阳湖生态经济区建设为引擎走绿色崛起之路。蒋寒迪对中部六省发展方式的总结非常到位。

周绍森、胡德龙（2011）运用生产函数法对中部地区经济增长进行了实证分析，结果表明中部地区经济增长模式仍属粗放型，经济增长中科技进步所占的比重远小于生产要素投入的比重。

可以看出，对中部地区总体发展方式及评价的研究，尚处于起步阶段，缺乏完整的评价指标体系和评价模型与方法，这将是下一步研究的方向。

二　中部地区各省发展方式

分省份来看，现有文献对中部六省发展方式及评价的研究均有所涉及，但文献数量的丰富程度不同。总体来看，大部分文献研究的是各省份经济发展方式存在的问题及可以采取的对策，构建指标体系评价经济发展方式的特点和所处阶段的文献不多，较多的文献评价了经济发展方式的转变。具体来看：

安徽省：尹合伶（2013）认为，安徽省经济发展方式存在的问题是：经济观念落后，缺乏大胆创新精神；经济发展的基础薄弱；经济外向程度低、工业化和城镇化水平低；教育投入低，人力资本积累不足。加快转变安徽省经济发展方式需要理念、体制、制度、服务等方面的创新驱动。朱吉玉（2012）提出，转变安徽省经济发展方式的对策有：重视产品研发，推动自主创新，加快产业升级和转型；转变营销观念，树立品牌意识，提高服务质量；着力培育战略性新兴产业，促进产业结构调整；政府牵头，整合产业集群，发挥竞争合力；实施人才强省和创新管理方式等。

河南省：朱涛（2011）通过建立包括经济结构、经济效率、增长质量和效益、科技创新和节能环保五个主要领域的经济发展方式转变进程评价指标体系，并利用阈值法对河南省经济发展方式转变进程在中部六省的位置进行了对比分析，结果显示，河南省目前发展方式还处于比较落后的水平，仅高于山西省处于中部第五的位置。张安忠（2010）运用层次分析法构建了河南省经济发展方式转变指数，并实证分析得出结论，改革开放以来，河南省经济发展方式已经得到了较大程度的转变；河南省经济发展方式的转变主要得益于产业结构的转变和要素效率的提高；消费需求不足拖累了经济发展方式的转变。

湖北省：谭安洛（2010）认为，偏重的经济结构、短期保增长、深化改革和政策调整存在难度等，使湖北省转变经济发展方式存在诸多困难，深化改革、调整结构和促进换代是必由之路。

湖南省：沈素素（2012）通过采用调查数理统计法对湖南省经济发展现状及湖南省经济增长方式进行了分析，发现近几年来湖南省经济增速加快，经济总量不断扩大，发展的稳定性有所增强。但同时也发现湖南省经济增长在很大程度上仍然是依靠资源的高消耗来实现的，粗放型增长方式还没有根本转变。邓娥（2011）构建了包含需求水平、产业结构水平、科技创新水平、可持续发展水平4个一级指标和18个二级指标的湖南省经济发展的评价指标体系，使用2000—2009年的数据，采取主成分分析法分析出湖南省经济发展中存在需求结构和产业结构不合理、科技创新水平低、可持续发展不持续等问题。

山西省：王云珠（2013）认为，作为煤炭大省和老工业基地的山西，经济发展水平不足、新兴产业比重小和产业结构不合理等问题影响了经济发展方式的转变。

江西省：黄小勇等（2012）构建了由39个具体指标构成的三级省域经济运行指标体系，并使用江西省2000—2010年的数据进行了实证研究，发现了江西省发展指数、后劲指数、统筹指数和综合指数的变化趋势，并提出了转变经济发展方式的关键策略。

国内文献对除中部以外的其他省份或全国整体发展方式及评价的研究也具有一定的参考意义，如徐国祥、杨振建（2011）构建了包含经济建设、自主创新建设、生态文明建设、社会文化建设四个方面、42个具体指标构成的经济发展方式转变评价指标体系，并用之分析了上海市"十五"以来的经济发展各个方面的指数变化。裴卫旗（2013）构建了包括经济效益、经济发展、经济结构、经济与社会和谐、经济发展与资源环境和谐等6个一级指标和19个二级指标构成的经济发展方式合理性评价指标体系，并运用层次分析法实证分析了我国2000—2011年的经济发展方式的合理化状况。

樊萌等（2011）构建的长三角经济发展方式转变评价指标体系包括经济增长、经济结构转型、国内外贸易、自主创新、资源环境承载力、城乡居民生活6个方面的一级指标。张焕波、张永军（2011）构建的全国转变经济发展方式评价指数由 7 类一级指标构成，即经济社会发展水平指标、需求结构指标、城乡一体化指标、产业结构指标、创新指标、要素效率指标、环境指标；二级指标有 18 个。他们用该指标体系得出了全国、省市、重点城市的经济发展方式评价指数的发展趋势。

尹奥等（2012）建立了一个包括经济增长、经济结构、经济效益、资源环境、科技创新、和谐社会 6 个系统的指标体系来评价经济发展方式转变状态，并运用该评价指标体系对 1995—2009 年山东经济发展方式总体类型进行了评估判断，发现山东省经济发展方式的综合得分呈上升趋势，先后经历了高度粗放型、粗放型和准集约型 3 个发展阶段。该指标体系和评价方法对于研究中部各省的发展方式评价具有参考意义。王威（2013）构建了包括经济结构调整优化、经济增长效率效益、经济发展动力优化、两型社会建设水平、政府职能转变和民生保障改善 6 个二级指标和若干个三级指标的我国省域经济发展方式转变评价指标体系，得到全国各省的经济发展方式转变的综合得分。

综上可以看出，国内学者对中部各省经济发展方式评价的研究已经取得了一定的成果，部分学者构建了指标体系并进行了实证分析，但大多侧重于对经济发展方式转变的评价，对经济发展方式合理性的评价尚显不足。

第二节　中部各省经济发展方式的类型和特点

一　经济发展方式的类型

按照不同的标准，可以将经济发展方式划分为不同的类型。

1. 按照在经济发展中起主要作用的要素组合类型来划分，可以把经济发展方式划分为劳动密集型、资本密集型和技术密集型三种类型

劳动密集型发展方式是指主要依靠劳动者数量的增加而非劳动者素质的提高、增加劳动投入、扩大生产规模，促进经济增长的经济发展方式。该经济发展方式的特点是劳动者的数量成为推动经济增长的主要因素。资本密集型发展方式是指主要依靠资本的大量投入促进经济增长的经济发展方式。该种经济发展方式的主要特点是物资资本成为促进经济

增长的最主要因素。技术密集型发展方式是指主要依靠先进的科学技术和管理创新提高资源利用效率和劳动生产率，以此来推动经济增长的经济发展方式。技术密集型发展方式的主要特点是科技进步和管理创新成为促进经济增长的主要因素。中部省份的某些产业如高新技术产业或者某些地区如科技城等就是这种发展方式。

2. 按照生产方式可以把发展的方式分成外延粗放型经济发展方式和内涵集约型经济发展方式

外延粗放型经济发展方式是指主要通过资源、资本及劳动力等生产要素的大量投入实现规模扩张，提高产品产量，促进经济增长的方式。这种经济发展方式的主要特点是在管理和技术水平不变的条件下，只依赖增加投资、扩大规模、加大劳动投入来实现经济增长。内涵集约型经济发展方式是指主要在生产规模不变的基础上，依靠科技进步和提高劳动者的素质，通过科技创新采用新技术、新工艺和新装备，采用科学的管理方法来提高生产要素的利用效率和有效配置，实现生产水平的提高和经济增长。中部各省在经济发展的初期，主要依靠物资资源和劳动力资源的投入来实现经济增长，这就是外延粗放的经济发展方式；随着资源变得稀缺，环境问题日益严重，粗放的经济发展方式变得不可持续，依靠科技进步和劳动生产率提高的集约型的经济发展方式成为努力的方向。

3. 从拉动经济增长的主要动力来进行划分，可以把经济发展方式分为投资驱动型、出口导向型和消费驱动型三种

投资驱动型经济发展方式是指主要依靠大规模投资（包括政府投资和私营投资），进行大规模的基础设施建设和增加商品供给拉动经济增长的经济发展方式。这种经济发展方式的主要特点是投资成为拉动经济增长的主要动力。出口导向型经济发展方式是指把对外贸易，尤其是出口贸易作为推动本国经济快速发展的主要手段。这种发展方式的特点是净出口占本国（地区）GDP 的较大比重，经济的发展主要由国际市场来推动，即外向型经济发展方式。消费驱动型经济发展方式是指把国内消费尤其是居民消费作为拉动经济增长的主要动力，依靠消费需求的扩张拉动内部需求的增长，进而促进国民经济的持续增长。投资、出口和消费被称为拉动一个国家或地区经济发展的"三驾马车"，如果把三种驱动力中的某一种作为重要动力，就是相应类型的经济发展方式。针对

中部六省目前的情况来看，进出口规模偏小，消费不够旺盛，投资仍是推动经济发展的主要动力。

二 中部地区总体经济发展方式的特点

（一）发展环境形势严峻

改革开放以来，我国先后实施了东部沿海开放、西部大开发、振兴东北老工业基地等国家层面的战略，而中部地区则处于发展战略的政策核心区之外，中部地区现在处于东西南北四面快速发展的夹击之中。中部地区的市场经济发展程度不如东部，尤其是在产业、产品的低层次化相对于东部则愈加突出。全国的经济发展在中部缺乏应有的环境支持和资金及政策的保证，由此带来的经济发展相对缺乏活力，形成了恶性的投资环境和经济局面。

从经济发展的体制环境来看，中部地区经济战略意识相对淡薄，经济体制改革尚未充分到位，体制性的障碍依然存在。中部地区政府自身的体制和观念以及职能转变的滞后，在一定程度上束缚了中部六省的发展。行业垄断、职能重叠、部门壁垒的问题较为突出。所有制结构中外资成分和民营成分所占比重偏低，使整个经济缺乏生机和活力。股份制经济发展也相对落后。

（二）产业结构不尽合理

中部地区国内生产总值116277.7亿元，其中第一产业14019.8亿元，占全国的比重为6.8%，第二产业61450.7亿元，占全国的比重为21.5%。中部地区第一产业在四大区域中所占比重最高，比全国高近4个百分点，第二产业比全国低0.4个百分点，第三产业更是比全国低3.3个百分点。中部六省正处在工业化的中期阶段，第二产业是推动经济增长的主要推动力，2010年中部六省的第二产业对GDP增长的贡献率超过60%，正处于快速发展期。但是，从总体上看，中部六省产业结构共同存在的问题值得重视。

产业结构演进中出现偏差，中部地区产业结构演进出现偏慢和偏快的问题。当全国进入工业主导型发展阶段时，中部地区仍然保持着以第一产业为主导的"重农"型产业结构，未能及时实施加快工业化发展战略。尽管中部各省通过进一步深化改革、扩大开放，引进了一些高技术产业，但大部分引进的还是资源消耗型和劳动密集型产业，资本紧盯的还是中部的自然资源和劳动力等比较优势。高技术产业不足，精深加工产业发展不足，并且产业集中度较低、关联度较小，产业链较短，从而弱化了中部产业的竞争力。

（三）城市化滞后"三农"问题突出

2012 年年底，中部地区总人口 35926.7 万，占全国比重为 26.7%；城镇就业人员 3305.3 万人，占全国的比重为 21.7%。中部地区的城市发展速度较慢，城市整体规模小，龙头城市与边缘城市之间对接能力不协调，严重阻碍了都市圈内经济一体化的进程。各都市圈内部产业同化严重，城市间缺乏合理分工与合作关系，整体协作较差，重复建设比较严重，这种状况影响和制约了中部地区的经济发展。"三农"问题是中部崛起绕不过的一个重要问题。

中部六省除山西外均是农业大省和粮食主产区，支撑经济发展的县域经济普遍存在着"粮食大县，经济小县"的特征。中部地区是我国主要的粮、棉、油生产基地，但是转化这些基础资源的深加工体系尚不完善，不能有效地形成产业链，造成资源的附加值低，农业经济效率不高。2012 年中部人口占全国人口的近 30%，农业人口则占到全国人口的 60% 以上。过多的农业人口和大量过剩的农村劳动力，导致中部农民收入增长速度缓慢、社会有效需求不足，导致中部地区农村现代化、农业产业化的进程迟缓。中部地区的农业在全国占有举足轻重的地位，但现代化水平低，竞争优势不明显；第二产业是中部经济增长的主要动力，但由于技术和产业层次低，仍处于加速发展的时期。

（四）外向型经济发展缓慢

中部地区对外开放相对滞后，在发展外向型经济，吸引区域外和境外生产要素流入方面，远远落后于东部地区和全国平均水平，经济发展的外源动力不足，外资企业和港澳台企业的个数偏少。2012 年，中部地区货物进出口总额 1933.3 亿美元，占全国的比重为 5%，其中出口额 1205.5 亿元，占全国的比重为 5.9%，进口额为 728.4 亿美元，占全国的比重为 4.0%。可见，中部地区的外向型经济发展缓慢，出口对经济增长的贡献较低。

总的来说，中部地区的经济发展中，政府在基础设施建设、公共投资、产业发展中往往起主导作用；产业发展主要以传统工业、资源开发、基础农业和廉价劳动力投入为主；市场化程度不高、创新能力不足、外向型经济发展滞后、生态环境破坏严重成为制约中部崛起的主要障碍。在这种情况下，如何承接东部地区产业转移、完善市场体系、突破过度依赖资源的"瓶颈"等成为中部地区经济发展方式转变的主要任务。

三　中部各省发展方式的特点

从表9-1和表9-2可以看出，中部地区各省份经济发展的态势良好，经济发展的速度较高；外贸和城镇化率较低，需要进一步提高。中部地区各省份近些年通过大力调整产业结构等措施加快发展方式转变的步伐，发展方式呈现出了一些共同的新特点，如以绿色经济、生态经济为主导，强调可持续发展；加强和推动自主创新；调整产业结构，促进产业升级；加强各自的城市圈建设，引领经济发展；从解决民生问题入手，促进社会协调发展等，但各省份自身条件不同，发展方式仍呈现出不同的特点和问题，下面分别阐述之。

表9-1　　　　　　中部地区各省份经济总量和发展速度对比

区域	省份	生产总值（亿元）	全国排名	增长率（％）	人均生产总值（元）	全国排名	增长率
周边	江苏	54058.22	2	10	68438.52	4	10.76
	浙江	34606.3	4	8.0	63346.7	6	7.74
中部	河南	29810.14	5	10.1	31753.45	23	10.6
	湖北	22250.16	9	11.3	38642.17	13	12.88
	湖南	22154.2	10	11.3	33589.41	20	12.88
	山西	12112.8	21	10.1	33709.62	19	12.36
	江西	12948.5	19	10.7	28848.51	25	11
	安徽	17212.1	14	12.1	28840.57	26	13.6
全国		519322			38543.96		

表9-2　　　　中部地区各省份外贸和工业产值、城镇化率对比

区域	省份	进出口总额（亿美元）	全国排名	同期增长（％）	工业增加值（亿元）	城镇化率（％）
周边	江苏	3056.9	4	1.6	24123.4	55.2
	浙江	3122.3	5	0.9	35200	59.3

续表

区域	省份	进出口总额 （亿美元）	全国排名	同期增长 （％）	工业增加值 （亿元）	城镇化率 （％）
中部	河南	517.5	12	58.6	34398	42.2
	湖北	319.6	20	-4.2	9552	53.5
	湖南	219.4	21	15.8	10506.4	45.1
	山西	150.4	23	2.0	6652.1	51.0
	江西	334.1	19	6.2	4850	47.5
	安徽	393.3	14	25.6	7550.5	46.3

（一）安徽省经济发展方式的特点

"十一五"以来，安徽经济虽然保持了快速健康发展的良好势头，整体经济高位运行。但是必须清醒地看到，安徽省经济整体实力不强，城镇化水平较低，城乡差别较大，民营经济发展相对滞后，资源环境约束加剧，经济发展水平与社会的需要不相适应，高投入、高消耗、高排放、不协调、难循环、低效益的粗放的经济发展方式依然存在。

1. 经济基础薄弱

从表9-1可以看到，2012年安徽省地区生产总值为17212.1亿元，规模不及浙江省GDP的1/2，仅为江苏省GDP的1/3，与中部地区其他省份相比，只比第21位的山西和第19位的江西稍高，其排名在全国31个内地省份中位于第14位。安徽省人均生产总值只有28840.57元，在全国排名第26位，在中部6个省份中为倒数第一，更比东部的江苏和浙江两省分别落后了22名和20名，数据显示安徽与江苏、浙江的生产总值和人均GDP差别很大。

2. 产业结构处于较低层次，总体结构不协调

2012年安徽省工业增加值为7550.5亿元，在中部6省排名第四，与中部排名第一的河南相差26847.5亿元，是江苏的1/3、浙江的1/5。这组数据充分体现出安徽工业基础薄弱，难以为农村人口大规模城镇化提供支持，已成为第一产业、第三产业崛起的"瓶颈"。安徽省的产业结构仍处于较低层次，城乡结构正逐步优化，需求结构总体较好，但总体经济结构仍然不协调。三次产业比例不协调、层次较低、效率不高仍然是产业结构调整的主要问题；城镇化虽然快速发展，但城乡二元格局

仍然没有根本改变，城镇化道路仍然十分艰巨。安徽省经济结构仍处于从工农业向服务业缓慢转变的过程中，工农业仍然是安徽省经济发展的重要支柱产业，投资增速的加快表明安徽省经济发展仍以外延扩张为主，内在结构优化仍然不足。

3. 城镇化水平较低，城乡差距明显

城镇化作为一种文明社会的标志，作为经济发展的一种共生现象，受到全社会高度关注。经济学家认为，城镇化率每提高 1 个百分点可拉动 GDP 增长 1.5 个百分点，能为安徽新增 50 亿元的消费规模。截至 2012 年，安徽的城镇化率为 46.3%，在中部 6 省中排名第三，离全国 51% 的城镇化水平还有 4.7% 的差距，对吸纳农村人口、集聚产业、为现代化农业发展提供多方面服务和支持的作用难以得到有效的发挥。

4. 资源节约型和环境友好型经济发展方式滞后

安徽省自然资源总量不足，成为制约其经济发展的主要"瓶颈"，能源资源利用效率较低，但是提高较快，这是安徽省资源禀赋及节约利用总体水平上升的主要原因。提高资源能源利用效率成为提升安徽省资源禀赋及节约利用的必然选择。环境污染控制总体表现并不理想，虽然环境基础较好，但在经济高速增长的情况下，环境质量却有逐渐恶化的趋势，加强环保投入与监管是提高环境质量的主要手段。

总体来看，安徽省经济发展正处于经济总量外延扩张和加速增长的赶超型发展阶段，发展方式较为粗放。

（二）河南省经济发展方式的特点

改革开放以来尤其是近年来，河南经济取得了飞速增长，经济总体实力不断增强，成功实现了由传统农业大省向全国重要的经济大省、新兴工业大省和有影响的文化大省的历史性转变。但河南也为经济增长付出了代价，自然资源的粗放式开发与使用，经济结构的不合理，收入差距日益扩大等问题日益凸显。河南省经济社会发展方式的特点和问题有以下几点。

1. 投资、出口、消费三大经济增长动力不协调

长期以来，河南的经济发展主要以投资和消费拉动。近年来，随着河南工业化、城镇化进程的不断推进，河南经济增长对投资的依赖程度越来越高。2012 年河南投资率为 74.5%，居中部六省首位，分别比山西、安徽、江西、湖北、湖南高 6.6 个、23 个、24.2 个、19.1 个、

18.1个百分点，投资率比中部其他省份高出太多。消费率为45.1%，仅高于湖北省，居中部六省第五位，分别比山西、安徽、江西、湖南低0.4个、4.9个、3.7个、0.8个百分点。而2012年的货物和服务净流出为－5799.1亿元，对经济增长贡献很少。可见，河南省的经济增长仍然主要依靠投资驱动，消费和出口所占的比重太低，三大驱动力不相协调。

2. 产业结构层次偏低，新兴产业发展不足

河南省三次产业结构层次偏低，工业比重偏高、服务业占比低，三次产业发展不协调。三次产业结构是衡量一个国家或地区发展水平和结构层次的基本指标。2012年，河南省第二产业产值占生产总值比重为56%，居中部六省首位。第三产业增加值占生产总值比重为31%，低于中部其他省份的平均水平。服务业发展滞后，影响管理水平、科技贡献的提高和各种生产要素的有效配置，直接制约着经济发展方式的转变。

河南省工业发展过于依赖资源禀赋，装备制造等新兴产业发展落后。河南工业发展主要以能源原材料产业为主，导致经济容易受到外部宏观环境的影响，经济波动性大。汽车、装备制造等新兴产业发展不足。新兴产业尚未成为主要支撑力量，导致工业结构整体上"规模大、层次低"，可持续发展能力差。

3. 发展协调性不高，经济结构效益较差

经济总量与实际收益不匹配。目前河南虽然经济总量居前，但人均水平低、财力弱。2012年，河南财政收入占GDP比重为7.0%，居中部六省末位，分别比山西、安徽、江西、湖北、湖南低6个、6个、4个、1个、1个百分点。2012年，河南在岗职工年均工资占全国平均水平比重为79%，居中部六省第五位，而且该比重比2010年下降了两个百分点。

4. 城镇化进程严重滞后

一般认为，人均生产总值达到3000美元，城镇化水平应该在60%左右。2009年，河南人均GDP就已经超过3000美元，但2010年城镇化率仅为38.8%，不仅低于国际一般水平，也低于中部其他省份。分别比湖北、山西、湖南、江西、安徽低8.2个、9.3个、4.5个、5.3个、3.3个百分点。城镇化发展滞后，限制了传统服务业的发展空间，

削弱了第三产业在其结构演进过程中吸收农业劳动力的能力，影响工业经济聚集优势的发挥和规模效益的提高，阻碍农业产业化的发展，导致产业结构升级缓慢。

（三）湖北省经济发展方式的特点

1. 经济结构偏重，产业结构层次较低

湖北经济结构偏向第一和第二产业，产业结构的层次不高。2012年，湖北第一产业占国民经济的比重为13%，高出全国平均比重4个百分点；湖北是农业大省，但不是农业强省，农业的投入产出率难以提高。第二产业占国民经济比重为50%，低于全国平均水平10个百分点；第二产业内部，规模以上重工业总产值比重达到73.8%，且高能耗传统行业比重大，能耗水平高。第三产业占比为37%，也低于全国水平。第三产业内部金融、保险业发展较慢。

2. 转变经济发展方式与短期保增长的矛盾

湖北省过去大量地消耗资源、能源、资源环境已不适应现在的发展，必须从追求数量扩张转向注重质量效益。转变经济发展方式与短期保增长矛盾尖锐。放弃"两高一资"项目，就会影响 GDP 增速，影响财政收入。在仍然把 GDP 增速放在第一位的情况下，转变经济发展方式只能是表面文章。要真正推进经济发展方式的转变，就不能继续把保增长和过高的增速放在首位。

3. 政策调整难度

目前适度宽松的货币政策需要适当调整，以免经济再次过热。投资结构也有调整的余地，但对地方政府来说难度相当大。初次分配时，需要调整资本与劳动基本利益关系的格局；再分配涉及调整社会、个人和政府的关系；重点打破行业垄断和特殊利益集团。

（四）湖南省经济发展方式的特点

近年来，湖南经济增速加快，经济总量不断扩大，发展的稳定性不断增强。从增长速度来看，湖南省近十年经济保持了年均10.8%的增长速度，多项经济增长指标在全国名列前茅。湖南把富民强省作为发展战略，以经济强省、文化强省、教育强省为突破，取得了可喜的成绩。但是，湖南省社会经济发展取得成绩的同时，经济社会运行中也存在一些值得关注的问题。

1. 经济增长的需求动力不协调

总体上看，湖南经济还主要靠投资拉动，消费拉动经济增长的潜力尚未完全发挥，出口对经济增长的贡献很小。2012 年，湖南省的投资率为 56.4%，最终消费率为 45.9%，而净出口对国民经济增长的贡献为 - 1.3%。从纵向比较，2009 年湖南投资对经济增长的贡献率为64.7%，比 2008 年提高了 7.1 个百分点；2009 年最终消费对经济增长的贡献率为 36.4%，比 2008 年下降了 8.4 个百分点，净出口对经济增长贡献率为 - 1.1%。可见，湖南经济增长的需求拉动力投资主导性格局没有改变，而且具有强化趋势。

2. 产业体系结构不合理，现代产业体系不完善

湖南省农业大而不强，工业化水平偏低，服务业发展不足，特别是重化工业比重大，高污染和高排放的企业比重偏大；低技术含量、低附加值的产品多，高加工度、高附加值的产品少；工业规模化和集中度偏低，散、小、差现象依然存在。产业结构调整虽然取得了一定的成效，产业结构仍欠合理，节能减排任务艰巨，且在一定程度上影响了经济社会又好又快发展。

3. "两型社会"建设形势严峻

从环境友好建设来看，湖南建设资源节约型和环境友好型社会虽然取得了实质性进展，但生态环境保护面临的形势仍然非常严峻。当前，由于粗放型增长方式还没有根本转变，湖南省经济的快速增长在很大程度上是依靠资源的高消耗来实现的。在未来几年内，经济规模的不断扩大，经济速度的高速增长，势必会进一步加大生态环境的压力。

4. 城乡区域发展不平衡

湖南省城乡区域经济社会发展不平衡、不协调的问题仍然比较突出，城镇化水平低于全国平均水平。2012 年湖南省城镇化率比全国低 3 个百分点，不仅与东部沿海发达省区相去甚远，就是与中部省区相比较也是相形见绌。尽管湖南欲将长株潭城市群打造成为全国"两型社会"示范区、湖南经济社会发展的核心增长极和重要引擎，但湖南缺乏超大型的、在全国有重要影响力的核心城市，大多数地（市）级中心城市规模小，县城普遍素质低且对乡村的影响力、带动力较弱。

（五）山西省经济发展方式的特点

山西省经济基础薄弱，经济规模长期处于中部六省末位；作为老工

业基地和煤炭资源大省，其经济发展方式具有强烈的个性化特征。

1. 产业结构严重失衡

山西省经济增长对资源型产业依赖过大，导致其在面临资源和环境制约及市场变化的条件下，市场风险加大。主导产业结构单一，更多地注重了能源、原材料工业的发展。"2011 年，山西省煤炭、焦炭、冶金、电力四大传统支柱产业增加值占全部工业增加值的比重高达 84%，比 2000 年提高了 17 个百分点；而新支柱产业和新兴产业中的食品工业、化工产业、医药工业、装备制造业增加值仅占全部工业增加值的 9%，比 2000 年下降了 8 个百分点"。多年的结构调整没有明显效果，传统工业主导作用更加突出，高新技术产业尤其是高技术比重明显偏低。

2. 环境污染严重

大量地开采煤炭资源，导致水污染严重、水资源损失巨大。山西的水资源总量居全国倒数第二，人均水量为全国水平的 1/4。山西的森林面积和湿地面积均低于中部其他各省，山西的森林面积不足江西省的 1/4，湿地面积仅为湖南省的 41%。长期高强度的煤炭开采使地下矿体层形成巨大的空洞，出现举世罕见的采空区，地表破坏严重。工业废气的大量排放直接导致严重的空气污染，给环境治理工作带来困难。地表、大气、水的污染给山西省经济的可持续发展造成了阻碍。

3. 城乡发展不协调

山西省偏重的产业结构造成经济发展水平低，导致城乡居民收入水平偏低及差距拉大。2011 年，山西省城镇居民人均可支配收入为 18124 元，相当于全国的 83.1%，在中部六省中居第 5 位，仅高于江西。同期，农民人均纯收入 5601 元，相当于全国的 80.3%，在中部居末位。且城镇居民人均可支配收入的增长率明显高于农村居民人均纯收入的增长率，城乡收入差距一直呈扩大的趋势。2011 年，山西城乡收入比为 3.24，较全国平均水平高 0.11。而政府投入的不均衡更加剧了教育、卫生、医疗、文化等基本公共服务资源城乡的差距。

4. 科技创新能力不足

2011 年，山西省 R&D 经费支出占地区生产总值比例为 1.01%，居全国第 23 位。山西省科技产业化转化程度低，高技术产业发展落后。"十一五"期间，全省高新技术产业增加值从 240 亿元增加到 391 亿元，年均增长 10.2%。同期，安徽年均增长 34%，河南等省年均增长 20% 左右，为山西省的两倍以上。2011 年，全国各地区科技进步统计监测结果显示，山西高新技术产业化指数仅为 27.25%，比全国平均指数低 24.94 个百分点，全国排名倒数第二。同期，山西综合科技进步水平指数为 44.58%，比全国平均水平低 15.47 个百分点，居全国第 20 位。

（六）江西省经济发展方式的特点

1. 经济结构偏向工业

2011 年，江西省全年实现地区生产总值 11583.8 亿元，环比增长 12.5%。其中，第一产业增加值 1391.1 亿元，增长 4.2%；第二产业增加值 6592.2 亿元，增长 15.5%；第三产业增加值 3600.5 亿元，增长 10.7%。三次产业对经济增长的贡献率分别为 4.3%、67.4% 和 28.3%。三次产业结构比例调整为 12.0∶56.9∶31.1。作为国民经济主导产业的工业，2011 年全部工业完成增加值占国内生产总值的 48.4%，贡献率达到 64.2%，分别比 2002 年提高 4.3 个和 28.8 个百分点，拉动 GDP 增长 8 个百分点，工业已经成为推动全省经济不断向前发展的重要因素。目前，江西总体上正处于工业化的中期阶段，离完成工业化还有相当长的一段路要走。

2. 内涵型投资快速增长

十六大以来，江西省坚持以经济建设为中心，在加快经济发展方式转变上狠下功夫，坚定不移地调结构，脚踏实地地促转变，推动经济发展由量的扩张向质的提高转变。投资的集约性不断提高，内涵型投资保持快速增长，江西改建和技术改造投资九年累计完成 5845.82 亿元，年均增长 33.33%，高于同期全社会投资增长速度 2.2 个百分点。2011 年改建和技术改造投资 1399.20 亿元，占全社会投资的 15.4%，比 2002 年提高 2.6 个百分点。这种投资方式的转变促进了经济发展方式的转变。

3. 生态经济区建设特色明显

鄱阳湖生态经济区建设加速推进。2011 年鄱阳湖生态经济区内 39 个县区实际利用省外 5000 万元以上项目实际投资 1338.38 亿元，占全省利用省外资金的 51.7%，比上年增长 34.6%，高于全省平均增幅 0.8 个百分点。区内实现生产总值达到 6805.48 亿元，占全省的比重达到 58.8%；区内规模以上工业企业实现主营业务收入 11229.86 亿元，占全省工业主营业务收入的 60.8%，同比增长 37.6%；区内规模以上工业企业实现利税 976.11 亿元，占全省工业利税的 53.8%，同比增长 36.7%。江西省围绕推进鄱阳湖生态经济区建设，坚持在保护中发展、在发展中保护，融经济发展与生态保护为一体，走出一条科学发展、绿色崛起的道路。江西围绕生态环境保护和建设，组织实施造林绿化"一大四小"、县（市）污水处理设施建设、工业园污水处理设施建设、农村垃圾无害化处理、"五河一湖"生态环境综合治理、矿山地质环境恢复治理等生态工程。

4. 依托资源优势的特色产业发展良好

江西省将依托本省丰富的矿产资源，形成铜、钨、稀土、盐、多晶硅、有机硅、陶瓷等一批特色产业链，构建资源节约型产业体系，将成为在全国有突出竞争优势、在世界有重要影响的铜产业基地，全国重要的钨精深加工及新材料基地，全国性的稀土氧化物、稀土金属、稀土深加工产品研发、生产基地。

第三节　中部地区经济发展方式评价体系构建

一　评价指标体系构建原则

（一）全面系统的原则

经济发展方式评价指标的选取应当能够全面反映经济发展的速度和效果，不仅包含经济增长速度的指标，如 GDP、人均 GDP 等指标，还要包含经济增长效益的指标，如产业结构的变化、收入分配结构的变化、消费结构的变迁等；不仅包括经济发展质量的指标，如投入产出率、经济稳定性指标等，还应该包括居民生活改善的指标如消费增长、卫生和健康指标；不仅包含经济社会发展的指标，还应该包含人与自然和谐、生态平衡的指标。

（二）科学可行性的原则

评价指标的选择应当能够科学地反映经济发展方式的全貌，指标的获取和权数的确定以及评判标准的确定应当有科学的依据，避免有较大的主观色彩。指标的选择还应该是可以方便地进行定量分析和评价的，数据应当易于取得、客观可靠。

（三）目的性和针对性原则

由于评价经济发展的指标较多，内容庞杂，所以在选择经济发展方式评价的指标时，应当具有一定的目的性，挑选能够反映经济发展方式转变特征的指标；指标选择要精练，有代表性和针对性。

二 评价指标的选择和确定

遵循以上评价指标体系构建的原则，参考国内文献关于经济发展方式评价或发展方式转变评价的核心指标，我们认为，中部各省经济发展方式评价的指标体系由经济发展速度、经济发展效益、经济结构优化、经济与社会和谐、经济与自然和谐五个方面的指标组成，其中经济发展速度指标有：人均地区 GDP 增长率、工业增加值增长率、固定资产投资增长率、第三产业总产值增长率、进出口总额增长率、社会消费品零售总额增长率。经济发展效益指标主要有：全社会劳动生产率、固定资产报酬率人均固定资产投入、财政收入占 GDP 比重、居民人均可支配收入、人均财政收入增长率。经济结构优化指标有：第三产业增加值占 GDP 比重、民间投资占固定资产投资比重、出口占 CDP 比重、居民消费占最终消费的比重、科技投入占财政支出比重、第三产业就业人口占总就业人口比重等。经济与社会和谐指标有：恩格尔系数、城乡居民收入比值、居民收入增长率、教育经费占地区 GDP 的比重、城镇登记失业率、万人拥有病床数（医生数）。经济与自然和谐指标有：工业固体废物综合利用率、工业废水排放达标率、单位 GDP 工业"三废"排放量、环保投入占 GDP 的比重、万元 GDP 能耗量、能源消耗弹性系数。具体指标如表 9-3 所示。

表 9-3　　　　　　　　中部地区经济发展方式评价指标体系

一级指标	二级指标	序号	单位	指标属性
经济发展速度指标	人均地区 GDP 增长率	X1	%	正指标
	工业增加值增长率	X2	%	正指标
	固定资产投资增长率	X3	%	正指标
	第三产业总产值增长率	X4	%	正指标
	社会消费品零售总额增长率	X5	%	正指标
	进出口总额增长率	X6	%	正指标

续表

一级指标	二级指标	序号	单位	指标属性
经济发展效益指标	全社会劳动生产率	X7	%	正指标
	固定资产报酬率	X8	%	正指标
	人均固定资产投入	X9	元	正指标
	财政收入占 GDP 比重	X10	%	正指标
	居民人均可支配收入	X11	元	正指标
	人均财政收入增长率	X12	%	正指标
经济结构优化指标	第三产业增加值占 GDP 比重	X13	%	正指标
	民间投资占固定资产投资比重	X14	%	正指标
	出口占 GDP 比重	X15	%	正指标
	居民消费占最终消费的比重	X16	%	正指标
	科技投入占财政支出比重	X17	%	正指标
	第三产业就业人口占总就业人口比重	X18	%	正指标
经济与社会和谐指标	恩格尔系数	X19		逆指标
	教育经费占地区 GDP 的比重	X20	%	正指标
	城镇登记失业率	X21	%	逆指标
	万人拥有病床数（医生数）	X22	个	正指标
	居民收入增长率	X23	%	正指标
	城乡居民收入比值	X24		逆指标
经济与自然和谐指标	工业固体废物综合利用率	X25	%	正指标
	工业废水排放达标率	X26	%	正指标
	单位 GDP 工业"三废"排放量	X27	万吨	逆指标
	环保投入占 GDP 的比重	X28	%	正指标
	万元 GDP 能耗量	X29	吨标准煤/万元	逆指标
	能源消耗弹性系数	X30		逆指标

三　权重确定和评价方法选择

在构建好经济发展方式评价指标体系以后，可以发现，指标体系是由 30 个具体指标构成，各指标的计量单位不同。在进行数据处理和分析中，首先需要对评价指标的数据进行标准化处理，以消除指标量纲不同的影响。其中正向指标和逆向指标分别用不同的无量纲化处理公式。

其次，确定一级指标和二级指标各自的权重。确定权重的方法主要有主观赋权法和客观赋权法两种。主观赋权法主要有德尔菲法、层次分析法等，特点是根据专家的经验和知识，通过比较各个指标的重要性程度来设定指标的权重，主观性较大，但也有可能更接近现实情况。客观赋权法主要有主成分分析法、熵值法、变异系数法等，特点是根据指标本身的变异程度来决定对上级指标的重要性和权重，操作过程采用科学的方法进行，比较客观、可信。因此，本书使用熵权法进行权重确定。

最后，评价方法的选择。评价方法有很多，如主成分分析法、因子分析法、熵值法、模糊综合评判等，为了保证数据处理的客观和科学，本书决定使用熵值法赋权后的指标权重结合无量纲化后的指标值计算出综合得分，对中部各省经济发展方式进行评价。

熵值法进行评价的原理和主要步骤如下：

假设各指标数据形成的矩阵如下：

$$M = \begin{bmatrix} x_{11} & \cdots & x_{1n} \\ \vdots & \ddots & \vdots \\ x_{m1} & \cdots & x_{mn} \end{bmatrix}$$

首先，如上所述，在进行评价时要对指标数据进行无量纲化处理，公式如下：

$$x_{ij}^* = \frac{x_{ij} - \bar{x}_j}{\sigma_j} \quad i = 1, 2, \cdots, m; j = 1, 2, \cdots, n$$

如果是逆指标，公式为：

$$x_{ij}^* = \frac{\bar{x}_{ij} - x_{ij}}{\sigma_j} \quad i = 1, 2, \cdots, m; j = 1, 2, \cdots, n \tag{9-1}$$

其中，x_{ij}^* 为各指标标准化后的数据，x_{ij} 为原始指标值，$\bar{x}_j$ 为第 j 列指标的平均值，σ_j 为矩阵第 j 列指标的标准差。平均值和标准差的公式从略。

其次，计算各个指标所占的比重 p_{ij}，公式如下：

$$p_{ij} = \frac{x_{ij}^*}{\sum_{i=1}^m x_{ij}^*} \quad i = 1, 2, \cdots, m; j = 1, 2, \cdots, n$$

再次，计算第 j 项指标的熵值 e_j，公式如下：

$$e_j = -\frac{1}{\ln m} \sum_{i=1}^m p_{ij} \ln p_{ij} \quad i = 1, 2, \cdots, m; j = 1, 2, \cdots, n$$

复次，计算第 j 项指标的信息效用价值，也就是其差异系数 d_j，公式为：

$d_j = 1 - e_j$　$j = 1, 2, \cdots, n$

又次，计算第 j 项指标的权重 w_j，公式为：

$$w_j = \frac{d_j}{\sum_{j=1}^{n} d_j}　j = 1, 2, \cdots, n$$

最后，根据各个指标的权重，计算综合得分，公式为：

$$F_i = \sum_{j=1}^{n} p_{ij}　i = 1, 2, \cdots, m; j = 1, 2, \cdots, n \tag{9-1}$$

本书使用上述方法计算十年来中部各省经济发展方式的综合评价值，判断各省经济发展方式属于什么阶段和类型，以及发展方式转变的趋势。

第四节　实证研究

一　数据来源

针对上节所述的指标，使用 2013 年中部各省的数据，原始数据全部来自《中国统计年鉴》（2014）和 2014 年中部各省统计年鉴，将数据进行标准化处理后代入模型进行分析。

二　评价结果

在构建了中部地区经济发展方式评价指标体系，并确定了各层次指标权重的基础上，通过公式计算每个层次指标的评价值，然后用各层指标的评价值确定各层次指标的权重，用前面的公式可计算出经济发展方式的综合评价值，用这一评价值来反映经济发展方式合理性的水平。式（9-1）中 j 为综合评价指标个数，w_j 为第 j 个评价指标的权重，F_i 为第 i 个省份在第 j 个评价指标上的得分。

在对各个指标进行加权平均之后，得到中部各省 2013 年经济发展方式合理化综合评价值，如表 9-4 和图 9-1 所示。可以发现，中部六省中经济发展方式综合得分普遍都不高，最高的省份是湖北省，最低的省份是山西省，其他依次为湖南省、河南省、安徽省和江西省。

表9-4　　　　　　　　中部各省经济发展方式合理化评价得分

指标＼省份	河南	安徽	山西	湖南	湖北	江西
经济发展速度	73.5	65.4	55.2	73	74.6	68.5
经济发展效益	76.6	55.8	40.3	67.4	77.8	55.3
经济结构优化	67.3	56.5	58.4	77.2	79.1	53.8
经济与社会和谐	53.7	57.8	43.5	75.9	78.5	57.4
经济与自然和谐	41.9	61.2	33.2	66.3	68.3	52.3
综合得分	62.6	59.3	46.1	71.9	75.7	57.5

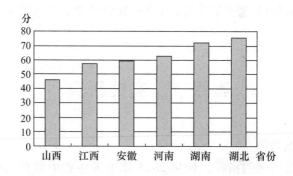

图9-1　中部各省经济发展方式合理性评价综合得分示意

　　具体来看，经济发展速度方面，排在前列的是湖北省和河南省，安徽和山西居于后位；经济发展效益方面，同样是湖北、河南居前，江西和山西排在后列；经济结构优化方面，湖南省和湖北省表现良好，而江西和安徽结构欠佳；经济与社会和谐方面，评价最高的是湖北，评价最低的是山西；经济与自然和谐方面，中部六省评价普遍较低，而最低的是山西省，与其余省份相去甚远。

　　三　结论

　　从中部各省经济发展方式评价结果来看，整体评分并不高，经济发展方式合理化还处在比较低的水平。目前，中部各省还是粗放型发展阶段，经济增长的动力来自多种因素综合作用的结果。

　　得出这种评价结论，与各省的经济基础、资源禀赋、发展理念等因素密切相关。如表 9-5 所示，2013 年中部各省的支出法国内生产总值中，经济规模排在首位的是河南省，但是其高达 77.2% 的投资率也是排在头名，远远超过其他省份，并且其出口为负数，说明河南省的经济增长主要靠投资驱动，三大动力结构不合理，是典型的投资驱动型的发展方式，所以综合得分并不是最高；与之类似的是山西省，经济规模排名垫底，但投资率也在 70% 以上，也属于投资驱动型的发展方式，所以综合评价值最低；江西省的消费率和投资率基本持平在 50% 左右，是规模拖累了总体排名；湖北省和湖南省的投资率都高于消费率 11 个百分点左右，但湖南省的净出口为负数，所以总体评价不及湖北省，所以经济增长驱动力相对协调的湖北省在经济发展方式合理化评价中居于首位。总体来看，中部六省除江西和湖北外，其他四省的货物和服务净出口均为负值，反映出中部地区总体依靠地区内需求的扩大促进经济增长；中部六省的消费率均低于投资率，反映出中部各省消费率普遍偏低的事实，经济增长中投资的贡献率较高。

表 9-5　　　　　　中部各省 2013 年支出法国内生产总值

地区	支出法地区生产总值（亿元）	最终消费支出（亿元）	资本形成总额（亿元）	货物和服务净流出（亿元）	最终消费率（消费率）（%）	资本形成率（投资率）（%）
山西	12602.2	6182.8	9169.0	-2749.5	49.1	72.8
安徽	19038.9	9189.3	9919.0	-69.4	48.3	52.1
江西	14338.5	7042.1	7160.1	136.3	49.1	49.9
河南	32155.9	15287.4	24830.0	-7961.5	47.5	77.2
湖北	25431.7	11161.2	14245.4	25.1	43.9	56.0
湖南	24501.7	11281.0	14001.6	-781.0	46.0	57.1

资料来源：《中国统计年鉴》（2014）。

第十章　中部地区经济增长与经济发展协调性评价研究

我国"十二五"国民经济和社会发展规划纲要中首次提出在保证经济增长这一数量的同时，还应提升经济增长的质量，以确保社会经济的可持续发展。这一发展规划纲要明确指出：在"十二五"发展期间，我国这一阶段的主要任务为调整和改变经济增长方式，剔除唯GDP至上的发展取向，并通过树立绿色环保的意识，以确保经济发展的可持续性。这一规划纲要还明确提到：面对日趋强化的资源环境约束，必须增强危机意识，树立绿色、低碳发展理念，以节能减排为重点，健全激励与约束机制，加快构建资源节约型、环境友好型的生产及消费模式。十八大报告则再次明确提出要在发展中解决资源短缺和环境污染问题。报告中还要求坚持经济的数量和质量并重前行，资源利用与经济社会的协调发展，才能走出一条符合中国国情、资源节约型、环境友好型的现代化道路。当资源可持续、环境可承载时，经济才可持续发展，才离形成人与自然和谐发展的社会主义现代化新局面更近了一步。

中部地区作为连接东部地区与西部地区的关键腹地，同时在经济增长的贡献率中以农业和工业占主导地位，因此对其经济增长与经济发展协调性现状进行评价，不仅有利于检验现行资源节约型、环境友好型两型社会相关先行、先试政策的落实情况和效果，而且有助于摸查高能耗、高污染、低效率项目在经济增长中的位置及其对经济发展的影响，并通过灵敏度分析对经济运行进行压力测试，最终来实现环境得到保护、经济得到可持续发展的目标。最后，对其经济增长与经济发展协调性现状进行评价，还有助于洞悉科技在推动中部地区经济发展中的作用，如改善农业、工业的资源利用效率、污染控制等，为经济发展方式的转型提供数据支撑和政策建议。

第一节　经济增长与经济发展协调性评价指标体系建立

中部地区经济增长与经济发展协调性评价指标体系的构建是为了衡量中部地区经济发展的现状。本章认为经济协调性评价指标体系的构建，不仅能反映现有中部地区各省份经济水平，还应体现出其经济的可持续发展潜力。从长远看，一个省份、地区乃至国家的竞争力，如何提升其经济的可持续发展潜力远比现有的经济增长更加重要。

考虑到以上原则，本章所构建的经济协调性评价指标体系包含三个层次：目标层、系统层以及指标层。第一层，即目标层，衡量的是经济协调水平；第二层，即系统层，表现为经济增长（数量，短期）与经济发展（质量，长期）两个子系统；第三层则为指标层，反映的是以上两个子系统下的诸多指标（见表10－1）。

表 10－1　　　　　　　　　经济协调水平评价指标体系

目标层	系统层	指标层	指标方向
经济协调水平	经济增长子系统	国内生产总值（亿元）A_1	+
		社会消费品零售总额（亿元）A_2	+
		固定资产投资总额（亿元）A_3	+
		进出口总额（亿元）A_4	+
		财政收入（亿元）A_5	+
		全员劳动生产率（万元/人年）A_6	+
		人口增长率（%）A_7	−
	经济发展子系统	人均国内生产总值（元）B_1	+
		第三产业贡献率（%）B_2	+
		技术市场成交额（亿元）B_3	+
		每万元 GDP 能源消耗（吨标准煤）B_4	−
		煤炭占能源消耗比重（%）B_5	−
		森林覆盖率（%）B_6	+
		万人科技人员数（人）B_7	+
		城市家庭恩格尔系数（%）B_8	−
		农村家庭恩格尔系数（%）B_9	−

上述经济协调水平评价指标体系中包含两个子系统：经济增长子系统与经济发展子系统。其中经济增长子系统反映该地区经济在数量方面的状况，包括国内生产总值、社会消费品零售总额、固定资产投资总额、进出口总额、财政收入、全员劳动生产率以及人口增长率，更侧重于短期。而经济发展子系统则倾向于反映该地区经济在质量方面的现状及发展潜力，主要包括人均国内生产总值、第三产业贡献率、技术市场成交额、每万元 GDP 能源消耗、煤炭占能源消耗比重、森林覆盖率、万人科技人员数、城市家庭和农村家庭恩格尔系数，更侧重于长期。

第二节　主成分协调度综合评价方法

本章所采用的方法为通过主成分方法对经济增长子系统与经济发展子系统各指标进行赋权，最后通过协调度模型，对经济增长与经济发展协调度进行综合评价。

事实上，在对中部地区经济增长与经济发展协调度评价指标体系中各指标所占的权重进行赋权的方法很多，本章所采用的主成分分析法可有效避免其他评价方法，如定性评价中的德尔菲法以及定量评价中AHP、模糊分析、神经网络等方法的主观性影响。同时采用此赋权方法的另一原因在于可以有效降低各子系统中因指标过多造成的操作性复杂、实施困难等违背评价原则的一系列问题。主成分分析的主要原理和过程如下所示：

一　主成分分析的原理

主成分分析也称主分量分析，是揭示大样本、多变量数据或样本之间内在关系的一种方法，旨在利用降维的思想，把多指标转化为少数几个综合指标，降低观测空间的维数，以获取最主要的信息。

事实上，主成分分析法的精髓在于降低所分析变量的维度。它通过借助一个正交变换，将其分量相关的原随机向量转化成其分量不相关的新随机向量，即在线性代数上表现为将原随机向量的协方差矩阵变换成对角形矩阵，而在几何学上则体现为将原坐标系变换成新的正交坐标系，使之指向样本点散布最开的 n 个正交方向（若有 n 个指标或变量的话），然后对多维变量系统进行降维处理，使之能以一个较高的精度转换成低维变量系统，再通过构造适当的价值函数，进一步把低维系统转化成一维系统。

统计学上，主成分分析（Principal Components Analysis，PCA）是一种简化数据集的线性变换。这种变换把数据变换到新的坐标系统中，进而使得任何数据的第 n 大方差投影在第 n 个坐标，而这第 n 个坐标即为常说的第 n 主成分。主成分分析就在于通过用最少维度的数据，保留尽可能多的原数据集的信息，即体现所保留数据集的对方差贡献率最大的特征。通过保留低阶的主成分，而忽略高阶主成分，低阶成分往往能够保留数据的最重要方面。具体操作层面，则应根据需要进行调整。

二　主成分分析的主要作用

主成分的主要作用概括起来，主要包括以下几个方面：

首先，它能降低所研究数据集的维数。即用研究 m 维的 Y 空间代替 n 维的 X 空间（$m < n$），而低维的 Y 空间代替高维的 X 空间所损失的信息就很少。即便只有一个主成分（即 $m = 1$），这个主成分或变量仍是使用全部 n 维的 X 变量变换得到的。

其次，其有时可通过因子载荷 a_{ij} 结论，弄清 n 维的 X 变量之间的某些关系。

再次，它是表示或描述多维数据的一种方法。由于当维数大于 3 时无法用几何图形描述，而多元统计分析中的问题所涉变量大多超过 3 个，此时主成分分析的作用就开始凸显。在经过主成分分析后，可通过选取三个或低于三个主成分的得分，画出这 n 个样本在几何图形上的分布情况。这样通过几何图形可直观看出各样本变量在主分量中的贡献，进而还可对样本进行分类处理，发现远离大多数样本点的离群点。

最后，可通过主成分分析法构造回归模型以及筛选回归变量。这就意味着可用新的相对较少变量代替原有较多的变量进行多元回归。

三　主成分协调度综合评价的简要步骤

第一步对原始指标数据进行标准化。若原始变量为 p 维向量，样本数为 n，需保证 $n > p$，标准化的方法可选用极差法或标准差法。极差法，对于正向指标，利用公式 $z_i = \dfrac{x_i - x_{Min}}{x_{Max} - x_{Min}}$ 来处理；而对于负向指标，

则采用公式 $z_i = \dfrac{x_{Max} - x_i}{x_{Max} - x_{Min}}$ 来处理。标准差法，则采用公式 $z_i = \dfrac{x_{Max} - \mu}{\sigma}$ 处理。本章利用 SPSS 19.0 选用标准差法对数据进行标准化。

第二步对标准化后的矩阵 Z 求相关系数矩阵。矩阵 Z 为 $n \times p$ 的矩阵。

第三步求解相关系数矩阵的特征方程，可得到 p 维向量的 p 个特征根，依据特征根大于 1 或 $\dfrac{\sum\limits_{j=1}^{m} \lambda_j}{\sum\limits_{j=1}^{p} \lambda_j} \geqslant 0.85$ 确定 m 值的方法，选取相应的特征向量。本章采用特征根大于 1 的方法对特征向量进行筛选。

第四步将标准化后的指标变量转换为主成分，即每一个主成分由标准化后的指标与其对应的特征向量的乘积构成。

最后根据所得到的主成分个数，对本章所构建的经济增长子系统以及经济发展子系统进行综合评价。各子系统的综合得分由其所包含的主成分加权求和得到，而权数为每个主成分的方差贡献率。

在利用主成分方法对各指标赋权完毕后，系统层面的综合评价通过协调度模型来解决。协调度模型包含静态协调度和动态协调度。其中静态协调度的计算公式为 $c_s(i, j) = \dfrac{Min \{u(i/j), u(j/i)\}}{Max \{u(i/j), u(j/i)\}} \in (0, 1]$，而动态协调度的计算公式为 $c_d(t) = \dfrac{1}{t} \sum\limits_{i=0}^{t-1} c_s(t-i) \in (0, 1]$。具体各符号的含义及步骤详见下节。

第三节　中部六省经济增长与经济发展协调度实证研究

本章试图选取 2006—2015 年 10 年间中部六省的各指标样本数据，通过所建立的中部地区各省份经济增长与经济发展协调度评价指标体系，利用主成分分析法以及协调度模型，对中部地区各省的经济协调水平进行实证，以了解各省份经济协调现状并提出具有针对性的措施。

一 河南省经济增长与经济发展协调性实证研究

（一）河南省经济增长与经济发展子系统指标描述性统计

本节所选指标的数据主要来源为河南省统计局以及国家统计局。上述表 10 - 1 中各指标在区间内的描述性统计如图 10 - 1 至图 10 - 5 所示。

如图 10 - 1 所示，在 2006—2015 年的 10 年间，经济增长子系统中各指标均整体呈上升趋势。从整体来看，各指标中河南国内生产总值（GDP）的增长与固定资产投资总额的关系最为密切，这也说明了河南省经济的增长主要依靠固定资产投资来拉动。另外从 2008 年开始的两年左右时间，河南进出口总额明显下降，这与欧洲以及美国的债务和金融危机爆发有直接的关系。也恰恰是在对外贸易总额下降的情况下，固定资产投资的持续增长降低了其对 GDP 的负面影响，使河南省 GDP 仍以较快速度增长。而这从局部反映出了河南省的经济增长主要依靠固定资产投资无疑。

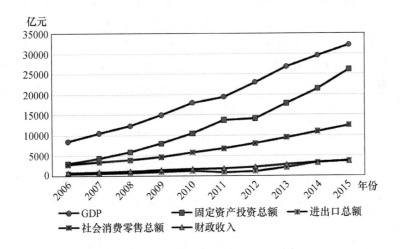

图 10 - 1 河南省经济增长子系统指标 A1—A5 描述性统计

图 10 - 2 则反映了河南省经济增长子系统中人口增长率与全员劳动生产率之间及其与经济增长的关系。2006—2015 年人口自然增长率变动相对比较平稳，而全员劳动生产率一直呈上升趋势，这说明河南省经济规模的提高更多依靠的是生产效率的提高，而非依靠人口数量的增长

所造成的。

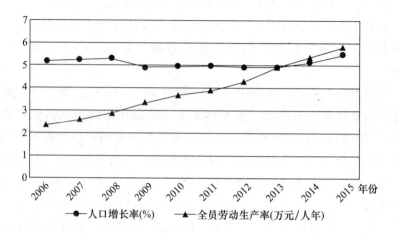

图 10 – 2　河南省经济增长子系统指标 A6—A7 描述性统计

　　而在如图 10 – 3 所示的经济发展子系统中，技术市场成交额在历年变动中较为平稳且在促进人均 GDP 的增长中的贡献微乎其微，这说明高科技产业在促进河南省经济增长中的地位较弱。另外人均 GDP 的增长与能源消耗有着明显的正向关系，即人均 GDP 的增长伴随着持续增高的能源消耗。同时 2010 年作为明显的分界线，即 2006—2010 年之间人均 GDP 增长率低于能源消耗年增长率。但在 2010 年之后人均 GDP 增长率开始高于能源消耗的年增长率。这说明虽然目前高科技产业在河南省经济结构中所占比重仍较低，但毋庸置疑的是 2008—2010 年国家出台的一系列行业振兴计划在调整经济结构上的倾向以及降低能源消耗、提升低能耗行业贡献率的目的还是起到些许作用。

　　在如图 10 – 4 所示的经济发展子系统中，第三产业贡献率历年有少许波动，但总体贡献率维持在 20%—30%。这与发达国家第三产业贡献率高达 50% 以上的比例仍有明显的差距。森林覆盖率在 2006—2015 年同样未有明显变动，同时煤炭占能源消耗比重仍维持在 80% 以上，这说明河南省经济的增长仍然以高能耗、高污染作为基础。此种粗放型的经济发展方式仍待转变。

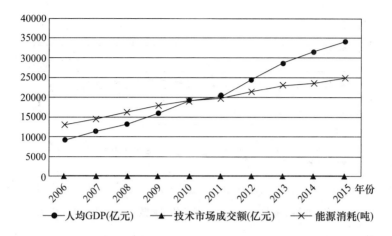

图 10 - 3　河南省经济发展子系统指标 B1—B3 描述性统计

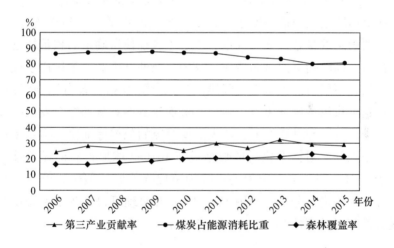

图 10 - 4　河南省经济发展子系统指标 B4—B6 描述性统计

　　如图 10 - 5 所示，2006—2015 年，城镇家庭与农村家庭的恩格尔系数在降低，其中农村家庭恩格尔系数下降最为明显。这说明河南省在经济增长的同时，相关"三农"政策的实施在帮助减轻农民负担、提高农民收入以及向农民倾斜的政策支持作用明显。而万人科技人员数的明显增加，则为农民种植的科技化提供了人员保障。

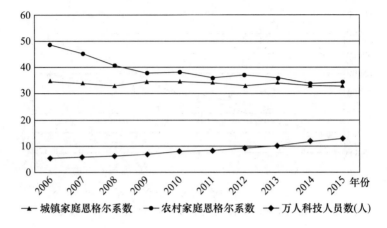

图 10 -5 河南省经济发展子系统指标 B7—B9 描述性统计

（二）经济增长与经济发展子系统综合发展指数的计算

在上述所建立的指标体系对各子系统发展水平进行测量的过程中，首先需要确定的是各指标的权重，由于主观性使所确定的权重缺乏一定的可信度，同时指标的过多造成计算的复杂性，因此本章采用主成分分析的方法，不仅可达到系统层降维的作用（减少指标数量），还可使子系统中指标权重的确立更具可信性，进而得到各系统的综合发展指数。

整个分析详细过程如下：首先需要对原始数据标准化。本章采用标准差法来处理。对标准化后的数据进行 Bartlett 球形检验的显著性水平均小于 0.01，因此可否定相关矩阵为单位阵的原始假定，可继续利用主成分分析法进行分析。利用 SPSS 19.0 并整理可得到各子系统所包含主成分及其贡献率情况，如表 10 - 2 所示。

表 10 -2　　　　　　　　　　主成分方差分析

Component	经济增长子系统初始特征值			经济发展系统初始特征值		
	Total	% of Variance	Cumulative %	Total	% of Variance	Cumulative %
1	5.905	84.358	84.358	6.963	77.370	77.370
2	1.029	14.696	99.054	0.828	9.198	86.568
3	0.057	0.810	99.864	0.661	7.347	93.915
4	0.007	0.101	99.965	0.445	4.945	98.860

续表

Component	经济增长子系统初始特征值			经济发展子系统初始特征值		
	Total	% of Variance	Cumulative %	Total	% of Variance	Cumulative %
5	0.002	0.028	99.993	0.060	0.668	99.527
6	0.000	0.007	100.000	0.032	0.353	99.880
7	$1.859\text{E}-5$	0.000	100.000	0.007	0.081	99.961
8	—	—	—	0.003	0.039	100.000
9	—	—	—	$1.105\text{E}-8$	$1.228\text{E}-7$	100.000

在进行主成分分析时，本章采用主成分个数提取的原则为主成分对应的特征值是否大于1。若大于1，则视为这些特征值对应的主成分影响力较大，应将这些主成分作为新的变量纳入考虑，否则说明这些新的变量影响力或贡献率小于原有变量的平均影响力，此时应剔除，不予考虑。如表10-2所示，经济增长子系统的主成分为2，而经济发展子系统的主成分为1。其中经济增长子系统中两个主成分的贡献率累计达到99.054%，即可反映原有指标99.054%的信息；而经济发展子系统中初始特征值大于1的主成分为1，其贡献率可反映原有指标77.37%的信息。接下来继续分析可得到两个子系统各自的载荷矩阵，如表10-3和表10-4所示。

表10-3　　　　　　　　　经济增长子系统载荷矩阵

	Component						
	1	2	3	4	5	6	7
Zscore：GDP	0.989	-0.135	0.048	0.039	0.000	0.016	0.000
Zscore：全员劳动生产率	0.994	-0.108	0.021	0.002	0.025	-0.005	0.003
Zscore：固定资产投资总额	0.995	-0.034	0.069	-0.070	-0.002	0.004	-0.001
Zscore：人口增长率	0.208	0.977	0.055	0.007	0.003	0.000	0.000
Zscore：进出口总额	0.959	0.193	-0.209	-0.008	-0.005	0.003	0.000
Zscore：财政收入	0.998	-0.063	0.000	0.018	0.014	-0.010	-0.003
Zscore：社会消费品零售总额	0.997	-0.052	0.052	0.017	-0.033	-0.008	0.001

表 10 - 4   经济发展子系统载荷矩阵

	Component								
	1	2	3	4	5	6	7	8	9
Zscore：人均 GDP	0.990	-0.030	0.104	-0.025	0.042	0.081	-0.001	0.003	0.000
Zscore：第三产业贡献率	0.629	0.582	-0.456	0.232	-0.053	0.028	-0.014	0.001	0.000
Zscore：城镇家庭恩格尔系数	-0.555	0.613	0.562	-0.003	0.007	0.005	-0.007	-0.007	0.000
Zscore：农村家庭恩格尔系数	-0.896	-0.156	0.123	0.384	-0.025	0.092	0.022	0.022	0.000
Zscore：煤炭占能源消耗比重	-0.879	0.264	-0.238	-0.294	0.119	0.017	0.021	0.028	0.000
Zscore：能源消耗	0.985	0.022	0.024	-0.131	0.055	0.087	0.029	-0.024	0.000
Zscore：森林覆盖率	0.952	0.084	0.143	-0.208	-0.147	-0.016	0.035	0.026	0.000
Zscore：万人科技人员数	0.980	-0.076	0.162	-0.001	0.060	0.012	-0.053	0.029	0.000
Zscore：技术市场成交额	0.932	0.075	0.084	0.311	0.111	-0.086	0.037	0.006	0.000

利用表 10 - 3 中主成分载荷矩阵中的数据除以表 10 - 2 中对应的特征值的开方，即可得到两个主成分中每个指标对应的系数，于是得到经济增长子系统中的两个主成分表达式分别为：

$$F1A = 0.41 \times ZA1 + 0.41 \times ZA2 + 0.41 \times ZA3 + 0.09 \times ZA4 + 0.39 \times ZA5 + 0.41 \times ZA6 + 0.41 \times ZA7 \tag{10-1}$$

$$F2A = -0.13 \times ZA1 - 0.11 \times ZA2 - 0.03 \times ZA3 + 0.96 \times ZA4 + 0.19 \times ZA5 - 0.06 \times ZA6 - 0.05 \times ZA7 \tag{10-2}$$

接着根据各主成分对于经济增长子系统的贡献率，可得到经济增长子系统综合指数表达式为：

$$FA = 0.844 \times F1A + 0.147 \times F2A \tag{10-3}$$

同样利用表 10 - 4 中主成分载荷矩阵中的数据除以表 10 - 2 中对应

的特征值的开方，即可得到主成分中每个指标对应的系数，于是得到经济发展子系统中的主成分表达式分别为：

$$F1B = 0.38 \times ZB1 + 0.24 \times ZB2 - 0.21 \times ZB3 - 0.34 \times ZB4 - 0.33 \times$$
$$ZB5 + 0.37 \times ZB6 + 0.36 \times ZB7 + 0.37 \times ZB8 + 0.35 \times ZB9 \qquad (10-4)$$

接着根据主成分对于经济发展子系统的贡献率，可得到经济发展子系统综合指数表达式为：

$$FB = 0.774 \times F1B \qquad (10-5)$$

将标准化后的经济增长以及经济发展各指标数据代入综合指数表达式，可得到2006—2015年历年的经济增长以及经济发展综合指数，如表10-5和图10-6所示。

表10-5　河南省2006—2015年经济增长与经济发展综合指数

年份	2006	2007	2008	2009	2010	2011	2012	2013	2014	2015
经济增长指数	-2.264	-1.340	-1.063	-1.123	-1.051	-0.077	-0.141	1.404	2.224	3.430
经济发展指数	-1.584	-1.465	-1.513	-0.670	-0.268	-0.117	0.022	1.252	2.200	2.144

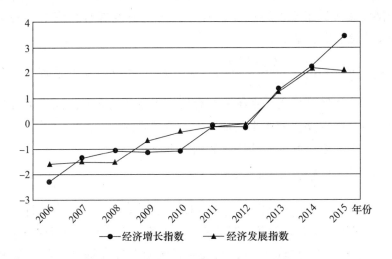

图10-6　2006—2015年河南省经济增长和经济发展综合指数

（三）河南省经济增长与经济发展协调度分析

度量系统与系统间是否协调以及系统协调程度高低的重要指标之一便是协调度。协调度指系统之间或系统要素间在发展过程中彼此和谐一致的程度，体现系统由无序走向有序的趋势。依据协调度在（0，1]的取值范围，本章通过借鉴国际上通行的协调发展等级标准，将不同区间划分为如表10－6所示的等级。

表 10 - 6 协调度划分等级标准

协调程度	极度失调	严重失调	中度失调	轻度失调	弱度协调	比较协调	优质协调
协调区间	0—0.4	0.4—0.5	0.5—0.6	0.6—0.7	0.7—0.8	0.8—0.9	0.9—1

静态协调度模型和动态协调度模型的表达式及其之间结论的对比，本章将会给予详细描述。

其中静态协调度的计算公式为：

$$c_s(i,\ j) = \frac{Min\{u(i/j),\ u(j/i)\}}{Max\{u(i/j),\ u(j/i)\}} \in (0,\ 1] \qquad (10-6)$$

式（10－6）中 i 代表经济增长，j 代表经济发展。$c_s(i,\ j)$ 为经济增长和经济发展协调水平在每一期的静态协调度；$u(i/j)$ 为经济增长对经济发展协调水平的适应度；$u(j/i)$ 为经济发展对经济增长协调水平的适应度；其计算公式为：

$$u\ (i/j) = \exp\left[-\frac{(F_i - F'_i)^2}{s^2}\right]，其中 F_i 为经济增长子系统的综合发$$

展指数；s^2 为经济增长子系统的综合发展指数的均方差。同样可得到经济增长对经济发展协调水平的适应度，不再赘述。

而关于动态协调度的计算方法则如下所示：

$$c_d(t) = \frac{1}{t}\sum_{i=0}^{t-1} c_s(t-i) \in (0,1] \qquad (10-7)$$

式（10－7）中 $c_d(t)$ 为经济增长和经济发展协调水平在每一时期的动态协调度，$c_s(t)$ 为第 t 期的静态协调度。对于任意两个不同时期，如 $t_2 > t_1$，有 $c_d(t_2) \geqslant c_d(t_1)$，则表明系统协调度在提高；若 t_1 期系统已处于协调状态，则表明 t_2 期系统一直处于协调发展的状态并趋于更好；若 t_1 期系统尚未处于协调状态，则表明 t_2 期系统向协调状态收敛。

接下来根据上述静态协调度和动态协调度测算公式，得到2006—2015年河南省经济增长和经济发展协调度水平如表10-7所示。

表10-7 2006—2015年河南省经济增长和经济发展协调度

年份	静态协调度	静态协调状态	动态协调度	动态协调状态
2006	0.807	比较协调	0.807	比较协调
2007	0.7752	弱度协调	0.7911	弱度协调
2008	0.744	弱度协调	0.7754	弱度协调
2009	0.8257	比较协调	0.788	弱度协调
2010	0.7983	弱度协调	0.7901	弱度协调
2011	0.8493	比较协调	0.7999	弱度协调
2012	0.8487	比较协调	0.8069	比较协调
2013	0.8213	比较协调	0.8087	比较协调
2014	0.7208	弱度协调	0.7989	弱度协调
2015	0.6724	轻度失调	0.7863	弱度协调

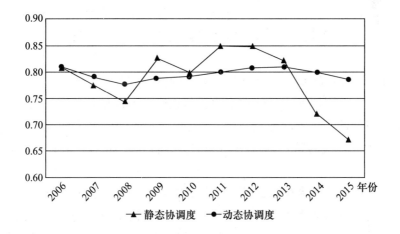

图10-7 2006—2015年河南省经济增长与经济发展静态和动态协调度趋势

如图10-7所示，在河南省经济增长与经济发展的静态协调度上，依据协调度等级划分区间以及 0.5 作为协调与失衡的临界点来看，近10 年河南省经济系统基本处于协调状态，静态协调度的平均值为0.7863，处于弱度协调状态。其中，2007—2008 年、2010 年河南省经济增长与经济发展处于弱度协调阶段，而在 2014—2015 年经济增长与经济发展协调水平开始趋向轻度失调状态。河南省经济增长与经济发展之间呈现明显波动状态，并有趋向轻度失调乃至中度失调的可能性。

而从动态协调度来看，近 10 年河南省经济增长与经济发展基本处于弱度协调和比较协调阶段之间，且动态协调度的平均值也达到0.7952 的弱度协调水平。由于动态协调度能够显示一段时间的综合协调状态，因此动态协调度比静态协调度水平在几何图示上表现更为平滑，同时具有一定程度的滞后性。

河南省经济增长与经济发展协调度，无论是从静态来看，还是从动态来看，均处于相对协调的状态，其可能的原因及存在的问题如下所示：

首先，经济的协调可能暗含经济增长子系统和经济发展子系统的综合发展指数均较低，进而推高了这种子系统之间的静态/动态协调度。由表 10 – 5 和图 10 – 6 可知，河南省在 2006—2012 年无论是经济增长综合指数还是经济发展综合指数均处于较低水平，同时在第三产业贡献率、森林覆盖率、人口增长率等经济结构因素及外部因素保持稳定的情况下，煤炭占能源比重以及高能源消耗决定了该省的经济以粗放型方式发展。

其次，经济增长到一定规模，原有的发展方式无以为继，导致经济增长和经济发展协调度虽仍达到协调的程度，但无论是静态还是动态协调度均在降低。这种趋势从 2012 年左右开始表现得极为明显。这说明河南省如不尽快调整目前经济结构的话，经济下滑乃至衰退的风险会加剧。

二 中部及其余省份经济增长与经济发展子系统协调度评价

前面小节以河南省为例，对其经济增长与经济发展的协调度进行了评价，采用相同的赋权方法及评价模型（主成分＋协调度模型），利用2006—2015 年中部地区其他省份相关指标的数据，得到各省经济增长与经济发展的综合指数以及两者的静态协调度和动态协调度水平，如表10 – 8 和图 10 – 8 所示。

表 10 - 8　2006—2015 年中部其他省份经济增长和经济发展动态协调度

省份 年份	湖北	湖南	安徽	江西	山西
2006	0.813	0.8012	0.798	0.725	0.7271
2007	0.8041	0.7994	0.7894	0.7174	0.7093
2008	0.7875	0.7799	0.7805	0.6935	0.6996
2009	0.7962	0.7901	0.7811	0.7021	0.7008
2010	0.8083	0.7987	0.7896	0.7066	0.6968
2011	0.8094	0.8033	0.7921	0.7135	0.7021
2012	0.8101	0.8089	0.8005	0.7222	0.7044
2013	0.8127	0.8093	0.8022	0.7275	0.7068
2014	0.8088	0.8034	0.7902	0.7115	0.7004
2015	0.7929	0.7911	0.7855	0.7094	0.6921

由表 10 - 8 可知，中部其他 5 省在 2006—2015 年动态协调度总体处在轻度失调至比较协调之间。其中湖北、湖南以及安徽处在弱度协调至比较协调之间，而江西和山西基本处在轻度失调至弱度协调之间。图 10 - 8 则给出了中部六省的动态协调度趋势情况。

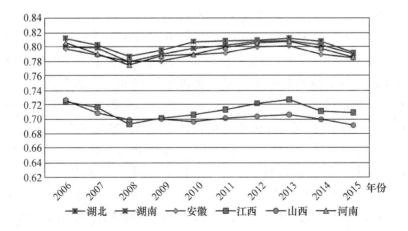

图 10 - 8　2006—2015 年中部六省经济增长与经济发展动态协调度趋势

如图 10-8 所示，中部六省在经济增长与经济发展的动态协调水平上内部分化为两大阵营。其中湖北、湖南、河南以及安徽在动态协调度上相近，且湖北在经济增长与经济发展上的协调度最高，而安徽总体来说在协调度上相对最低。另一阵营中江西和山西在协调水平上则处于相对较低的状态，除个别年份在协调水平上高于江西外，基本上与中部其他5省在经济协调水平的比较上处于末位。图 10-9 则给出了中部六省2006—2015 年经济增长与经济发展平均动态协调水平。

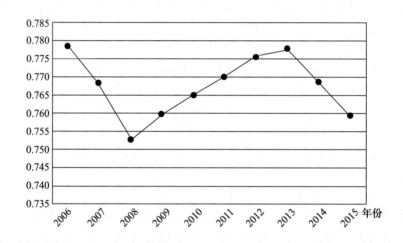

图 10-9　2006—2015 年中部六省经济增长与经济发展动态协调度趋势

如图 10-9 所示，中部地区 2006—2015 年经济增长与经济发展动态协调水平主要分为三段。第一段为 2006—2008 年，平均动态协调度从 0.7786 降至 0.7527。虽然经济增长与经济发展协调水平仍处于弱度协调状态，但下滑趋势明显，有从弱度协调向轻度失调发展的可能。2006 年以前中部地区经济以高污染、高能耗、低附加值为经济增长主要动因，其后果是 GDP 虽仍在增长，但其发展方式以牺牲外部环境为主，经济协调水平在 2006 年达到高值 0.7786 之后持续下降。第二阶段为处于"十一五"末期和"十二五"初期过渡阶段的 2008—2013 年，中部地区经济协调水平从 0.7527 提升到了 0.7779。节能减排、减少高污染项目的审批等各项措施使经济增长与经济发展的路径趋向一致。但缺乏高技术、高附加值项目的推动，同时消费不力、出口不畅的情况下，以基础设施、房地产投资成为中部地区经济增长的主要方式。而这种"打鸡血"似的经济刺激方式的恶果在第三阶段开始体现。在这一阶段（2013—2015 年），中部地区经济平均动态协调度从 0.7779 降为 0.7596，且这种不协调的下滑态势明显。因此对于中部地区而言，改变现有经济增长方式，提升经济发展的质量，成为现有中部地区政府部门所面临的重中之重。

第十一章　中部地区经济发展方式转型分类与评价

中国"十二五"发展规划提出经济发展的主线是加快转变经济发展方式。转变经济发展方式的说法由来已久。早在 20 世纪 60 年代之初，很多经济学家们就已经提出要改变外延式扩大再生产，将其转变为内涵式扩大再生产；到 1987 年，国家提出要转变粗放经营，逐步实现集约经营；到 1995 年，中共十四届五中全会通过的《关于制定国民经济和社会发展"九五"计划和 2010 年远景目标的建议》提出，我国经济要实现两个根本性的转变：一是经济体制的转变，从传统的计划经济体制向社会主义市场经济体制的转变，二是经济增长方式的转变，从粗放型向集约型的转变；到 2002 年，中共十六大报告提出要走新型工业化道路；到 2007 年，中共十七大报告提出加快转变经济发展方式。问题在于，我们为何还要再提"转变经济发展方式"，并且要将"加快"作为"主线"？

中国的粗放型经济的存在有其客观的物质基础和历史原因。我们国家尚处于社会主义发展的初级阶段，起点低，资金缺，人口多，底子薄，各地区间经济水平差异很大。改革开放之前，中国长期囿于国际封锁，只能自成体系发展；改革开放之后，实现国际产业转移，然而又陷入了低端层次的发展。这使得传统的粗放型经济发展方式有了其生存的空间。但是，这种以政府为主导，以财税收入和 GDP 高速增长为目标，以出口和投资为主驱动力，以人口红利和廉价劳动力为比较优势，以房地产业和重化工业为支柱，以高环境污染、高物质消耗为代价，以一部分人和沿海地区"先富起来"的经济发展理念，尽管大家都知道不可持续，然而却久推难转，这到底是什么原因造成的呢？

第一节　经济发展方式转型概述

一　转变经济发展方式内涵

（一）经济发展方式

所谓经济发展方式，包含着诸如"什么是发展、发展为了谁、如何发展"等很多内容，实质上谈的是投入和产出的问题，也就是以什么样的投入，通过怎么样的配置，取得怎样的产出，进行怎样的分配。中国原有的经济发展方式是一种粗放型的发展方式。辜胜阻、王敏将中国的经济发展方式归纳为"六个过度依赖"，即过度依赖投资来推动经济的增长，过度依赖外需的拉动，过度依赖人口红利和廉价劳动力形成市场相对优势，过度依赖环境的牺牲和资源消耗，过度依赖房地产业的强力支撑，过度依赖让一部分人和地区先富起来的非平衡的发展模式。克鲁格曼等人针对 20 世纪 90 年代之前对中国经济的研究，指出中国经济的高速增长有两个主要原因：一是生产要素成本低带来的竞争优势，区别于竞争性收益率提高带来的优势；二是要素投入量的逐步扩大，而不是生产要素利用效率的提高。所谓经济发展方式的转变，主要是指从传统的粗放型经济发展方式转变为集约型经济发展方式。这样的转变在中共十七大报告中被全面地阐述为"三个转变"，一是由主要依靠出口拉动、投资转变为依靠消费、出口、投资的协调拉动；二是由主要依靠第二产业转变为依靠第一、第二、第三产业协调带动；三是由主要依靠增加物质资源消耗转变为主要依靠劳动者素质提高、科技进步、管理创新；这些内容在党的十七届五中全会中，明确为了"五个坚持"，具体为，坚持把科技进步和创新作为加快转变经济发展方式的重要支撑，坚持把经济结构战略性调整作为加快转变经济发展方式的主攻方向，坚持把保障和改善民生作为加快转变经济发展方式的根本出发点和落脚点，坚持把改革开放作为加快转变经济发展方式的强大动力，坚持把建设资源节约型、环境友好型社会作为加快经济发展方式的重要着力点。由此可知，转变经济发展方式，主要是指经济增长结构的转型问题，也就是从依靠外部需求推动转变为依靠内部需求拉动，从不可持续增长转变为可持续发展，从低端加工制造转变为自主创新创造，从增长优先转变为增长与公平并重。

（二）经济发展方式转变的内涵

党的十七大正式提出要强调转变经济发展方式，而不是经济增长方式，作为我国国民经济发展方式的重要方针。虽然只有两字之差，内涵却大不相同。经济发展方式转变主要指经济发展模式、方法、途径的转变，是从传统发展方式向新型发展方式的转变。相比经济增长方式的转变，经济发展方式转变具有更加丰富的内涵，不只注重经济总量的增长，更加强调经济运行的结构、质量和效益；不只包括经济增长的目标，更加注重全面协调经济结构的调整和可持续的发展，更加注重发展与民生、投资与增长、经济与社会、增长与环境等各方面关系的整体统筹，体现了科学发展观。

因此，经济发展方式转变的具体内涵如下：一是指人们通常强调的改变的粗放型发展方式（低循环、劳动力的低工资、低产出、低效率、高投入、高资本、高消耗、高排放）；二是指实现动态相对优势的转变，通俗地说是实现低成本优势转变为通过制度、技术、管理等全面创新以提升高附加值和知识技术含量为主要内容的相对优势和新的竞争优势；三是指针对经济关系的持续变化，对经济关系的很多领域进行有效的调整；四是指实现经济增长从原来的盲目追求数量转变为注重质量提高、从不可持续发展转变为社会和经济的可持续发展、从以物为本转变为以人为本。也就是说，经济发展方式由单一发展方式，向"四位一体"的发展方式拓展（"四位一体"指的是社会发展、经济发展、人自身的全面发展、人与自然关系的协调发展）。经济发展方式转变的基本要求是把人作为主体，减少环境污染、减少自然资源的消耗、减少资本投入，依赖经济结构优化、经济质量提高等方面，而不是依赖廉价劳动力的成本。在人作为主体发展的基础上实现可持续发展和社会经济的全面协调，就是强调转变经济发展方式，也就是要走全面协调的可持续发展道路，加快调整经济结构的战略性，积极建设环境友好型、资源节约型社会，在充分合理保护生态环境、利用自然资源的基础之上，促进经济的发展；努力提升广大人民群众的身体素质和文化素质；保持合理适度的人口增长速度，维护社会秩序，为人民群众提供良好的物质文化生活条件和公平、安全的社会环境；逐步提高人民群众的生活水平，让人民群众分享经济发展带来的成果，政府的工作内容更多地体现在改善民生之上。

（三）经济发展方式转变的研究现状

在分析经济发展方式的形成机理方面，郭树清（2005）指出，生产要素的价格不合理是现行经济发展方式形成的根本原因，生产要素的估计值偏低是经济发展方式转变迟缓的根源，这样的发展方式又进而加大了经济结构的失衡和转变经济发展方式的难度，并在一定程度上阻碍了经济结构的调整。张平（2006）指出，政府进行市场干预和生产要素价格的不合理是经济发展方式转变艰难的最根本原因；但是其未能详细阐述政府为什么热衷于进行市场干预，也没有详细阐述过度干预市场为什么会引起要素价格的不合理。吴敬琏（2006）指出，传统的政绩观和发展观与不合理的要素价格和财政体制是我国经济增长的体制问题造成的。要转变经济发展方式，必须首先改变传统的工业化道路的管理体制。

内生增长理论认为，在经济发展的地区差异方面，研发投入的不同导致了地区经济增长的区别，而研发投入的不同却是由企业家精神所决定的。庄子银（2007）将企业家精神分为两种：生产性活动和非生产性活动，并指出这两种活动的投入比例决定了一个经济体的研发投入水平。政治、经济和文化制度的革新能够降低非生产性创新活动的报酬，提高生产性创新活动的租金，因而能使经济向较高均衡水平发展。范健勇（2006）研究得出，非农产、规模报酬递增的区域化倾向催发了产业聚集，进而导致了区域经济发展的不均衡。如果想要缩小区域间经济发展的不均衡度，应该通过在一些不发达的地区加大投资力度，加快产业结构优化和城市化建设。

此外，杨欢进（2008）提出实现经济发展方式转变，必须完善要素价格的形成机理，完善市场经济体系，深化社会主义市场经济体制改革，深化社会财政金融体制的改革，形成一种催化转变经济发展方式的长效机制。李玲玲（2011）分析了经济发展方式转变的基本内涵，建立了经济发展方式转变的指数化评价体系，该体系以资源环境支持、经济增长、发展动力、发展成果为基本框架。何菊莲（2012）构建了一个指标体系，用于测评经济发展方式转变进程，该测评有助于掌握经济发展方式，了解加快经济发展方式转变的动力因素与阻碍因素，进而明确加快转变经济发展方式的方向，该论文的研究对加快经济发展方式的转变具有一定的意义。伍世安（2012）提出中国由来已久的粗放型经济发展方式，在转型的道路上困难重重，究其原因是存在制度性障碍。消除经济发展方式转变的制度性障碍需要相关执政人员下大决心，强化顶层管理体制设计，容许基层和地方进行大胆制度创新。

对于经济发展方式的转变问题，李瑞环同志曾凝练地指出："普遍出现的问题要从制度上找原因；反复出现的问题要从规律中找原因。"温家宝总理在2011年全国"两会"后答记者问时也曾精辟地指出，转变经济发展方式"主要是体制机制上的障碍"。但据研究"中国知网"的检索报告可知，以"转变经济发展方式"为题的文献很多，共有7000余篇，但是研究转变经济发展方式相关体制、机制的却很少，这一现象反映出对该问题探讨欠缺全面、深入的研究。在仅有的几篇研究成果中，有的学者将转变发展方式的困难归咎于地方政府行为的不科学；有的学者将其归因于某些单项性制度，如现行财税制度、资源价格制度、出口退税制度、政绩考评机制、城镇化制度、行政性垄断、行政体制机制等；有的学者则从制度的实施机制的几个方面分析了经济发展方式转变中存在的问题。以上成果从不同的角度探讨了我国在转变经济发展方式方面所存在的问题，其中不乏真知灼见，但同样也不可避免地存在局限性。因此，关于我国经济发展方式转变所面临的一系列问题，还需要进一步研究。

二 转变经济发展方式分类

经济发展方式是由社会条件、自然条件、社会发展观共同决定的。党的十七大报告之所以重点强调转变经济发展方式，有着强烈的目的性。经济发展方式的转变，是解决我国现阶段经济发展中的各种问题和矛盾的根本途径。所以在当前阶段，转变经济发展方式，要在以下几个方面实现突破性的转变。

（一）从非结构优化型经济发展方式向结构优化型经济发展方式转变

近年来，我国第三产业在国民经济中的比重约为40%，与前两年相比还略有降低。在一些经济发达国家，第三产业的比重基本能占到60%以上。因此，当前我国经济发展方式所面临的一个突出问题，就是第三产业水平低、比重小、发展慢。这种现象导致了我国主要依靠第二产业来带动国民经济增长的不合理的产业结构，进一步导致了投入高、能耗高、污染高的不合理现象。因此我们应该采取相关措施提高第三产业的发展速度，大力发展现代服务业，加强第三产业在经济发展中的带动作用，促进经济发展结构的合理化，使原来主要依靠第二产业带动转变为依靠第一、第二、第三产业协同带动。

我国第二产业存在的很大一个问题是"三高一低"的经济增长方式。为了解决这一问题，首先，第二产业要走新型工业化道路，遏制一些高耗能、高污染产业的迅速增长，加大力度淘汰钢铁、电力、建材电解铝、电石、铁合金、焦炭、平板玻璃、煤炭等行业，鼓励低能耗、低污染新兴产业的发展。其次，要加快产业升级，优化产品结构，提高产业的集中度。积极加强基础产业基础设施建设，促进先进制造业快速发展。方法上可以以高新技术改造原有产业，推动高新技术产业发展，振兴装备制造业，鼓励能源、交通、水利、信息基础设施产业发展，尽快将第二产业进行升级，使之转变得更为强大。最后，发展第一产业，巩固、加强农业的基础地位，因此要大力推进农业现代化建设，以确保粮食生产稳步增长。

（二）从非协调型经济发展方式向协调型经济发展方式转变

目前，我国整个国民经济发展中所存在的最具普遍性的问题就是非协调。其具体表现之一就是城乡之间的发展矛盾。两极分化明显，农村发展滞后，农业基础薄弱，城乡个人收入差距持续拉大。其具体表现之二是区域经济发展的不协调。东部沿海地区与西部、中部地区之间经济发展差距越来越大。甚至有些国外的学者指出，中国地区之间经济发展差距问题已经相当严重，甚至比国与国之间经济发展存在的差距更大些。其具体表现之三是人与自然之间的不协调。矿产资源、淡水资源、能源、土地资源的供给越来越紧张，环境污染、生态恶化的问题也日益突出。其具体表现之四是经济与社会发展的不协调。文化、医疗卫生、科技、教育、公共服务事业、社会保障等环节薄弱，社会事业发展不足。其具体表现之五是国内与国际发展的不协调。顺差过大，已经在一定程度上引起了贸易对象国的注意。内需严重不足，国内消费率过低，制约了国民经济的持续增长。以上这些不协调，导致了经济发展过程中各种各样的矛盾，已经影响到了社会和谐问题。综上所述，统筹人与自然、国内与国际、城乡、区域、经济与社会，解决经济发展的非协调问题，使我国经济从非协调型经济发展方式向协调型经济发展方式转变，对于我们这样一个人口众多、幅员辽阔、多民族的发展中国家而言，是很重要的。

（三）从不可持续型经济发展方式向可持续型经济发展方式转变

20 世纪经济发展面临种种危机，如人口爆炸、能源、资源、生态环境、粮食等。在这种背景下，提倡可持续发展，坚持科学发展观已经刻不容缓。我国人均淡水资源占有量不足，只有世界平均水平的 1/4，天然气人均储量不足，只有世界平均水平的 1/22，石油人均储量不足，只有世界平均水平的 1/8，煤炭人均储量也不足，只有世界平均水平的 1/2。矿产资源（石油、铁矿石等）的进口依存度不断增加。此外，我国资源的消耗量仍然高得惊人。主要产品的单位能耗与发达国家相比，乙烯高 31%，火电煤耗高 22.5%，水泥高 45%，钢铁高 21%。工业用水是发达国家的 10 倍。就产值的能耗，我国比欧洲高 7 倍，比日本高 11 倍，比印度高 1.5 倍，比美国高 4 倍。以上种种说明，我们国家的经济增长方式，已经难以维持下去了。不转变经济发展方式，中国经济就没有出路，没有未来，没有前途。因此，我们必须采取科学的、强有力的措施，实施节能减排降耗，使我国经济从不可持续型向可持续型进行转变。

（四）从片面型经济发展方式向全面型经济发展方式转变

改革开放以来，我国经济持续高速增长，经济总量已位居世界前列。但文化、医疗卫生、科技、教育、公共服务、社会保障等明显落后。我国的医疗卫生资源、人均医疗卫生资源、医疗卫生资源的公平度在世界各国中排名非常靠后。这其实是单纯追求物质生产部门片面发展的严重后果。这种片面的经济发展方式，并不能满足社会的多方位、多层次、多元化的需求。社会精神文明发展的缺口太大，已经引起人民大众的普遍关注，成为影响民生的热点问题之一。因此，我们必须转变现有的经济发展方式，不再片面追求物质生产部门的发展，不再片面追求 GDP 的增长，把文化、医疗卫生、科技、教育、公共服务、社会保障等发展摆在更重要的位置，从根本上转变政府职能，履行好政府职能。实现我国从片面型经济发展方式向全面型经济发展方式的转变。

（五）从投入主导型经济发展方式向创新主导型经济发展方式转变

现阶段，我国的经济是典型的投入主导型的经济发展方式。资金投入量高，每年投入高达八九万亿元人民币。我国每年所消耗的钢铁、煤炭、氧化铝等矿产，消耗总量占世界的 1/4 以上；水泥，占世界消耗总量 50% 以上；电力占到世界消耗总量的 13%。尽管如此，我们的 GDP，却只有全世界的 5%。我国的 GDP 每增加一亿元，需要的固定资产投资量为："六五"时期约 1.8 亿元，"七五"时期约 2.15 亿元，"八五"时期约 1.6 亿元，"九五"时期约 4.49 亿元，"十五"前三年约 4.99 亿元。这期间单位投入的产出量下降了 1.8%，平均每年下降 5.4%。我国全社会从业人员的劳动生产率只相当于法国的 1/34、美国的 1/46、德国的 1/32、日本的 1/41。第二产业劳动生产率也仅相当于韩国的 1/7、美国的 1/30、法国的 1/16、日本的 1/18。由此可见，我国每年 10% 以上的高速经济增长，主要是由大量的劳动力投入、资金投入、资源投入等高投入所换来的。这种以投入为主导的经济发展方式，已经很难再持续下去了。原因很显然：一是在世界经济在向高科技含量、高新技术主导看齐，如果我国长期陷入这种高投入的落后经济发展方式，社会现代化的目标就很难实现；二是经济效率不高，竞争力度低下，在世界上难以立足；三是资源消耗过度，储备有限，长期下去，资源对经济高速发展的支撑力就会逐渐降低，我国的经济体系将会由于资源枯竭而无法持续发展，甚至陷入崩溃；四是资源成本持续升高，以高投入为主导的经济发展方式也将无力再进行投入了；五是大量的资源消耗产生了严重的附带作用，环境污染已经成为民生的重要问题。因此，必须大力提高自主创新能力，把增强自主创新能力贯穿到现代化建设的各个方面，切实将投入主导型经济发展方式转变为创新主导型经济发展方式。这是整个经济发展方式转变的关键。

三　经济发展方式的转变理论基础

（一）经济发展方式的转变历程

中共十一届三中全会提出了全党的工作重点要以经济建设为中心，做出实施改革开放的重大决策。之后，我们国家面临的首要战略任务变为了用什么样的方式来实现经济增长。转变经济发展方式的思想已有 30 多年的历史，这一改变的根本目的在于增强经济的可持续发展能力，提高发展质量，使国民经济快速、健康地发展。我国经济发展方式，在改革开放之后，先后经历了两次彻底性的转变。

一是从"粗放型经济增长方式"转变为"集约型经济增长方式"。经济增长方式的转变，主要是从"粗放型经济增长方式"到"集约型经济增长方式"的转变，指的是"从依靠生产要素投入数量的增加来实现经济增长，转变为依靠生产要素的使用效率的增加来实现经济增长"。这一转变是我国历史上第一次对经济增长方式进行的转变，对我国的经济发展有着举足轻重的意义。学术界对经济增长方式转变的研究始于20世纪50年代，但这一研究对政府决策的影响要持续到改革开放以后的很长一段时间。我们可以根据研究的进展和过程，将这一时期实践过程中对经济增长方式的理论研究进展分为三个阶段。

第一阶段，只强调提高经济效率的经济增长方式的转变。这一阶段始于20世纪70年代末期至90年代初期。在这一时期内，广大研究人员将研究视角聚焦于如何更为科学地调配资源和如何提高资源的利用率上。在这一阶段，由于受时代局限性的影响，人们对体制改革、经济增长方式转变及其相互之间关系的认识并不是十分清晰，执政者的决策也是小心翼翼、不敢大刀阔斧地进行改革，在实施过程中也缺乏科学的指导，严重阻碍了经济增长方式的转变历程。

第二阶段，在体制改革的基础上进行经济增长方式的转变。这一阶段从20世纪90年代持续到21世纪初，在这段时间内，经济增长方式得到了理论界的高度重视。在改革开放十多年市场经济发展经验的基础上，研究者们意识到，缺乏体制及经营机制的创新，是经济增长方式转变效果不太显著的主要原因。这一时期，市场机制发展不完善，不能充分发挥其调节作用，宏观调控又没有达到既定目标，导致了经济结构不完善、市场混乱等一系列问题。此外，当时的经济增长主要依靠大量的资源能源消耗，是以环境为代价来实现国民经济的快速发展的，这一现象导致了环境的严重污染和资源的过度使用。因此，这一阶段经济增长方式的转变要求主要是由粗放型经济增长向集约型经济增长的转变。

第三阶段，科学发展观指导下的经济增长方式的转变。21世纪是我国全面建设小康社会的关键时期，我国原有的主要依靠要素投入的粗放型经济增长方式已经不能适应现阶段的发展要求。因此，我们要摆脱经济增长过分依赖要素投入的现象，实现现阶段我国经济持续稳定地增长，进而全面建设小康社会。这一阶段关于经济增长方式转变的理论研究都是围绕科学发展观的指导思想进行的，即始终坚持以人为本的理念，逐步完善经济体制，统筹城乡发展、统筹区域发展、统筹经济社会发展及统筹人与自然的和谐发展。

二是从"转变经济增长方式"转变为"转变经济发展方式"。转变经济发展方式这一概念的提出，是经济发展理论的一个重大突破。在转变经济增长方式理论的引导下，我国长期存在的粗放型经济增长方式，不能得到彻底、全面的转变，经济发展与环境、能源的矛盾也没有得到解决。然而，随着改革开放以来国民经济基础的发展，我国已经具备了物质的和科学的依据，来改变经济发展只重数量不重质量的现象。

转变经济发展方式概念的提出，对我国的经济发展具有举足轻重的意义。转变经济发展方式体现了经济发展中"好"与"快"的关系，是党中央在经济发展道路上的重要指导思想，也就是说，从原来单纯追求国民经济增长转变为科学发展。此外，与经济增长方式的转变相比较，转变经济发展方式除了包含经济增长方式从粗放型转向集约型，还包含在经济增长过程中精神的、社会层面的转变，如开始注重经济效益的提高、经济结构的优化、人民群众的受教育水平、生态的保护、医疗保障水平等方面的全面提高，进一步体现了科学发展观中"以人为本"的核心理念。2013 年，在博鳌亚洲论坛上，国家主席习近平在与中外企业家代表会谈时曾经提出，中国将大力推动低碳发展、绿色发展、循环发展。把推动经济发展的主要因素，转变为提高质量和利用率。

我们要把研究环境、资源的保护，提高生产要素的使用效率，作为转变经济发展方式的战略指南；把提高自主创新意识作为转变经济发展方式的重要环节；把政治经济体制的改革和完善作为转变经济发展方式的必要条件；把产业结构的优化重组作为转变经济发展方式的方法和手段；以推动经济发展方式转变的具体策略。在具体实施措施上，将节能减排，保护生态环境作为转变的突破口，坚持正确处理经济增长与生态环境保护、资源集约的关系，加大力度推动绿色环保的经济发展模式。

（二）转变的目标和手段

第一，转变经济发展方式需要逐渐缩小产业垄断的范围，放宽民营经济投资面。具体可以在垄断行业引入相关竞争机制，提高垄断行业的生产效率和投入产出，降低垄断产业对社会造成的不利影响。

第二，转变经济发展方式需要进一步深化体制改革，完善市场经济机制，发挥市场在各种资源配置中的重要作用，发挥市场竞争的主体地位，使资源配置从计划经济中的行政命令转变为市场调节。

第三，转变经济发展方式需要抛弃"见物不见人"的不科学的发展观，全面发展城乡经济。应将缩小城乡收入差距，机会均等，确保起点公平等作为重要手段来确保社会的和谐发展，使弱势群体的收入和消费水平有所提高。

第四，转变经济发展方式需要进一步优化产业结构，改善经济结构，走具有中国特色的新型工业化道路；巩固第一产业的地位，提升第二产业的科学性，做大第三产业，促进信息化与工业化的有效融合。总之，经济发展方式的转变在要素结构、需求结构、产业结构方面对经济发展提出了更高、更合理的要求。

第五，转变经济发展方式主要是通过生产效率和要素利用率的提高，实现国民经济的快速稳定发展，走新型工业化道路，减小经济增长对资源投入的依赖，增加人力资本、科技创新的贡献。同时，还要提高广大人民群众的生活质量，增加教育力度，确保较为公平的产品和服务的分配。

第六，转变经济发展方式还需要深化财税体制改革，并加快预算制度改革，制定和实施差别化的赋税政策和绩效评估体系；深化改革，扩大开放，加快形成统一开放竞争有序的现代市场体系。

第七，转变经济发展方式，需要在发展理念上处理好经济发展中快与好的关系，在继续保持经济快速发展的同时，还要进一步关注推进经济结构的优化和战略的调整，进而提高经济发展的效益和质量。我们要坚持贯彻科学发展观，保证经济又好又快地发展，努力实现质量、效益、速度相协调，出口、消费、投资相协调，资源、环境、人口相协调，真正做到经济的科学发展。在发展理念上，要彻底地改变依靠高污染、高投入、高消耗，改变"三高一低"发展状况，坚持走科技含量高、经济效益好、资源消耗低、环境污染少、人力资源优势得到充分发挥的中国特色新型工业化道路，实现可持续发展、协调发展。

第八，转变经济发展方式需要坚持以人为本的原则，全面实现协调的可持续性，做到发展中速度与效益、质量、结构的统一，城乡发展协调，经济社会发展协调，人与自然相处和谐。此外，我们要建立节能减排的体制机制，管理挖掘生产要素的利用潜力，通过科技创新建立节能减排的技术支撑体系，为走新型工业化道路创造良好的发展空间，包括良性的人才环境、宽松的文化环境、规范的市场环境等。

第九，转变经济发展方式需要相关学者对影响技术创新能力和技术效率的制度因素进行探讨，形成一种依靠科技创新、技术进步、节能技术、劳动生产率提高等方法促进经济增长的有效发展体制，新体制要强调组织清洁生产、发展循环经济，通过充分利用、节约利用，解决经济增长对生产要素的巨额需求。

第十，转变经济发展方式还必须完善国民收入结构，实现国家、企业和居民收入的协同增长，改变目前国富民穷的收入分配格局，为实施"内需发展战略"创造条件。

（三）经济发展方式转变的相关理论

转变经济发展方式主要是在科学发展观的指导下，对经济发展中的生产要素的使用和配置方法进行转变。经济增长方式及经济发展方式是转变经济发展方式的基础，相关理论的分析和研究，可对经济发展方式的转变起到较强的借鉴和启示作用。

第一，古典经济增长理论。1776 年，在《国民财富的原因和性质研究》一书中，亚当·斯密对国民财富的特性和相关条件进行了分析，他指出国民财富的发展有两条途径：其一是通过提高劳动生产率，具体方法取决于劳动分工；其二是通过资本积累到一定程度之后增加劳动者数量。他强调了资本积累在经济发展中的作用，认为资本积累能够促进劳动分工、提高劳动效率和加快技术进步。除此之外，他还研究了其他因素对经济增长的作用，如教育和对外贸易等，分析了教育程度对提高人口质量的影响，他指出不重视职后教育不利于国民经济增长，而劳动分工的深化和对外贸易的发展却能够带来市场扩大，对国民经济的增长有正面的影响。1817 年，大卫·李嘉图在亚当·斯密研究的基础之上对经济增长做了进一步探讨，他对国民财富研究的重点由原来的生产领域改变为分配领域，指出资本积累是经济发展的最主要影响因素，他主张通过调整各生产要素（如工资、地租和利润等）之间的分配比例来保持或提高资本积累的效率。1848 年，在《政治经济学原理及其在社会哲学上的应用》这一代表作中，约翰·穆勒对经济增长问题进行了进一步的研究，他的经济发展思想就是他以往经济学说的系统概述。约翰·穆勒将生产要素概括为技术、自然资源、劳动、资本，把技术进步、人口增长和资本积累作为变化条件，逐一地研究这些条件的变化对投入要素价格的影响，其中，重点分析了投入要素价格与经济增长之间的关系。

通过以上分析，我们可以得出古典经济增长理论的研究主要强调资本、劳动、技术和土地等生产要素的作用，认为经济增长是各种生产要素综合作用的结果。这导致了经济发展要在保持甚至增加资本积累速度的前提下，通过提高劳动分工水平、优化分配结构、推动技术进步等方式推动经济的发展。

第二，新古典经济增长理论。经济学家索洛和斯旺等人通过对哈罗德—多马模型的研究，分析了其局限性，并将凯恩斯经济理论与新古典经济理论进行了系统的融合修正和补充，在此基础上发展成为新古典增长模型。该模型的建立，首先假设资本产出比是可变的，规模收益是不变的，经济增长中是存在技术进步的，该经济增长模型的生产函数可以表示为：$y(t) = F\{K(t), A(t)L(t)\}$，其中，$y$ 表示实际总产出，K 表示资本，A 表示技术进步，L 表示劳动，这些参数都是时间参数 t 的函数。这一生产函数可以解释为：只有当要素投入改变的时候，总产出才随时间的变化而发生变化，然而，当资本和劳动保持不变时，技术进步是产量变化的唯一动力。新古典增长模型的经济意义是，不管初始阶段的经济发展如何，总产出总是在朝着一个平衡增长的道路发展和收敛，在平衡增长道路上，该模型中每个参数的变化率都是常量，技术进步率完全决定了人均产量的增长率，经济增长的最主要的动力来源于外生技术进步。在索洛和斯旺的模型中，经济增长路径的改变来源于经济储蓄率的提高，进而能改变人均产量水平，但这并不影响人均产量的增长速率，因此经济储蓄率的提高不具有增长效应，只有水平变化效应。

新古典增长模型建立之后，对经济增长的经验性事实进行了解释，这推进了西方经济增长理论向实证的研究领域进行发展。丹尼森对美国经济增长进行了研究，通过分析估算来寻找经济增长的根本源泉和动力，最终，他把影响经济增长的因素分为两大类，单位投入产出量和要素投入总量，并进一步将单位投入产出量分为规模经济、资源配置、知识进步三个因素，将要素投入总量再分为资本存量、就业人数和工时、就业者年龄性别构成、就业者受教育年限四个因素。实证研究方面，通过对 1948—1981 年数据的估算，他发现在增长率为 3.2% 时，要素生产率增长贡献率约为 66%，要素投入量贡献率约为 34%，这其中知识进步因素增长最快、贡献最大，据此丹尼森总结出，经济增长的最主要驱动力是知识进步的结论。

综上所述，新古典经济增长理论与原来的哈罗德—多马模型是不同的，它除了强调储蓄和人口增长对经济发展的决定性作用，还把技术进步因素单独罗列了出来，并明确指出这是经济增长因素中贡献最大、最有意义的一个影响因素。由于在资源稀缺的发展背景下，高投入和高储蓄率并不能长期地支持经济增长，因此我们必须要通过教育和科技进步，来提高劳动者和素质资源利用效率，为经济发展提供持续的动力。

第三，新经济增长理论。20世纪80年代中期，以罗默和卢卡斯等人为代表的经济学家，对新古典增长理论进行了彻底性的再思考，使得新经济增长理论的研究成为当时的热点问题。新经济增长理论的核心理论去掉了原来的资本边际收益递减的假设，承认了规模报酬是经济增长的重要源泉之一；他们强调经济增长是经济体系内生技术变化等内生力量作用的结果，而不是外生技术变化的产物。知识、人力资本等内生技术改革的引入，使资本收益率维持现状或呈递增趋势，人均产出能够不断地增长且其增长率也是个增函数。新古典经济增长理论坚持认为，各国经济增长率趋于一致，新经济增长理论对此进行了批驳，认为可以运用研究与开发、知识外溢、劳动分工和专业化、人力资本、边干边学、收益递增、开放经济和垄断等来探讨经济增长的国际差异。

相比于新古典增长理论，新经济增长理论有了新的研究领域，将技术和资本作为内生化的技术，将经济理论和信息技术进行了有效的结合，明确地分析了当今世界增长和发展的一些实证问题。新经济增长理论告诉我们应该重视人力资本和新技术、新知识的作用，通过普及职业培训、基础教育和技术研发，来推广和应用新技术以加速人力资本和新知识积累。

第四，科学发展观。党的十六届三中全会正式提出，"坚持以人为本的全面、协调、可持续的科学发展观，促进经济社会和人的全面发展"；党的十七大报告进一步指出，"科学发展观第一要义是发展，核心是以人为本，基本要求是全面协调可持续，根本方法是统筹兼顾"。科学发展观是在准确把握我国发展的阶段性特征的基础上提出的，它为我国经济发展和改革指明了思路，为经济发展方式转变提供了科学的理论基础。

科学发展观主要包含四个方面的内涵和基本要求：一是可持续发展。就是要促进人与社会、自然和谐相处，实现人口、资源、环境与经济的和谐发展，坚持走文明发展和长远发展的道路。二是坚持以人为本。就是说经济发展要从人民群众收益的角度出发、以实现社会主体——人的发展为主要目标，逐步满足人民群众的物质文化和精神文明需要，保障人民群众在社会政治、经济、文化中的地位。三是协调发展。就是说系统地管理经济社会、城乡、区域、国内发展与对外开放、人与自然五个方面的共同进步，实现政治、经济、文化建设各个方面和各个环节的和谐发展。四是全面发展。就是要坚持以经济建设为中心策略，并全面推动政治、经济和文化发展，实现经济社会统筹发展。

通过对科学发展的基本内容和要求的分析可以得出，科学发展观的主体是"发展"，从社会经济的各个领域、环节着手，最终形成了一套完整的科学思想理论和科学发展理论，它们相互联系、融会贯通。科学发展观的提出是着眼于我国社会主义初级阶段的基本国情，因此对实现我国经济发展方式转变、实现经济持续稳定发展具有举足轻重的指导意义。

第二节　中部地区各省发展方式评价

一　对经济发展方式转变进行综合评价意义

目前我国已对传统的粗放型经济发展方式的缺点达成了一致意见，并且把转变经济发展方式作为构建和谐社会和落实科学发展观的重要手段。但我们应该怎样去判断经济发展方式？这一问题目前尚缺乏系统的研究。

当前人们习惯性用全要素生产率来确定经济发展方式的粗放性程度。对于全要素生产率的判定，优点是有明确的判断标准，缺点是单一指标的判断方法不符合科学发展观的内在要求，存在以偏概全的缺陷，因此，应用多指标评价经济发展方式类型的综合评价方法被提了出来。

孙敬水（1997）最先构建了对经济增长方式转变评价的指标体系，该体系主要从投入产出、总量、结构、科技进步与经济效益、生态效益和环境效益方面出发。侯小维（1999）扩大了上述的考察范围，在上述指标体系的基础上增加了科技成果转化、市场、科教投入、人民生活水平、资金使用效率和就业状况等方面的评价内容。谢洪礼（2000）

则从国民经济安全的视角着眼，调研、设计了一套反映国民经济运行稳定性的评价指标体系。罗建国、程唏（2000）设计了反映经济增长质量程度的统计指标体系。

马强文（2010）在前人的研究基础之上，全面地研究了我国经济增长质量的主要影响因素，并设计了一套统计指标体系来综合反映国民经济增长的质量。现阶段的评价经济发展方式的相关研究中，普遍存在的局限性是：首先，基本停留在评价指标体系的构建阶段，几乎没有涉及权重的计算方法，不能计算综合评价结果，无法进行实证分析和截面的、历史的对比；其次，对经济发展方式的分类划分得比较粗糙。只简单地区分了粗放型和集约型，没有办法精确地演绎经济发展方式转变历程中表现的阶段性变化规律；最后，缺乏判断标准。前人研究中，全要素生产率的判断方法是明确的、标准的，然而，其他的评价指标都缺乏判断的依据和标准。因此，我们有必要对经济发展方式的评价方法进行深入的研究。

构建反映经济发展方式转变历程和程度的指标体系，科学地、全面地评价经济发展方式，对确定经济发展方式转变的目标和方向、监督检查经济发展方式转变目标的实现过程、促进经济发展质量提高及丰富和完善综合评价方法体系都具有重大的理论意义和现实意义。现有的评价经济发展方式方法的局限性要求进一步健全指标体系，完善评价方法。

二　评价经济发展方式转变指标体系

通过系统的文献检索，未发现直接的科研成果。大量相关学术文献表明，到目前为止，经济发展理论在实际应用中尚存在缺陷：经济发展方式转变程度测量问题就是所谓的缺陷之一。这直接导致了对相关实证研究的制约。因此，为了科学、系统地评价我国经济发展方式转变程度，为了利用准确数据对政策建议作决策支持，也为了对经济社会发展提供科学的指导，建立科学、客观、系统的指标体系，无论是实际需求还是学术研究，都是非常必要的。

（一）指标选取的原则

转变经济发展方式的评价涉及了经济增长的质量、速度等因素，在评价时既要考虑产出的大小，还要考虑投入产出比，更要坚持以科学发展观为指导，坚持全面协调可持续发展，实现人与自然、生态、社会的和谐发展。因此，构建经济发展方式评价指标体系应遵循以下原则：

第一，与评价方法一致原则。评价方法不同，对评价指标体系的要求也有一定的差异。因此，在评价时应先确定评价方法，再构造指标体系。

第二，可比性原则。经济发展方式综合评价的根本目的在于通过历史的、界面的各种对比，找到经济发展方式转变的不足和改革方向，为进一步发展寻找着眼点。因此，经济发展方式转变的评价指标应该在计算范围、计算单位和计算方法等方面保持一致，以方便比较。

第三，科学性原则。无论哪一方面的评价，从指标体系的构建，到评价模型的建立，再到权重的确定都必须遵循一定的客观规律；评价的标准和结论应该是科学的、准确的。

第四，全面性原则。指标体系的构建，应从不同视角、截面对经济发展方式做出系统的反映，不仅要有数量变化的指标，还要有质量变化的指标；不仅要有经济效益的指标，还要有社会效益、生态效益的指标；不仅要有结构变化的指标，还要有反映总量变化的指标。

第五，可行性原则。具体指三个方面：其一，所选指标体系应该能够清楚全面地表达经济发展方式，以便能准确地对经济发展方式的特点、类型进行科学把握；其二，指标资料数据要易于获取、量化、真实可靠；其三，指标的选取应该既要做到全面系统，又要避免存在相关性。

第六，客观性原则。评价经济发展方式转变的具体指标体系的确定，要有事实依据，应尽量采用国际上公认的标准，再结合实际调研进行修改，尽量避免主观臆断的指标。

（二）指标体系的构建

经济发展方式需要从不同的角度进行反映，因为它具有很多不同的特征。既要有反映具体数量的绝对指标，也要有反映比例的相对指标。反映经济发展方式转变程度的指标主要有技术发展状况、国民经济增长质量指标、经济效益指标、经济结构优化程度指标、经济增长中的技术含量指标等。衡量的标准也分绩效的、社会的、生态的各方面效益。本项目主要从经济增长本身、经济增长中的决定因素、经济增长质量、生产结构调整、需求结构调整、资源消耗和污染产生、劳动力流动机制及增长实施主体七个方面描述经济发展方式是否发生转变及转变力度的大小，具体指标体系见表11-1。

表 11 -1　　　　　　　　评价经济发展方式转变的主要指标

一级指标	二级指标	二级指标的描述	具体指标类型
经济增长质量	外贸收支差	反映外贸净出口占出口比重	中间型指标
	城乡收入	城镇居民的可支配收入与农民纯收入之比	逆指标
	经济增长波动系数	本年经济增长对上年的变化率	中间型指标
	经济增长代价系数	通货膨胀率与经济增长率比率	中间型指标
经济结构优化	第三产业就业人员占就业人员比重	第三产业就业人员占就业人员比重	正指标
	出口占 GDP 比重	出口产品增加值占 GDP 比重	正指标
	第三产业增加值占 GDP 比重	第三产业增加值占 GDP 比重	正指标
	工业制成品占出口比重	工业制成品增加值占出口增加值比重	正指标
科技投入	科技投入占财政支出比重	科技投入占财政支出比重	正指标
	每十万人研发作业人员比重	研发作业人员占活动人口比重	正指标
	单位 GDP 研发支出数	研发支出占 GDP 比重	正指标
	人均受教育年限	各文化程度受教育年限的加权平均数	正指标
经济增长对环境影响	废水排放达标率	废水排放达标率	正指标
	单位 GDP 废气排放量	废气排放量与 GDP 之比	逆指标
	单位 GDP 二氧化硫排放量	二氧化硫排放量与 GDP 之比	逆指标
	单位 GDP 固体废弃物排放量	固体废弃物排放量与 GDP 之比	逆指标
	单位 GDP 工业废水排放量	单位工业废水排放量与 GDP 之比	逆指标
资源转化效率	单位 R&D 支出专利数	每单位研发费用产出的专利数	正指标
	单项技术成交额	单项技术成交额	正指标
	万元 GDP 技术合同市场成交额	GDP 每增长 1 万元技术合同市场成交额	正指标
	每万科技人员专利申请数	每万科技人员专利申请数	正指标
	存贷款比率	存款与贷款的比率	正指标
经济效率	万元 GDP 综合能耗	万元 GDP 综合能耗	正指标
	资本生产率	单位资本的生产率	正指标
	能源消耗弹性系数	能源消耗弹性系数	正指标
	工业增加值率	工业增加值率	正指标
	劳动生产率	劳动生产率	正指标

续表

一级指标	二级指标	二级指标的描述	具体指标类型
经济增长实施主体	消费、投资与出口占 GDP 的比重	消费、投资与出口占 GDP 的比重	正指标
	非国有企业就业人员占全行业就业人员比重	非国有企业就业人员占全行业就业人员比重	正指标
	更新改造比重	更新改造比重	正指标
	非国有单位投资占总投资比重	非国有单位投资占总投资比重	正指标
	非国有企业增加值占 GDP 比重	非国有企业增加值占 GDP 比重	正指标

表 11 – 2   经济发展方式类型的判断标准

类型	高度粗放型	粗放型	准集约型	集约型	高度集约型
中间型	$(-\infty, \bar{u}-1.5\sigma) \cup$ $(\bar{u}+1.5\sigma, \infty)$	$(\bar{u}-2\sigma, \bar{u}-\sigma) \cup$ $(\bar{u}+\sigma, \bar{u}+2\sigma)$	$(\bar{u}-1.5\sigma, \bar{u}-0.5\sigma) \cup$ $(\bar{u}+0.5\sigma, \bar{u}+1.5\sigma)$	$(\bar{u}-\sigma, \bar{u}) \cup$ $(\bar{u}, \bar{u}+\sigma)$	$(\bar{u}-0.5\sigma, \bar{u}) \cup$ $(\bar{u}, \bar{u}+0.5\sigma)$
正指标	$(-\infty, \bar{u}-\sigma)$	$(\bar{u}-2\sigma, \bar{u})$	$(\bar{u}-\sigma, \bar{u}+\sigma)$	$(\bar{u}, \bar{u}+2\sigma)$	$(\bar{u}+\sigma, +\infty)$
逆指标	$(\bar{u}+\sigma, +\infty)$	$(\bar{u}, \bar{u}+2\sigma)$	$(\bar{u}-\sigma, \bar{u}+\sigma)$	$(\bar{u}-2\sigma, \bar{u})$	$(-\infty, \bar{u}-\sigma)$

注：表中的 $\bar{u}$、σ 分别表示各指标的平均值、标准差。

三 对经济发展方式转变进行综合评价步骤

（一）初步确定评价对象的指标取值

即初步确定评价经济发展方式转变的各个指标取值范围，$U = \{u_1, u_2, \cdots, u_p\}$，见表 11 – 1。

（二）对所选择的评价指标进行筛选

首先，通过使用条件广义方差最小法则，剔除掉在评价对象之间差异不明显的指标；其次，通过使用极大不相关法则，剔除掉相关系数最大（即重复）的变量；最后，确定评价对象的具体存留的指标体系 $U = \{u_1, u_2, \cdots, u_n\}$，$n \leqslant p$，这样不仅能减少评价的工作量，而且还能消除变量重复影响导致的理解错误。

（三）为评价对象打分

打分等级 $V = \{v_1, v_2, \cdots, v_m\}$，一般取 1、3、5、7、9，数据越大表示集约化程度越高，相反表示粗放型程度高。按本书模型含义，1、3、5、7、9 分别表示高度粗放型、粗放型、准集约型、集约型和高度集约型，公式中我们用 v_1、v_2、v_3、v_4 和 v_5 表示。

（四）确定指标的权重系数

确定权重系数的方法有以下三种：第一是综合集成赋权法；第二是客观赋权法，主要依据"差异驱动"原理；第三是主观赋权法，主要依据"功能驱动"原理。主观赋权法主观臆断成分高，评价过程不清晰，评价结果易受评价者个人意志的影响。客观赋权法完全按照各个指标统计数据的大小进行赋权，忽视了一些无法量化的决策者意愿。本书集成了主观、客观两种赋权法的长处，首先采用专家打分法寻找 5—7 名专家进行打分，构造判定矩阵，然后按照层次分析法，逐层进行计算权重；这样既能降低主观赋权法的主观臆断成分，又能发挥专家的经验和知识结构，弥补了两者的缺点。

（五）确定隶属函数，建立模糊关系矩阵 R_m（本书取 $m = 5$）

构建分段线性的隶属函数，对经济发展方式转变的截面数据进行综合评价，计算经济发展方式转变的程度。按照数量指标的正负特征，分别确定隶属函数的具体形式，并计算最终的评价结果。

第一步，若指标 X 为正指标，且平均值为 $\bar{u}$，均方差为 σ，则评价对象指标值对应的隶属函数为：

$$M_{高度粗放型}(x) = \begin{cases} 1 & x \leq \bar{u} - 2\sigma \\ \dfrac{\bar{u} - \sigma - x}{\sigma} & \bar{u} - 2\sigma < x \leq \bar{u} - \sigma \\ 0 & \bar{u} - \sigma < x \end{cases} \tag{11-1}$$

$$M_{粗放型}(x) = \begin{cases} 0 & x \leq \bar{u} - 2\sigma \\ \dfrac{x - \bar{u} + 2\sigma}{\sigma} & \bar{u} - 2\sigma < x \leq \bar{u} - \sigma \\ \dfrac{\bar{u} - x}{\sigma} & \bar{u} - \sigma < x \leq \bar{u} \\ 0 & \bar{u} < x \end{cases} \tag{11-2}$$

$$M_{准集约型}(x) = \begin{cases} 0 & x \le \bar{u} - \sigma \\ \dfrac{x - \bar{u} + \sigma}{\sigma} & \bar{u} - \sigma < x \le \bar{u} \\ \dfrac{\bar{u} + \sigma - x}{\sigma} & \bar{u} < x \le \bar{u} + \sigma \\ 0 & \bar{u} + \sigma < x \end{cases} \qquad (11-3)$$

$$M_{集约型}(x) = \begin{cases} 0 & x \le \bar{u} \\ \dfrac{x - \bar{u}}{\sigma} & \bar{u} < x \le \bar{u} + \sigma \\ \dfrac{\bar{u} + 2\sigma - x}{\sigma} & \bar{u} + \sigma < x \le \bar{u} + 2\sigma \\ 0 & \bar{u} + \sigma < x \end{cases} \qquad (11-4)$$

$$M_{高度集约型}(x) = \begin{cases} 0 & x \le \bar{u} + \sigma \\ \dfrac{x - \bar{u} - \sigma}{\sigma} & \bar{u} + \sigma < x \le \bar{u} + 2\sigma \\ 1 & \bar{u} + 2\sigma < x \end{cases} \qquad (11-5)$$

第二步，若指标 X 为逆指标，且平均值为 $\bar{u}$，均方差为 σ，则评价对象指标值对应的隶属函数为：

$$M_{高度粗放型}(x) = \begin{cases} 0 & x \le \bar{u} + \sigma \\ \dfrac{x - \bar{u} - \sigma}{\sigma} & \bar{u} + \sigma < x \le \bar{u} + 2\sigma \\ 1 & \bar{u} + 2\sigma < x \end{cases} \qquad (11-6)$$

$$M_{粗放型}(x) = \begin{cases} 0 & x \le \bar{u} \\ \dfrac{x - \bar{u}}{\sigma} & \bar{u} < x \le \bar{u} + \sigma \\ \dfrac{\bar{u} + 2\sigma - x}{\sigma} & \bar{u} + \sigma < x \le \bar{u} + 2\sigma \\ 0 & \bar{u} + \sigma < x \end{cases} \qquad (11-7)$$

$$M_{准集约型}(x) = \begin{cases} 0 & x \le \bar{u} - \sigma \\ \dfrac{x - \bar{u} + \sigma}{\sigma} & \bar{u} - \sigma < x \le \bar{u} \\ \dfrac{\bar{u} + \sigma - x}{\sigma} & \bar{u} < x \le \bar{u} + \sigma \\ 0 & \bar{u} + \sigma < x \end{cases} \qquad (11-8)$$

$$M_{集约型}(x) = \begin{cases} 0 & x \leqslant \bar{u} - 2\sigma \\ \dfrac{x - \bar{u} + 2\sigma}{\sigma} & \bar{u} - 2\sigma < x \leqslant \bar{u} - \sigma \\ \dfrac{\bar{u} - x}{\sigma} & \bar{u} - \sigma < x \leqslant \bar{u} \\ 0 & \bar{u} < x \end{cases} \qquad (11-9)$$

$$M_{高度集约型}(x) = \begin{cases} 1 & x \leqslant \bar{u} - 2\sigma \\ \dfrac{\bar{u} - \sigma - x}{\sigma} & \bar{u} - 2\sigma < x \leqslant \bar{u} - \sigma \\ 0 & \bar{u} - \sigma < x \end{cases} \qquad (11-10)$$

第三步，若指标 X 为中间型指标，且平均值为 $\bar{u}$，均方差为 σ，则评价对象指标值对应的隶属函数为：

$$M_{高度粗放型}(x) = \begin{cases} 1 & x \leqslant \bar{u} - 2\sigma \\ \dfrac{\bar{u} - 1.5\sigma - x}{0.5\sigma} & \bar{u} - 2\sigma < x \leqslant \bar{u} - 1.5\sigma \\ \dfrac{x - \bar{u} - 1.5\sigma}{\sigma} & \bar{u} - 1.5\sigma < x \leqslant \bar{u} + 2\sigma \\ 1 & \bar{u} + 2\sigma < x \end{cases} \qquad (11-11)$$

$$M_{粗放型}(x) = \begin{cases} \dfrac{x - \bar{u} + 2\sigma}{0.5\sigma} & \bar{u} - 2\sigma < x \leqslant \bar{u} - 1.5\sigma \\ \dfrac{\bar{u} - \sigma - x}{0.5\sigma} & \bar{u} - 1.5\sigma < x \leqslant \bar{u} - \sigma \\ \dfrac{x - \bar{u} - \sigma}{0.5\sigma} & \bar{u} + \sigma < x \leqslant \bar{u} + 1.5\sigma \\ \dfrac{\bar{u} + 2\sigma - x}{0.5\sigma} & \bar{u} + 1.5\sigma < x \leqslant \bar{u} + 2\sigma \\ 0 & x \in 其他 \end{cases} \qquad (11-12)$$

$$M_{准集约型}(x) = \begin{cases} \dfrac{x - \bar{u} + 1.5\sigma}{0.5\sigma} & \bar{u} - 1.5\sigma < x \leqslant \bar{u} - \sigma \\ \dfrac{\bar{u} - 0.5\sigma - x}{0.5\sigma} & \bar{u} - \sigma < x \leqslant \bar{u} - 0.5\sigma \\ \dfrac{x - \bar{u} - 0.5\sigma}{0.5\sigma} & \bar{u} + 0.5\sigma < x \leqslant \bar{u} + \sigma \\ \dfrac{\bar{u} + 1.5\sigma - x}{0.5\sigma} & \bar{u} + \sigma < x \leqslant \bar{u} + 1.5\sigma \\ 0 & x \in 其他 \end{cases} \qquad (11-13)$$

$$M_{集约型}(x) = \begin{cases} \dfrac{x - \bar{u} + \sigma}{0.5\sigma} & \bar{u} - \sigma < x \leqslant \bar{u} - 0.5\sigma \\[2mm] \dfrac{\bar{u} - x}{0.5\sigma} & \bar{u} - 0.5\sigma < x \leqslant \bar{u} \\[2mm] \dfrac{x - \bar{u}}{0.5\sigma} & \bar{u} < x \leqslant \bar{u} + 0.5\sigma \\[2mm] \dfrac{\bar{u} + \sigma - x}{0.5\sigma} & \bar{u} + 0.5\sigma < x \leqslant \bar{u} + \sigma \\[2mm] 0 & x \in 其他 \end{cases} \qquad (11-14)$$

$$M_{高度集约型}(x) = \begin{cases} \dfrac{x - \bar{u} + 0.5\sigma}{0.5\sigma} & \bar{u} - 0.5\sigma < x \leqslant \bar{u} \\[2mm] \dfrac{\bar{u} + 2\sigma - x}{0.5\sigma} & \bar{u} < x \leqslant \bar{u} + 0.5\sigma \\[2mm] 0 & x \in 其他 \end{cases} \qquad (11-15)$$

（六）计算经济发展方式转变的评价结果

由 $V = \{v_1, v_2, \cdots, v_m\} = wR_{nm}$，比较 v_1、v_2、v_3、v_4 和 v_5 的大小，根据最大隶属度函数的指定原则，确定评价的经济发展类型究竟是粗放型还是集约型。为降低打分错误、计算错误等计算过程的风险，还需要对判断结果的一致性进行检验。只有当下式中 $\alpha \geqslant 0.5$ 时，判断结果才是准确无误、可以接受的。

$$\beta = \frac{\underset{1 \leqslant j \leqslant m}{\mathrm{Max}}(a_j)}{\sum\limits_{j=1}^{m} a_j} \qquad (11-16)$$

$$\gamma = \frac{\underset{1 \leqslant j \leqslant m}{\mathrm{sec}}(a_j)}{\sum\limits_{j=1}^{m} a_j} \qquad (11-17)$$

$$\alpha = \frac{m\beta - 1}{2\gamma(m-1)} \qquad (11-18)$$

式（11-16）中的 Max 表示 a_j 中的最大值，式（11-17）中的 sec 表示 a_j 中的次大值。如果上式中的 $\alpha < 0.5$，可能是由于构建的最大隶属度函数由于原则性问题损失了较多的信息，这时如果需要对两个及两个以上的评价对象进行比较，还需要第七步做进一步排序。

（七）计算综合评价值，并进行评价对象之间的对比分析

以 v_1、v_2、v_3、v_4 和 v_5 组成的向量与一个常数向量（一般由20、

40、60、80、100 组成）做乘积，据此可以判断经济发展方式的转变类型及转变程度；若需要横向比较，可以对其他地区的经济发展方式转变进行同样计算，然后将计算结果进行排序，比较所选评价对象之间存在的程度差异，为今后经济发展方式的转变方向提供标杆和决策依据。

第三节　中部地区经济发展方式转变实证研究

一　中部六省区域经济概况

古人云，"中原定，则天下安"，中部六省是指河南、山西、湖北、湖南、江西、安徽。从地理分布可以看出：中部六省位于中国内陆中心，起着连贯和辐射其他地方的重要作用。中部地区的土地面积占全国的 10.7%，然而人口却占全国总人口的 28.1%，创造的 GDP 占全国的 19.5%，可见中部地区人口密度大、经济发展较快，在中国各地域经济中扮演着举足轻重的角色。此外，中部六省还是我国的粮食主产区，关系到我国人民大众衣食住行中食的问题。中部六省各种资源充足，是我国重要的轻工业和制造业、原材料、能源的集聚之地。中部地区具有发展成本低、市场广大等多重优势，是我国区域产业集群的优选地区。

从行政区域来看：安徽省共下辖 56 个县、5 个县级市、44 个市辖区、17 个地级市；河南省共下辖 89 个县、21 个县级市、48 个市辖区、18 个地级市；江西省共下辖 70 个县、10 个县级市、19 个市辖区、11 个地级市；湖北省共下辖 2 个自治县、37 个县、24 个县级市、38 个市辖区、1 个自治州、12 个地级市；山西省共下辖 119 个县（市、区）、16 个县级市、11 个地级市；湖南省共下辖 7 个自治县、65 个县、16 个县级市、34 个市辖区、13 个地级市、1 个自治州。20 世纪 80 年代以来，随着中国经济飞快发展，中部地区的经济发展一直处于比西部高、比东部低的尴尬局面。90 年代后期，随着支援西部、西部大开发等口号的提出，西部地区经济增长迅猛，有超过中部地区的趋势；东部沿海地区由于资源、政策等优势，经济发展始终保持国内领先，因此，中国各区域经济的发展出现了高度的异化趋势，为促进区域经济发展的均衡，中央先后提出了振兴东北老工业基地、西部大开发战略等区域发展战略，但是中部地区独立于这些政策之外，经济发展严重滞后，处于我国总体发展的水平线以下，局面十分尴尬。直到 2004 年 3 月，温家宝总理才在政府报告中首次提出了"中部崛起"的说法。

中部地区的经济发展在我国处于相对落后的地位，就人均 GDP 而言，1980 年约为全国总额的 88%，2003 年约为全国总额的 75%。中部地区的经济增长势头整体落后于国内其他地区，2000—2005 年，其社会消费品总额占全国消费品总额的比例持续下降，由 2000 年的 20.6%（社会消费品零售额 329 亿元）下降到 2005 年的 19.4%（社会消费品零售额 13184 亿元），在一些政策的鼓励和引导下，中部地区资源优势和广阔的市场潜力将会得到进一步发挥。尽管如此，差距依然存在，就国内生产总值而言，东部与中部的比值为 1.4：1，现在已经扩大到了 2.7：1，就每平方公里的土地面积而言，中部六省创造的国内生产总值仅占到长江三角洲的 1/8、珠江三角洲的 1/10。学者们通过计算预测到，如果我们生产发展现状，中部地区的经济可能会出现坍塌的局面，位于两面夹击的地位。目前中部地区的局面虽然比预测的稍微好了一些，但是仍不容乐观，到 2009 年年底，中部地区全社会消费品零售总额比重稍稍有所回升，占全国的 21.7%，中部崛起的口号初见成效。随后，国家发改委正式批复了《促进中部地区崛起规划纲要》，中部崛起已经看到了希望的曙光。

与此同时，在中部地区经济发展落后的大背景下，中部地区内部的经济发展差异也日益突出，中部各省之间以及各省内部都存在这种差异。2015 年，就人均 GDP 而言，中部地区最低省份（安徽）与最高省份（山西）的比值为 1：1.44，绝对差值为 463 元；与此同时，各省内部的经济差异比较严重，以湖北经济的严重的城乡差距为例，湖北地区的经济增长主要依靠几个大城市的发展，而县域和农村的经济发展相对滞后，县级以下政府服务质量有待进一步提高，其财政窘迫不堪。相关统计资料显示，湖北省现有近 100 万人生活在温饱水平以下，这些都说明，中部地区城市化速度相对缓慢，城市之间的凝聚力偏小，大小城市等级结构扭曲，这也在一定程度上导致了省际间经济差异。

二　评价结果分析

根据前面设计的评价指标体系及模糊综合评价模型，对中部地区 1998—2015 年的经济发展方式转变情况进行综合评价，结果如下所示：

表 11 - 3　　　　　　　　　　　　　　一级指标权重

反映经济增长质量的指标	反映经济结构优化的指标	反映科技投入的指标	反映经济增长对环境影响的指标	反映资源转化效率的指标	反映经济效率的指标	反映经济增长实施的指标
0.0316	0.046	0.147	0.101	0.247	0.348	0.069

表 11 - 4　　　　　　　　　　　　二级指标权重及最终权重

一级指标	二级指标	二级指标权重	指标最终权重
经济增长质量	外贸收支差	0.0103	0.0003
	城乡收入	0.0068	0.0002
	经济增长波动系数	0.2113	0.0064
	经济增长代价系数	0.7716	0.0235
经济结构优化	第三产业就业人员占就业人员比重	0.1799	0.0079
	出口占 GDP 比重	0.4639	0.0204
	第三产业增加值占 GDP 比重	0.2600	0.0114
	工业制成品占出口比重	0.0961	0.0042
科技投入	科技投入占财政支出比重	0.0001	1.77E - 05
	每十万人研发作业人员比重	0.9831	0.1553
	单位 GDP 研发支出数	0.0013	0.0002
	人均受教育年限	0.0155	0.0025
经济增长对环境影响	废水排放达标率	0.0095	0.0010
	单位 GDP 废气排放量	0.9323	0.0960
	单位 GDP 二氧化硫排放量	0.0002	2.24E - 05
	单位 GDP 固体废弃物排放量	0.0580	0.0059
	单位 GDP 工业废水排放量	1.84E - 05	1.9E - 06
资源转化效率	单位 R&D 支出专利数	3.44E - 07	8.56E - 08
	单项技术成交额	0.9999	0.2489
	万元 GDP 技术合同市场成交额	6.02E - 07	1.5E - 07
	每万科技人员专利申请数	2.17E - 05	5.4E - 06
	存贷款比率	4.59E - 05	1.14E - 05

续表

一级指标	二级指标	二级指标权重	指标最终权重
经济效率	万元 GDP 综合能耗	0.2266	0.0788
	资本生产率	0.0049	0.0017
	能源消耗弹性系数	0.7308	0.2543
	工业增加值率	0.0081	0.0028
	劳动生产率	0.0296	0.0103
经济增长实施主体	消费、投资与出口占 GDP 的比重	0.3153	0.0211
	非国有企业就业人员占全行业就业人员比重	0.0027	0.0002
	更新改造比重	0.5866	0.0393
	非国有单位投资占总投资比重	0.0618	0.0041
	非国有企业增加值占 GDP 比重	0.0335	0.0022

从表 11 - 5 可知，1998—2015 年中部地区经济发展方式转变过程明显地呈现出阶段性规律：1998—2002 年，中部地区经济发展方式存在明确地在朝集约型方向转变；2002—2012 年，经济发展方式转变过程摇摆不定，变动方向不明确；但 2002—2010 年，大致呈回落趋势；2012—2015 年，经济发展方式明确地在朝集约型发展方式进行转变。

表 11 - 5　　　　　　　中部地区发展方式转变情况

年份	1998	1999	2000	2001	2002	2003	2004	2005	2006
最终隶属度	47.64	52.13	58.45	64.55	71.57	58.26	66.06	60.26	51.77
评价结论	粗放	准集约	准集约	准集约	准集约	准集约	准集约	准集约	粗放

年份	2007	2008	2009	2010	2011	2012	2013	2014	2015
最终隶属度	64.1	65.63	60.63	54.59	64.56	70.01	72.05	71.05	72.08
评价结论	准集约	粗放	准集约	准集约	准集约	准集约	准集约	准集约	准集约

到 20 世纪 90 年代，国有企业进行了产权改革，引导生产效率得到进一步的提升，经济发展方式的转变绩效也达到一个小高峰。之后，中国经济竞争逐渐加剧，受亚洲金融危机的影响，中部地区的外部经济环境严重恶化，这些外部环境的影响导致了经济发展方式转变绩效的下滑。近年来，中国进入重化工业阶段，资本密集型产业迅速发展，然

而，受工资上升缓慢、国内需求减弱等因素的影响，中部地区经济发展方式转变的绩效受到了一定的阻碍。

三　中部地区与其他地区的比较——以 2015 年为例

（一）生产率质量比较

通过对全员劳动生产率指标的比较可以看出，2015 年，中部地区全员劳动生产率为 111912 元/人·年，远低于东部和东北地区，不仅如此，与西部地区相比也少 929 元/人·年；通过投资产出效果系数这一指标的比较可以发现，中部六省投资产出效果系数为 1.88，比全国平均水平稍高，也比西部和东北地区偏高，但是和最高的东部地区相差 0.47；通过单位产出的废水和废气来比较，中部地区大多数省份都是以农业为主的，可是这两项指标只比东北地区偏好，与其他地区相比仍存在较大差异，这揭示出中部地区经济发展效率低下，投入产出比率不合理，工业生产对环境的破坏力度较大（见表 11－6）。

表 11－6　　　　　　　　　2015 年各地区生产率质量指标比较

区域	全员劳动生产率（元/人·年）	单位产出的废水（吨/万元）	单位产出的废气（立方米/元）	投资产出效果系数
中部	111912	22.73	3.50	1.88
东部	152341	14.44	2.35	2.35
东北	175647	29.50	5.56	1.68
西部	112841	16.20	3.45	1.69
全国	153675	21.14	3.62	1.82

资料来源：《中国统计年鉴》（2016），《中国电子信息产业统计年鉴（软件篇）》（2016）。

（二）经济结构状况比较

通过三个产业的产值占 GDP 的比重可以看出，中部地区产业结构有如下三个特征：首先，现代服务业发展相对滞后。2015 年中部地区第三产业产值比率在全国来看是最低的，仅为 35.9%。其次，中部地区的工业化进程发展较为迟缓。2015 年中部地区第二产业的比重虽然略高于全国，约为 49.5%，但与东北地区和东部地区相比还有一定的距离。最后，农业所占比重较高。2015 年中部地区第一产业的比重比全国平均水平高出 3.3 个百分点，约为 14.6%，而第一产业比重最低的东部仅为 6.9% （见表 11 - 7）。通过外贸依存度的对比来看，中部地区的对外贸易程度低，外贸进出口没能很好地带动经济的发展。2015年中部地区进出口总额比全国低 55.3%，仅为 10.9%，与东部地区相比更大，甚至比西部地区还低了 1.6 个百分点。

表 11 - 7　　　　　　　　2015 年各地区经济结构指标比较

区域	产业比重（%）			外贸依存度（%）
	第一产业	第二产业	第三产业	
中部	14.6	49.5	35.9	10.9
东部	6.9	51.5	41.6	54.4
东北	12.1	51.4	36.5	14.52
西部	16.0	46.3	47.7	12.5
全国	11.3	48.6	41.1	35.67

资料来源：由《中国统计年鉴》（2016）中相关数据计算、整理得到。

（三）技术进步水平比较

通过对科技投入的比较发现，中部地区科技经费的投入明显偏低，科技人才流失严重，投入量几乎不能满足中部地区经济发展的基本要求。2015 年，中部地区高校研究与发展人员中科学家和工程师仅占全国总数的 17.09%，比东部地区低 28.91 个百分点，甚至比西部地区还低 3 个百分点；就高校研究与发展经费总投资来看，中部地区仅为 14.26%，比东部地区低 30 个百分点，比西部地区也低 2 个百分点。就科技产出而言，中部地区与全国的科技产出水平相比，差距不是一般的大，且这一差距还在逐渐扩大。2004 年全国人均技术成果成交额为 61.33 元，比中部地区多 33.85 元；2015 年全国达到了 168.51 元，比中部地区多 106.49 元。通过全要素生产率（TFP）的计算、对比可以发现，中部六省的物质资本对经济发展的贡献率分别为湖北 46.7%、湖南 45.9%、山西 45.28%、安徽 40.74%、江西 44.4%、河南 46.67%，均高于全国水平 34.95%；中部六省的全要素生产率分别为湖北 27.38%、湖南 27.20%、江西 25.19%、河南 19.81%、山西 30.82%、安徽 27.97%，均低于全国水平 44.2%。中部地区经济发展方式依然为粗放型，主要以物质资本投入为主。

（四）人力资源开发水平比较

通过教育经费投入的对比发现，中部地区教育经费投入欠缺，几乎不能满足人民群众和现代化建设对教育发展的基本需求。根据《中国教育经费统计年鉴》（2016）数据整理可得：2015 年，中部地区小学生均预算内事业费为 1266 元，与全国平均水平相比，低 368 元，其中湖北、江西和河南三省最低，处于全国后 5 位之列；中部地区初中生均预算内事业费为 1442 元，与全国平均水平相比，低 455 元；普通高中和所属普通高校生均预算内事业费分别相当于全国水平的 69% 和 72%，其中江西和湖南两省最低，甚至低于 3000 元。这些数据表明，中部地区教育严重滞后，导致从业人员素质偏低，高学历、高素质的人才短缺，不能很好地满足经济发展方式转变过程中对人才的需求。

综上所述，中部地区经济发展方式转变的特点可以概括为以下几个方面：首先，自主创新能力低下、科技投入不高、科研人员严重流失，技术进步水平位于全国平均水平之下；其次，中部地区全员劳动生产率排在全国最末端，工业生产对生态环境的污染程度普遍高于其他地区，经济发展主要还是依靠要素的大量投入，属于粗放型发展方式；再次，教育经费投入明显不足，中部六省小学、中学、高中、省属高校等的生均预算费用全部低于全国平均水平，高素质人才的培养很难满足经济发展方式转变的需要；最后，工业化程度较低，与东部沿海地区相比差距显著，城镇化进程缓慢，现代服务业的发展没有得到足够的重视。由此可见，经济发展方式转变进展缓慢，经济发展质量低下，这些因素阻碍了中部地区的快速崛起。因此，我们必须打破原有的思维定式，提倡科技创新理念，转变发展方式，调整第一、第二、第三产业的结构，依靠内生动力（科技创新和人力资本），提高经济发展质量，创造中部地区经济发展的新篇章。

第十二章　中部地区经济发展方式转变机制与路径设计

据前文研究结果显示，在 1990—2014 年 20 多年的改革开放过程中，我国中部地区经济发展方式呈现出阶段性发展的规律特征，尤其自 2008 年后中部地区的经济发展方式已经明确地表现出朝集约型增长方向转变的趋势。但以经济发展速度、经济发展效益、经济结构优化、经济与社会和谐、经济与自然和谐这五大方面的指标来衡量，中部地区的经济发展方式合理性仍处于较低的水平，经济增长与经济发展的协调性水平参差不齐，湖北省的经济增长与经济发展协调性较好，江西和山西省的协调水平相对较低。说明中部各省份的经济增长方式需要向经济发展的目标进一步加强改革力度，促进经济的综合、协调、持续发展。

当前，我国整体国民经济发展已经进入新常态，意味着中部地区的经济发展不能停留在以往粗放型、数量型增长的阶段，而应继续改革创新，转变发展方式，尽快过渡到集约型、质量型的经济增长新阶段。本章将继续探讨促进中部地区经济发展方式转变的相关机制及配套机制，并设计中部地区新时期发展阶段的路径依赖及选择，促使中部地区的经济发展方式转变具有现实性和可操作性。

第一节　中部地区经济发展方式机制转变

中部地区经济发展方式的转变是一项牵一发而动全身的重大举措，不可能一蹴而就，也不能一叶障目，需要着眼于长期利益和可持续发展，进行通盘考虑，做好顶层设计，确立正确的发展理念，构建合理的发展机制，贯彻正确的发展路径。基于前几章的分析研究，笔者认为，为了保障中部地区经济发展方式的顺利转变，必须重视完善以下三方面发展机制：即适应新型经济发展模式的政策配套机制；突出中部地区经济结构特征的特色发展机制；建立可持续发展的利益均衡及利益分配的公平机制。

一　政策机制：适应新型经济发展模式的政策配套机制

政府主导型发展模式下，要改变低成本机制和依赖要素投入的粗放型增长，从追求经济规模扩张转向以发展质量和效益为中心，都迫切需要政府转型，破除体制性障碍。政府部门应制定、完善适合新型经济发展模式的法律法规和部门规章。

（一）改革公共财政制度

公共财政制度对于一国经济发展的健康运行具有重要意义，因为公共财政既关系经济增长的前景，又影响着公民福利的状况。改革公共财政制度包括税收制度改革、公共财政管理改革、公共投资管理系统改革等。为了支持中部地区经济实现长期而且可持续的发展，必须着眼于变革地方政府分散化投资和借贷的激励机制，实施健全地方政府借贷的管理制度，清算地方政府负债的规模，降低潜在的财政与金融风险，加强对地方政府财政情况的年度审计，定期公布关键财政数据，加强对地方政府的财政预算监管，以及加强对预算外财政收入和分散的预算控制等各项举措。

中部地区还应当加快构建有利于转变经济发展方式的财税体制。财税问题实质是公共资源配置体系与机制问题。一是要加快省以下分税分级体制改革、构建地方税体系，消解地方基层财政困难，消除隐性负债的体制性根源；二是完善个人所得税制度、房产保有和交易的现行税制，优化再分配机制和房地产调控机制；三是加快资源税及相关配套改革，缓解经济运行中的资源和环境压力，促进节能降耗技术的广泛应用。

（二）完善知识创新体制

为了确保经济发展方式转变，中部地区政府应积极营造支持创新、激励创新、保护创新的政策和法律环境，完善知识产权制度和人才管理制度，打造良好的外部创新环境。通过制定知识创新鼓励政策，引导创新主体的创新活动和生产活动，有利于创新资源的优化配置。政府要逐渐调整创新政策结构，增加创新鼓励政策，通过对创新产品的购买给予税收减免优惠，对创新产品的生产予以直接补贴，通过提高节能环保标准，迫使企业开发应用高新技术等措施激励创新。另外，完善知识创新体制，必须建立高校和科研机构的创新激励机制，充分激发企业、高校、科研院所各个层次主体的创新动力，推动创新成果的市场化和产业化。重视大学的基础研究和技术研发能力，对重要基础研究领域和研究方向进行指导和部署，进行专项资金资助，调动研发积极性，发挥高校科研对经济发展的重要影响作用。在关键共性技术攻关上还可以组织具有科研优势的企业、高校和科研机构联合攻关。建立健全人才吸引和培育机制，健全知识产权多元化交易、新产品和创新活动的多渠道投融资机制，全面构建创新体系。

（三）健全生态环境保护制度

中部地区经济发展要摆脱对高资源消耗、高碳排放和高环境污染的路径依赖，就必须保护和促进绿色发展，使减排与环境保护成为经济发展的动力之一而不是负担。为此，中部地区政府必须加快政府职能转变，健全减排与环境保护政策和法规，正如党的十八大报告明确指出的，要"深化资源性产品价格和税费改革，建立反映市场供求和资源稀缺程度、体现生态价值和代际补偿的资源有偿使用制度和生态补偿制度。积极开展节能量、碳排放权、排污权、水权交易试点。加强环境监管，健全生态环境保护责任追究制度和环境损害赔偿制度"。在具体措施上，中部地区可以在环保领域引入市场化的激励机制，明确对水域、土地和森林的产权界定，加大生态服务补偿计划，激发农民保护当地生态环境的动力，使农民改善生态环境的努力能够得到合理的经济回报；强化产业生产的排放、能效和环境标准，对符合标准的产品、服务和技术建立绿色标签，便于识别；同时大力扶持绿色产业，在财税、贸易、金融方面给予政策支持。

二 特色机制：突出中部地区经济结构特色的发展机制

改革开放以来，中国经济的高速增长严重依赖于制造业特别是劳动密集型产业，在行政政策驱动的背景下，各地区尽管发展阶段和产业现状存在着显著差异，但在产业结构上存在着显著的相似度和同构性，我国各省市之间的产业同构状况较为严重，这与地区行政垄断和地方保护主义是紧密相连的。在经济发展新阶段，各地区急需进行产业结构的优化升级，但又可能面临脱离当地发展现状打造雷同的战略新兴产业或产生高新产业园等新的产业同构风险。在这种情形下，中部地区应对此保持清醒认识，避免新一轮的重复建设和过度竞争，必须结合当地发展实际，耦合本地特色产业，重视特色发展机制，打造新的增长板块。

（一）农业经济特色发展机制

中部六省是我国农业产出的重要区域，当前我国粮食安全问题日益突出，庞大的人口数量及人口增长巨大压力与粮食需求之间的矛盾日益突出。同时，我国经济运行中的环境污染问题、食品安全问题十分严重，进一步加大了粮食安全问题。中部地区应探索农业特色发展问题，保障粮食生产平衡和粮食安全问题，促进中部崛起。在这一领域，中部地区可借鉴发达国家经济发展特色，将信息产业、创意产业以及低碳产业的思维逻辑和发展理念运用到农业领域，以时代的创新思维将科技生产力进步的新成果与以文化创意为核心的文化生产力相结合，以"文化创意与科技创新耦合"促进农业发展方式实现根本性转变，在确保农业产量的基础上通过对农产品的深加工、创意科技的应用等方式增加农产品的附加值。

在互联网时代，信息技术与现代农业相结合正在促使农业经济发展方式发生转变。以互联网技术为代表的信息技术变革依靠科技生产力实现规模报酬递增，实现传统农业向高附加值业态的转变和升级，改变传统农业产业链的各个环节，形成"互联网＋农业"的现代农业经济增长新模式。例如，农业大省河南就在主粮小麦产业上运用了物联网技术，设立小麦苗情数字化远程监控点等进行实时监测和科学的农业管理，推动农业系统的不断完善。因此，中部地区应充分利用信息时代的优势，加快农业现代化建设，以科技创新驱动农业经济发展方式的改造升级，实现跨越式发展。中部地区政府可通过招商引资、政策补贴、引进先进技术、建立信息平台、做好农业大数据服务、培训农资企业及农户等各种方式和途径引导区域内农业经济的智慧化、智能化、创意化进程，推动农业生产领域改造，从安全化、个性化、体验化角度深入改变农产品消费市场，并构建农业互联网金融服务体系和农村金融保障体系，打造信息化农业新业态。

另外，低碳农业也是世界农业发展的重要趋势之一。以日本低碳农业发展为例，日本通过战略引导、政策支持、资金扶持等手段鼓励农民发展低碳环保型农业、应用科技创新技术，严格控制生产过程的减量化、再生化、有机化，形成了显著的科技驱动效应，农业的生态涵养及气候调节功能也显著提升，达到了经济效益、生态效益和社会效益三者的统一。发展低碳农业是我国当前在生态环境负荷危机下的必然选择，也是实现我国农业经济发展方式转变的必由之路。中部地区应抓住时机，大力推动低碳农业发展，突出农业经济发展特色。

（二）服务经济特色发展机制

位于中国内陆腹地的中部地区包括山西、安徽、江西、河南、湖北、湖南六省份，总人口 3.61 亿，占全国总人口的28%，其中农村人口占全国的近1/3。中部六省人口众多，经济发展水平相对落后。在这种形势下，中部地区应当突出发展第三产业即服务产业，服务产业可以带动产业链的升级改造，提升产业经济的整体质量和服务水平；服务产业作为劳动力密集型产业，也可以提供大量的工作机会，有利于解决当前严重的劳动力市场就业问题。大力发展服务经济对于中部地区发展来说是一箭双雕的事情，可以作为一项特色发展机制。

在服务经济中，旅游产业作为第三产业的龙头发展势头迅猛。而中部地区的自然和历史文化资源底蕴丰富，中原地区更是中华文明的发源地，在旅游发展领域潜力巨大。中部地区应基于自身的比较优势，充分挖掘中部地区的文化资源，发展旅游产业，建设旅游精品线路，进行旅游项目开发，将特色旅游产业培育为经济发展的新增长点，促使旅游经济发展方式转变。旅游经济作为国民经济的新增长点具有突出的优势，在全域旅游和智慧旅游日益发展的今天，在互联网经济和信息技术的带动下，旅游产业发展动力和市场潜力巨大。发达的旅游产业能够带动住宿业、交通业、饮食业、娱乐业、休闲业、建筑业、园林业等一系列相关产业的发展，还能够带动相关工业、商业和农业经济的发展，同时旅游产业又是一种绿色产业和低碳产业，与中部地区经济发展方式转变的总体目标相适应。因此，中部地区应当大力发展旅游业，将服务经济作为一项特色经济发展机制。

作为一种新兴产业，文化创意产业对于服务经济增长同样具有重要意义，创意产业能够促进传统经济运行的创新，颠覆传统经济发展模式。随着创意产业在世界各个发达国家的快速发展，展现出强大的生命力和创造力，也为传统经济的变革创新带来了巨大的发展空间。中部地区的经济发展要实现跨越式追赶，可以以创意产业为支撑点，培育新兴产业群，激发消费者的新欲望和购买潜力，打造文化创意产业链，融合不同产业和部门的价值创造，同时可以深度挖掘和利用中部地区深厚的历史文化底蕴，开发文化创意产品，塑造城市形象，最终提升中部区域的整体竞争力。

三　公平机制：利益分配的合理化调整机制

传统的粗放型经济增长模式造成经济结构失衡、资源枯竭、环境破坏，社会贫富差距拉大，区域和城乡发展不均衡，经济和社会发展不协调，社会建设长期滞后等，都影响到经济发展方式的可持续性。要谋求长期发展必然要求政府深化改革，改变发展方式中的不协调、不均衡和不可持续问题，遏制贫富分化加剧、关切社会公平和包容性发展。中部地区经济发展战略的调整应从全局出发，促进经济的协调发展和可持续发展，战略支点之一在于兼顾经济发展中的公平与效率问题，在促进经济增长的同时，要更加侧重经济发展中的公平问题。

（一）改革收入分配制度

转变经济发展方式需要将外部市场依赖转向内需，需要建立庞大的内部消费市场，但当前的贫富悬殊局面又导致了内需不足的严重问题，要解决这一矛盾，首先要解决贫富悬殊的问题，也就是要大幅度提高中低层收入在 GDP 中的比重。当前社会的收入不公主要表现在资本所有者和劳动所有者之间的巨大差距，也表现于垄断行业与普通行业之间的收入差距，以及行业内不同阶层间的差距。贫富差距不断拉大向贫富悬殊发展，造成社会阶层的日益分化，低收入群体的民生问题日益严重。中部地区转变经济发展方式，意味着要转变收入分配两极分化的格局，更加注重社会公平。进行收入分配制度改革时，初次分配就要强调公平，大幅度提高劳动者的收入水平，增加按劳分配的比重，不能忽略劳动要素的贡献作用；在再分配过程中要更加强调公平问题，要实现效率与公平的统一，加强对暴利行业的税收征收，调控垄断行业的收入水平，加大对高收入群体的税收力度；另外，建立并完善遗产税、赠与税、物业税和房产税等一些削高填低的措施，鼓励并引导富人阶层对弱势阶层的慈善捐助行为，还要严厉打击钱权交易的腐败行为，减少灰色收入，取缔非法收入。通过收入分配制度改革，提高居民收入，缩小收入差距，促进社会公平，改善民生问题，提高经济效率，才能真正改善经济发展质量，使经济发展的成果真正为人民所共享，才能保证社会长期的和谐发展。

（二）缩小区域发展差距

经过 30 多年的改革开放，在我国形成了东部、中部、西部地区三个差距明显的经济带，无论是整体经济发展程度、居民消费水平、基础设施建设等各方面都存在很大的鸿沟。区域发展差距是我国现代化发展的一个弊病，尽管政府已经意识到地区差距问题的严重性，使地区之间的政策差异开始缩小或消除，但在经济发展上已经落后很多的中部地区如果不加快经济发展速度、加强区域经济协调、转变经济发展方式，就难以缩小发展差距，甚至还会有地区差异扩大的势头。在这种情况下，中部地区一方面要尽力争取中央政府在发展政策和资金等方面的扶植，大规模发展高速公路，改善基础设施建设；另一方面要抓住新兴产业发展的机遇，加快发展方式转变，吸取发达地区经验教训，积极调整经济结构，充分发挥后发优势，实现跨越式发展。为了形成综合平衡发展的新型区域关系，中部地区对外可以发展区域间经济合作，建立经济横向联系，实现产业链全国化的分工联动，形成相互支持的局面；对内可以建立不同类型的经济区域经济圈，走阶梯式发展路径，通过中心城市经济间的相互联系，实现资源共享，共同发展。目前，中部地区经济发展依托于若干核心城市建立环城市经济圈，如大武汉城市经济圈、中原经济圈等，通过中心城市的集聚作用和辐射作用带动次区域的经济发展，形成不断扩散的都市圈，以城市化的扩散带动落后地区融入现代经济发展进程，进而提升整体经济实力和区域竞争力，缩小与发达地区的发展差距。

第二节　中部地区经济发展方式路径转变

中部地区促进经济发展方式转变，在重视以上发展机制的转变基础上，还应从经济要素角度考虑较为具体的转变路径。基于前文对于中部地区经济增长关键动因的分析，基础设施投资、居民和政府消费、对外贸易、金融发展、技术创新等因素都是影响中部地区经济增长的要素，实际上，这些关键要素的转变也与中部地区经济发展方式的转变密切相关。在经济发展的新常态下，中部地区经济发展方式要实现根本模式的转变，应把这些关键因素作为重要的突破口，选择能够促进中部地区经济发展方式转变的有效路径。

一　从要素、资源驱动转向创新驱动路径

根据发达国家的发展经验，当传统的生产要素如土地、资本、资源、能源等投入的边际贡献率明显下降时，科技创新将逐步成为推动经济增长的核心驱动力，创新驱动将成为国家经济发展方式转变的必然趋势。创新驱动型经济通过对技术的变革实现要素回报递增，克服以往的要素回报递减现象，因此区别于传统经济增长模式，使经济的持续增长得以实现，通过创新推动经济的不断发展，在经济发展新常态下，科技创新已成为我国经济增长的驱动性因素，也是促使经济内生增长的重要途径。在当前形势下，我国区域之间的创新差距不断扩大，将加剧区域发展的不平衡，因此中部地区必须高度重视创新体系建设，通过对创新的持续投入，提高本地创新要素的集聚。如果在创新资源培育和竞争中落后，必将陷入创新资源匮乏、技术和产业升级乏力、转型发展迟滞的困境。

建设创新体系包括制度创新、管理创新、产品创新、技术创新、服务创新、文化创新、金融创新等全方位领域。促进经济发展方式转变的创新驱动不是指单方面的创新，而是综合创新，是多领域创新的协同效应，只有借助全面创新、持续创新，才能突破资源要素的有限性对经济发展的制约。创新驱动的内容包括：以产业创新构建以现代农业为基础、新型工业为支撑、现代服务业为主导的新型产业体系；以科技创新大力推动制度创新，形成完善的技术创新体系；以产品创新发掘新市场和新的经济增长点；以制度创新为经济发展方式的转变提供制度保障；以文化创新营造开放包容、勇于创新的环境氛围，为创新体系建设提供精神动力和智力支持。除了上节阐释所涉及的制度创新、知识创新、产业创新外，当前最值得关注的创新领域集中在技术创新、管理创新和金融创新三个领域。

（一）技术创新

现代社会的国际竞争是创新能力和科技实力的竞争，中部崛起离不开自主创新能力的提升。区域技术创新效率差异是区域经济发展不平衡的重要原因，为了促进中部崛起和区域协调发展，归根结底要取决于区域创新能力的提升。然而，中部地区的技术创新能力及效率低于全国整体水平，技术创新的产出水平相对落后，需要进一步加大创新投入力度，提高产学研技术创新水平。着力发展对经济发展有重大影响的关键技术、核心技术和战略性、先导性高新技术的研发，减少重要产业对外技术的依赖度，提高企业的自主创新能力，发挥技术研发在部门产出中的主导作用，促进技术创新成果的市场转化能力及效果，促使中部地区的产业结构升级，向知识驱动型经济增长方式转变，由依靠要素投入的增长方式向依靠要素效率提高的增长方式转变。

（二）管理创新

管理创新的含义包括社会管理创新、经济管理创新和企业管理创新。社会管理创新是指通过行政政策及社会自治管理，规范社会行为、梳理社会关系、明确社会规则、调整社会秩序，从而减少社会矛盾、缓解社会压力，营造和谐社会、激发社会活力；宏观层面的经济管理创新是指要加快转变政府职能，充分发挥政府的服务性职能，改善公共决策系统，利用宏观经济管理手段，提高经济管理绩效等；微观层面的企业管理创新是指企业通过市场战略创新、研发创新、产品工艺创新、管理创新、商业模式创新等各种市场创新活动，应对经济环境变化和激烈的市场竞争，提高企业核心竞争力和长远发展潜力。中部地区经济发展方式转型离不开管理体制变革和管理效率的提升，通过社会管理创新、经济管理创新和企业管理创新的"三管齐下"，有效改善中部经济发展环境，才能最大限度地激活市场经济的发展活力。

（三）金融创新

金融是区域经济发展的第一推动力，也是区域经济合作的重要纽带，中部地区经济发展方式转型离不开金融部门的大力支持和服务。但中部地区金融业总体水平不高，资本形成能力较弱，金融机构组织相对落后，不利于对经济发展方式转型的金融支持。根据中部地区产业发展特点及转型升级的要求，需要加大金融体系创新，加快金融业自身转型升级。在具体的金融对策上，应根据经济结构调整的实际需求优化信贷资源配置，有效提高投资效率和效益，并发挥金融在区域产业布局中的市场调节作用；调整信贷结构，使资本向产业转移、县域经济、中小企业等方向集聚，推动地方经济结构的优化升级；创新金融体系，着力推动信贷产品和服务方式创新，探索发展低碳金融、特色产业信贷、民生普惠信贷等新型金融产品，成立各类所有制的金融机构，转向多元化融资途径；同时也要加强金融监管，防范金融风险，维护金融稳定，保障经济稳健运行和健康发展。另外，鉴于中部地区的农村金融机制比较滞后，金融机构成本高、效率低，金融产品单一，非法金融借贷泛滥，阻碍了中部地区农村经济的发展，因此，中部地区政府应大力优化农村金融环境，改善农村金融生态，发展新型农村金融机构，开发适合农村地区的金融产品及贷款服务，探索建立多样化的农村金融组织体系，形成良好的竞争局面，提高运行效率，激发农村经济的活力。

二　从投资、消费驱动转向供给侧改革驱动路径

在我国传统经济发展路径中，长期的高速增长一方面依赖于过去"高储蓄、高投资"的模式，政府通常采取过度投资的政策刺激内需，结果导致了严重的结构性产能过剩，降低了经济增长效率；另一方面经济的高速增长也依赖于外需，长期的出口导向型发展战略导致我国进出口商品的国际份额不断提升，但也造成了长期的贸易顺差和国际收支结构失衡。显然，依靠高投资和消费驱动的经济增长模式已经不可持续，因此中部地区经济发展方式转变应当从调节需求的经济政策转变为改善供给的经济政策。在经济发展方式中，供给和需求是经济运行中不可分割的两个方面。当前我国经济发展方式转变过程中既面临需求不足的问题，也面临供给不适应需求方面的问题。通过改善供给能够刺激需求，加快经济发展方式转变。

党中央提出了"供给侧结构性改革"的宏观经济调整战略，强调"在适度扩大总需求的同时，着力加强供给侧结构性改革，着力提高供给体系质量和效率"，通过改善供给侧环境、优化供给侧机制，调整经济结构，进一步激活微观经济主体的创造力，提高企业竞争力，从而提高社会生产力水平。这一宏观经济调整战略的提出正是为了促进我国经济发展方式的转变。开展供给侧结构性改革能够弥补投资、消费驱动经济增长政策的不足，有利于加快推动经济结构转型升级，完善市场体系，降低交易成本，提高经济效率。在这一形势下，中部地区经济发展方式转变的路径也应调整为改善供给，通过供给侧改革改善供给环境，激发企业活力，着力促进经济新一轮增长。

改善供给的政策是通过调整长期供给因素创造新的红利空间来实现的，供给侧改革就是促进供给结构的转折性变化，改革内容包括供给体系的方方面面，包括：改善产品供给，用技术创新改造传统产业，加大研发和自主创新；改善技术供给，发挥科技、知识和创新等因素在部门产出中的主导作用，实行以企业为主体、市场为导向、产学研相结合的自主创新机制；改善制度供给，建立政府部门科学的决策机制，创新地方政府政绩考核评价机制，完善收入分配制度和各项社会保障制度，进一步完善人民币汇率形成机制等；改善企业发展环境供给，通过降低税负，提供融资服务，控制行政费用、物流费用及中介费用等举措全面降低要素成本，降低企业经营成本，促进企业创新，促使企业的发展环境明显改善、盈利能力增强；改善人力资本供给，提高教育质量，充分利用高技能、创新型人才数量大、成本低的特点，培育新的人力资源优势，提高人力资源方面的国际竞争力；改善资源配置结构，提高资源配置效率，有效降低资源错配的程度，并加快进行结构调整，着力改善具有相对比较优势的产业结构，深入挖掘资源再配置的潜力，明显提升全要素生产率的增长率。总之，中部地区可以从以上这些领域着手深化改革，加快实施供给侧结构性改革，完善市场体系、改善竞争环境、激励企业创新，提高经济增长效益，驱动经济发展方式尽快转变。

三 从出口导向转向"两个市场"发展路径

改革开放以来，我国作为一个贸易大国确立了出口导向型的发展战略，大力鼓励出口，促使我国贸易总额不断增加，经济增长对国际市场的依赖程度也不断提升。但近年来受人民币升值、劳动力成本和原材料成本上升、对外贸易摩擦加剧等因素的影响，我国的生产成本优势相对减弱，对外贸易压力增大。在经济发展新常态下，外贸发展方式也需从粗放型向集约型转变，从出口导向型战略向进口与出口并重的战略转变，充分利用国内和国际"两个市场"。对外贸易也是影响中部地区经济增长的重要因素之一，区域外贸需要进一步加大对外开放，外贸结构也要进行调整升级。中部地区具有承东启西、连南贯北的区位优势，在土地、劳动力和能源方面较东部地区具有比较优势，有利于承接东部加工贸易产业向中西部地区的梯度转移。同时，中部地区通过区域协作可开展生产性地域分工，伴随着现代物流业的发展，加强现代物流配送体系建设，消除中部地区对外贸易在地理区位和基础设施方面的制约"瓶颈"，推进外贸的便利化。

（一）完善对外贸易政策体系

中部地区的对外贸易要突破传统发展中对出口贸易的过度依赖，在扩大进口规模的同时，也要加快中部企业"走出去"的步伐，合理利用国内资源和国外资源"两种资源"、充分开发国内市场和国际市场"两个市场"，实施"引进来"和"走出去"两个战略。随着我国东部沿海地区的产业转移以及中部地区吸引外商投资能力的增强，中部地区外贸比重不断增加。但与东部地区相比，中部地区的外贸政策及经济环境还有待改善。中部地区政府应进一步完善对外贸易的政策支持体系、税收引导机制、网络信息服务等，切实为外贸企业提供制度支撑、服务后盾及安全保障。通过制定优惠的开放政策、改善和优化经济环境，提高外商投资信心，为境外投资提供符合国际惯例和标准的服务，增强招商引资市场的吸引力和竞争力。

（二）推动外向型经济发展

中部地区可有意识地扶持一批具有知名品牌、规模效应的大、中型企业集团利用市场优势实施"走出去"战略，拓展海外市场，投资境外企业，推动外向型经济的发展。在进口贸易上，增加高新技术产品和关键技术的进口，充分利用技术外溢效应，加大低碳环保技术和设备的进口；在出口贸易上，则应减少低端低价值商品的出口，提高出口商品的技术含量和商品附加值。中部地区外贸企业出口产品大部分都是贴牌生产，只负责来料加工、组装环节，处于国际价值链的低端，在加工贸易中获得低廉的利润，再加上生产成本上升，这种外贸战略已不可持续。因此，中部地区提高外贸比较优势的出路在于提高外贸企业的自主创新能力，培育自主品牌，提高技术研发和产品设计能力。为此，中部地区应加大对企业自主创新的政策支持、贷款担保，并建立健全知识产权保护体系。此外，中部地区拥有劳动力资源优势，可以大力发展服务贸易，扩大服务行业的整体开放力度，推动信息服务、技术测试、文化教育等服务业的出口，提升服务业的经营和管理水平。

（三）开拓国外、国内两个市场

中部地区应在继续巩固美欧日等西方发达国家传统市场的同时，大力开拓东南亚、中东、东欧、南美、南非等新兴经济体和发展中国家等国外新兴市场。充分利用我国与这些国家的资源差异，加大对资源性产品的进口力度；利用与新兴经济体的经济互补优势，加大海外投资、承包国际工程、合作项目开发，大力发展进出口贸易；借助我国推行的自由贸易区战略，利用自贸政策和互惠互利条款，调整对外贸易商品结构，加大对外开放，扩大产品出口市场。与此同时，也要坚持"两个市场"两手抓的发展思维,加快服务业等行业的对内开放,凡是允许外资进入的,首先应允许国内资本进入,尤其要打破对民营资本的隐形壁垒,形成各类资本平等进入国内市场进行竞争并使用市场要素的条件,开放国内市场竞争,振兴国内市场发展。

四 从粗放型增长转向绿色发展路径

在贯彻科学发展观的时代背景下,中部地区的经济发展方式正在经历根本性的转变,从粗放型增长转向集约型增长是其首要特征和必然选择。当前,中部地区必须大力发展绿色经济、低碳经济和循环经济,改变传统产业发展方式的弊端,改变高消耗、高排放、高污染的粗放型经济增长方式,实施新型工业化道路,转向绿色发展路径。绿色发展路径是转变中部地区经济发展方式的必由之路。

(一)发展循环经济

绿色经济发展路径要求发展循环经济。循环经济,是以资源的循环利用为本质特征和核心内涵的一种经济形态。发展循环经济是对传统产业发展方式的革新,是产业发展方式转变的新路径。发展循环经济的实现途径是,基于构建循环经济产业链的视角,在农业、工业和服务业的不同产业领域之间,或者某种行业内部的产业链间,形成资源共享、能量交换和产业共生。循环经济在生产领域和消费领域均大有可为,在生产领域可以打造生态工业、资源综合利用产业以及再生资源化产业等,在消费领域主要是提倡绿色消费、改变生活方式、实现物资的循环利用。

中部地区构建循环经济可以从以下五个主要环节来实施:一是引进清洁生产工艺。生产企业通过引进先进的清洁生产工艺,可以改造生产过程,既能节约原材料和能源消耗,合理使用自然资源和能源,也能减少废弃物的排放,将废物减量化、资源化和无害化,最终在企业生产层面实现资源的循环利用。二是建设生态工业园。生态工业园是当前工业园区建设的最佳途径,它通过对工业园区内物流和能源的统筹规划,模仿自然生态系统,沟通企业间的生产链,建设企业间的共生网络,达到提升资源利用效率和能源循环的目的。三是做好废旧物资回收利用。循环经济理论摒弃传统生产方式,认为应通过对废旧物资的回收、拆解利用和无害化处置,促进废弃物资的循环利用,从而实现企业的低排放甚至零排放。四是灌输绿色消费理念。绿色消费是指改变当前的消费理念，树立健康、安全、节俭、环保的新型消费方式，从经济运行的消费端建立有利于经济可持续发展、保护自然生态环境、促进资源再生利用的消费观。五是加大经济政策激励。政府财政部门借助价格、税收、信贷、补贴等财政手段对企业降低能耗、生产节能环保产品、引进节能低碳技术及设备等低碳措施进行奖励或补贴，提高生产企业对促进低碳环保经济发展的积极性。通过以上五个步骤，中部地区可以调整产业结构、优化产业布局、集聚循环产业、引导循环经济，实现经济发展方式的根本革新。

（二）发展低碳经济

绿色经济发展路径还要求发展低碳经济。低碳经济是以低能耗、低排放、低污染为基础的经济模式，发展低碳经济是中国解决经济发展与环境保护两者之间突出矛盾的根本措施，是实现科学发展观的根本要求。当前中部地区在城市化、工业化的发展过程中，同样面临着工业高排放、高能耗、高污染引发的环境问题，亟须探索一条低碳型、生态型绿色经济发展道路。发展低碳经济可借鉴经济发达国家的有益经验，并结合中部地区的经济情况，从转变经济发展理念入手，调整经济结构，建立低碳经济的生产结构和产业体系，最终形成低碳经济的长效机制。

首先，应树立低碳发展的正确理念，并引导居民的低碳消费生活方式。政府应树立正确的发展观和政绩观，将绿色 GDP 确立为经济发展的考核标准，不能再走"先发展，后治理"的老路。同时，倡导"绿色消费""健康消费"，改变不良的消费习惯和消费理念，通过消费方式转变刺激生产企业发展低碳消费服务、提供低碳消费产品。其次，引进、开发并推广应用低碳技术。包括推动电力、交通、建筑、冶金、石化等部门和生产企业对可再生能源和新能源的利用，推动对清洁能源的勘探开发和传统能源的高效利用，在生产运行中推广节能减排技术，推广碳捕捉与碳埋存等新型低碳技术的实际运用。再次，调整能源结构，建立低碳生产结构。推动中部地区太阳能、风能、生物能、核能、地热能等可再生能源技术的应用，鼓励新能源汽车的发展，改变区域交通和能源状况。最后，积累并增加碳汇。碳汇是与低碳经济发展相适应产生的一个概念，它是关于从空气中清除二氧化碳的过程、活动和机制，主要指森林吸收并储存二氧化碳的能力。森林是陆地生态系统中最大的碳库，在降低温室气体浓度方面起着关键作用。基于此，中部地区应重视林业的发展，调动林农造林、营林、育林的积极性，对植树造林进行经济补偿，使中部地区达到较高的森林覆盖率，减少温室气体浓度，控制经济运行中的碳排放量，实现低碳经济发展和绿色可持续发展。

第十三章 中部地区经济发展方式
转变对策与建议

前文对中部地区经济增长的主要动因进行了分解，表明了基础设施投资、居民和政府消费、对外贸易、金融发展、技术创新等因素是影响中部地区经济增长的关键要素，并分别进行了实证分析。继而又对中部地区经济增长与经济发展的协调性以及中部各省经济发展方式转型的模式进行了评价，反映出中部地区经济增长的可持续性有待提高，无论是河南省还是中部地区的其他省份都存在着经济增长与经济发展轻度失调的情况，因此中部各省份如果不尽快转变经济发展思路、调整经济增长结构，将会难以维持经济增长的速度，并付出粗放型经济增长的环境代价。同时，中部地区经济增长与经济发展的协调性水平也在波动之中，反映出影响经济发展的各项因素的综合性和复杂性。

为了更好地促进中部地区的经济发展，需要处理好速度、质量和平衡三者之间的关系，需要通过不断调整和完善来推动经济发展方式的创新和改变。根据前文分析，本章将提出有利于促进中部地区经济发展方式转变的若干政策建议，分别从三个维度——战略维度、机制维度和政策维度进行阐释，其中战略维度是从宏观层面指出中部地区经济发展方式转变必须从战略上进行高瞻远瞩的规划；机制维度是从中观层面指出中部地区经济发展方式转变需要构建务实高效的机制平台；政策维度则从具体层面指出，促进中部地区经济发展方式转变应当实施科学合理的政策措施。

第一节 推动中部地区经济发展方式转变的战略维度

推动中部地区发展方式的转变需要从宏观战略层面进行顶层设计，以高层决策者的发展理念来统领经济发展方式的改变，以高屋建瓴的战略规划来统筹中部地区经济发展方式的转型。要实现中部崛起首先要有整体规划和科学规划，如果没有良好的先行规划和远见卓识则难以实现经济的长期良好发展。

一 以人为本，实施可持续发展战略

以人为本的科学发展观是我国转变经济增长方式的基本指南，按照科学发展观的要求，中部地区转变经济发展方式要始终坚持以人为本的理念，坚持经济发展要依靠人民、为了人民和服务人民的发展观念。以实现人的全面发展为主要目标，发展的目的是不断满足人民群众日益增长的物质和文化需求。

以人为本要求确立经济全面、综合、平衡、协调发展的观念。首先要实现经济与社会发展的协调。鉴于中部地区目前在医疗卫生、教育、科技、社会保障和公共服务等社会事业发展滞后的现象，应加大教育、卫生等民生领域的社会性基础设施投资，提高投资速度，增强教育、卫生基础设施投资在全部基础设施中的投资比重，使其与经济增长步伐保持一致。其次，要实现经济与自然环境的协调。当前伴随着经济的增长也带来了一连串的环境问题，生态恶化、环境污染日益突出，淡水资源、土地资源、能源的供需矛盾愈加尖锐。中部地区的工业经济活动生产率低下，工业生产污染重、排放高、环境破坏大，这种生产方式显然是不可持续的，需要尽快实现集约式的增长方式。最后，要实现区域发展与城乡发展的协调。当前，中部地区的城乡二元结构明显，农业发展显然滞后于城镇发展，城乡差距仍在不断拉大，"农业、农村、农民"的"三农"问题仍需给予重点关注。中部地区长期存在的二元结构，必然影响经济的长期稳定增长，应当充分发挥城市带动周边城镇和农村发展的积极作用，改善农村的基础设施建设和社会事业建设，努力缩小城乡差距。

当前，中部地区正处于经济发展的转型期和经济调整的过渡期，以往经济发展的模式主要是靠"投入高、能耗高、污染高"的低效率的发展模式，显然是不可持续的。经济发展方式转变的重点在于是否能够实现可持续的增长，这要求经济增长方式应当实现从粗放型向集约型的转变，从片面追求 GDP 的增长转向注重经济效益和经济质量的增长方式，改变我国经济发展中只重数量、不重质量的错误观念，切实实施可持续发展的战略。

二　以中部崛起为目标，开展区域协同发展战略

在我国经济增长的格局中，已经形成东部沿海地区率先发展、西部大开发、振兴东北老工业基地和中部崛起的四大区域发展战略，又不断演化出长江三角洲、珠江三角洲和环渤海湾等经济圈，新的京津冀地区一体化也在如火如荼地开展中，在此情形下，区域竞争之势愈演愈烈，各地方政府的"单打独斗"已经难成气候。中部地区自开展"中部崛起"战略以来，在这十年期间已经取得了快速的发展，经济规模迅速扩张，国内生产总值快速增长，产业结构不断优化，第二产业和第三产业所占比重不断攀升，基础设施明显改观，区域创新能力有所改善，节能降耗和可持续发展的能力也取得显著提高。然而，从另一方面来看，中部地区的区域合作不够密切，在经济发展中还存在着不少问题，需要继续推动改革和发展，加快经济发展方式的转变。有的学者评价中部地区为"对内形不成凝聚力，对外形不成竞争力；对上形不成注意力，对下形不成号召力"，形象地反映出中部地区合作力度不够，经济实力有限的现状。

为了真正实现中部地区的崛起，而非停留在一句口号上，中部各省需要开展区域协同战略。中部各省具有承东启西、连南贯北的区位优势，应当加强区域合作，发挥比较优势，统一认识，通过组建协调机构，在兼顾各方利益的条件下开展生产性地域分工，推进中部产业群的发展，并逐渐实现区域经济一体化。中部各省之间加强伙伴关系的构建，实现协同发展，其一可以防范过度竞争，避免资源浪费；其二可以合弱为强，凝聚力量，资源共享；其三可以联动发展，协调产业布局，提升整体优势；其四有利于争取国家的区域扶持政策。中部地区只有形成区域合力，提升中部的整体经济水平和竞争力，才能争取到有利于发展的优惠政策，实现整体式发展。

中部地区的合作需要实现地区之间的互联互通和互帮互助。中部各省份应加强高层对话和务实合作，加强区域内合作，并组建协调结构，实现区域内的互联互通和经济一体化。通过基础设施共担、资源共享、产业连接等方式以强带弱，相互协调，共同发展。但是目前中部各省的生产力布局、产业结构趋同现象较为严重，造成了各地之间的低水平重复建设和无谓的内部竞争与资源浪费。因此，应当寻找一批有利于中部省份联合发展的试点项目，如区域旅游资源整合、农业经济联合发展、矿产资源联合发展等项目，促进优势产业的集聚发展，加强资源的整合和优化配置，将特色产业和优势产业做大做强，做到集群式发展，发挥出集聚效应。

中部区域的合作还需要基于共同的利益目标、共同的价值观念、共同的遵循规范，这需要中部六省之间取得共识。然而，中部省份基于各自的地缘关联，在联合战略的选择上具有多变性，有明显的离心趋向，凝聚力显然不足，中部各省之间的伙伴关系还具有不确定性，既有合作，也存在竞争和博弈。而且，在中部地区存在着市场壁垒、条块分割的发展障碍，地方保护主义现象并不鲜见，这些都不利于区域之间开展合作和资源共享。对此，中部各省应确立整体意识，在发展上应树立大局观。尽管中部各省份之间在经济发展上的竞争是不可避免的，但应当避免恶性竞争和低水平重复建设，避免经济增长的趋同趋势，摒弃"零和博弈"的观念。中部地区应树立在竞争中合作的思维，加强各省份之间的产业分工与协作，形成规模效应，开展"双赢"合作项目，促进共同发展。只有增强区域的凝聚力，才能增强整体的竞争力，也才能有更广阔的发展空间。

三　以增长极为核心，实现阶梯式发展战略

目前，在我国的三大增长极（长三角格局、珠三角格局和环渤海湾地区）的总体发展格局中，"泛珠三角"的发展已经延伸至湖南、江西两省，"泛长三角"经济圈也延伸至安徽，环渤海经济圈则辐射至山西省，因此中部地区只余河南和湖北两省还未找准定位。其中具有地缘优势的湖南、江西、安徽和山西省尽管分别加入了邻近的增长极中，但在其中仍处于边缘化的地位，与核心区域的落差还在进一步加大。因此，中部六省的战略选择也倾向于加强内部之间的整合发展。例如，长江中游区域的湖北、湖南和江西三省政府于 2012 年 2 月 10 日提出了建立

"中三角"经济区（安徽省也于 2013 年加入其中），大有争当我国经济增长第四极之势。不过，中部地区的增长极建设仍在争议和演变之中。

当前，中部地区尚缺乏具有强大号召力的核心增长极。一是因为缺乏国家宏观战略层面的强大支持，中部地区在国家经济发展战略体系中仍处于次要地位；二是因为如前所述，中部各省份分别靠拢邻近的战略区域，结果相互之间的凝聚力小、离心力大；但最重要的原因是中部地区缺乏具备极大辐射功能的核心城市，现有增长极的带动能力都比较有限。在现有的区域增长极中，武汉、郑州分别代表了长江沿线经济带和黄河沿线经济带。目前，中部各省已经分别建立起以省会城市为中心的各大城市群，包括以郑州、洛阳为中心的中原城市群、长江中游城市群——以武汉为中心并涵盖湖北的"大武汉"城市圈、湖南的长株潭城市群、江西的环鄱阳湖经济圈、安徽的江淮城市群，以及山西以太原、晋中为中心的大太原城市群，并且在振兴省内经济发展上分别取得了一定的成效。

从目前形势来看，中部地区应当开展务实合作，建设中等规模的地区中心增长极。中部地区可以形成多中心网络结构和多层级阶梯式发展。除了增强各省会城市的经济影响辐射力，也应当促进中部地区多个城市群的形成和发展，构建合理的城市群梯度链，先促进城市群内部的联系与协作，再增进城市群的区域带动作用，最后加强城市群之间的互联和互通。比如，中部地区可以在相互邻近的城市地区开展中等规模的区域合作，也可以在邻近的城镇地区开展小规模的区域合作。同时，为了实现经济的融合和共享，可以把中部地区的产业所拥有的资源按不同的类别或种群进行整合，形成各具特色的经济板块，并在板块互动中实现高速发展。从而形成一批优势支柱产业和特色产业增长极。例如，河南、山西和陕西省的交界区域——运城、渭南、三门峡和临汾四市在长期的合作中成功塑造了"黄河金三角"区域合作平台，2012 年 5 月 14 日被国家发改委批准为承接产业转移的示范区。在"黄河金三角"的区域中，关于有色金属的冶炼产业是其合作的特色产业，包括以铝、镁、钼、金等为主的有色金属的深加工以及企业之间的兼并与重组。另一大特色领域就是打造黄河文化和根祖文化的旅游品牌。"黄河金三角"综合实验区的发展为中部区域的经济协调发展提供了有益的借鉴和示范。

正如国内一位专家所说，中心增长极具有"极化"和"扩散"的双重作用，能以"墨渍"方式缓慢扩大，逐渐影响到落后地区。因此，中部地区可以根据地理位置、经济发展水平和经济联系程度等实际情况构建不同级别的增长极，带动中、小区域内的经济发展，最终实现经济增长极的向外扩张和阶梯式增长，并带动整个区域经济的发展。

四 以改革创新为抓手，实施跨越式发展战略

当前，我国经济发展中的区域经济一体化局势愈加明显，长三角地区、珠三角地区、环渤海地区、西部地区、东北地区以及新增加的京津冀地区的一体化发展势头极其强劲，而中部地区的一体化推行进程相形之下略显缓慢。而在绘制推动未来经济发展的蓝图上，我国正在实施的是 FTA（自由贸易区）战略，自 2013 年 8 月 22 日批准设立上海自由贸易试验区以来，还陆续有天津自贸区、广东自贸区、厦门自贸区和重庆自贸区都在紧锣密鼓地申报过程中，还有 2010 年全面启动的中国—东盟自由贸易区也将使广西、贵州等西南延边省份获得政策红利。这些自贸区的设立将对带动其邻近区域的经济发展起到难以估量的影响力。但中部六省还尚无自贸区的试点城市，在这一轮自贸区发展竞赛中，中部地区又将落后于人。更为重要的是，我国在近年提出了一项尤为引人注目的宏观经济发展战略——"一带一路"战略。"一带一路"，即"丝绸之路经济带"和"海上丝绸之路"战略，将是统领中国新一轮开放型经济发展的一项长期战略。"一带一路"战略将把中国打造为亚太地区经济增长的重心，在战略上也是推动亚欧经济一体化和互联互通的重大谋略。这条丝绸之路经济带拓宽至我国西部地区和西亚各国，21 世纪海上丝绸之路则更是延伸至我国和东盟十国。然而，"一带一路"在国内的战略载体主要是我国延边区域的西北、西南和东南的十几个省份。而中部地区的各省份尚未涵盖其中，颇有被边缘化的趋势。

就上述分析而言，从宏观局势上看，中部地区必须牢牢树立危机意识，认清在未来的经济发展形势上，难以搭乘国家宏观发展战略的便车，获得国家层面的政策驱动优势。实际上，自 2004 年政府工作报告中首次提出"促进中部地区崛起"以来，关于促进中部地区发展的政策环境并未显著改善，所以中部如果要摆脱发展"塌陷"的窘境，更多地要依赖自身的自强努力，并且应以改革创新为抓手，实施跨越式发展战略。

　　首先，在区域一体化加快发展的趋势下，中部地区唯有加快区域内经济的协调发展，提高经济发展的速度和质量，努力缩小与发达地区在经济水平上的差距，才能在京津冀、长三角和珠三角等板块经济一体化发展的浪潮中避免被边缘化。

　　其次，由于中部地区抱有传统上的地理区域优势而养成一种自我封闭的思想观念，长期以来，中部地区在经济体制和政府职能方面的思想观念和改革意识都比较滞后，现在应当着力进行改革创新，敢于实施赶超型战略，大力发展知识经济和信息经济，为实现跳跃式发展创造良机，并且要以良好开明的制度保障和政策实施推动思想解放和发展转变。

　　再次，中部地区要紧抓当前经济发展战略转型的重大机遇。当前背景下，我国区域经济发展模式的转变正从增长优先发展战略向增长与公平并重的发展战略转变、由投资驱动型向大众消费型转变、由沿海先行发展战略向城乡区域平衡发展战略转变、由出口鼓励型发展战略向外贸中性型发展战略转变。经济发展模式的转型也为中部地区带来了产业转移、产业升级和产业改造的有利时机，在"十二五"规划期间，中部地区应当利用区位优势和比较优势，加快产业转型升级，提高自主创新能力，争取实现跨越式发展。

　　最后，中部地区应当努力寻求参与国家宏观经济发展战略的可能领域。例如，近期，河南、山东等地正在为纳入国家的"一带一路"规划而努力。由于河南正位于丝绸之路经济带的大陆桥通道上，能够对促进"一带一路"的建设发挥重要作用。"一带一路"是能够贯穿我国东中西的经济带，未来的辐射范围也将惠及中部六省。因此，中部六省应当抓住机遇加快发展，防止区域间的发展不平衡继续拉大差距。

第二节　促进中部地区经济发展方式转变的机制维度

　　促进中部地区经济发展方式转变就要进一步深化市场经济体制改革，充分发挥"市场之手"的基础调节作用，打破行业垄断和区划壁垒，同时也要在尊重经济规律的前提下更好地发挥政府职能，实现政府的管理创新，实施政府的合理干预。中部地区各级政府在深化市场经济体制改革中最重要的职能就体现于建立起有利于加快经济增长、保障经济良好运行、促进经济可持续发展的各项机制，并改革和创新现有的一些不合理的制度和机制。

一　推动经济发展规划的综合决策机制

市场经济活动的外部性现象说明政府在经济运行中的监督和管理职能必不可少，在当前经济发展的转型期间，经济发展与资源环境的矛盾尤为突出，因此必须实行政府干预，在进行经济决策时应当综合考虑资源环境的代价，以促进资源的优化配置。目前我国正处于经济转型期，社会主义市场经济的建立在促进资源的合理流动和优化配置、加大政府保护资源环境的力度、强化政府对资源环境的监督管理职能，以及消除不合理的价格体系导致的资源浪费、用经济手段促进资源环境保护等方面起到了不可忽视的作用，但由于市场机制的局限性，使其在资源环境问题上经常会产生市场失灵，加之我国社会生产力总体水平不高，使转型期资源环境与发展之间存在诸多矛盾，需要政府进行干预，建立资源环境与经济发展综合决策协调机制，将有助于把资源环境与经济协调发展水平提升到一个新的高度。

二　转变政府职能的行政创新机制

推动中部地区经济发展方式的转变，制度变革是关键之处，制度变革的核心和重点则取决于地方政府职能的转变。将地方政府限定为有限政府，限制政府干预经济的权力，发展现代经济增长模式，实现地方政府从"建设经济型"向"公共服务型"的角色转变。地方政府的资源配置权应当逐步转变为要素的市场化配置，应当规范和限制地方政府对国有资源的配置权力，防止地方政府过度干预经济建设，反而阻碍了公平透明的现代市场经济发展。

另外，地方政府的财政税收政策也要进行配套改革，调整和优化财政支出结构，避免政府的短视行为；合理界定公共财政支出的范围，将地方政府定位于公共产品和公共服务的供给者。政府职能的转变关键在于建立更加合理的制度和机制，通过一系列的激励和约束措施来规范、引导经济主体的行为，培育注重产权保护、公平竞争的市场环境，培育有利于企业增长、发展的市场环境。

三　改革政府绩效的现有考核机制

传统的国民经济核算制度存在着严重的弊病，忽视了在国民经济运行过程中的资源环境的消耗和贡献，造成了在经济高速增长的同时资源环境的恶化和濒危，这样的经济增长核算是片面的。地方政府的绩效评价以 GDP 为核心，造成了地方政府在制定经济发展政策时依然专注于搞投资、上项目，而把节能减排、环境保护、社会事业等指标放在次要位置上，从而阻碍着中部地区的经济发展方式转变。因此，实现经济发展方式转变的根本制度保障在于改革政府经济绩效的考评机制，从唯 GDP 主义转变为以可持续发展为核心的绩效考评体系，注重经济的长期健康发展，而非追求政策的短期效应。中部地区应当以可持续发展和科学发展观为指导思想，在考核地方政府绩效的指标体系设置时，可以综合考虑生态环境指数、社会事业发展和公共资源配置效率等发展目标。只有借助绩效考核指标的改革才能引导政府执政方式的转变，而只有领导方式的转变才能推动发展理念的转变，从而加快经济发展方式的转变。

四　深化中部地区的合作协调机制

由于历史原因和政策原因，我国中部地区的经济发展严重滞后，在全国三大经济板块中处于相对落后的状态，被称为"中部塌陷"，为了尽快实现"中部崛起"，中部各省份面临同样的经济增长任务和经济转型难题，可以在某种程度上探索中部六省实现经济协同发展和产业协同创新的机制平台的建设，避免地区之间的恶性竞争和低水平重复建设现象。

在中部地区六省中，各省的资源禀赋条件各不相同，具有各自的比较优势。例如，山西作为能源大省，在煤、铜、铝土矿产资源方面具有特殊优势，河南在土地资源、人口资源、潜在市场方面具有优势，安徽、湖南具有较好的区位地缘优势，湖北、湖南的经济优势较强，具有较强的科技创新能力，而安徽、江西的环境优势明显，具有较好的生态环境。因此，各省之间既要因地制宜地制定差别化发展政策，又应利用各自的比较优势，整合资源，实现协调发展。通过合理规划，突破行政区划的界线，实现资源的合理布局和有效利用，促进生产要素的合理流动。

例如，由国家牵头主办的中部投资贸易博览会自 2006 年以来已经举办了九届，由中部六省轮流举办，就是一个促进中部地区对外开放、扩大交流合作的平台，成为落实中部崛起战略、激发中部发展内在动力的一个重要平台。除了中部博览会和中部崛起高层论坛外，还需进一步深化合作平台，形成多层次的合作平台。当前，中部地区的合作领域仍然偏狭，仅停留在建立人才合作、旅游合作和交通基础设施的领域内，在产业合作和能源合作等战略性的领域内合作较少，不够密切，新兴产业、现代物流、能源设施、生态文明等方面的合作机制应是今后发展的重点。

五 构建中部地区的利益平衡机制

要推动产业的重新布局需要考虑利益补偿、利益协调和利益平衡的重大问题，中部各省在承接东部产业转移问题上可能会出现同质竞争。如何破除地方保护主义、市场分割、区域公共服务缺失、市场壁垒和规章制度障碍等因素成为中部合作的最大挑战。在区域协调发展过程中，要考虑多方的利益诉求，包括中央政府、各层地方政府、企事业单位、当地居民以及民间组织等各方利益主体，如果缺乏利益平衡的宏观考虑，可能区域联合只能成为一句空话，缺乏具有共同约束的协议，则仍然会面临非合作博弈的困境。在构建区域利益平衡机制方面，可以从下述几个方面入手：①成立区域协调发展的常设机构，进行利益磋商机制；②完善区域间的财政转移支付制度，建立利益帮扶机制；③构建利益补偿机制，尤其是生态补偿机制，完善相关政策法规；④探索建立利益共享机制，如税收分享等。

六 建立资源环境的生态补偿机制

随着人口增长、经济发展，人类社会对资源环境的需求越来越大。而传统粗放型经济增长模式造成了人们对资源的不合理开发利用，致使资源浪费和环境污染现象严重，远远超过了资源环境承载力和自净能力，使资源环境的数量和质量不断下降，资源环境的稀缺性日益明显，对经济发展的约束"瓶颈"作用逐渐增强，严重阻碍了人类经济社会可持续发展的进程，迫切需要建立资源环境经济补偿机制，运用经济手段来弥补由于人为原因造成的资源过度损耗和环境破坏，以保证资源环境与经济增长的协调发展。因此，为了体现资源的贡献度和稀缺性，应当征收合理的资源税和补偿费，避免资源开采的杂乱无序和资源使用中的严重浪费问题，迫使企业主体提高资源的使用效率。中部地区应当建立起资源环境的生态补偿机制，建立起以政府投入为主、市场化为辅、全社会参与的生态补偿投融资机制。尤其在一些跨行政区划的水流域环境保护和矿产资源开发的环境治理问题上更要积极推动生态补偿机制的落实。

第三节　加快中部地区经济发展方式转变的政策维度

前文已经详细分析了投资、消费和贸易等主要的经济增长动因对于中部各省经济增长的综合影响，在此将基于这些关键要素和动因对加快中部地区经济发展方式转变的具体对策提出下述几方面的政策建议。

一　调整并完善经济结构和产业结构

中部地区要转变经济发展方式，就要更加重视经济发展的质量和效益，推动经济发展的水平，加快调整和优化经济结构与产业结构。

（一）推进新型城镇化发展，改善经济结构布局

中部地区农村的富余劳动力为东部发达地区的经济发展作出了突出贡献，但是"劳工潮"也造成了广大农村地区的"耕地荒"和留守人口的严重问题。因此，推动中部地区的城镇化发展，积极解决农民工在城镇落户的户籍、医疗、教育和社会保障等实际问题，吸纳更多的农村转移人口，有利于为农村剩余劳动力提供就业机会，提高生活水平，带动消费需求增长。中部地区应通过城镇化带动区域发展，统筹城乡发展，尤其是加强小城镇建设和中小城市建设。实施新型城镇化战略，关键在于大力发展县域经济，着力打造一批矿产资源开发型城镇、生态文化旅游型城镇、贸易带动型城镇和新型产业崛起型城镇，促进城镇带动农村发展的辐射作用，最终实现城镇与农村的发展融合和合理布局。

（二）促进产业结构优化升级

中部地区的产业结构以装备制造业、劳动密集产业等传统产业为主，为了增强竞争优势，需要从成本优势转向研发设计和品牌建设的方向，以此来提高产品的质量、品牌、差异化，塑造企业的核心竞争优势。摆脱目前低水平重复建设层次，向中高端竞争优势升级。重点是打造一批区域品牌，提高企业知名度和美誉度；培养企业家和管理型人

才，提升企业的管理水平和整体素质；创造良好的财税和信贷、激励环境，帮助企业解决资金"瓶颈"，提高研发投入；推动区域内的产业集群升级，打造一批产业开发园区，促进产业升级和自主创新。

另外，基础设施和房地产投资是目前刺激中部地区经济增长的主要手段之一，但这种经济增长方式有急功近利之嫌。仅靠基础设施投资带动经济增长显然是难以持续的，关键还在于优化产业结构，优化服务业、高科技行业的所占比重。目前，中部地区的产业结构中仍主要依赖于第二产业，第三产业所占比重小、发展水平低，因此，要大力发展现代服务业，加大以旅游业为龙头的第三产业在经济中的带动作用，实现第一、第二、第三产业的协同发展。同时，要优化产业结构、加快产业升级，抓住东部发达地区产业升级和迁移的机遇，加快传统产业的技术改造、推动高新技术产业的发展。

（三）调整优化经济投资结构

在全球市场遭遇国际金融危机冲击的严峻背景下，我国的东部地区已经出现了外需下滑、经济形势严峻的现象。在此情形下，扩大内需成为我国经济发展的基本立足点和长期战略方针。中部地区的市场潜力巨大，要努力促进居民消费需求对经济增长的拉动作用，通过消费优化投资结构。在政府机制方面，要更加注重就业和劳动报酬在一次分配中的作用，更加注重社会保障和公共服务在二次分配中的作用，大力调整国民收入分配格局，提高居民消费能力。并继续调整优化投资结构，应当支持有利于工业、农业、服务业结构升级的现代产业发展，支持自主创新和高科技含量的产业项目，加强投资项目管理，促进投资体制创新。

二　继续加强并优化基础设施建设

（一）优化基础设施的投资结构

相对于东部发达地区，中部省份的基础设施建设还很薄弱，需要继续加大基础设施建设的力度，同时更重要的是优化基础设施投资的结构，不但要建设交通、能源等主要基础设施，还应加强教育、卫生、医疗等民生领域的基础设施投资，使社会领域的发展步伐紧跟上经济增长的步伐。同时鉴于中部六省的大部分地区是属于农村地区，为了加快新农村建设，首要的便是加大农村地区的交通、水利和通信等基础设施的建设，促进农村经济的迅速发展。

另外，中部地区处于全国水陆交通网的中心，具有较好的物流基础，应在现有的基础设施基础上尤其是高铁网络的构建基础上，进一步发展现代物流体系，建立区域性现代物流配送体系，有助于贯通中西部地区，并加强内外市场的衔接。当前，中部地区的基础设施投资仍处于追赶东部的阶段，建设的重点包括交通和通信基础设施、国家重大能源工程的配套建设以及城市群之间的互联互通等工程。

（二）加大基础设施投资力度，并改革投融资模式

为了增强中部地区基础设施追赶式发展的潜力，还需要改革和完善基础设施投融资模式。当前的基础设施投资渠道主要是财政资金投入、地方政府融资平台债务融资、土地抵押贷款和地方政府债券等方法。但现有的模式具有不可持续性，地方政府的融资渠道过于依赖土地出让收入和土地抵押贷款，未来的金融风险性加大，尤其是地方债务压力突出，因此，必须建立和完善基础设施政策性金融体系，开拓社会资本参与基础设施投资的政策渠道。

（三）充分利用基础设施条件，拉动经济发展

当前，随着我国高铁战略的运行和高铁网络的扩展，中部地区的城市之间已经有了更为快捷便利的高速铁路网络，有利于加速地区之间的资金、技术、人才、物资和信息各种要素的快速流动，并推动缩小区域经济发展的差距，加快落后地区的经济发展方式转变。良好的基础设施有利于扩大核心城市的带动力和辐射力。

三　拉动内需，刺激居民消费扩大

前文已经分析，中部地区的居民消费水平近二十年来始终低于全国居民的消费水平，居民消费水平的增长速度也低于中部地区生产总值的增长速度，而且城乡消费水平的差距也在不断拉大。这表明，中部地区的居民消费水平需要进一步提升，以拉动内需，促进经济增长。以餐饮、信息产品、教育、汽车和住房为代表的五大消费热点已经成为推动居民消费水平增长和消费结构升级的重要领域。只有居民的消费水平和消费结构达到一定的合理水平，才真正表明经济发展方式的健康和良好。为了促进居民消费增长，应当提高居民的消费能力和消费信心，通过优惠政策引导新兴消费项目，通过法律监管和政策调控塑造良好的消费环境，保障居民放心消费、诚信消费。

（一）提升居民的消费能力和消费结构

首先，扩大居民消费的最重要的方面是增加居民收入，提高居民的

消费能力。加强国民收入分配体制的改革，提高劳动者的工资收入。其次，稳定消费者的预期，提高消费信心。中部地区政府应加强在教育、卫生、社会保障等方面的投入力度，减少居民为应对不确定性消费而进行的储蓄，刺激现时消费。再次，合理引导热点消费。汽车、住房、旅游等消费已经成为新兴的消费潮流，政府应该进行引导，给予优惠和便利的金融政策和服务，促进新兴热点消费的蓬勃发展。最后，营造良好的消费环境，使居民放心消费。健全和完善消费品流通市场体系，尤其是中部广大农村地区的流通市场体系，从法律监管、政策调控等方面净化流通消费环境，打击破坏商业诚信的行为，促进消费安全。

（二）合理调整政府消费水平和消费结构

政府消费的提高虽然可以促进中部经济增长，但必须在一个合理的范围内，政府消费结构应当优化。政府应当转变职能，逐步减少对私人性、竞争性领域的控制和干预，把更多的投入放到为经济社会发展提供良好的发展环境、提供必要的公共服务、实施宏观管理和制定发展战略上来。增加在科学、交易、文化、卫生方面的政府支出，为经济发展提供坚实的基础和后劲。适当减少在行政管理方面的支出，减少腐败的温床，促进经济和谐发展。

（三）缩小城乡差距，激励农村居民消费

中部地区长期存在的城乡二元结构，不利于广大农村居民消费的扩大以及经济的平稳增长。首先，应该消除造成城乡巨大差异的制度顽疾，尤其是要取消城市诸多的扭曲价格的政策措施；其次，充分发挥城市作为整个地区发展极的作用，带动周边地区和农村发展，缩小城乡收入差距；最后，中部地区政府应加大农村地区的交通、通信、教育、医疗卫生等社会性建设的投入，减小城乡在经济和社会基础建设方面的差距。

四 扩大对外开放，提升对外贸易水平

我国中部地区的出口贸易结构中，初级品、工业制成品和机电产品等占据了大部分比例，而高新技术产品出口明显薄弱，说明了中部地区出口产品的技术含量过低、附加值低，虽然贸易结构正在从劳动密集型向资本密集型转变，但要发展到技术密集型产业，还有很长的路要走。

（一）营造良好的对外贸易硬环境和软环境

硬环境是指区域内的硬件条件，包括基础设施、工业园区、融资能力等；软环境是指区域内的政策环境、法律环境和市场发育程度等。经济开放度低是制约中部地区经济发展的一个重要因素，为此中部地区政府既要努力改善招商引资的硬环境，更要提供优惠便利的软环境，比如提供贸易博览会、中部崛起论坛等各种平台，发展便利的现代物流，建设示范园区内等政策措施。中部地区政府应积极为企业"引进来"和"走出去"开辟绿色通道，提供"一条龙"的招商引资服务：一方面要繁荣进口贸易，引进高科技技术，积极承接东部地区加工贸易的产业转移以及服务业外包等；另一方面也要推动出口企业提高产品品质，鼓励企业打造自主品牌，发展出口贸易，进行海外投资，激励开展更多的对外承包工程、劳务合作和设计咨询等业务，并为企业海外投资提供一系列的咨询和指导等。

（二）优化对外贸易结构，转变贸易增长方式

中部各省份还都面临着优化对外贸易结构，提升出口产品技术含量的艰巨任务，虽然中部地区是我国出口农产品的主要基地，但出口的农产品以及矿产品仍以初级产品为主，为此，也需要地方政府扩大农产品的科技投入，实行优惠的税收政策和鼓励措施，建设现代农业基地，推动优质农产品深加工、发展生态农业产业园等，增加出口农产品的附加值。优化对外贸易结构，实现贸易增长方式从粗放型向集约型转变，以提升中部地区出口产品的竞争力，推动中部地区的出口贸易发展。

针对各省具体的情况，应采取区别化的贸易结构政策，发挥优势，弥补缺陷，带动中部地区各个省的经济发展奔向一个新的台阶。其中，湖北、湖南和山西应提高知识学习能力和自主创新能力，增强企业的科研能力，提高人力资本素质，加强技术的引进消化和吸收，带动高新技术产业上下游企业的发展，扩大与其他部门的关联效应，充分发挥高新技术产业对其他部门的技术溢出效应。例如，湖北省的高新技术产品出口促进本部门生产率提高的效用已经初步显现，各企业由于资源的优化配置，已创造出局部优势，因此要进一步发展高新技术产品的出口贸易，如一些已经具备优势的大型数字程控交换设备、光纤通信设备、微机、移动通信工具、新一代家电产品等，可以通过产业开放促进出口，推动该产业发展，带动全省经济增长。而河南、安徽基本上还处于以初级产品、工业制成品带动全省经济发展的阶段，高新技术产品的拉动效应基本没有得到体现，对其他非出口部门的技术溢出作用也相当微弱，

因此，要扩大高新技术产品贸易规模，提升出口部门的生产率，并进而带动全要素生产率的提高，进一步扩大对经济增长的拉动作用。

（三）利用区位优势，承接产业转移，发展特色贸易

承接东部地区产业转移，加强与东部、西部地区的经济合作，既是中部地区出口贸易发展的必然选择，也符合十七大报告中"推动区域协调发展"的要求。为了协调区域发展，2007 年商务部启动"万商西进"工程，旨在我国东部和中部地区之间架起一条集投资和贸易为一体的"高速路"，计划用三年时间推动一万家境外或东部企业到中部六省投资。除政策优势之外，中部地区还具有承东启西、贯通南北的区位优势，丰富的劳动力资源和土地资源，也为中部地区承接东部地区加工贸易产业转移提供了有利条件。

但中部地区发展加工贸易的制约因素也决定了中部地区发展加工贸易不能是东部沿海地区已有的模式的简单复制，而应当从现实条件出发，选择适合自己的道路。中部地区承接东部地区的产业转移，首先必须加快建立承接加工贸易转移的平台，发展现代物流，努力降低运输成本，建设具有保税和加工功能的承接示范园区，并且简化外商投资程序，实行优惠的投资政策和有效的政策引导。其次，在承接东部地区加工贸易的产业选择上，中部地区应结合自身的优势与特色，承接传统劳动密集型产业，充分利用国家给予中部"加工贸易梯度转移重点承接地"的资金和政策优势，以南昌、赣州、郴州、武汉、新乡、焦作、合肥、芜湖、太原 9 个城市为基点向周边辐射，带动周边配套产业发展。鼓励加工贸易产业链的延伸。服务业外包是中部地区能够承接产业转移的另一大支点，服务外包产业作为现代高端服务业的重要组成部分，具有信息技术承载度高、附加值大、资源消耗低、环境污染少、吸纳就业能力强、国际化水平高等特点。中部地区应积极承接科技含量高并且对传统运输领域依赖性非常低的国际服务外包业务。

（四）对外贸易主体和市场的多元化策略

当前，中部地区的出口企业主要是国有企业和集体企业，其次是外商投资企业，民营企业所占比重较小。可见中部地区国有企业改革不到位，外资利用不充分，民营经济发展较落后。当务之急，中部地区应改革国有经济、充分利用外资、壮大民营经济以多元化出口主体来加快出口贸易，促进经济增长。在促进民营出口企业发展方面，应加大对民营

企业的支持力度，鼓励民营企业走出去，创造自己的出口品牌。

不仅出口贸易主体要多元化，中部地区的出口市场也必须多元化。中部地区出口市场主要集中欧盟、美国、中国香港和东盟等国家和地区，出口到这些国家和地区的商品总值超过出口总值的50%，出口市场相对单一，一旦这些国家发生经济危机，出口将受到重挫。因此，建议中部地区开拓新市场，加大对东南亚、非洲、中东、南美、东欧等新兴经济体的出口，多元化出口市场，以减少金融动荡带来的冲击。

五　实施金融产业规划，培育区域资本市场

在经济改革的过程中，金融业的作用也越发突出。金融机构的信用创造和货币供给、金融资产的扩张和金融效率的提高均可成为经济增长的主要支撑和推动因素。据前文分析，中部地区的金融变化对经济增长的贡献度在逐年增加，且具有长期效应，符合中部地区经济发展方式的要求。因此，应树立金融产业优先发展的战略，制定符合中部地区实际的金融产业发展规划，充分发挥金融产业对中部地区经济发展的支持和推动作用。

（一）优化金融产业结构，提高金融产业效率

中部地区的金融产业和资本市场发展仍相对滞后，金融业产值占GDP的比重与目前发达国家金融业产值占GDP的15%—20%的水平相去甚远，甚至这一比重还要低于全国的平均水平，尤其是江西省和湖南省的金融业发展更为落后。尽管中部地区的金融机构已经逐渐进入规范化阶段，存贷比比较稳定，银行基本按照市场运行规律经营，但金融结构仍需进一步调整优化，金融自身效率仍需进一步提高。金融得到的只是强烈而迅速的量的扩张，而金融效率并未发生实质性的变化。当前，金融资源仍通过旧的融资方式与渠道进行低效配置。提高金融效率应当发挥市场在金融资源配置中的决定性作用，改进金融资源配置的效率。提高金融效率还应当鼓励金融产品和工具创新，这能够促进储蓄向投资的转化效率，提升金融资源的配置效率。

（二）完善金融服务体系和监管体系

完善金融支持体系，大力发展资本市场，构建多元化、多层次的资本市场机构，促进中部地区的金融开放度，搭建更为透明的市场竞争平台，发展多种所有制的新型金融机构，打破当前的垄断局面，完善金融监管体系，建立适应经济发展的现代金融制度，改进工作效率，但应注

意的是取缔民间非法融资渠道，开拓合法的直接融资渠道，吸纳民间资本和社会闲散资金。尤其是要促进中部区域性资本市场的发展，建立区域性金融中心，为中部地区经济发展提供更多的融资机会。

（三）警惕金融过度增长，防止金融泡沫滋生

经济的高速增长主要是靠银行资产的扩张维系，特别是地方政府对银行的举债投资。然而，也要警惕金融过度增长造成的金融泡沫和虚假繁荣现象。例如，山西的金融相关率为2.86，接近全国水平，但山西省经济增长速度在中部6省中最低。可能的原因是过分金融深化导致的金融泡沫，从而使金融脱离实体经济单独发展。因此，就中部地区而言，政府可引导鼓励金融服务实体经济，回归金融服务实体经济的本质属性，才能创造更多的价值。具体可通过监管部门出台货币、财政相关政策，引导金融机构对重点项目、重点领域、战略性新兴产业、"三农"、小微企业等实行差别化的信贷政策；鼓励金融企业调整优化信贷结构，大力开展金融产品创新；加强企业信用评价和信息体系优化建设，优化信用环境；引导资金流入实体经济，防止金融资源脱离实体经济和过度投机等。

六 大力推动科技进步和区域创新

中部地区在我国具有较好的资源禀赋条件，然而农产品、原材料和稀有矿藏等自然资源产业对于地区经济增长的贡献率低、初级产品多、附加值少的粗放式经营造成了资源的严重浪费。为了提高中部地区的经济资源利用效率，加快中部地区的经济发展转型，应当发展多元化的深加工产业和高科技产业。大力推动科技进步和区域创新，通过科技创新引导经济转型是中部地区实现跨越式发展的必由之路。

（一）加大科技投入，营造有利于科技创新的体制环境

当前中部地区的经济发展方式是一种典型的投入主导型经济增长方式，高度经济增长的代价是依赖于大量的资金投入、资本投入和劳动力投入。从科技产出水平来看，中部地区的科技投入和产出远远低于东部地区，甚至也落后于西部地区。中部地区的科技进步（全要素生产率）对经济增长的贡献率为42.42%，低于全国平均水平45.62%；中部地区经济增长中科技进步（全要素生产率）的贡献率小于生产要素投入增长的贡献率57.57%。这说明，中部地区的经济发展方式仍是一种"三高一低"的粗放型经济增长方式，因此，中部地区必须加大科技投

入，推动科技发展，通过科技进步来提高经济增长的质量，转变为主要依靠技术进步和劳动生产力提高的经济增长模式，转向创新主导型的经济发展模式。

在经济发展越来越依赖高新技术推动的知识经济和信息经济时代，中部地区各省份在引进国内外先进技术的同时，也要大力提高自主创新能力，利用高新技术产业的关联效应和溢出效应，拉动其他产业和部门的生产率提高，带动知识型经济的发展，缩短与东部地区的差距。推动科技进步和区域创新，需要大力引进和培育科技创新型人才，推动产学研的紧密结合；需要以高科技产业为发展重点，培育重点科研基地和创新基地，以核心技术为重心推动产业改造和经济结构调整；需要加强建设产业转移示范区和综合配套改革试验区，构建加强区域科技合作和交流的机制平台；更需要打造制度环境，推动企业的自主创新和民间的创造发明，营造有利于科技进步的整体氛围。

（二）充分利用财政和税收政策鼓励科研创新

中部各级政府可以充分利用财政税收政策激发企业引进先进技术和进行科研开发的积极主动性，利用财政和税收杠杆诱导和鼓励企业的自主创新。借鉴国内外财政政策的有益经验，并结合中部地区的实际，运用财政税收手段扶持企业创新的政策措施可以归纳为四个方面：

其一，加大财政在自主创新领域的投入，并优化政府投资结构，提高政府投资效益。要逐步建立稳定增长的财政科技投入机制，确保财政科技投入的增长幅度高于国家财政经常性收入的增长幅度。同时，要积极优化财政科技投入结构，合理配置科技资源。政府及其财政主要应该在企业不愿意进入，或者企业没有能力的领域发挥作用，重点是加强科技基础设施建设、支持公共技术平台的建设、支持一些产学研联合的开发体；发挥财政资金的引导作用，加强对风险投资发展的引导力度，设立国家风险投资引导资金，以政府示范拉动社会各类投资机构，加大对种子期和初创期科技型中小企业的投资，以此提升企业的自主创新能力。

其二，对于企业自主创新提供财政补贴。政府通过财政补贴的形式，提高自主创新主体的收益水平，从而激励自主创新行为的发展。当前，财政补贴采取的形式主要有：研究开发补贴，通过科研基金、政府担保、政府贴息和政府贷款等支持手段直接资助私人部门的自主创新，政府资助基础研究和应用研究等。政府的各种财政补贴形式有利于降低科研单位的投入成本，分散自主创新过程中的风险，从而对私人部门的自主创新以及扩大高新技术的应用起到推动作用。据统计，OECD专家们对其成员国自主创新的统计资料研究后发现，对企业每投入1美元的政府资金可以带动企业1.7美元的R&D经费的增长。

其三，完善企业自主创新的财政税收优惠政策。例如，完善增值税税制，对于企业引进先进设备以及科技成果中所含的已征增值税，允许作为进项税额进行抵扣，加速企业技术改造和科技成果转化为现实生产力的进程；降低高新技术企业的所得税率，给予定期减征企业所得税的照顾；对技术含量高且属于国家产业政策鼓励发展的企业，可对其固定资产推行加速折旧；建立科技风险准备金制度。对经济实力不足的科技企业允许按一定比例提取科技发展风险准备金等，以促进企业进行自主创新。

其四，充分利用政府采购政策扶持企业自主创新。从国外经验来看，利用政府采购政策推进自主创新、产品创新和产业结构升级，是发达国家的普遍做法。目前，中部地区应当把自主创新、产品创新和产业结构升级等特定政策目标纳入政府采购的通盘考虑。如政府可制定政策，规定涉及高新技术类产品的采购安排，适当向自主创新的产品倾斜，实行优先优惠采购；对促进经济社会发展具有重要意义的自主创新产品实行政府采购以及规定政府采购某些产品的技术含量中自主创新成分必须达到一定的比例等。这样，对这些产业或项目既可形成财力的注入，又可在社会上产生示范效应，从而鼓励、刺激其发展。

七 走资源节约型和环境保护型发展之路

中部地区"三高一低"的粗放型经济增长方式决定了必须要走资源节约型和环境保护型的经济转型道路。中部地区是资源比较丰富的地区，在降低单位GDP碳排放的硬性指标设定下，资源消耗和环境因素的价值也将被纳入生产成本计算中，这将引发中部地区的资源性产品价格的提高，但从另一方面来看，为了降低GDP的单位能耗也将对中部地区提高能源效率、发展低碳产业起到一种内在推动力的作用。

（一）提高能源利用效率，发展节能减排技术

当前中部地区的经济发展中已经出现了资源枯竭、储备不足的问题，资源对经济高速增长的支撑力已经是难以为继，而且碳排放问题已

经成为世界关注的全球性难题，资源的大量消耗也带来了严重的环境污染难题，资源成本也越来越高，成为影响经济发展是否能够继续保持高速增长的最大障碍。目前，中部地区的工业化程度不高，工业生产对环境污染的程度又普遍高于东部和西部地区，因此，应当努力引进节能减排技术，实现不可再生资源使用的"3R"，即减量化、再利用、再循环。加强资源综合利用，不仅能节约资源，扩大资源再生产的潜力并延续资源的服务年限，而且还能减少环境污染和维护生态系统，具有较好的经济效益、社会效益和生态效益。例如，江西省正在建设中的鄱阳湖生态经济区，就是立足于建立一流的生态经济示范区和中国低碳经济发展先行区，以区域生态建设和环境保护为指导思想，着力打造一批生态产业基地和低碳产业集群，为实现高等现代化打下了良好基础。今后，中部地区推动经济发展的着力点就在于能否突破能源"瓶颈"，提高能源的使用效率，从而实现绿色发展、循环发展和低碳发展。

（二）加强资源环境保护，保障资源环境安全

在各省，特别是中部区域对资源环境实行的是高消耗的粗放型经营模式，即走了一条"高投入、高消耗、高污染"的三高道路，但带来的却是一条低产出、低增长的不可持续的经济发展道路。例如，河南作为一个农业大省，为了保证农产品的低水平有效供给，不惜大量地消耗森林资源和扩大耕地面积，以致域内的资源环境基础脆弱，资源环境安全水平较低。因此，要建立资源环境集约经营型模式，提高资源环境的利用效率；要建立资源环境保护系统，在合理开发利用和可持续发展的前提下，适度消费资源；要充分挖掘资源潜力，在追求利用效率中形成资源的安全保障体系；要在中部各省扩大植树造林，提高森林覆盖率，加强资源环境保护力度，从而保障中部地区经济发展所必需的资源安全。

（三）承接产业转移的同时也需考虑区域环境承载力

中部地区承接东部沿海地区的产业转移既是发展的机遇，也存在着一些弊病和挑战，因为在中部地区所承接的产业转移中，许多为发达地区较为落后的尤其是一些"高消耗、高排放、低产出"的企业，这将造成中部地区的生态环境质量加速下滑，造成一种"未发达，已污染"的尴尬局面，为了不再走发达地区在高速工业化发展时期的"先污染，后治理"的老路，中部地区在承接产业转移的过程中，必须要考虑到

区域环境的承载力，在招商引资的同时制定控制污染排放的政策，限制产业转移的负面效应，并加大绿色节能减耗、低碳技术的使用和推广。

八 实施适应经济转型的人才发展政策

中部地区经济发展方式的转型，最终要实现经济增长从依靠物质资本向依靠人力资本的转变。物质资本的高投入、高消耗往往带来自然资源和环境污染等负效应，而人力资本则具有边际收益递增的特征，在既定的要素投入条件下，有利于自然资源的节约和持续利用，并为可持续发展提供保证。因此，中部地区应制定出适应经济转型的人才发展规划，培养一批高素质的人才队伍，为经济发展提供高质量的源源不断的人力资本。

（一）引进和培养创新型人才，加强人才队伍建设

知识经济以"人力资本和知识资产为第一要素，对自然资源进行科学、合理、集约、高效的配置，并运用知识和智力开发丰富的自然资源来创造新财富"。在知识经济时代，"科技是第一生产力"，而人才是科技的载体。在新财富的创造过程中，创新人才天然地成为自主创新的第一主体。在一定意义上，创新人才是潜力无限的生产力，是最大的市场竞争力。因此，中部地区应当加大对创新人才的引进和培养。创新型人才不仅包括科技研发人员、工程技术人员，还包括企业管理人才和高级技能工人等各项主体。创新型人才可以是充分培养和挖掘中部地区已有的人力资源，也可以是大力引进发达经济地区的高科技人才和管理型人才。比如，东部地区的经济发展历程中已经培养了大量的科研人员和熟练技工、管理人员等，在中部地区开展城镇化发展和新农村建设的环境下，这些人力资源的迁移和回归将成为推动中部地区经济发展的一种力量源泉。总之，为了提高中部地区的创新能力和市场竞争力，各级政府应当通过人才激励机制引进海内外的创新型人才，塑造有利于人才发展的良好氛围、公平竞争环境并提供良好的基本保障；并通过人才管理机制留住人才、培养人才，打造一支能够适应当前中部地区经济发展转型的人才队伍。

（二）推进产学研合作，提高人力资本的贡献度

尽管中部地区的人口数量较高，但人力资源整体水平处于下游，为了充分发挥人力资源潜力，整合人才队伍力量，转化为人力资本，中部地区还应当大力推动产学研合作，促进高等院校、科研院所与高新企业

的研发合作，使合作各方的优势形成合力，集中智力资源，推动科技研发和技术进步。据统计，目前80%以上的国有大中型企业（集团）都与大学、科研机构建立了多种形式的合作关系。近几年，高校的科研经费快速增长，其中50%以上来自企业，高校科研成果的转化和产业化有95%是通过产学研合作方式完成的。因此，中部地区大量的高校和科研院所等教育和研究资源，将在促进中部产业结构调整和高新技术产业发展中发挥越来越重要的作用。

为了推动产学研合作，中部地区可以采取以下政策：第一，加大对产学研结合的资金投入和政策支持的力度，形成以企业为主体、市场为导向、产学研相结合的自主创新体制。第二，扩大产学研合作范围，开拓多元化合作途径。当前产学研合作的发展趋势，正是由当初定义的"联合开发工程"向"联合科研"和"联合生产经营"延伸，这种产学研三者相结合的多元化合作形式是一种重要的创举，也是我国科技与经济发展的必然结果。第三，营造有利于产学研合作创新的政策环境，通过相关措施，促进科技成果转化和企业自主创新的结合，改变高校、科研机构与企业相脱离，研究开发、实验与成果的产业化相隔离的状况，促使科技与经济的密切结合。第四，构建利益与风险共担的产学合作创新机制。科技成果转化既具有高风险性，又具有高收益性。在现阶段，应当逐步建立起产学研合作创新的利益与风险共担的责任制度，既要合理分配项目投资的经济收益，也要合理承担研究开发的风险责任。

总之，中部地区的经济发展要想摆脱落后的局面，需要更加注重开拓和创新，不能再走东部沿海地区的老路，必须要有思路创新，在经济发展中不能过度依赖于出口导向和引进外资，还应着眼于扩大内需；不能再走牺牲环境和资源消耗的道路，而要着力发展低碳型经济；不能再继续扩大贫富差距，而要努力解决公平和福利问题；不能再停留在低端产业的分工，而应利用现代技术的发展，实施跨越式发展战略；同时，也不能再画地为牢、闭门造车，而应当走区域联合之路。只有当中部地区各省份更加注重从战略层面、机制角度和政策领域各个方面入手，通盘考虑、运筹帷幄，方能促进中部地区经济发展方式又好又快地转变。

参考文献

［1］阿马蒂亚·森：《以自由看待发展》，中国人民大学出版社 2002 年版。

［2］保罗·克鲁格曼：《战略性贸易政策与新国际经济学》，中国人民大学出版社 2000 年版。

［3］陈浩：《教育投入对中国区域经济增长贡献的计量分析》，《经济与管理》2004 年第 10 期。

［4］陈亮等：《信息基础设施与经济增长：基于中国省际数据分析》，《管理科学》2011 年第 24 期。

［5］大卫·李嘉图：《政治经济学及赋税原理》，商务印书馆 1978 年版。

［6］邓娥：《湖南经济发展的评价及转变方式的对策研究》，硕士学位论文，湖南大学，2011 年。

［7］邓雪琳：《我国地方政府消费性支出对经济增长的影响：以广东为例》，《生产力研究》2012 年第 3 期。

［8］丁超勋：《扩大消费长效机制的消费品流通体系研究》，博士学位论文，上海大学，2014 年。

［9］段景辉、陈建宝：《政府消费、居民消费与经济增长关系的非参数模型分析》，《商业时代》2013 年第 29 期。

［10］樊萌等：《转变经济发展方式的评价体系研究》，《中小企业管理与科技旬刊》2011 年第 6 期。

［11］范柏乃、王益兵：《我国进口贸易与经济增长的互动关系研究》，《国际贸易问题》2004 年第 4 期。

［12］范九利、白暴力：《基础设施投资与中国经济增长的地区差异研究》，《人文地理》2004 年第 19 期。

［13］范九利等：《基础设施资本与经济增长关系的研究文献综述》，

《上海经济研究》2004 年第 1 期。

[14] 范九利等：《我国基础设施资本对经济增长的影响：用生产函数法估计》，《人文》2004 年第 4 期。

[15] 郭庆旺、贾俊雪：《基础设施投资的经济增长效应》，《经济理论与经济管理》2006 年第 3 期。

[16] 郭新力：《技术创新能力与经济增长的区域性差异研究》，《科技进步与对策》2007 年第 3 期。

[17] 郭勇：《非正规金融与经济增长正相关：对益阳的实证分析》，《湖南社会科学》2007 年第 2 期。

[18] 胡雪梅、李慧欣：《政府消费、居民消费与经济增长关系的比较研究》，《管理现代化》2010 年第 3 期。

[19] 黄健柏、何文成、李增欣：《制度、技术与欠发达地区经济增长的路径探析》，《经济问题探索》2006 年第 8 期。

[20] 黄小勇等：《江西经济发展水平综合评价与转变经济发展方式研究》，《华东经济管理》2012 年第 2 期。

[21] 纪晓波、饶磊：《关于加快安徽省经济发展方式转变的若干途径和对策》，安徽省发展和改革委员会经济研究院，2010 年。

[22] 姜轶嵩、朱喜：《中国的经济增长与基础设施建设》，《管理评论》2006 年第 9 期。

[23] 蒋寒迪：《加快转变经济发展方式：中部各省发展路径比较及对江西的启示》，《中国井冈山干部学院学报》2013 年第 1 期。

[24] 蒋柳鹏、封学军、王伟：《"港口—产业—城市"复合系统协调度模型》，《水利经济》2011 年第 1 期。

[25] 卡马耶夫著：《经济增长的速度和质量》，陈华山等译，湖北人民出版社 1983 年版。

[26] 匡耀求、乔玉楼：《区域可持续发展的评价方法与理论模型研究述评》，《热带地理》2000 年第 4 期。

[27] 李兵：《进口贸易结构与我国经济增长的实证研究》，《国际贸易问题》2008 年第 2 期。

[28] 李景睿、岳鹄：《地方政府消费与经济增长的倒 U 型关系研究：珠江三角洲城市面板数据分析》，《国际经贸探索》2010 年第 8 期。

[29] 李平、张玉、许家云：《智力外流、人力资本积累与经济增长——基于我国省级面板数据的实证研究》，《财贸经济》2012年第 7 期。

[30] 李强：《基础设施投资与经济增长的关系研究》，《改革与战略》2010 年第 9 期。

[31] 李新安：《中部地区经济发展方式的机制转变研究》，《经济经纬》2008 年第 4 期。

[32] 李新安：《中部地区经济发展方式的机制转变研究——基于产业创新的视角》，《旅游经纬》2008 年第 4 期。

[33] 廖才茂：《在产业结构转型升级中构建核心竞争力：中部地区转变经济发展方式的思考》，《湖北行政学院学报》2011 年第 8 期。

[34] 刘东皇：《中国居民消费的制约因素及增长绩效研究》，硕士学位论文，南京大学，2011 年。

[35] 刘富华、曹东：《经济增长理论的最新发展及其与发展经济学的融合》，《学术月刊》1997 年第 1 期。

[36] 刘伦武：《基础设施对经济增长推动作用的动态计量模型与分析》，《数理统计与管理》2005 年第 24 期。

[37] 刘伦武：《基础设施对经济增长推动作用研究》，硕士学位论文，江西财经大学，2003 年。

[38] 刘生龙、胡鞍钢：《交通基础设施与经济增长：中国区域差距的视角》，《中国工业经济》2010 年第 4 期。

[39] 刘思峰、谢乃明、党耀国等：《灰色系统理论及其应用》（第四版），科学出版社 2008 年版。

[40] 娄洪：《公共基础设施投资与长期经济增长》，中国财政经济出版社 2003 年版。

[41] 马拴友：《中国公共资本与私人部门经济增长的实证分析》，《经济科学》2000 年第 6 期。

[42] 毛中根、洪涛：《政府消费与经济增长：基于 1985—2007 年中国省际面板数据的实证分析》，《统计研究》2009 年第 8 期。

[43] 道格拉斯·诺思、罗伯斯·托马斯：《西方世界的兴起》，华夏出版社 1988 年版。

[44] 潘文砚、王宗军：《基于协调度模型的低碳竞争力评价指标体系

研究》,《情报杂志》2012 年第 10 期。

[45] 裴卫旗:《中国经济发展方式合理性转变的定量评价》,《中州学刊》2013 年第 2 期。

[46] 彭清辉、曾令华:《基础设施投资对中国经济增长贡献的实证研究》,《系统工程》2009 年第 11 期。

[47] 钱学锋、王胜、黄云湖、王菊蓉:《进口种类与中国制造业全要素生产率》,《世界经济》2011 年第 5 期。

[48] 权衡:《从经济增长到发展分析:理论范式的总结与创新——比较发展经济学分析框架初探》,《理论月刊》2009 年第 11 期。

[49] 任保平、钞小静等:《经济增长理论史》,科学出版社 2014 年版。

[50] 桑秋、张平宇、苏飞等:《20 世纪 90 年代以来沈阳市人口、经济、空间与环境的协调度分析》,《中国人口·资源与环境》2008 年第 2 期。

[51] 沈坤荣:《经济发展方式转变的机理与路径》,人民出版社 2011 年版。

[52] 沈素素:《湖南经济增长方式转变与发展对策》,《中国集体经济》2012 年第 10 期。

[53] 宋洋:《贷款期限结构对地区经济的影响》,《中国信息报》2012 年 11 月 6 日。

[54] 孙群力、唐旭红:《政府消费对中国区域经济增长的外溢效应研究》,《财政研究》2005 年第 12 期。

[55] 孙群力:《公共投资、政府消费与经济增长的协整分析》,《中南财经大学学报》2005 年第 3 期。

[56] 谭安洛:《湖北转变经济发展方式的难点与突破口》,《湖北社会科学》2010 年第 11 期。

[57] 汤智民:《中部地区基础设施与经济增长的实证研究》,硕士学位论文,南昌大学,2010 年。

[58] 唐纳德·A. R. 乔治等:《经济增长研究综述》,长春出版社 2009 年版。

[59] 唐祥来:《经济增长与教育发展水平之关系——一个比较分析》,《安徽大学学报》(哲学社会科学版)2006 年第 2 期。

[60] 佟家栋:《关于我国进口与经济增长关系的探讨》,《南开学报》

（哲学社会科学版）1995 年第 3 期。

[61] 王发明、龚荣华：《产业结构变动对经济增长的效应分析——基于浙江欠发达地区的实证》，《华东经济管理》2009 年第 1 期。

[62] 王果、薛华：《江西经济发展趋势及对策研究》，《科技广场》2012 年第 9 期。

[63] 王俊：《经济增长质量理论述评》，《生产力研究》2007 年第 18 期。

[64] 王威：《中国省域经济发展方式转变研究》，博士学位论文，福建师范大学，2013 年。

[65] 王云、潘云：《基于转变经济发展方式的"十二五"中部地区发展模式研究》，《当代经济管理》2011 年第 4 期。

[66] 王云珠：《加快转变山西经济发展方式的思考与举措》，《科技创新与生产力》2013 年第 12 期。

[67] 王蕴、卢岩：《"十二五"时期增强政府消费对居民消费促进作用的思路与建议》，《经济研究参考》2012 年第 2 期。

[68] 王志涛、文启湘：《政府消费、政府规模与经济全球化》，《财政研究》2004 年第 9 期。

[69] 王志涛：《政府消费、政府行为与经济增长》，《数量经济技术经济研究》2004 年第 8 期。

[70] 魏下海：《基础设施、空间溢出与经济增长》，《经济评论》2010 年第 4 期。

[71] 吴敬琏：《中国增长模式抉择》，上海远东出版社 2013 年版。

[72] 吴俊杰、王雯：《基础设施投入与中国经济增长》，《前沿》2013 年第 9 期。

[73] 肖万春：《加快湖南经济发展方式转变》，《湖湘论坛》2011 年第 3 期。

[74] 熊彼特：《经济发展理论》，商务印书馆 1997 年版。

[75] 徐光耀：《我国进口贸易结构与经济增长的相关性分析》，《国际贸易问题》2007 年第 2 期。

[76] 徐国祥、杨振建：《上海转变经济发展方式评价指标及对策建议》，《科学发展》2011 年第 8 期。

[77] 徐小鹰：《城乡居民消费和政府消费对经济增长影响的实证分

析》,《统计与决策》2011 年第 20 期。

[78] 许和连、赖明勇:《出口导向经济增长（ELG）的经验研究:综述与评论》,《世界经济》2002 年第 2 期。

[79] 亚当·斯密:《国民财富的性质和原因的研究》,商务印书馆1972 年版。

[80] 杨万东:《经济发展方式转变:"本土派"与"海外派"的对话》,中国人民大学出版社 2011 年版。

[81] 杨云彦、朱金生:《经济全球化、就业替代与中部地区的边缘化》,《中南财经政法大学学报》2003 年第 5 期。

[82] 尹奥等:《山东经济发展方式转变评价指标体系构建研究》,《科技和产业》2012 年第 4 期。

[83] 尹合伶:《创新安徽经济发展方式研究》,《华东经济管理》2013年第 5 期。

[84] 尤卓雅、李婧:《浙江省基础设施投资效益的实证分析》,《技术经济》2007 年第 8 期。

[85] 张安忠:《河南省经济发展方式转变评价》,《产业与科技论坛》2010 年第 9 期。

[86] 张焕波、张永军:《转变经济发展方式评价指数研究》,《中国经贸导刊》2011 年第 4 期。

[87] 张秀生、盛见:《"比较优势陷阱"与中部地区经济增长》,《经济管理》2008 年第 7 期。

[88] 张学良:《中国交通基础设施促进了区域经济增长吗》,《中国社会科学》2012 年第 3 期。

[89] 章祥荪、贵斌威:《中国全要素生产率分析:Malmquist 指数法评述与应用》,《数量经济技术经济研究》2008 年第 6 期。

[90] 周绍森、胡德龙:《依靠科技支撑加快中部经济发展方式转变》,《江西社会科学》2011 年第 1 期。

[91] 周叔莲、刘戒骄:《从转变经济增长方式到转变经济发展方式》,《光明日报》2007 年 12 月 11 日。

[92] 周文兴、陈雅男:《将消费看成是人力资本积累的一个来源及其意义——一个动态经济增长模型和基于中国数据的实证检验》,《财经科学》2006 年第 7 期。

［93］周莹莹、刘传哲：《耦合协调度视角下我国虚拟经济与实体经济关系》，《求索》2011 年第 5 期。

［94］朱吉玉：《从微笑曲线理论看安徽转变经济发展方式》，《山西财经大学学报》2012 年第 11 期。

［95］朱涛：《河南省经济发展方式转变进程与中部六省对比评价》，《市场研究》2012 年第 10 期。

［96］朱勇、陶雪飞：《技术创新能力与经济增长的区域性差异研究》，《科技进步与对策》2006 年第 7 期。

［97］朱勇、张宗益：《技术创新对经济增长影响的地区差异研究》，《中国软科学》2005 年第 11 期。

［98］Abraham, F., Van Hove, J., "The Rise of China: Prospects of Regional Trade Policy", *Review of World Economics*, Vol. 141, No. 3, 2005, pp. 486 – 509.

［99］Acemoglu, Daron, Johnson, Simon and Robinson, James A., "The Colonial Origins of Comparative Development: An Empirical Investigation", *American Economic Review*, Vol. 191, No. 5, 2001, pp. 1369 – 1401.

［100］Acemoglu, Daron, Johnson, Simon and Robinson, James A., 2005, Institutions as the Fundamental Cause of Long – run Growth, in Philippe Aghion and Steven Durlau, feds., Handbook of Economic Growth. Edition 1, Volume 1, Chapter 6, Elsevier, pp. 385 – 472.

［101］Arize, A. C., "Imports and exports in 50 countries: tests of cointegration and structural breaks", *International Review of Economics & Finance*, Vol. 11, No. 1, 2002, pp. 101 – 115.

［102］Arrow K., Kurz M., *Public Investment, the Rate of Return, and Optimal Fiscal Policy*, The John Hopkins Press, Baltimore, 1970.

［103］Bailey, M. J., *National Income and Price Level*, New York: McGraw – hill, 1971.

［104］Balassa, B., "Exports and economic growth: further evidence", *Journal of Development Economics*, Vol. 5, No. 2, 1978, pp. 181 – 189.

[105] Baldwin, R. E., Forslid, R., "Trade liberalisation and endogenous growth: A q – theory approach", *Journal of International Economics*, Vol. 50, No. 2, 2000, pp. 497 – 517.

[106] Banker R. D., "Estimating most productive scale size using data envelopment analysis", *European Journal of Operations Research*, Vol. 24, No. 17, 1984, pp. 35 – 44.

[107] Banker R. D., Charnes A., Cooper W. W., "Some models for estimating technical and scale inefficiencies data envelopment analysis", *Management Science*, Vol. 30, No. 9, 1984, pp. 1078 – 1092.

[108] Barro, Robert J. and Sala – I – Martin, Xavier. *Economic Growth*. Edition 2, Cambridge, MA: MIT Press, 2004.

[109] Battag lini Marco and Coate, Stephen, "Inefficiency in Legislative Policymaking: A Dynamic Analysis", *American Economic Review*, Vol. 197, No. 1, 2007, pp. 118 – 149.

[110] Blinder, A. S., "Model of Inherited Wealth", *Quarterly Journal of Economy*, Vol. 87, No. 4, 1975, pp. 608 – 629.

[111] Bonaglia F., Ferrara E. L., "Public capital and Economic Performance: Evidence from Italy", Massimiliano Marcelino Bocconi University, IGIERANDEUI, Feb, 2000.

[112] Carroll, C. D., "The Buffer – Stock Theory of Saving: Some Macroeconomic Evidences", *Brookings Papers on Economic Activity*, Vol. 2, 1992, pp. 61 – 156.

[113] Cass, David, "Optimum Growth in an Aggregate Model of Capital Accumulation", *Review of Economic Studies*, Vol. 32, No. 1, 1965, pp. 233 – 240.

[114] Charnes A., Cooper W. W., Rhodes E., "Measuring the efficiency of decision making units", *European Journal of Operational Research*, Vol. 41, No. 2, 1978, pp. 429 – 444.

[115] Chow, G. C., "Money and price level determination in China", *Journal of Comparative Economics*, Vol. 11, No. 3, 1987, pp. 319 – 333.

[116] Coe, D. T., Helpman, E., "International R&D spillovers", *Eu-

ropean Economic Review, Vol. 39, No. 5, 1995, pp. 859 – 887.

[117] Connolly, M. , "The dual nature of trade: measuring its impact on imitation and growth ", *Journal of Development Economics*, Vol. 72, No. 1, 2003, pp. 31 – 55.

[118] Devereus, M. B. , Head, V. C. , and Lapham, B. J. , "Monopolistic Competition, Increasing Return and Government Spending", *Journal of Money: Credit and Banking*, Vol. 28, No. 2, 1996, pp. 23 – 254.

[119] Dollar, D. , "Outward – oriented developing economies really do grow more rapidly: evidence from 95 LDCs, 1976 – 1985", *Economic Development and Cultural Change*, Vol. 40, No. 4, 1992, pp. 523 – 544.

[120] Dynan, K. E. , "How Prudent are Consumers", *Journal of Political Economy*, Vol. 101, No. 6, 1993, pp. 1104 – 1113.

[121] Eisner R. , "Infrastructure and regional economic performance", *New England Economics Review*, Vol. 108, No. 4, 1993, pp. 870 – 903.

[122] Evans, Karras G. , " Are government activities productive? Evidence from a panel of US state", *Review of Economic sand Statistics*, 1994, 76, pp. 1 – 11.

[123] Feder, G. , "On exports and economic growth ", *Journal of Development Economics*, Vol. 12, No. 1, 1983, pp. 59 – 73.

[124] Feder, G. , "On exports and economic growth", *Journal of Development Economics*, Vol. 12, No. 1, 1983, pp. 59 – 73.

[125] Forsund, Hjalmarsson L. , "Generalised Farrell Measures of Efficiency: An Application to Milk Processing in Swedish Dairy Plants", *The Economic Journal*, Vol. 35, No. 4, 1979, pp. 294 – 315.

[126] Glaeser, Edward L. , La Porta, Rafae, Lopez – de – Silanes, Florencio and Shleifer, Andre , "Do Institutions Cause Growth?" *Journal of Economic Growth*, Vol. l9, No. 3, 2004, pp. 271 – 303.

[127] González – Val, R. , Lanaspa, L. , Pueyo, F. , "Trade policies, concentration, growth and welfare ", *Economic Modelling*, Vol. 26,

No. 6, 2009, pp. 1355 - 1364.

[128] Gorbachev, O., "Did Household Consumption Become More Volatile?" *The American Economic Review*, Vol. 101, No. 5, 2011, pp. 2248 - 2270.

[129] Greaney, T. M., "Righting past wrongs: can import promotion policies counter hysteresis from past trade protection in the presence of switching costs? " *Japan and the World Economy*, Vol. 12, No. 3, 2000, pp. 211 - 227.

[130] Grossman, G. M., Helpman, E., "Trade, knowledge spillovers, and growth ", *European Economic Review*, Vol. 35, No. 2, 1991, pp. 517 - 526.

[131] Hall Robert E. and Jones, Charles I., "Why Do Some Countries Produce So Much More Output Per Worker than Others?" *Quarterly Journal of Econom ics*, Vol. 1, No. 114, 1999, pp. 83 - 116.

[132] Harris, R. G., Schmitt N., "Strategic export policy with foreign direct investment and import substitution ", *Journal of Development Economics*, Vol. 62, No. 1, 2000, pp. 85 - 104.

[133] Hartwig, J., "Testing the growth effects of structural change ", *Structural Change and Economic Dynamics*, Vol. 23, No. 1, 2012, pp. 46 - 51.

[134] Helpman, E., and Krugman, P. R., *Market structure and foreign trade: Increasing returns, imperfect competition, and the international economy*, MIT Press, 1985.

[135] Helpman, E. and Grossman, Gene M., "Quality Ladders in the Theory of Growth ", *The Review of Economic Studies*, Vol. 58, No. 1, 1991, pp. 457 - 472.

[136] Hoekman, B., Nicita, A., "Trade policy, trade costs, and developing country trade", *World Development*, Vol. 39, No. 12, 2011, pp. 2069 - 2079.

[137] Holtz - Eakin D, Amy Ellen Schwartz, "Infrastructure in a Structural Model of Economic Growth", *Regional Science and Urban Economics*, 1995, 25, pp. 131 - 151.

[138] Jung, W. S., Marshall, P. J., "Exports, growth and causality in developing countries", *Journal of Development Economics*, Vol. 18, No. 1, 1985, pp. 1 – 12.

[139] Kali, R., Méndez, F., Reyes, J., "Trade structure and economic growth", *The Journal of International Trade & Economic Development*, Vol. 16, No. 2, 2007, pp. 245 – 269.

[140] Karras, G., "Government Spending and Private Consumption: Some International Evidence", *Journal of Money: Credit and Banking*, Vol. 26, No. 1, 1994, pp. 9 – 22.

[141] Kavoussi, R. M., "Export expansion and economic growth: Further empirical evidence", *Journal of Development Economics*, Vol. 14, No. 1, 1984, pp. 241 – 250.

[142] Keller, W., "How trade patterns and technology follows affect productivity growth", Nber Working Paper, 1999.

[143] Kendrick, John W., *The Formation and Stocks of Total Capital*, New York: Columbia University Press, 1976.

[144] Kwan, A. C., Cotsomitis, J. A., "Economic growth and the expanding export sector: China 1952 – 1985", *International Economic Journal*, Vol. 5, No. 1, 1991, pp. 105 – 116.

[145] Kwan, Y. K., "The Direct Substitution Government and Private Consumption in East Asian", NBER Working Paper, No. 12431, 2006.

[146] Laudau, D., "Government Expenditure and Economic Growth: A Cross – Country Study", *Southern Economic Journal*, Vol. 49, 1983.

[147] Lawrence, R. Z., Weinstein, D. E., "Trade and growth: import – led or export – led? Evidence from Japan and Korea", *Nber Working Paper*, 1999.

[148] Lee, J. W., "Capital goods imports and long – run growth", *Journal of Development Economics*, Vol. 48, No. 1, 1995, pp. 91 – 110.

[149] Levine, Ross, 2005, Finance and Growth: Theory and Evidence, in Philippe Aghion and Steven Durlau, feds., Handbook of Economic Growth. Edition 1, Volume 1, Chapter 12, Elsevier, pp. 865 –

934.

[150] Levy, Gilat, "The Politics of Public Provision of Education", *The Quarterly Journal of Economics*, Vol. 120, No. 4, 2005, pp. 1507 – 1534.

[151] Limão, N., Panagariya, A., "Inequality and endogenous trade policy outcomes", *Journal of International Economics*, Vol. 72, No. 2, 2007, pp. 292 – 309.

[152] Maizels, A., "Industrial growth and world trade: an empirical study of trends in production, consumption and trade in manufactures from 1899 – 1959, with a discussion of probable future trends, Cambridge University Press, 1963.

[153] Maoz, Y. D., Peled, D., Sarid, A., "Trade agreements, bargaining and economic growth", *Journal of Macroeconomics*, Vol. 33, No. 1, 2011, pp. 92 – 101.

[154] Marwah. K., Tavakoli, A., " The effect of foreign capital and imports on economic growth: Further evidence from four Asian countries (1970 – 1998)", *Journal of Asian Economics*, Vol. 15, No. 2, 2004, pp. 399 – 413.

[155] McNab, R. M., Moore, R. E., "Trade policy, export expansion, human capital and growth", *Journal of International Trade & Economic Development*, Vol. 7, No. 2, 1998, pp. 237 – 256.

[156] Michaely, M., "Exports and growth: an empirical investigation", *Journal of Development Economics*, Vol. 4, No. 1, 1977, pp. 49 – 53.

[157] Mink, M. D., and Jakob, H., "As the Stability and Growth Pact Impeded Political Budget Cycles in the European Union ", CESifo Working Paper, 2005.

[158] Munnell A., "Is There a Shortfall in Public Capital Investment ?" Proceedings of a Conference, Federal Reserve Bank of Boston, Series 34, 1990.

[159] Nishimizu M., Page J. M. "Total Factor Productivity Growth, Technological Progress and Technical Efficiency Change: Dimensions

of Productivity Change in Yugoslavia, 1965 – 1978 ", *Economic Journal*, Vol. 92, No. 368, 1982, pp. 920 – 936.

[160] North, Douglass C. and Thomas, Robert P. , 1973, *The Rise of the Western World: A New Economic History*, Cambridge: Cambridge University Press.

[161] North, Douglass C. , 1981, *Structre and Change in Economic History*, New York: Norton & Co.

[162] OECD, *The Environmental Implications of Renewable*, Paris: Publishing House of DIDOT, 1998.

[163] Okubo, M. , "Intertemporal Substitution between Private and Government Consumption: the case of Japan ", *Economic Letters*, Vol. 79, 2003, pp. 75 – 81.

[164] Osterhaven, J. , Linden, J. A. V. , "European Technology, Trade and Income Change for 1975 – 1985: An Intercountry Input – output Decomposition", *Economic Systems Research*, No. 9, 1997, pp. 393 – 411.

[165] Özden, ç. , Reinhardt, E. , "The perversity of preferences: GSP and developing country trade policies, 1976 – 2000", *Journal of Development Economics*, Vol. 78, No. 1, 2005, pp. 1 – 21.

[166] Pearson, K. , "On Lines and Planes of Closest Fit to Systems of Points in Space", *Philosophical Magazine*, Vol. 2, No. 6, 1901, pp. 559 – 572.

[167] Ram, R. , "Government Size and Economic Growth: A New Framework and Some Evidence from Cross – Section and Time – Series Data", *American Economic Review*, Vol. 82, 1986.

[168] Ratner J. B. , "Government Capital and the Production Function for US Privater Output", *Economics Letters*, Vol. 13, 1983, pp. 213 – 217.

[169] Rolf Fare, Shawna Grosskopf, "Productivity growth, technical progress, and efficiency change in industrialized countries", *American Economic Review*, Vol. 84, No. 1, 1994, pp. 66 – 83.

[170] Romer, P. M. , "Endogenous Technological Change", *Journal of*

Political Economy, Vol. 98, No. 5, 1990, pp. 89 – 104.

[171] Sabillon, C. , *On the Causes of Economic Growth*: *the Lessons of History*, Algora Publishing, 2008.

[172] Santos – Paulino, A. U. , "The effects of trade liberalization on imports in selected developing countries", *World Development*, Vol. 30, No. 6, 2002, pp. 959 –974.

[173] Savvides, A. , "Trade policy and income inequality: new evidence", *Economics Letters*, Vol. 61, No. 3, 1998, pp. 365 – 372.

[174] Shan J. , Sun F. , "On the export – led growth hypothesis: the econometric evidence from China", *Applied Economics*, Vol. 30, No. 8, 1998, pp. 1055 – 1065.

[175] Shan, J. , Sun, F. , "On the export – led growth hypothesis: the econometric evidence from China ", *Applied Economics*, Vol. 30, No. 8, 1998, pp. 1055 – 1065.

[176] Sugimoto, Y. , Nakagawa, M. , "Endogenous trade policy: Political struggle in the growth process ", *Structural Change and Economic Dynamics*, Vol. 22, No. 1, 2011, pp. 12 – 29.

[177] Syrquin, M. , "Kuznets and Pasinettion the study of structural transformation: Never the Twain shall meet? " *Structural Change and Economic Dynamics*, Vol. 21, No. 4, 2010, pp. 18 – 23.

[178] Tatom J. A. , "Should government spending on capital goods be raised?", Federal Reserve Bank of St. Louis Review, 1991, March/April, pp. 3 – 15.

[179] Tyler, W. G. , "Growth and export expansion in developing countries: some empirical evidence ", *Journal of Development Economics*, Vol. 9, No. 1, 1981, pp. 121 – 130.

[180] Ucaki, H. , Arisoy, I. , "An Analysis of Causality among Productivity, Export and Import in Turkish Economy ", *Ege Academic Review*, Vol. 11, No. 4, 2011, pp. 639 – 651.

[181] Uzawa, "Hirofumi. Optimal Technical Change in an Aggregative Model of Economic Growth ", *International Economic Review*, Vol. 6,

No. 1, 1965, pp. 136 - 149.

[182] Wilson, B. K., "The Strength of the Precautionary Saving Motive when Prudence is Heterogeneous", Enrolled paper of 37th Annual Meeting of the Canadian Economics Association, 2003.

[183] Yanikkaya, H., "Trade openness and economic growth: a cross - country empirical investigation", *Journal of Development Economics*, Vol. 72, No. 1, 2003, pp. 57 - 89.

[184] Zhang, A., Zhang, Y., "An analysis of import protection as export promotion under economies of scale", *Japan and the World Economy*, Vol. 10, No. 2, 1998, pp. 199 - 219.